인류의
발자국

인류의 발자국

지구 환경과 문명의 역사

지은이 앤터니 페나
옮긴이 황보영조
편   집 손소전
디자인 이수정
펴낸이 송병섭
펴낸곳 삼천리
등 록 제312-2008-121호
주 소 121-820 서울시 마포구 망원동 376-12
전 화 02) 711-1197
전 송 02) 6008-0436
이메일 bssong45@hanmail.net

1판 1쇄 2013년 4월 12일

값 26,000원
ISBN 978-89-94898-19-3 03900
한국어판 © 황보영조 2013

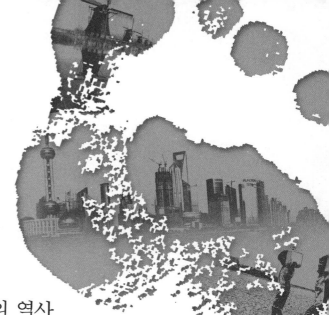

지구 환경과 문명의 역사

인류의
발자국

앤터니 페나 지음 | **황보영조** 옮김

삼천리

감사의 말

　21세기 들어 우리 인류는 여러 가지 전 지구적인 도전에 직면해 있다. 지구의 기후 체계가 복잡하다는 사실과 더불어 우리가 파괴되기 쉬운 생태계를 돌볼 청지기임을 알아야 할 시점에 이르렀다. 초등교육에서부터 고등교육에 이르는 모든 단계의 교육에 종사하는 교사들이 생태와 환경의 역사를 지방이나 지역의 역사, 국가의 역사와 통합하는 작업에 시급히 뛰어들어야 할 것이다. 이 작업을 하는 데는 유연성과 적응력은 물론 새로운 지식이 필요하다. 세계 환경의 역사 강의와 개별 국가나 지역 환경의 역사 강의는, 변화를 거듭하는 역사와 사회과학 교육과정 또는 점차 발전하고 있는 환경학 분야에서 중요한 비중을 차지하게 될 것이다.

　이 책은 두 차례의 여행에서 얻은 결과물이다. 첫 번째는 곧 아내가 될 체닝과 더불어 800킬로미터에 달하는 에스파냐 북부 지방의 순례길인 산티아고 길을 걸으며 많은 대화를 나눈 여행이었다. 작가라면 누구나 그렇듯이, 두 번째 여행은 이 주제가 쓸 만한 가치가 있겠다고 생각하면서부터 시작되었다.

　2002년에 시작해서 2010년에 이 책을 출판할 때까지, 나는 날마다 연구에 매달렸고 그러면서 이 주제와 관련해 두루 살펴보게 됐다. 이 책을 쓰면서 다양한 분야에서 연구하는 여러 학자들의 지식과 통찰력, 지혜에 의존했다. 뿐만 아니라 여러 동료들로부터 도움을 받

5

았다. 그들은 작업 초기에 세부 내용은 물론이고 여러 장들과 원고 전체를 읽어 주었다. 카네기멜론대학에서 나를 지도한 스승이자 동료 교수였고, 보스턴에 있는 매사추세츠대학의 미국 문명 담당 존 F. 케네디 명예교수였던 어빙 H. 바틀렛이 깊은 관심을 갖고 이 작업을 비판하고 지지해 주었다. 매사추세츠 주의 동남쪽 해안을 따라 장시간 자전거를 타고 나서 점심을 먹으며 출판을 기념했는데, 그가 2006년에 세상을 떠나는 바람에 우리는 그 즐거움을 함께 누리지 못했다. 또 전직 교사이자 동료 교수이고 오랜 친구인 카네기멜론대학의 리처드 S. 캘리기리 석좌교수 조엘 A. 타르는 이 연구에 자신의 시간과 지식을 아낌없이 제공해 주었다.

여러 장들을 읽어 준 마틴 멜로시와 제프리 스타인, 조지 데너, 제이슨 이든에게 감사를 드리고 싶다. 로완대학과 베이징대학의 칭지아 에드워드 왕 교수와 벨기에 헨트대학의 에릭 반하우테 교수, 미국과 캐나다와 영국에 있는 익명의 여러 논평자들에게도 감사를 드린다. 그들은 원고 전체를 읽어 주었다. 상세한 비평을 해준 덕분에 글의 초점을 다시 맞추고 내용을 고치며 다시 쓰게 되었다.

애초부터 나는 연구조교들한테 무척 값진 도움을 받았다. 마이클 메차노와 데이비드 애덤스는 참고문헌 초고를 만들어 주었고, 자닌 리스와 캐서린 플래트, 에릭 스키드모어는 제조업, 산업화, 소비, 에너지 관련 자료를 장별로 분류해 주었다. 연구가 끝나던 마지막 해에는 네이사 킹과 콜린 사전트가 전자 검색을 통해 사진과 도표, 그래프, 지도를 찾아 주었다. 그들이 감내한 노력의 결실을 이 책 여기저기서 찾아볼 수 있다. 콜린은 또한 훌륭한 솜씨로 그래픽 자료를 전자파일로 변환해 주었고 원고 전체를 출판사의 편집 방침에 맞게 고쳐 주었다. 엘리자베스 서머싯의 전자색인 덕분에 색인을 최종 마무리하는 작업이 덜 부담스러웠다. 이 세 사람은 마무리 작업에 큰 도움을 주었다. 그들한테 신세를 졌다. 인내와 조언으로 적절하게 편집을 해준 편집주간 피터 코브니와 개발편집자 데이드르 일크선, 편집자 갈렌 E. 스미스에게 감사를 드리고 싶다.

학부생과 대학원생들은 '세계 환경의 역사' 강의와 세미나에 수강신청을 했다. 역사학, 정치학, 사회학, 경제학, 국제관계, 생물학, 토목·환경공학, 화학, 환경학 등 학생들의 전공은 다양했다. 그들은 자기 나름대로의 지식과 아이디어를 갖고 대화에 참여했다. 오늘날의 환경 문제를 이해하는 데 역사적 관점이 중요하다는 사실에 대해 처음에는 상당수가 반신반의하며 참여했지만, 결국에는 인간 행위가 불러온 환경 비용을 적절하고 폭넓게 이해하면서 다른 분야에까지 폭넓은 독서를 하기로 작정했다.

나는 또 세계사를 주제로 한 두 세미나에서 많은 통찰력을 얻었다. 하나는 터프츠대학의 펠리페 페르난데스-아르메스토와 노스이스턴대학의 로라 프레더가 2007~2008년 학기에 두 대학교에서 시작한 공동 세미나였다. 지금도 진행되고 있는 연속 세미나이다. 또 다른 세미나는 2008년 2월에 하버드대학의 스벤 베커트와 듀크대학의 도미니크 작센마이어가 '지구사를 전 지구적으로'라는 주제로 주최한 주말 학회이다. 이 연속 세미나와 학회에서는 편협한 경계를 뛰어넘고 더욱 폭넓은 역사적 안목과 비교사적 전망을 갖도록 자극하는 논문과 발표, 토론이 활발하게 제시되었다.

아내 체닝은 자신의 창조적 사업에 깊이 몰두하면서도 내 작업에 아낌없는 지원과 열정을 보내 주었다.

차례

그림 차례

서장

세계사의 본질

학자들이 지역이나 국가의 경계를 넘나들기 시작하면서 세계사 분야에 새로운 관심이 고조되고 있다. 그것은 개별 국가의 역사를 엮어서 세계사를 만들고 조각난 역사들을 묶어서 일관적이고 의미 있는 전체를 만드는 일이다. 바로 여기에 세계사 연구자들이 직면한 커다란 지적 도전이 있다. "국경을 뛰어넘어 인구 이동이나 경제변동, 기후변화, 기술이전과 같은 요인들을 연구하는 것"[1]이 그것이다. 이런 주제는 지난 200년간 나머지 세계를 유럽-미국의 패러다임에 종속시켜 온 유럽과 미국 중심의 서사(敍事) 지배를 무너뜨리고, 세계사에 그 어떤 규제 장치도 허용하지 않는 것이기 때문에 매우 활발하게 연구할 수 있음에도 이론의 여지가 많다. 그동안 시간에 따른 변화를 연구하는 접근 수단이 되어 온 국민국가가 이제는 개별 사회의 경험은 물론 지역이나 광역 사회의 경험을 분석하는 일차 수단이 된다. 세계사 연구자들은 이제 "좀 더 광범한 맥락에서 역사 발전을 파악하게 해줄 연관성과 비교와 체계를 연구"[2]하는 데 더욱더 몰두하게 될 것이다.

유럽과 미국 여러 대학의 연구를 지배하고 있는 아젠다는 대부분 깊이 파고드는 추세에 초점을 맞추는 미시사이다. 물론 특정 주제에 관한 연구는 변함없이 중요하다. 하지만 최근에 나온 세계사 연구의 성과들은, 한 역사가가 얘기한 수평적이고 통합적인 거시사, 곧 서로 관련지어 역사 현상을 기술하고 설명하는 방식이 중요하다는 점을 잘 보여 주고 있다.[3] 개별 국가의 역사에 나타나는 변화를 기술하기 위해서 내부를 들여다보고 지역과 지역을 연결하기 위해서 외부를 내다보는 거시사는, 개인이나 국가를 그다지 강조하지 않는다. 산업화 시작에서부터 제2차 세계대전까지 유럽이 세계사를 지배한 것이 사실이지만, 이러한 변화에 관심을 두고 세계사의 사건들을 기술하는 역사가들은 유럽 중심에서 벗어나고자 한다.

유럽 중심에서 벗어나면, 산업화 이전 수천 년 동안의 다른 지역들을 좀 더 명확하게 볼 수 있게 된다. 동식물의 화석에서 에너지를 얻게 된 석탄 혁명은, 19세기에 세계의 물질문화를 바꿔 놓았으며 전근대 세계와 근대 세계를 나누는 분기점이 되었다. 이 밖에도 유대-기독교의 틀에 갇히지 않고 고고학자와 고인류학자, 유전학자들에게 인류의 화석 유물을 통해 초기 인류의 생리적 발달에 관한 통찰력을 줄 수 있는 좀 더 긴 안목의 깊이 있는 역사가 세계사에 포함된다.[4]

환경사의 과제

세계 환경사는 문명이나 국가, 개인의 일대기 또는 사건에 초점을 맞춘 포괄적인 인류 역사가 아니다. 그런 것이라면 기존의 세계사가 이미 이룩해 놓았다. 세계 환경사는 인류 세계와 자연 세계의 연관성을 강조하면서 인류사에 나타난 커다란 변화뿐 아니라 인류사와 자연사의 관계에 초점을 맞춘다. 존 로버트 맥닐에 따르면, 환경사는 "생물학적·물리적 환경에 나타난 변화와 이 변화가 인류 사회에 끼친 영향에 관심을 둔다."[5] 환경사는 지방이나 지역, 국가의 역사에 관한 기존 지식에 새롭게 접근하고 이 역사들을 통합하고 연결하려고 시도한다.

새로운 접근 방식은 지구의 역사, 진화, 농업 생산성, 도시계획, 제조업, 산업, 소비, 에너지 사용을 연구하면서 학문의 경계를 넘나들거나 지리학자, 기후학자, 진화생물학자, 고고학자, 고인류학자, 인구학자, 경제학자, 사회학자들의 연구 성과와 새로운 지식을 이용할 때 가능하다. 학문의 경계를 넘나드는 학자들은 발전을, 과학적 기초 없이 상상으로 이루어진 구성물이 아니라 실제 세계에서 나타난 현상으로 이해하려고 한다. 모든 학문은 저마다 나름대로의 관점은 물론 독특한 이론 구조와 증명 과정을 지니고 있다. 학자들은 기본적으로 자신들이 속한 전통적인 학문의 관점에서 동일한 주제를 연구하고 있다. 하지만 그들은 똑같은 '실제 세계'를 연구하면서도 다른 결론에 도달한다.

이 책은 지구와 인류의 기원에서 시작하여 현대의 소비 패턴과 에너지 사용에 이르기까지, 거대한 지구적 변화와 발전에 관해 살펴본다. 생태와 환경에 나타난 거대한 변화를 살펴보기 위해서 지방과 지역, 국가, 초국가의 역사들은 물론, 여러 학문 분야를 통합하려는 노력도 게을리하지 않을 것이다.

지구의 역사와 인류의 기원

대개 인류에 관한 이야기는, 생명을 지속 가능하게 만든 지구 생태
계를 전제로 하고 지구의 기원이나 수십억 년에 걸친 지구의 발전은
도외시한다. 지구의 역사를 고스란히 드러내는 이 책은 인류의 생명
을 비롯하여 모든 생명을 지속 가능하게 만든 지구의 발전사를 살펴
보는 것으로 시작한다. 지구는 지각을 변형시키는 대규모 지질구조
운동의 변동을 거쳐 복잡한 대륙 체계를 갖추게 되었다. 상당수의 과
학자들은 자연 세계의 변화가 진화의 조건을 마련해 주었다고 이야
기한다. 세계사 연구자 프레드 스파이어는 이렇게 지적했다.

　판구조론이 인류의 진화를 비롯하여 생물의 진화를 이끌어 내는
　데 주도적인 역할을 했을 것이다. 광활한 지반이 끊임없이 이동함
　에 따라 해류에 변화가 생겨났고, 해류의 변화는 지구의 기후에 영
　향을 미쳤다. 이것은 지질과 기후 체계가 인류의 진화에 영향을 끼
　친 하나의 사례라고 생각한다.[6]

급속한 변화를 겪고 있는 인류유전학과 진화생물학이 유전자 구
조나 생물 구조의 지도를 작성하게 됨으로써 진화의 역사에 통찰력
을 제공해 주고 있다. 초기 호미니드인 호모 에르가스테르(호미니드
는 직립보행 영장류를 일컫는 말이고, 호모 에르가스테르는 플라이스토세 전
기에 생존한 고인류이다―옮긴이)가 150만 년 전에 지질과 기후의 변
화를 거치면서 현생인류와 흡사한 해부학적 특징을 지니게 되었다.
늘어난 뇌 용적, 평평해진 얼굴과 턱, 직립보행에 유리하도록 뒤로

젖힌 골반, 길어진 팔다리를 지닌 호모 에르가스테르는 이전의 호미니드들과 구별된다.[7] 생리학적인 변화와 더불어 문화적인 변화도 나타났다. 고인류학자들은 호모 에렉투스와 호모 에르가스테르가 같은 종이었을 것이라고 생각한다. 지구와 인류의 공동 진화 과정(co-evolutionary processes)을 이해하게 되면, 우리는 생태학적 상호의존에 바탕을 둔 역사 해석에 훨씬 더 전념할 수 있게 될 것이다.

대규모 이주와 농업의 시작

지금으로부터 100만 년 전에 기후가 추워지자 호미니드들이 서식지를 옮기고 동아프리카에서 유라시아 대륙으로 이주하기 시작했다. 그리고 수십만 년 뒤에는 또 다른 이주가 진행되었다. 10만 년 전에 아프리카에서 나온 호모 사피엔스의 이주도 그 가운데 하나였다. 빙하가 물러나고 기후가 따뜻해지면서 빙하기 거대 동물의 서식지가 사라지고, 수렵채취자들의 포식 생활이 한도를 넘어서면서 영양 장애가 발생했을 지도 모른다.

기원전 8천 년에서 기원전 6천 년 사이에 전 세계 여러 지역에서 저마다 농업이 시작되었다. 영양 결핍이 심해지자 농사를 짓기 시작했을 것이다. 빙하가 물러나면서 증가한 이산화탄소가 초창기 농부들이 심은 작물에 도움이 되었다. 특히 생명력이 더 강한 식물에게. 프레드 스파이어는 "농업 체제를 출현시킨 전 지구적 요인 가운데 첫 번째가 기후변화이다"라고 지적했다.[8] 생태학 용어로 말하면, 사람과 짐승이 서로 기대게 되었고 둘은 또 얼마 안 되는 재배식물에 의존하게 되었다.

수렵·채취가 농업으로 바뀐 현상은 진화로 설명하는 것이 가장 좋겠다. 이는 호모 사피엔스가 자신이 손쓸 수 없는 생태계의 변화에 대응하는 가운데 나타난 변화이다. 그렇다고 해서 초창기 경작자들이 치른 희생을 가벼이 보아 넘길 수는 없다. 사람과 가축이 수천 년에 걸쳐 노동을 집중적으로 투자해야 했다. 체구가 왜소해지고 수명이 짧아진 것을 보면 그들의 형편없는 처지를 짐작할 수 있다.

혁신과 발명은 고난과 역경에서 나오는 법이다. 동식물을 골라 육종하고 도구를 제작하면서 생산성이 늘어났고 정주지나 마을의 규모도 커졌다. 그 가운데 상당수는 사회적·경제적·행정적으로 복잡한 위계를 갖춘 도시로 발전했다. 식량이 남아돌게 되면서 이동과 관련된 기술을 개발하는 사람들이 생겨났고 공예 기술이 발달하고 통화 거래도 늘어났다. 숙련된 기술이 확산되면서 일부 도시들이 성장을 거듭하며 농업 문명을 이룩해 나갔다.

아주 먼 옛날에 유라시아 농부들은 가축들을 이끌고 이주를 했다. 동물을 사육하면서 사람과 가축이 가까워지고 사람이 가축의 미생물에 노출되었다. 그 미생물이 사람에게 병을 옮기는 병원균이 됨에 따라 이들의 이주는 동떨어져 살던 인간 사회에 질병을 확산시켰다. 식량 생산이 늘어나긴 했지만 20세기에 이르기까지 인구 폭발이 일어나지는 않았다. 세계 인구가 갑자기 늘어나게 된 것은 출산율 증가가 아니라 사망률 감소 덕분이었다. 사람들이 "토끼처럼 갑자기 늘어나기 시작해서"가 아니라 "파리처럼 죽지 않게 되면서"[9] 인구가 급증하게 된 것이다.

인구 성장과 매뉴팩처, 공업화의 전제 조건은 농업 사회였다. 인류학자 알프 호른보르크가 지적했다시피 "농업 생산을 위한 토지개량이 전 세계의 공업화 이전 사회에서 이루어진 자본축적의 주된 형태고, 인류가 수천 년에 걸쳐 자연 환경을 바꿔 온 가장 눈에 띄는 성과이다."[10] 나중에 다시 살펴보겠지만, 인구 성장과 도시의 출현이 농업으로 이행하면서 생겨난 중요한 결과물이 되었다.

인구 성장과 도시의 출현

인구는 수백 년에 걸쳐 지극히 미미한 성장률을 보였다. 한 이론에 따르면, 제4기 지질시대(260만 년 전에서 오늘날까지)에 속하는 7만4천 년 전에 가장 큰 산이었던 수마트라의 토바 산이 분출하면서 지구 전체의 기후가 냉각되었고 거의 모든 인류가 사망하고 수천 명의 호모 사피엔스만 살아남았다. 이 인구 붕괴의 증거가 우리 DNA에 기록되어 있다.[11] 지난 5만 년 동안 1천억 명이 넘는 사람이 태어났지만 인구 성장률이 매우 낮았다. 인구가 7억5천만 명이 된 것은 19세기 산업화 시대에 이르러서였다.[12]

고대에는 도시가 안전이나 보호는 물론 행정의 중심지였고 재화와 용역이 분배되는 곳이었다. 이런 가운데 도시국가와 농업 문명이 등장했다. 일부 중심지에서는 인구밀도가 19세기 수준까지 도달하기도 했다. 초기 수메르의 도시 우루크는 5,300년 전에 이미 19세기 프랑스 파리와 비슷한 에이커 당 60명의 인구밀도를 유지했고 도시 전체 인구가 2만~3만 명이었다.[13]

성벽으로 두른 고대와 중세 도시의 인위적 장벽이 무너지면서 각 지역에는 그곳의 자원 사정에 따라 널리 퍼져 나가는 저밀도 인구 성장과 한 곳에 집중되는 고밀도 인구 성장이 나타났다. 예를 들어 일본이나 중국에서는 인구 성장이 대개 1750년 이후 농촌 지역에서 일어났고, 유럽에서는 1750~1850년에 주로 인구가 밀집한 기존의 취락에서 나타났다. 인구 증가와 도시화 확산은 인류의 '생태 발자국'(ecological footprint)이 넓어지고 깊어짐에 따라 삼림지대와 물, 야생 동물을 포함하는 생태계에 상당한 영향을 끼쳤다.

현대 세계에 들어와서는 이러한 역사 발전과 더불어 저밀도 주거 형태가 확산되면서 더 많은 에너지를 소비하게 되었고, 그에 따라 어마어마한 온실가스를 배출하고 있다. 도심에서 대략 8킬로미터 반경 안에 거주하는 사람들보다 교외에 거주하는 사람들이 휘발유를 85퍼센트나 더 많이 소비한다. 해마다 차량 한 대가 배출하는 탄소의 양이 6톤에 달하는 데는 이런 불균형이 끼친 영향이 상당하다.[14] "보도가 하이브리드 차량만큼이나 섹시하고" 차량의 수명이 15년이고 도로의 수명이 100년도 넘는 도시를 상상할 수 있다. 도시가 이렇듯 "위대한 탄소감축 기계"가 된다면 선진 세계에서는 도시가 다시 각광을 받게 될 것이고 발전도상 세계에서는 도시화가 증대될 것이다.[15]

매뉴팩처와 공업의 등장

인구 성장과 도시화는 이 책에서 얘기하고 있는 두 가지 변화, 곧 제조업과 공업의 발전을 가져온 요인이다. 제조업과 공업화는 이따금 생산의 변화를 시도한 혁신 단계가 포함된 기나긴 발전의 역사를 지니고 있다. 하지만 그 핵심에는 백만 년도 더 오래전에 호모 에르가스테르가 발견한 불 사용 기술이 있다. 고대 도시에서 공예나 교역이 선택 가능한 직업의 범주에 들기 시작하면서, 지중해에서 인도를 거쳐 중국에 이르는 유라시아 전역의 도시 작업장과 여기저기 흩어진 농가에서는 화로나 용광로를 이용한 소규모 제작과 제조 활동이 활발하게 전개되었다.

18~19세기에 작업장이 공장으로 바뀔 때까지 세계 경제는 다중심 체제였다. 주로 인도와 중국에 집중되어 있던 아시아의 작업장들은 전 세계의 교역 상대자들에게 염색 면직물, 비단, 자기를 비롯한 소비재의 80퍼센트 정도를 공급했다. 향신료, 특히 아시아산 후추가 유라시아 전역에 걸쳐 사람들의 음식에 양념으로 사용되었다. 유럽이 삼림에서 나는 유기 에너지 공급이 줄어들면서 생겨난 장애를 극복하면서 이러한 에너지의 흐름과 상호 작용의 방향이 바뀌었다. 화석 광물을 태워서 광물 에너지를 얻고 물을 증기로 바꾸는 석탄 혁명이 생산을 증대시켰다. 증기기관은 경제적 효율성을 크게 높여 주었고 전근대 세계와 근대 세계를 갈라 놓았다. 이런 변화를 두고 역사가 해럴드 리브세이는 이렇게 썼다.

1780년부터 1880년까지 물질적 가능성의 세계가 급격하게 바뀌었다. 과거 그 어떤 세기에도 이토록 큰 변화는 없었다.[16]

산업화로 작업장이 공장으로 바뀌었고 상업 거래가 돈으로 대표되는 자본주의로, 수직기가 역직기로, 수공예가 대량생산으로 대체되었다. 증기기관 대신에 증기터빈을 사용하는 산업체가 많아졌다. 발명과 투자, 혁신 같은 말이 부의 창출과 동의어가 되었고, 노동 대중은 더 나은 삶을 찾아서 도시로 몰려들었다. 기업가와 생산수단 소유자에게 부가 집중되면서 계급 간 격차가 더욱 커지고 빈곤이 널리 확산되었다.

19세기 공업도시에서 오래된 기반 시설을 압도하는 폭발적인 인구 성장이 나타나면서 경제적 부의 창출은 무거운 환경 비용 부담으로 이어졌다. 귀를 먹먹하게 하는 소음, 짐을 실어 나르던 가축의 시체가 썩어 나는 역겨운 냄새, 시궁창이나 골목길에 널브러진 도축된 소와 돼지의 선혈 낭자한 유해, 오수 구덩이와 지하실, 변소에 넘쳐나는 사람의 똥오줌이 도시의 부패를 상기시켜 주는 것들이었다.

장기 지속의 역사에서는 부를 창출하는 산업도시들이 진보를 이끌어 나가는 동력 기관일 것이다. 빈곤한 세계는 여전히 남아 있고 소득은 언제나 평등하게 분배되지 않는다. 늘어난 기대수명은 농촌에서와 달리 20세기 현대 도시에서 찾아볼 수 있는 특징 가운데 하나이다. 공업도시가 자본재(이를테면 철과 강철, 기관차, 화물차, 직물, 섬유 제품)를 생산하는 동력 기관이 됨에 따라 소비재를 증가시키고 확산시키는 매개체가 되기도 했다.

세계무역과 신세계의 생태계

제조업이나 공업의 경우와 마찬가지로 소비재도 지난 5세기에 걸쳐 생산과 마케팅, 대체의 길을 폭넓게 걸었다. 하지만 산업 노동이 18세기에 시작된 것과 달리, 유라시아 전역에서는 물론 인도양 교역 상대자들 사이에 이루어진 소비재 무역의 역사는 수백 년에 이른다. 사치품이 다수의 구매자들을 위한 상품으로 바뀌는 소비재의 역사는, 독자들에게 현대 세계의 대량소비와 그것이 미친 생태학적 영향에 대한 역사적 안목을 제공한다. 농업과 인구 변화, 도시화가 전 지구적인 환경 변화에 영향을 끼쳤기 때문이다. 이 문제는 이 책의 뒷부분에서 다시 살펴보도록 하자.

국제적인 거래 시장과 그것이 에너지와 사람, 상품의 전 지구적 흐름에 미친 충격은 전례가 없는 새로운 차원이었다. 설탕 생산의 증가와 그 가격의 하락은 노예노동과 밀접한 관련이 있었다. 아메리카 대륙에서 서아프리카의 노예들을 수입했다. 사탕수수 농장에서 부려먹기 위해서였다. 노예 수입은 서구 세계의 설탕 소비에 영향을 미쳤을 뿐 아니라 수백 년에 걸친 인간관계를 지배와 예속의 범주로 바꿔 놓았다.[17] 태양은 사탕수수와 차나무가 자랄 수 있게 에너지를 공급했으며, 무역풍을 따라 이동하는 선박이 서아프리카에서 서인도제도와 브라질로 노예를 수송하고, 석탄을 때는 증기기관이 차와 설탕을 소비자에게 공급했다.[18] 존 로버트 맥닐은 상호 의존적인 생태계가 아메리카 열대지방에서 어떻게 지정학의 역사를 만들어 갔는지 보여주었다. 17세기에 사탕수수 농장에서 일할 노예들이 신세계에 다다랐을 때 그들과 함께 황열병 매개체인 이집트숲모기라는 서아프리카 모기까지 들어왔다. 서아프리카 사람들은 대개 면역력이 있었지만 온대기후에서 온 유럽인들은 그렇지 않았다. 아메리카 열대지방의 대농장들이 이집트숲모기의 번식지가 되었다. 에스파냐 군을 무찌르려고 카리브 해에 다다른 영국과 프랑스의 침략군이 황열병으로 무척 고생했다.[19]

화석연료와 기후변화

에너지는 독자들이 이 책 여기저기서 그 흔적을 찾아볼 수 있는 아주 흔한 주제이다. 석탄을 때면서 인류가 전근대 유기 에너지(이를테면 나무, 바이오매스, 가축의 분뇨)의 제약에서 벗어났다. 하지만 동시에 석탄에서 대기를 오염시키고 끔찍한 속도로 온난화시키는 탄소와 유황, 산화질소가 나오는 바람에 기나긴 환경오염과 파괴의 과정이 시작되었다. 석탄을 사용하게 되면서 산업화는 더욱 빨라졌다. 하지만 인류는 수백 년 동안 바람의 속도와 자연스런 물의 흐름을 이용해서 일을 해왔다. 이들 에너지가 직물 공장의 베틀이나 제재소의 톱과 선반, 제철 공장의 분쇄기와 절단기와 연마기에 동력을 제공해 주었다. 사람이 물론 그 보조 역할을 했다. 이 동력원들 대부분과 이 동력원을 이용해 만든 공업 생산품은 석탄을 사용하는 공장에 비해 땅과 물에 가벼운 영향만 끼쳤다.

19세기에 나무보다 값이 더 싼 석탄이 일터와 가정의 경제는 물론 자연 환경과 건축 환경도 바꿔 놓았다. 석탄이 산업에 연료를 공급하고 현대 가정용 전기를 생산하는 데 사용되고 있다. 석유와 천연가스가 오늘날 에너지 수요의 일부를 충당하고 있고, 그보다 적기는 하지만 원자력과 바이오 연료도 점점 늘어나고 있는 전 세계의 에너지 수요를 감당해 나가고 있다. 전 세계 어디서나 자동차가 신분을 나타내는 상징이 되면서 세계경제에서 산유국 경제의 비중이 점점 더 커지고 있다. 에너지 자원에 대한 수요가 늘어나면서 화석연료에서 배출된 온실가스가 기온 상승과 기후변화를 일으키고 있다.

앞에서 나는 지질 변화가 다양한 방식으로 생명이 시작될 기후 체계를 만들어 냈다고 말했다. 지구온난화를 다루게 될 이 책의 마지막 장에서는 자연 세계와 인류 역사의 상호 의존성을 더욱 강조한다. '기후변화에 관한 정부간 협의체'(IPCC) 2007년 보고서는, 2005년에 대기 중 이산화탄소 농도가 지난 65만 년 동안에 발견된 180~300피피엠의 범위를 넘어섰다고 주장한다. 2007~2008년 결론에 따르면 중국에서 배출되는 산업용 배기가스가 이 협의체의 예상치를 넘어섰다. 계속 나오고 있는 각종 정보를 고려한다면 지구온난화의 심화가 가져다줄 위험을 IPCC가 과소평가했을지도 모른다.

1장

진화하는 지구

지구는 살아 있는 행성이다. 때로는 역동적이고 격렬하기도 하다. 심한 기온 변화 속에서도 생물이 살아가는 데 지장이 없는 현대의 기후는 지구의 정체성을 결정짓는 변화에서 나왔다. 이런 변화는 대륙의 충돌에서부터 태양에너지를 열로 흡수해 빛으로 방사하고 해류의 세기와 흐름에 영향을 미치는 대양의 위력에 이르기까지 다양하다. 대기 변화와 지반 운동과 세계 기후가 상호 작용을 해서 지구의 역사를 바꾸고 모든 생물이 살아가기에 적합한 환경을 만들어 냈다.

거시적인 차원에서 과학자들은 46억 년 전쯤에 행성들의 잔해에서 나온 가스구름이 고체로 응결되면서 우리 태양계가 형성되었다고 생각한다. 태양계의 형성은 대부분의 과학자들이 동의하다시피 130억 년 전 무렵에 빅뱅으로 시작된 우주의 역사에서 일어난 중요한 사건 가운데 하나일 뿐이다. 어마어마하게 뜨겁고 원자보다도 더 작은 과열된 우주가 몇 초 만에 빛의 속도보다도 더 빠른 속도로 팽창하기 시작했다. 이른바 빅뱅이다. 우리는 우주의 배경복사(빅뱅의 잔해로 우주 공간에 퍼져 있는 복사에너지—옮긴이)를 통해서 이 사건을 유추하고 우주의 끊임없는 팽창을 짐작할 수 있다.

그 뒤 30만 년 동안 우주는 태양계에 있는 태양의 내부와 흡사한 과열된 물체로 남아 있었다. 우주가 팽창하고 냉각되면서 에너지와 물질이 분리되었다. 우주의 팽창과 냉각 현상은 오늘날에도 계속되고 있다. 역사가 데이비드 크리스천은 이렇게 말한다.

빅뱅 이후 30만 년 정도 지났을 무렵에 창조의 요소들, 곧 시간과 에너지와 물질계의 기본 입자들이 갖춰졌다. 물질계의 기본 입자들은 대부분 수소와 헬륨 원자들로 이루어져 있다. 그 뒤로 바뀐 것이라고는 아무것도 없다. 동일한 에너지와 동일한 물질이 지금껏 그대로 존재하고 있다. 바뀐 게 있다면 130억 년 동안 이 동일한 요소들이 형태를 바꾸면서 끊임없이 생성·소멸되고 있다는 사실이다.[1]

10억 년을 1년으로 환산한다면, 130억 년이라는 우주 역사에서 빅뱅이 일어난 것은 13년 전의 일이다. 이 셈법에 따르면 4년 전쯤 지구에 첫 생물이 등장했고 50분 전에 아프리카에서 현생인류가 출현했다. 독자들이 이 책에서 읽게 될 농업의 발명은 5분 전에, 도시 건설은 3분 전에 일어났다.[2]

이런 식으로 생각하면 인류의 생애는 지구의 역사에서 비교적 최근에 시작되었다. 한편 지구의 에너지 체계를 작동시킨 10억 년을 1년으로 압축한다면 인류의 역사시대는 1분도 채 안 될 것이다. 그렇다면 20세기는 3분의 1초도 안 되는 셈이다.

지구의 기원과 변화

46억 년도 더 전에 대형 유성의 폭발적인 원자에너지에서 섭씨 1,000도에 달하는 용암 덩어리가 생성되었다. 이 유성의 철코어가 가라앉으면서 생긴 충돌로 6억 년이라는 긴 시간 동안 지구의 마그마가 만들어졌다. 지구의 철코어에서는 위험한 고에너지 입자를 막아 주는 자기장이 생겨났다. 지구에는 연약한 생물이 살아갈 수 있도록 이런 방식으로 보호막이 갖춰지게 되었고 지금도 그렇다.[3]

이 뜨거운 행성이 격렬한 대기를 만들어 냈다. 젊은 지구는 대규모 화산지대와도 같다.[4] 하지만 20억 년 동안 유성의 움직임이 느려지면서 표면과 대기가 크게 바뀌어 차츰 식어 갔다. 학자들 가운데에는 이런 기후변화를 20억 년 전 무렵에 화성과 비슷한 크기의 거대 유성이 지구와 충돌하면서 받은 충격 탓으로 돌리는 이들도 있다. 그 유성이 지구의 측면과 충돌해 열대지방을 데웠을지도 모를 태양광선의 방향을 상당한 정도로 바꿔 놓았다. 일사량이 줄면서 지표면이 냉각되고 대기가 '건조'해졌다. 대기 건조는 지표면에서 더 많은 복사열을 빼앗아 갔다. 또한 일사량이 줄어들자 빙하가 확장되고 눈으로 뒤덮인 추운 지구가 되었다(23억 년 전). 빙하가 진전되면서 거대한 양의 빛과 열이 반사되는 바람에 지구는 더욱 냉각되었다.

대기가 냉각되면서 얼음 혜성에 적합한 환경이 조성되었다. 우리 은하계의 깊숙한 공간에서 나온 얼음 혜성들은 무게가 20톤 내지 40톤에 달해 2~3초마다 지구의 내부 공간을 폭파시킬 수 있었다. '눈덩이 지구'(Snowball Earth) 이론에 따르면, 이러한 은하계의 사건들로 지구의 대기가 물방울에 젖었고 대기를 적시는 물방울의 양이

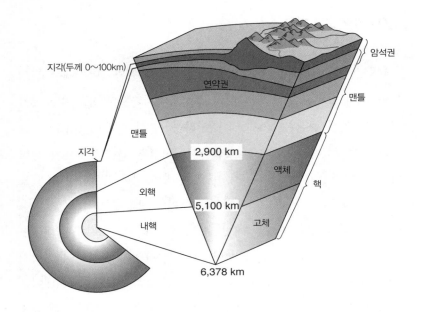

지각(두께 0~100km)

연약권

지각

맨틀

외핵

내핵

2,900 km

5,100 km

6,378 km

액체

고체

암석권

맨틀

핵

그림 1-1 지구의 내부 구조를 보여 주는 단면도
Jacquelyne Kious and Robert I. Tilling, *This Dynamic Earth: The Story of Plate Tectonics*(Washington DC: US Geological Survey, 1996).

갈수록 늘어났다. '우주 비'(Cosmic rain)가 뜨거운 지구를 냉각시키고 최초의 대양들을 만들어 냈다. 지구를 냉각시키는 데 산소가 필요하지는 않았지만 "아마도 20억 년 전쯤에 산소의 양이 상당히 늘어났을 것이고 지구의 생물권에 진화 과정상 커다란 변화가 나타난 8억 년 전에도 그랬을 것이다. 선캄브리아기(46억~5억7천만 년 전)에 이산화탄소의 양도 크게 달라졌을 것으로 생각된다."[5]

선캄브리아기 이후 대기 밀도가 0.035퍼센트에 달하면서 이산화탄소 양이 늘어났고 그것이 지구의 대기에 영향을 주었다.[6] 육지와 바다 생물권이 변화함에 따라 이산화탄소가 산소로 바뀌었고 탄소는 대양이나 산맥, 암석 같은 다양한 '배수구'로 흘러들었다. 바야흐로 지구는 7억 년 전에 북반구에서 열대지방에 이르기까지 육지와 바다가 빙하로 뒤덮이는 빙하기를 겪게 된다. 빙상이 지구 탄소의 25퍼센트 가량을 잠식했다. 물이 아니라 빙판으로 뒤덮인 대양은 더 이상 화산 분출로 생겨난 이산화탄소를 흡수할 수 없었다. 정상적인 상황이라면 대양이 이산화탄소를 흡수할 수 있었을 것이다. 하지만 이런 상황에서 점차 늘어나는 용해가스를 흡수한 것은 대기였다.

눈덩이 지구 이론이 그럴듯하게 설명해 주는 것은 공교롭게도 지축이 23.5도 기울게 된 지구물리학의 문제가 아니라 빙하시대의 도래이다. 지금까지 제기된 가장 설득력 있는 과학적 설명은 6억 년 전에 지구의 땅덩어리가 남극에 모여 있었다는 것이다. 이 땅덩어리의 무게 탓에 지구가 지금처럼 기울어졌다. 이 땅덩어리가 해체되어 대륙을 이루게 된다. 이것이 이 장에서 자세하게 다루게 될 주제이다.

차가운 지구와 따뜻한 지구

이런 지질학적 사건들은 지구가 빙하로 뒤덮인 선캄브리아기의 수백만 년에 걸쳐서 일어났다. 그런데 열을 흡수하는 이산화탄소 양의 증가로 지구온난화가 촉진되었고 이 시기에 수백만 년 동안 누적된 빙하가 녹아내렸다. 대기의 기온이 상승하면서 대양과 지표수가 증발하기 시작했고 지구의 기후는 더욱 따뜻해졌다. 수증기는 지표면에서 나온 일사(태양복사)를 가두어 놓기 때문에 최대의 자연 온실가스이다.

처음에는 이런 과정이 산소를 배출하는 남조식물 같은 초기 생물이 살기에 거의 완벽한 환경을 만들어 냈다. 대기 중에 산소의 양이 증가하면서 "다세포 동물에게 나타나는 더욱 복잡한 화학 작용도 가능해졌다."[7] 최초의 온실효과로 여러 가지 생물종의 기원을 만들어 낸 '캄브리아 폭발'(5억7천~5억3천 년 전)이 발생했다.

오늘날 기후 체계에 해로운 영향을 미치지 않을까 우려가 크지만, 지구온난화가 수십억 년 전에는 산소를 배출하는 남조식물을 만들어 내는 데 이바지하고 해빙을 촉발시켰으며 물속에서 산소와 철의 작용을 촉진시켰다. 철은 산소가 있으면 물에서 분리되고 대양 바닥에 가라앉아 광상을 이룬다. 이 밖에도 지표 온도가 무척 높아 증발이 많이 일어나고 그에 따라 꽤 많은 비가 내렸다. "비가 대기 중에 있는 이산화탄소를 씻어 냈을 것이고 그것이 탄산이 되었을 것이다. 이어서 탄산은 대륙으로 스며들고 땅에 스며든 침전물이 대양으로 흘러들어가면서 화학 작용을 거쳐 석회석이 되었다."[8] 철과 석회석 광상은 오랜 시간을 지나며 빙하석 형태의 광상이 되고, 먼 미래에 인류의 제조업이나 산업 활동에 매우 중요한 자원으로 떠오르게 되는 해양 퇴적물을 끌어들였다.

5억5천 년 전 무렵 지구의 탄소 양에 나타난 변화가 지구의 기후에 중대한 변화를 가져왔다. 이 기간에 대기 중 이산화탄소의 양이 오늘날의 2~3배 수준까지 떨어졌다. 이산화탄소 감소 현상은, 탄소가 온갖 종류의 암석에 흡수되고 해양저가 확장되며 땅 위의 생태계가 다양한 식물군을 갖춰 나가면서 나타났다.

온난화로 지구의 녹지화가 계속 진행된 반면에 이산화탄소 양의 감소로 지구는 수백 년에 걸쳐 서서히 냉각되었다. 이산화탄소 양의 변동은 과거 1억5천 년 동안 주기적으로 등장한 '빙하시대'의 역사를 이치에 맞게 설명해 주기도 한다. 규칙적인 양상을 보인 빙하시대는 더 최근인 75만 년 전에도 등장했다. 9만5천8백 년 정도 지속된 빙하시대와 1만~3만 년에 이르는 간빙기가 거의 10만 년마다 나타났다. 이런 흐름을 고려해 보면, 인류 문명은 현재의 간빙기에 꽃을 피운 셈이다.

판구조론과 초대륙, 기후변화

수백 년에 걸쳐 지구 한랭화를 촉진한 것은 지구 기후 체계의 불안정한 변화만이 아니었다. 대규모 지형 변화와 대륙 이동도 여기에 한몫했다. 오늘날의 대륙으로 나뉘게 되는 대규모 땅덩어리의 해체와 큰 지각 판의 이동이 기후를 변화시키고 지구의 생태계를 바꿔 놓았다.

40억 년에 걸쳐서 지구의 표면이 냉각되면서 100킬로미터 두께의 암석권이라는 지각이 생성되었다. 이 암석권은 곧 화산활동과 지진에 의해 거대한 지각 판으로 나뉘었다. 경계에서 일어나는 반복적인 활동으로 이 판들이 움직이거나 떠다녔다. 용암류가 끊임없이 분출되어 지표면의 구조를 바꿔 나갔다. 판에 생긴 거대한 틈을 타고 지구의 핵에서 지표면으로 마그마가 흘러 나왔다. 오래된 암반에 균열이 생기고 마그마와 녹은 용암류가 새로운 지표면과 새로운 해저를 만들어 나갔다. 이런 붕괴에서 생긴 폭발력과 강도 때문에 규모가 확장된 대양도 있고 축소된 대양도 있다. 또 거대한 지판이 서로 충돌하면서 산맥이 솟아올랐다.

이런 판들의 이동을 설명하는 가설을 대륙이동설이라고 한다. 이 것은 아주 먼 옛날에 초대륙이 존재했을 것이라는 추측에서 시작 한다. 초대륙이 몇 조각으로 분열되고 수백만 년의 지구 역사를 거 치면서 이 조각들의 사이가 벌어졌다. 오늘날의 대륙들을 해안선이 아니라 대륙붕을 따라서 퍼즐 맞추듯이 이어 보면 초대륙의 원형을 짐작할 수 있다. 이렇게 이동한다는 설명이 그럴듯해 보이긴 하지 만, 이동에 동력을 공급한 에너지원을 과학적으로 설명해 내는 일은 21세기 후반까지도 쉽지 않을 것이다.

그런데 소나(sonar) 기술이 발달하면서 과학자들이 해저 지도를 그 릴 수 있게 되었다. 판이 움직이면서 해저가 깊숙한 해구로 이동하고 그에 따라 판과 퇴적물이 뜨거운 지구 내부로 밀린다. 이들은 그곳에 서 녹은 다음 용암이 되어 해저의 표층으로 돌아온다. 오래된 퇴적물 을 주기적으로 끌어들이는 이러한 섭입 과정을 통해서 해저의 크기 가 줄어들고 그것이 녹은 용암으로 바뀐다. 이런 과정을 통해서 해양 저의 규모가 커진다. "말하자면, 커다란 판을 움직이는 데 필요한 동 력을 공급하는 것은 바로 지구 내부의 열이다. 이 열은 주로 태양계 가 생성되기 직전에 초신성이 폭발하면서 생겨난 지구 내부의 방사 성물질에서 나온다."[9]

단단하기는 하지만 고정되어 있지 않은 큰 지각 판 8개와 작은 구 조판 7개가 지구의 물질 구조에 나타나는 변화와 발전의 역동적인 과정에 참여하고 있다. 우리가 살고 있는 세계는 수백 년에 걸쳐 복 잡한 대규모 화산폭발과 지진을 수없이 겪고 나서야 안정기를 맞이 했다. 이러한 충돌과 융기가 가져온 파장은 엄청났다. 지구 발달의

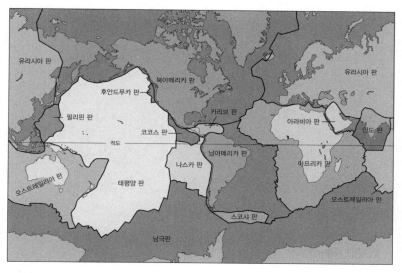

그림 1-2 12개 정도의 지각 판

Jacquelyne Kious and Robert I. Tilling, *This Dynamic Earth: The Story of Plate Tectonics* (Washington, DC: US Geological Survey, 1996).

역사 내내 지각 판들이 초대륙으로 합쳐졌으며 오늘날의 대륙은 이 초대륙의 분열과 대륙 이동에서 생겨났다. 이러한 이동은 또한 남극 과 북극의 거대한 땅덩어리 위치에 따라 좌우되는 지구의 기후변화 에 엄청난 영향을 끼쳤다.

남극대륙과 오스트레일리아, 아프리카, 남아메리카, 오늘날 인도 라고 알고 있는 대륙, 곧 남반구의 대륙들이 2억8천만 년 전 무렵 에는 곤드와나라는 하나의 거대한 대륙으로 존재했다. 대규모 빙하 가 있었을 테고 이산화탄소 농도도 낮았을 것이다. 북아메리카와 유 럽, 아시아는 빙하빙과 더불어 대양 위를 떠다니는 독립된 대륙들이 었다. 1천만 년이 지나서 이 떠다니는 대륙들과 곤드와나가 합쳐져 초대륙, 이른바 판게아('지구 전체'를 의미한다)가 되었다.

　이것을 육지로 둘러싸인 거대한 바닷물 호수가 있는 지구라고 설명해도 좋고 거대한 섬이 있는 대양 행성이라고 불러도 좋다. 이것은 단지 어떻게 정의하느냐에 달린 문제이다. 낯설지 않은 세계로 볼 수도 있다. 적어도 당신은 어디든지 걸어서 다닐 수 있었다. 바다를 건널 필요가 없었다.[10]

따뜻해지는 지구

　판게아는 지구에 급격한 기후변화가 나타난 2억7천만 년 전 무렵에 생겨났다. 수백 년에 걸친 대규모 빙하 작용이 끝나고 지구의 기후가 다시 따뜻해지기 시작했다. 이슬점이 급속히 올라가고 얼어붙어 있던 지구가 녹아서 커다란 습지로 뒤덮이게 되었다.

　분열되기 이전에 판게아는 오늘날 우리 눈에 분리된 것으로 '보이는' 거대한 땅덩어리들로 연결되어 있었다. 그린란드와 영국제도가 유럽에 속해 있었고 인도네시아와 말레이시아, 일본은 아시아 대륙에 연결되어 있었다. 시베리아와 알라스카는 붙어 있었고, 지금은 사라졌지만 깊이가 얕은 큰 내해가 상당한 지역에 펼쳐져 있었다. 하지만 1천5백만 년이 안 돼서 지구에 다시 급격한 변화가 찾아들었고 판게아가 분열되기 시작했다. 수퍼플룸(대규모 맨틀 상승운동―옮긴이) 규모의 대규모 화산이 폭발하면서 녹은 용암이 지구의 핵과 지각을 거쳐 지표면으로 흘러나왔다.

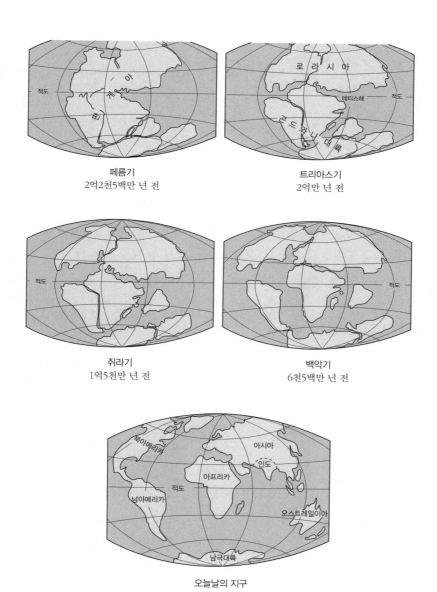

페름기
2억2천5백만 년 전

트리아스기
2억만 년 전

쥐라기
1억5천만 년 전

백악기
6천5백만 년 전

오늘날의 지구

그림 1–3 판게아의 분열

Jacquelyne Kious and Robert I. Tilling, *This Dynamic Earth: The Story of Plate Tectonics* (Washington, DC: US Geological Survey, 1996).

당시에는 텍사스와 플로리다, 잉글랜드가 적도에 있었다. 북중국과 남중국은 따로 떨어진 채로, 인도차이나와 말레이반도는 서로 합쳐진 채로, 나중에 시베리아라고 부르게 될 땅은 조각난 상태로 모두 거대한 섬을 이루고 있었다. 빙하기가 250만 년마다 찾아왔고 그에 따라 해수면도 오르락내리락했다.[11]

이 1천5백만 년 기간이 지나면서 지구의 표면이 완전히 바뀌었다. 용암류가 모든 지역을 뒤덮었고 시베리아의 경관을 바꾸어 놓았다. 판게아의 일부가 북쪽으로 이동하면서 시베리아를 밀어냄으로써 북극에 가까운 오늘날의 위치에 자리 잡게 되었다.

인류가 경험한 그 어떤 것보다 훨씬 더 큰 거대한 폭풍우 메가-몬순이 땅을 적시고 흘러넘쳤다. 남중국이 서서히 아시아로 붙었다. 여기저기서 화산들이 분화구를 열고 황산을 내뿜었다. 이런 화산 분출이 가져온 생물학적인 결과는 엄청났다. 육지와 바다의 생물이 죄다 죽어 나갔다. 그야말로 전무후무한 일이었다.[12]

판에 균열이 생기고 화산이 폭발하여 지구에 이산화탄소 양이 늘어났으며, 기후 체계가 중생대(2억3천만~6천5백만 년 전)의 온난기로 이어졌다. 판 활동과 화산활동이 잦고 탄소 함량이 풍부한 암초와 퇴적물의 풍화 작용이 오랜 시간에 걸쳐 진행되면서 이산화탄소의 양이 증가했다. 이것이 기후변화의 주된 원인이었다.[13]

판게아의 분열이 계속 진행되면서 지구는 오늘날과 같은 형체를 갖추기 시작했다. 1억 년 전 무렵에 오늘날 남아메리카와 아프리카에 해당하는 두 개의 커다란 초대륙 퍼즐 조각이 좁은 해협에 의해 둘로 나뉘었다. 이 퍼즐 조각들이 아마도 해령 사이의 열곡을 따라 난 해저가 대서양 크기로 확장되면서 점차 떨어져 나갔을 것이다. 1백만 년마다 40센티미터 정도의 해저가 생겨났다. 동시에 이전의 해저는 깊은 해구 속으로 사라지기도 하고 대륙 덩어리의 섭입대에 편입되기도 했다. 이러한 이동과 충돌로 판의 상태는 상당히 불안정했다. 오늘날 대서양은 1년에 3.8센티미터 정도, 곧 우리 손톱이 자라나는 것과 같은 속도로 커지고 있다.[14] 이 기나긴 시기 동안 지구에는 얼음이 거의 없었다. 이산화탄소 양이 늘고 기후가 따뜻했음을 암시한다.[15]

얼어붙는 지구

남아 있는 초대륙 곤드와나가 분열을 거듭하면서 남반구에서는 지구의 한랭화가 나타나기 시작했다. 다른 주요 지질학적 사건들은 물론 남극의 한랭수 방류, 대륙의 이동과 충돌, 티베트고원 생성이 이런 변화에 박차를 가했다. 1억3천만 년 전에 인도가 남극대륙에서 떨어져 나와서 아시아 대륙 쪽으로 조금씩 이동하기 시작했다. 약 6천만 년 전에는 오늘날의 모리셔스 섬과 오스트레일리아 대륙이 남극대륙에서 분리되기 시작했다. 3억3천만 년 전 무렵에는 태즈메이니아 남부로 뻗어 있는 남극대륙과 오스트레일리아를 잇고 있던 바다 밑 땅이 마침내 끊어지고 큰 단층이 생겨났다.[16]

오스트레일리아가 북쪽으로 이동함에 따라 대양의 차가운 저층수가 커다란 단층을 통과하면서 남극대륙의 열을 차단했다. 이전의 '온실' 단계 동안 남극대륙에는 다양한 온대기후 식물이 자랐다. 오늘날에는 1초에 2,500세제곱미터의 한랭수가 남극대륙과 오스트레일리아 사이를 흐른다. 이것은 거대한 아마존 강의 초당 유량보다 1천 배나 많은 양이다.[17] 과학자들이 남극순환해류라고 부르는 이 저층수가 기나긴 지구의 온실 기간을 끝내고 지구의 냉각과 빙하기의 순환을 시작하게 만든 요인으로 확인되었다. 한류가 남극대륙을 순환하면서 남극의 빙원을 만들고 지구 둘레의 해양저를 차갑게 유지했다. 오스트레일리아의 생태학자 팀 플래너리는 이렇게 말한다. "남극순환해류가 현대의 세계를 출범시킨 전환점이 되었고 …… 커다란 단층이 생길 때 지구 평균기온이 이례적으로 5~6도가 떨어져 섭씨 5도(화씨 41도)가 되었다."[18]

남반구에서 남극대륙의 빙산이 등장하기 시작한 것은 오스트레일리아와 남극대륙이 분리된 지 3천5백만 년가량 지난 2천만 년 전보다 앞선 시기였다. 해양저가 확산되면서 생겨난 이 분리로 "해류가 남극대륙 주위를 자유롭게 순환할 수 있게 되었다. 그 결과 남극 지역에서는 한동안 강설량이 크게 늘어났고 5백만 년 전에는 얼음의 이동이 활발했다."[19] 얼음이 대륙의 경계를 넘어 확산되면서 300미터 높이의 빙벽이 생겨났다. 이 빙벽이 규모가 커지고 무거워지면서 580미터 정도의 대양 아래로 가라앉았고, 해양저를 긁어내 그곳에 심층 한랭수가 흐르게 했다. 인류 역사상 그 어느 때고 이곳에 얼음이 얼지 않은 적이 없었다.

북아메리카에서는 평균기온이 화씨 18도 이상 떨어져 해양 생물과 동식물이 대거 멸종하고 뜨거운 여름과 엄동설한의 계절 변동이 시작되었다. 지구가 차가워지기 전에는 연중 비가 오늘날보다 더 골고루 내렸다. 건기가 없어서 초원과 초목, 사막이 거의 없었다. 지구의 표면 대부분이 대양과 얕은 바다로 뒤덮여 있어서 전 세계적으로 기온에 큰 변화가 없었다. 북극해와 빙결 지역, 빙하가 아예 없거나 지극히 드물었다. 지구가 냉각되면서 북아메리카에서는 상록혼합림 대신에 다양한 활엽수림이 들어섰다. 현대의 빙하 세계가 펼쳐지면서 지구 전체에 변화가 나타났다.

한랭기후가 온난기후를 대체하고 우기가 건기를 대체하면서 북아메리카의 상당 지역을 차지하는 연해와 내해가 물러나고 상당히 넓은 육지가 드러났다. 한랭화가 진행되면서 전 세계의 기후가 훨씬 더 다양해졌다. 한랭화의 결과로 강수량이 줄고 밀림을 대신해서 사바나와 초원의 탁 트인 서식지가 생겨났다. 장기적인 추세로는 틀림없이 지구가 냉각되고 빙결이 진행되었지만, 온난기후에서 한랭기후로 오락가락하는 기후변동은 여전히 계속되었다. 이렇듯 기후가 변동하고 새롭게 한랭기와 건조기가 나타나면서 여름과 겨울이 발달했다. "계절의 변화에 따라 식물이 휴면 상태로 악천후를 견디다가 1년에 한 차례 내지 두 차례 씨앗을 발아시켜 번식하는 데 적응할 필요가 생겼다. 풀이 여기에 적응하면서 탁 트인 초원 사바나가 생겨났다."[20] 이런 변화는 더디게 나타나기는 했지만 포유동물의 진화와 발달로 이어지는 중대한 변화였던 것으로 밝혀졌다. 이러한 지질학적 사건들은 동물이 진화하는 데 결정적인 영향을 미쳤고, 해부학적으로 현생인류의 조상인 호미니드가 진화하는 과정에도 필수적인 요인으로 작용했다.

티베트고원의 융기

6억6천4백만 년 전부터 5억7천8백만 년 전까지 1천만 년 기간 동안에 지구에는 대륙의 융기가 진행되었다. 인도와 아시아가 충돌했고 "아직도 설명할 만한 정확한 메커니즘을 찾지 못했지만, 양 대륙이 충돌한 뒤에 생긴 압축응력으로 어찌된 일인지 티베트 일대가 융기했다."[21] 인도와 아시아가 충돌할 때 양 지역의 암석이 떠밀려 압축을 받아 쭈그러지고 가루가 되었다. 일부는 위로 솟아올라서 세계에서 가장 젊은 히말라야산맥을 이루었다. 다른 일부는 지구의 맨틀 아래로 밀려 내려가서 융기의 무게로 무너지지 않도록 산맥을 떠받치는 기저를 형성했다. 맨틀의 밀도도 높아졌다. 산맥 자체는 상향 압축으로 지각의 밀도가 촘촘해졌다.

인도와 아시아가 충돌할 때 인도 판과 인도 대륙의 일부가 아시아의 끄트머리 밑으로 밀려들어 갔다. 하지만 인도 대륙의 다른 부분은 두꺼운 맨틀만큼 밀도가 촘촘하지 않았다. 그래서 아래로 밀려들어 가지 않고 수평으로 이동해서 아시아와 인도 사이에 쐐기 모양을 만들어 냈다. 티베트고원이 견고한 암반으로 솟아오른 것은 이 수평 이동 때문이다. "티베트 아래 (대륙 지각이라고 불리는) 암반은 (지구) 평균 지각의 두께보다 2배나 두꺼운 74킬로미터나 되었다."[22]

'세계의 지붕'이라고 일컫는 티베트고원은 면적이 미국 땅의 세 배나 된다. 해발고도가 4,500미터나 되는 이 고원은 로키산맥보다 높다. 인도와 중앙아시아 사이에는 해발 8,000미터의 히말라야산맥이 2,900킬로미터나 뻗어 성벽을 이루고 있다. 이 융기가 지구의 기후에 어떤 영향을 끼치고 인류가 진화할 환경을 어떻게 조성했을까

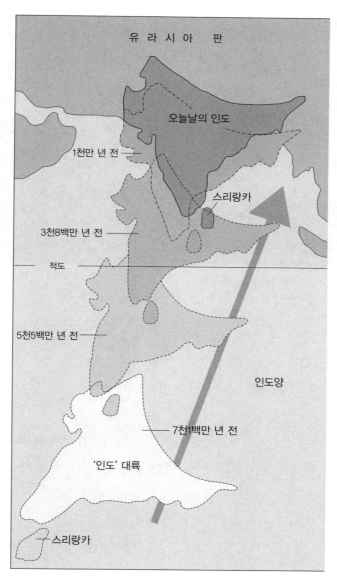

그림 1–4 두 대륙이 충돌하여 형성된 히말라야산맥

Jacquelyne Kious and Robert I. Tilling, *This Dynamic Earth: The Story of Plate Tectonics*(Washington, DC: US Geological Survey, 1996).

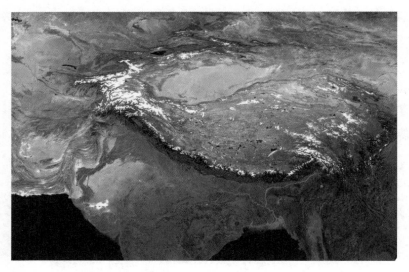

그림 1-5 인공위성에서 찍은 히말라야산맥

하는 문제는 지질학자나 기후학자들에게 중요한 문제로 남아 있다.

티베트고원과 히말라야산맥의 형성 시기가 약 2천4백만 년 전 따뜻한 '온실' 기후가 좀 더 온난한 기후로 바뀌는 시기와 일치하면서 온혈동물의 진화 양상이 지속될 수 있게 되었다.

히말라야산맥과 티베트고원의 형성이 아시아의 기후를 바꾸면서 계절의 변화가 생겨났다. 아시아에서는 겨울에 건조하고 여름에 비가 내리는 계절의 변화로 몬순이 생겨났다. "몬순 현상은 지대가 높고 광대한 히말라야 일대가 여름 태양에 빨리 데워지고 대기를 가열해서 상승시키기 때문에 발생한다. 바다로부터는 습한 공기를 빨아들이고 이 습기가 비가 되어 내린다."[23] 이러한 기후변화가 시작되기 전에는 티베트에 열대림과 아열대림이 있었다. 1천만 년 전에는 온대지역에 있는 나무숲과 비슷한 낙엽수림이 있었다. 오늘날의 초목은 과거의 그것과 전혀 다르다. "혹독한 겨울과 건조한 계절의 거친 스텝기후에 적응한"[24] 풀과 관목이 주종을 이룬다.

고도가 2,400미터 정도 높아질 때마다 기온은 화씨로 32도가량 떨어진다. 초목의 변화나 퇴적암 형성에 나타난 흔적을 볼 때, 티베트고원은 지난 1천만 년 동안 800미터 융기한 것을 포함해서 2천5백만 년에 해발 4,800미터가량 솟아올랐다. 이 융기의 영향을 받지 않은 남중국이나 동남아시아 이웃 지역에는 온난한 기후에 적합한 초목이 자란다. 오늘날 티베트에서 발견되는 화석과 꽃가루 유물은 4천만 년 전에 그곳이 융기했음을 짐작케 한다. "더욱더 확실하게는 티베트에 남아 있는 7천만 년 가량 된 …… 해저 퇴적물을 통해서 그 융기를 확인할 수 있다."[25]

티베트고원의 융기가 인도 판과 아시아 판이 충돌하여 생겨난 유라시아 지역의 기후변화에 미친 영향은 무엇이었을까?

첫째로, 융기한 지역이 중위도 일대의 지표와 상층 대기에서 서쪽에서 동쪽으로 부는 자연 바람의 흐름을 막았다. 서풍이 막힌 가운데 고원으로 불어오는 동풍은 고원 주위에서 북쪽으로 방향을 바꾸었다. 이것이 남쪽으로 부는 대형 환류인 '사행류'를 낳았다. 대기의 순환에 나타난 이러한 변화는 단기적인 일기예보가 아니라 장기적인 기후 양상을 보여 준다.[26]

둘째로, 높은 고원이 여름과 겨울의 대기환류에 영향을 끼쳤다. 만약에 이 지역이 융기하지 않았더라면 강수량이 훨씬 더 넓은 지역으로 확산되어 집중도가 떨어졌을 것이다. 태양이 융기 지역의 얇은 대기를 가열하는 속도는 빨랐다. 대기의 밀도가 낮아서 따뜻한 공기가 재빠르게 상승한다. 상승하는 공기는 냉각되면서 더 이상 수증기를 유지할 수 없게 된다. 인도양에서 날아오는 수분이 고원의 좀 더 낮은 저기압에 가로막혀서 여름 몬순 형태의 집중호우가 동남부 지역을 강타했다.[27] 티베트고원 때문에 인도와 동남아시아의 기후가 더 따뜻해지고 비도 더 많이 내렸다. 이와 마찬가지로 오늘날의 몬순도 인도 대륙의 저지대에 홍수를 불러오고 토양을 침식할 뿐 아니라 작물을 파괴하고 인명까지 앗아 간다.

셋째로, 더위와 추위의 계절 변화가 전 지구적인 현상이 되었다. "여름에는 고원지대의 대기가 상승 이동하고 그에 따라 인근 지역의 공기가 내려앉고 (대륙의 기온에 비해 선선한) 아열대 지역의 대양 위로 고압대가 형성된다. 거대한 티베트고원의 대기가 가열되면 그 공기가 지중해와 중앙아시아 인근 지역으로 내려앉게 된다. 이때 내려앉는 공기는 건조하다. 수분이 발생하는 해양에서 멀리 떨어진 고지대에서 날아왔기 때문이다. 대기가 하강하면서 일어나는 압축 가열로 상대습도가 떨어지기도 한다."[28] 겨울철에는 반대 현상이 일어났다. 기압이 낮은 대양의 공기가 상승하면서 고원지대의 공기가 하강했다. 그 결과 지대가 높은 고원의 찬 기단에 비해 상대적으로 더 따뜻한 해양 기온이 우세해졌다. 여름과 마찬가지로 겨울에도 고원의 기압이 떨어지면서 지구의 기후에 영향을 주고 아시아와 아프리카, 유럽의 기후에 변화를 가져왔다.

습도가 더 높은 여름 바람이 서쪽에서 상대적으로 더 건조한 북동쪽으로 방향을 바꾸었다. 융기 지역의 건조한 공기가 인도양에서 불어오는 습기를 막았다. 북아시아의 여름이 더 선선하고 겨울이 더 추운 까닭은 이러한 기후 조건에서 비롯된 것이다. 대륙이 융기한 수백만 년 동안에 기후가 점차 바뀌면서 식물군에도 변화가 나타났다.

시간이 흐르면서 2천만 년 전의 따뜻한 낙엽수림 대신에 아북극 삼림과 툰드라가 들어섰다. "지난 2천만 년 전의 화석 기록에서 알 수 있다시피" 점진적인 변화가 "삼림에서 스텝으로, 심지어는 사막의 초목으로 바뀌는 ……" 진화의 형태를 띠었다.[29]

융기의 결과 티베트고원의 위치와 크기가 바뀌면서 유럽의 대기 순환 흐름에도 변화가 생겼다. 바람이 북동쪽에서 불어와 남쪽으로 향했기 때문에 유럽 대륙의 겨울은 더 춥고 건조해지고 여름은 더 선선해졌다. 지중해와 아라비아반도, 북서아프리카는 이러한 바람의 흐름 탓에 더 건조해졌다. 이러한 내용을 포함하여 몇 가지 관찰을 뒷받침하는 증거가 퇴적물에서 발견되었다. 깊은 바다의 퇴적물에 대륙을 지나 대양으로 날아온 수백만 년 전의 먼지와 잔해가 들어 있다. 대륙이 건기일 때 날아온 상당한 양의 침전물이 대양에서 발견된다. 이는 바람의 강도와 방향을 알려주는 지표로 사용된다.

이를테면 아라비아 해에서 볼 수 있는 건조한 아프리카 대륙에서 날아온 침전물과 탄산칼슘, 석영과 점토, 규질 미화석은 인도양 여름 계절풍의 세기와 건조 상태를 측정할 수 있는 귀한 자료가 된다. 또한 일본 동쪽의 북태평양에서 발견되는 퇴적물에는 4천 킬로미터나 떨어진 중국 중심부에서 바람에 실려 날아온 흙의 잔해가 있다. 이 잔해는 95,800년에 걸친 빙하기가 다섯 차례나 반복되는 기간에 침전된 것이다.[30]

요컨대 인도 판과 아시아 판의 충돌뿐 아니라 판 이동에서 생겨난 끊임없는 압력이 이 지역과 주변 지역의 생태나 기후에 엄청난 영향을 끼쳤다. 땅이 융기해 광활한 고원을 이루고 산맥을 형성하면서 지구의 기후를 바꿔 놓았다. 대륙에 산맥이 생기자 융기 지역의 기온이 더욱 선선해졌다. 그리고 대기 순환 양상이 바뀌어 지구가 냉각되고 건조하게 되었다.

예를 들어 미국 사우스다코타 주의 배들랜즈 지역과 유타 주의 빅혼 유역에 관한 초기의 기후 기록은 대륙이 융기하면서 건기가 시작되었다는 결론을 뒷받침해 준다. 두 지역의 연평균 강우량이 융기 이전에는 100센티미터였는데 그 이후에는 40센티미터에도 못 미쳤다.[31] 산맥 형성이 기후변화로 말미암은 것일 수 있다고 지질학자들이 백 년도 넘게 주장해 왔는데 이것이 기후학자들에 의해 입증되었다. "한 가지 중요한 잠재 요인은 티베트고원과 북아메리카 고원의 융기였다. 이것이 대륙의 풍화 속도를 빠르게 하고 대기 중 이산화탄소 양을 감소시켰다."[32]

수백만 년 전의 초기 온난기에는 높은 산맥과 고원이 나머지 지대가 낮은 대부분의 대륙 경관과 매우 큰 대조를 이루었다. "7백만 년 전 무렵에 나타난 탄소용 광합성을 할 수 있는 (C_4식물이라고 불리는) 일부 식물의 진화는 대기 중 이산화탄소의 양이 줄어들어서 나타났을 것이다."[33] 지구 한랭화에 대한 그럴듯한 설명을, 우리는 지난 4천만 년 동안에 진행된 티베트고원과 북아메리카 고원의 융기에서 찾아볼 수 있다.

기온이 몇 도나 오르는 갑작스런 온난화는 지구가 판 활동을 하는 사이에 간간이 나타났다. 이 온난화는 5천5백만 년 전 무렵에 나타나 무려 10만 년 동안 이어졌다. 이것이 환경에 끼친 영향을 북반구와 남반구, 심층 해양에서 찾아볼 수 있다. 10만 년에 걸친 이 이상 기온이 팔레오세와 에오세 사이에 일어났기 때문에 흔히 '팔레오세-에오세 최고온기'(PETM)라고 한다. 여러 화석 기록에서 강우 양상과 초목의 변화를 찾아볼 수 있다. 따뜻한 이상 기온 현상이 지구의 경관이 크게 바뀌는 한랭기에 나타났기 때문에 이 사건들이 서로 어떤 관계에 있을지는 과학적으로 탐구해야 할 주제이다.

대양과 대륙의 화석 기록은 판이 솟아오를 때 일어난 화산활동이나 해양저의 포접화합물이 분해될 때 나온 메탄(CH_4) 또는 유기물의 산화 같은 데서 어마어마한 탄소가 발생했다는 사실을 보여 준다.[34] 이 사건은 기후학자들이 주의 깊게 연구하는 주제가 되었다. 자연적인 요인으로 대기 중에 탄소가 급격히 늘어난 사건이 오늘날 인류가 만들어 내고 있는 상황과 비슷하기 때문이다. 앞의 사건은 대기 상황에 변화를 주어 기온을 5~8도 높여 놓았을 뿐 아니라 수천 년 사이에 해양 순환의 양상을 바꿔 놓았다. 기후 체계가 다시 최고온기에서 벗어나는 데는 10만 년이 걸렸다. 과학자들은 이 사례를 통해 산업화 이후의 온난화에서 벗어나는 데 시간이 얼마나 걸릴지를 예측하고 있다.[35] "이 사건은 거대한 탄소 방출과 극단적인 기후 온난화 사이에 연관성이 있음을 보여 주는 놀라운 사례이다."[36]

지중해의 변화와 환경

5천만 년 전에 판게아의 분열이 끝나고 대륙이 충돌하는 새로운 시대가 시작되었다. 아프리카가 유럽과 충돌하면서 스위스알프스가 생겨났다. 북쪽으로 이동하던 아프리카 판이 아라비아와 유라시아 대륙에 막히면서 아프리카와 아라비아를 가르는 고대의 테티스 해를 압박했다. 그것이 유라시아와 충돌할 때 테티스 해 동부의 작은 지역은 한때 대서양에서 인도양에 이르고 유럽의 대부분 지역과 북아프리카, 서남아시아 중부에까지 걸친 적이 있는 대규모 온수 지대의 조그만 일부로 남아 있었다. 3억 년 동안에 걸쳐 테티스 해에는 오늘날에는 한랭지에 위치한 평균 수온 섭씨 25도에서 서식하는 무척 다양한 온수 무척추동물들이 살고 있었다. 2천5백만 년 전에는 연잎성게류가 테티스 해 여기저기에 살고 있었고 산호초도 꽤 넓은 지역에 서식하고 있었다.[37]

판이 휘어지고 테티스 해 바닥의 퇴적암이 융기하면서 생긴 압력으로 알프스에서 우크라이나의 캅카스와 이란의 자그로스로 이어지는 산맥들이 생겨났다. 두 대륙이 약간 분리되면서 이 고대 바다에서 지중해만 남게 되었다. 포르투갈에서 지중해 북쪽 해안을 지나 터키와 이란으로 확산된 화산활동과 지진 활동은 아프리카 판이 이동하면서 생긴 압력에서 비롯된 것이다.[38] 대륙들이 충돌하면서 압축이 일어나고 그 충격이 폭넓은 해분과 낮은 해수면으로 확대되면서 더 많은 지면이 드러났다. 지면이 확대되자 동식물의 이동이 훨씬 수월해졌다. 땅이 확장된다는 것은 대개 태양열을 반사할 식물이 늘어나고 그에 따라 지구의 한랭화가 촉진된다는 것을 의미했다.

대륙이 충돌하면서 아프리카와 유라시아에는 여기저기에서 동식물 교류가 일어났다. 말과 소가 아프리카로 확산되고, 코끼리와 영장류가 아프리카에서 유라시아로 흩어졌다. 이 전 지구적 교류에서 중요한 대목은 뭐니 뭐니 해도 아프리카에서 시작한 인간 종(호미니드)의 이동이다. "이러한 지형의 형성과 그 과정에서 생겨난 인구 이동은 인간 종들이 계속 등장하고 확산되는 위상학적 기초였다."[39] 호미니드의 이주는 다음 장에서 더 자세히 다루기로 하자.

생태계의 변화와 그것이 인류의 진화에 미친 영향이 2천만 년에 걸친 지중해의 역사에 반영되어 있다. 테티스 해가 없어지기 전에는 장차 대서양과 인도양이 될 곳에서 차가운 해양수가 자유롭게 흘러나왔다. 이 해양수는 차가운 퇴적층 바닥에서부터 따뜻한 지하수면에 이르기까지 다양한 해양 생물을 먹여 살렸다. 대양 간 통행이 자유로워지면서 주변 대륙의 기후도 누그러졌다. 인도양과 연결이 끊긴 것은 대략 1천5백만 년 전이었다. 판들이 밀착되고 산지가 조성되면서 압력이 발생했고, 8백만 년 전에서 5백만 년 전 사이에는 이 압력으로 지브롤터가 폐쇄되었다. 지중해가 대서양과 분리된 것이다. 그리고 이어서 수천 년 동안 수증기가 증발하면서 건조한 사막으로 변하기 시작했다.

다음 계산을 고려해 보면 지중해의 물이 완전히 증발하는 데는 대략 1천 년이 걸리는 것으로 확인된다. 이 지역의 오늘날 기후를 고려하면 해마다 3,900세제곱킬로미터가량의 바닷물이 증발한다. 해마다 480세제곱킬로미터가량 되는 빗물과 강물이 지중해로 유입되는 셈이다. 지중해가 일정한 해수면을 유지하기 위해 좁은 지브롤터 해협을 통해서 해마다 3,400세제곱킬로미터가량의 바닷물을 받아들인다.[40] 계산은 이렇게 나오지만 8백만 년 전에 지중해 바닷물이 그렇게 빨리 증발하지 않은 것으로 보인다. 강물이 계속 유입되었기 때문이다.

당시 …… 동유럽은 '라크메르'(Lac Mer)라는 엄청난 양의 기수(汽水, 해수와 담수가 섞여서 해수보다 염분이 낮은 물—옮긴이)로 뒤덮여 있었다. 이 기수가 빈에서 우랄산맥과 아랄 해로 계속 확산되었다. 오늘날의 카스피 해와 흑해는 라크메르가 남긴 마지막 흔적이다. …… 지중해 유역의 일부 바닥은 8백만~7백만 년 전에 한 동안 일련의 커다란 기수호로 뒤덮여 있었다. …… 이 기수호들이 사라진 것은 약 7백만 년 전이다. 판들이 밀착되면서 카르파티아 산맥이 솟아올랐고 배수 체계에 변화가 생겼으며, 라크메르의 바닷물이 북쪽으로 빠져나가 …… 호수들이 완전히 말라 버렸다.[41]

물이 사라지자 지중해 둘레에 대륙붕이 드러났다. 경사가 가파른 높은 고원들이 종전 테티스 해의 해저로 내려갔다. 해저가 드러나면서 해저화산의 봉우리와 고원도 드러났다. 이들은 해저 3,200미터 정도 아래에 위치한 종전의 바다 지형 사이에서 물에 가라앉은 계곡과 분지로 흩어져 있었다. 그것은 기온이 섭씨 66도나 되는 황량한 사막의 경관이었다.[42] 지중해가 커다란 사막 지역으로 바뀌었다는 사실은 2천만 년 전에서 5백만 년 전 사이에 중유럽의 기후에 나타난 급격한 변화를 설명하는 데 도움을 준다. "빈(Wien)의 숲이 스텝 지대로 바뀌고 스위스에는 야자수가 자랐다."[43] 선사시대의 큰 강인 나일 강과 론 강이 해발 280미터 정도 아래에 황량하고 건조한 지중해 방향으로 깊은 협곡을 만들어 냈다. 이 협곡들이 지중해가 사막으로 바뀔 때 만들어진 고대 하천 체계의 흔적을 보여 준다.

약 550만 년 전에는, 그보다 250만 년 전에 지브롤터해협 일대를 봉쇄한 지각 판들이 다시 이동하기 시작했다. 이 이동으로 지중해 해저 3,200미터 아래로 매우 가파른 벼랑이 드러났다. 시간이 흘러 해협을 막고 있던 암석 장벽이 침식되면서 작은 물줄기가 작은 폭포를 이루게 되고 마침내는 큰 폭포가 되었다. 대서양에서 유입되는 바닷

물이 지중해를 채우기 위해서는 유입되는 양이 증발하는 수증기의 손실보다 많아야 했다.[44]

지중해 유역의 기후와 환경 조건이 바뀌는 데는 땅과 물 흐름의 관계가 중요한 구실을 했다. 사람이 살기에 적합하지 않는 먼지투성이 건조 지역이 어느 날 문명의 중심지가 된다. 지중해로 유입되는 강과 그 지역을 연결하는 항구도시의 역할이 생명을 유지하는 지중해의 특성과 불가분의 관계에 있었다. 이 관계는 최근에 선원들이 이 항구 도시들을 떠나 중국이나 인도, 아메리카 대륙을 여행하고 무역을 통해서 다시 세계를 연결하기 시작하면서 세계의 다른 지역에서도 중요한 것으로 밝혀졌다.

파나마지협과 기후변화

약 1천만 년 전에 지협을 비롯한 중앙아메리카의 거의 모든 지역이 해양저에서 융기하기 시작했다. 적도의 대서양과 태평양이 이렇게 자연스럽게 갈라지면서 지구의 기후에도 변화가 생겼다. 카리브 해 쪽 지협에서는 5백만~7백만 년 전에 시작된 화산활동으로 용암류에서 새로운 지형이 생겨났다. 이러한 융기의 단서는 갈라파고스 제도의 열곡대를 따라 지협의 남쪽으로 확장되는 태평양 해저의 활동에 있다. 해저가 확장되면서 코스타리카와 파나마의 서쪽 해안을 따라 난 북아메리카 해구의 들머리가 남북으로 갈라졌다.

갈라파고스 능선을 따라 새로운 해양저가 떠오르면서 북쪽으로 이동하던 종전의 해양저가 중앙아메리카 해구로 내려갔다. 그것이 암석권을 파고들면서 파나마지협을 비롯한 중앙아메리카 일대가 솟아올랐다. 4백만 년 전에 태평양과 대서양을 가르는 '문'이 완전히 폐쇄되고 적도의 온수 순환 체계가 막을 내렸다. 두 대양에 독자적인 순환 체계가 형성되면서 멕시코만류가 새로운 북대서양 열 염분 순환에 속하게 되었다. 이러한 변화로 폭풍의 항로가 바뀌었고 비교적 따뜻하고 습한 공기가 캐나다 중부와 북유럽으로 날아갔다. 겨울에는 장기간에 걸친 여름철 해빙보다 적설량이 더 많아서 빙하기의 조건이 마련되었다.[45]

지협은 열기도 하고 닫기도 하면서 지구를 냉각시키고 건조하게 만든다. 지협들은 커다란 물줄기들을 갈라놓고 기후에 변화를 주는 해류의 흐름을 바꿔 놓는다. 파나마지협은 따뜻한 대서양 해수가 적도 주위를 순환하지 못하게 하여 지구 기후의 한랭화를 촉진했다. 또한 큰 대륙 둘을 연결함으로써 동식물의 이동은 물론 훨씬 나중에는 인류의 이동도 가능하게 해주었다. 인류가 이미 3만~1만5천 년 전에 걸어서 움직이거나 배를 타고 남쪽으로 이동했을 것이다. 이때 그들이 남쪽으로 내려가면서 파나마지협에 들렀을지도 모른다.

빙하기와 간빙기의 순환

플라이오세 중기(330만~300만 년 전)에는 지구 평균기온이 수천 년에 걸친 산업화 이전 시대 전체 시기의 평균기온보다 섭씨 2~3도가 높았다. 하지만 인류 최초의 조상인 호미니드가 아프리카에 등장할 무렵에는 그렇지 않았다. 플라이오세 중기 무렵에는 대륙과 대양의 위치가 오늘날과 비슷해서 현대와 기온을 비교해 볼 수 있다. 플라이오세 중기에는 대기 중 이산화탄소 농도가 360∼400피피엠 정도였을 것으로 추정된다. 이 정도라면 산업화 이전 시기 수준보다는 높지만 현재의 수준과 비슷한 수치이다. 여기서 얻을 수 있는 지질학적 증거와 빙하코어(빙하에서 채취한 얼음 기둥─옮긴이)의 증거는 해수면이 현대의 그것보다 적어도 15∼25미터 높았음을 보여 준다.

과학자들이 2005년에 플라이오세 중기의 해수면과 대기 상황을 시뮬레이션하는 대기-대양 실험을 해보았다. 그 결과 다음과 같은 결론에 이르렀다. 400피피엠의 이산화탄소 농도가 북대서양에서는 섭씨 3∼5도를 더 따뜻하게 했고, 열대지방에서는 1∼3도를 더 따뜻하게 했다. 이런 결과는 북반구 지역이 이산화탄소 농도 증가에 더욱 민감하게 반응한다는 사실을 말해 준다. 그 원인으로 이런 설명이 가능할 것이다. 열대지방에서는 심층 해류의 순환 속도나 지상풍의 속도가 더 빨라서 열의 이동이 활발해지고 그에 따라 표층 해류의 순환 속도도 빨라졌다.

이러한 요인들이 21세기의 온난화 모델과는 다르다. 21세기에는 빙하가 풀리고 담수가 대양으로 유입되면서 북대서양 심층 해류의 순환 속도가 느려지고 있다. 지구의 기후변화와 심층수 순환의 관계는 지구온난화를 살펴볼 10장에서 좀 더 완벽하게 설명할 것이다. 물론 플라이오세 중기의 기후 온난화와 관련하여 역학 관계를 이해하는 일이 이산화탄소 농도의 증가가 미치는 영향이나 해류의 순환이 지구의 기온을 상승시키는 데 미치는 역할을 예측하는 데 도움을 줄지 모른다.[46] 빙하코어에서 나온 자료에 따르면, 이산화탄소 농도가 안정되고 그 수준이 농업 사회 이전의 수치인 180피피엠으로 돌아가는 데 10만 년이 걸린다.

이러한 고기후(지질시대의 기후─옮긴이) 기록은 지난 74만 년 동안 전개된 빙하기와 간빙기의 순환 사건들을 보여 주고, 심층 해양 퇴적물에서 나온 증거는 수백만 년에 걸쳐 진행된 다른 순환들을 보여 준다. 가장 좋은 자료는 43만 년 전부터 나왔다. 이때 빙하기와 간빙기의 순환이 9만5천8백 년가량 지속되고 따뜻한 간빙기가 1만~3만 년 동안 지속되었다. 이러한 전체 주기 속에서, 태양 주위를 돌면서 생기는 지구의 자전이나 기울기의 변화에 따라 부수적인 주기도 나타났다. 4만1천 년 전에는 한 주기 전체가 지축의 기울기에 영향을 받았다. 고위도에서 지축은 태양에서 나오는 복사의 양을 조절한다. 2만3천 년 전 또는 1만9천 년 전에는 지구 자전에 '워블'(wobble)이 나타나면서 미약한 온난·한랭 주기가 발생해서 적도 부근의 저위도 지방에 커다란 영향을 끼쳤다.

지난 74만 년 동안, 9만5천8백 년마다 간빙기와 빙하기가 순환하면서 심한 기후변화가 생겨났다. 삼림이 우거지다가 사라졌고, 호수와 하천의 해수면이 오르락내리락하고, 그로 인해 대륙붕의 윤곽이 드러나기도 하고 물에 잠기기도 했다. 고위도 지방과 높은 산맥에서는 빙하가 발달했다. 빙하의 앞에는 확장 중에 있는 주빙하 지대와 영구동토대의 지형이 드넓게 펼쳐졌다. 기후변화와, 기후변화가 환경에 미치는 영향이 자주 일어났고 예측도 가능했다.[47]

다음은 1백만 년 이상에 걸친 지구의 '최근' 기후 역사에 관한 간단한 서술이다. 250만 년 전에는 북반구에 중간 규모의 빙상이 존재했다. 90만 년 전에는 그 빙상이 훨씬 더 큰 빙하로 바뀌었다. 플라이스토세(180만~11,600년 전)에는 대형 빙상이 북반구의 상당한 지역을

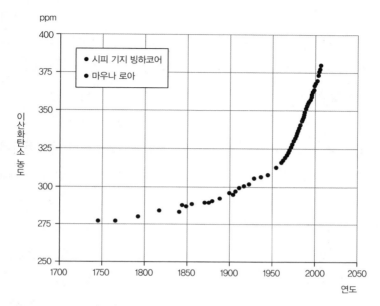

ppm

400

375 ● 시피 기지 빙하코어
     ● 마우나 로아

350

이 325
산
화
탄 300
소
농
도 275

250

    1700   1750   1800   1850   1900   1950   2000   2050
                                                              연도

그림 1-6 대기 중 이산화탄소 농도와 지표 온도(1744~2005년)
퓨지구기후변화센터(Pew Center of Global Climate Change) 제공. www.pewclimate.org.

뒤덮고 있었다. 그 뒤에 빙하가 물러가고 온난기가 시작되었다. 기
후가 대체로 건조하고 대기 중 이산화탄소의 양이 적어서 수렵과 채
취를 하기에는 적합했지만 식물을 재배하거나 농사를 짓기에는 힘들
었다. 최근에는 홀로세 시기가 11,600년 이어졌다. 이 시기에는 대
빙하가 물러가고 지구의 기후가 따뜻해졌으며 인구가 늘어났다. 최
근 수십 년 동안에는 과학자들이 11,600년 전의 이행기에 지구 환경
을 갑자기 바꿔 놓은 미량 가스(1피피엠에 못 미치는 농도로 존재하는 기
체—옮긴이)의 역할에 주목했다.

  지구의 기후 역사에서 기후변화가 가장 집중적으로 연구된 시기는
백만 년도 더 되는 과거 시기와 홀로세 시기이다. 빙하가 녹기 전에

는 수십만 년 동안 북반구의 경관과 대양을 차지하고 있었고 북아메리카의 상당 부분과 유럽, 아시아 북부를 뒤덮고 있었다. 지구의 기후에 직접 큰 영향을 끼치는 대륙수와 해양수의 상당 부분을 빙하가 가둬 놓고 있었다.

빙하가 풀리면서 따뜻해지기 시작했고 기후가 상대적으로 안정되었다. 장기적으로는 지구 전체가 따뜻해졌지만 모든 지역이 똑같지는 않았다. 따뜻할 때는 오늘날보다 더 따뜻했지만 이 간빙기에 수십 년 동안 기온이 꽤 차가운 적도 있었다. 역사적으로 지난 2천 년 동안 주로 태양 활동의 영향을 받은 소빙기에 유럽인들이 사회경제 생활에 어려움을 겪었다. 홀로세 기간에는 대체로 이산화탄소 농도가 빙하기보다 높고 안정되어서 식물을 재배하고 농사짓는 시대를 앞당겼다. 하지만 1750년 이후가 되면 화석연료 사용은 물론 제조 활동과 산업 활동이 이를 부추기는 바람에 이산화탄소 양이 늘어나 인간이 자초한 기후변화가 나타난다.

2장

인류의 진화

"지구와 생명체는 더불어 진화한다."[1] 지구는 지질학적인 과정을 거쳐 형성되고 생물 형태는 지질의 변화를 거쳐 진화했다. 초대륙을 만들어 내기도 하고 분열시키기도 한 지질 변화는 생물의 다양성을 감소시키기도 하고 늘리기도 했다. 약 2억5천만 년 전에 판게아가 생겨나면서 해양 생물 가운데 95퍼센트 이상이 멸종했다. 그리고 판게아가 분열되면서 다양한 식물과 곤충, 조류, 포유류의 세상이 출현하고 지구의 대온난기를 좌우하던 파충류의 지배가 사라졌다. 지질학적인 과정을 거쳐 지구의 표면이 바뀌고 그러면서 생물 형태가 분화했다. 어떤 종들은 사라지고 또 어떤 종들은 분화되어 새로운 종이 되었다. 종의 분화로 장벽이 만들어지기도 했지만 대양과 육지에서는 생명이 형체를 갖출 경로가 마련되기도 했다.

경로(pathway) 개념은 커다란 지질학적 단절이나 균열과 더불어 유전자 대체에 의해 종이 진화해 온 과정을 설명하는 데 도움을 준다. 살아남은 종의 구성원들은 지질 붕괴로 생긴 새로운 환경에 적응해 갔다. 지질은 이런 식으로 동물과 호미니드의 초기 역사에서 화석 유물의 존재 유무와 경로 및 장벽의 위치 사이의 관계를 이해하는 단서를 제공해 준다. 이 장에서는 이런 이해를 바탕으로 지질이나 기

후 환경의 변화를 염두에 두고 인류의 진화를 추적해 본다.[2]

빙하기의 기후 순환과 더불어 삼림지대와 아열대림이 팽창하거나 축소되면서 여기저기 포유류와 조류, 곤충류가 서식하는 고립된 환경들이 생겨났다. 화산이 폭발하고 지각변동이 일어나면서 같은 종에 속한 포유동물과 식물이 고립되고 갈라지고 흩어지게 되었다. 이들이 고립된 환경에서 번식하면서 점차 다양한 지역 개체군을 이루어 새로운 종으로 진화했다. 지질 활동으로 갈라진 고립된 사회에서 저마다 생존을 위해 새로운 환경을 극복하고 자신들의 습성을 바꾸어 나갔다. 그런가 하면 영역을 설정하고 침입자를 방어하며 서식처를 옮기고 그 정보를 후손에게 전달하면서 변화를 거듭했다.

지리적으로 고립된다는 것은 결국 갈라지고 흩어진 작은 개체군이 작은 유전자 풀을 보유하게 되었다는 것을 의미한다. 별로 다양하지 않은 유전자 개체군 안에서 선택이 일어나기 시작했다. 이러한 상황에서 우발적인 진화 과정이 돌연변이와 선택을 통한 급속한 분기로 이어지고 새로운 종이 생겨났다.[3] 이러한 양상을 보인 자연선택을 통한 진화에서 인간 종도 예외는 아니다.

기후변화와 진화

진화는 지각 운동이나 기후변화와 밀접한 관련이 있다. 1장에서 살펴본 것처럼 비교적 건조하고 한랭한 기후가 수백 년 동안 지속되었다. 이러한 기후 속에서 다양한 종들 사이에 서식지와 식량을 차지하기 위한 열띤 경쟁이 일어났고 그 결과로 진화가 더욱 빨라졌다.

매우 오랜 시간에 걸쳐 현생인류의 진화와 아프리카의 기후변화 사이에 어떤 연관성이 있는지를 밝히는 것이 새로운 탐구 분야로 떠올랐다. 테티스 해가 사라지자 다양한 동물 종들이 처음으로 동북아프리카와 아라비아, 터키, 이란을 건너 이주할 수 있게 되었다. 그 일대의 기후가 건조해지고 서늘해지면서 사바나 지대가 늘어나고 열대지방이 줄어들었으며 소, 기린, 타조, 코뿔소, 일부 영장류 등 사바나 종들의 진화가 일어났다.[4]

기후가 바뀌면서 초목 지대에도 변화가 나타났다. 유라시아에서 북아메리카에 이르는 북반구를 뒤덮고 있으며, 남쪽으로 브리튼까지 이어지는 빙하에서 나온 건조하고 서늘한 공기가 열대지방으로 내려왔다. 이 공기로 사막이 넓어지고 열대림이 후퇴하게 되자 다양한 방목 동물과 이주 동물을 먹여 살리는 복잡한 작은 초원들의 세계가 생겨났다.

빙하빙이 처음에 어떻게 생겨났을까 하는 문제는 고기후학자들이 탐구를 계속하고 있는 주제이다. 한 가설은, 세력이 더욱 강해진 멕시코만류의 영향으로 북유럽에 강우량과 강설량이 늘었다고 주장한다. 비교적 따뜻한 바닷물이 오랜 기간에 걸쳐 대서양에서 태평양으로 이동했다. 이 난류가 파나마지협에 가로막히는 바람에 북쪽으로 방향을 바꿔 멕시코만류에 합류하고 멕시코 만에서 다시 대서양을 대각선으로 가로질렀다. 이런 이동으로 많은 눈이 내렸다. 그 결과 수천 킬로미터 떨어진 북반구에 빙하빙이 생성되고 남쪽의 지협이 방어막 구실을 하면서 아프리카의 기후가 비교적 건조해졌다.[5]

빙하기가 거듭되자 남극의 빙상이 넓어지고 지구의 해수면이 내려갔다. 남극 빙하의 규모가 커지면서 주변의 해양수가 차가워졌다. 북쪽으로 흘러가는 남극순환해류의 연장인 차가운 벵겔라 해류가 남극해에서 아프리카 서해안 쪽으로 흘러가면서 더욱 차가워졌다. 차가운 해수는 따뜻한 해수보다 더디게 증발하기 때문에 대기 중 수증기증발량이 줄어들고 서아프리카와 중앙아프리카 상당 지역의 강우 양상에 변화가 나타났다. 무엇보다 강수량이 줄었다. 풍부한 강수량 속에 자라던 빽빽한 열대우림이 물러가고 대신에 사바나가 넓은 지역에 들어섰다. 기존 종들 사이에 서식지와 식량, 물을 차지하기 위한 경쟁이 치열해졌다. 사바나의 발달은 인류가 종 분화를 거쳐 진화하는 데 아프리카가 왜 가장 적합한 장소가 되었는지를 설명하는 데도 도움을 준다.[6]

인류의 기원과 진화는 합의나 일치보다는 논쟁과 논란이 많은 분야이다. 호모(Homo)의 기원은 과학에서 가장 복잡한 수수께끼 가운데 하나로 남아 있으며, 호모의 진화에 관한 우리의 지식에도 메워야할 공백이 크다. 이 문제는 고생물학자와 고고학자, 인류학자, 기후학자, 유전학자들이 인류 역사의 비밀을 파헤치기 위해서 노력한다하더라도 크게 달라지지 않을 것 같다. 최근 1980년대에 들어와 과학자 밀퍼드 울포프와 앨런 손이, 현생 호모 사피엔스가 20만 년 전 무렵 아프리카에서 처음 등장했다는 '아프리카 기원설'의 진정성에 이의를 제기하고 나섰다. 울포프와 손은 화석 유물의 증거를 들이대며 다기원을 주장하면서 다지역 기원설을 부활시켰다.[7]

1987년에는 유전학자 레베카 칸과 앨런 윌슨이 새로운 과학적 발견을 내놓으며 다기원설에 이의를 제기했다. 그들은 과학 저널《네이처》에서 핵 DNA가 아니라 미토콘드리아 DNA 연구야말로 모든 현생인류가 공동의 조상에서 나왔음을 밝히고 있다고 주장했다. 미토콘드리아 DNA는 핵 DNA와 달리 오직 어머니한테서 자녀에게 전달된다. 따라서 연구자들이 유전자 구조를 토대로 모든 인류의 가계도를 그리는 것이 가능하다. 칸과 윌슨은 이런 방식으로 유전 정보를 이용해서 두 가지 결론을 내놓았다. 첫째, 오늘날 아프리카인의 유전자 구조가 아시아인이나 유럽인의 유전자 구조보다 훨씬 다양했다. 둘째, 분자시계 측정이 10만 년 전 또는 그 이전에 살았던 아프리카 여성이 인류의 공동 조상이었고 호모 사피엔스 속(屬)의 일원이었음을 시사해 주었다. 이 아프리카 여성이 유전학 문헌에서는 '미토콘드리아 이브'[8]로 알려지게 되었다. 성경에 나오는 이브를 염두에 둔 것이기는 하지만 미토콘드리아 이브가 지구에 산 최초의 여성은 아니었다. 그럼에도 유전학자들은 그녀의 혈통이 지금껏 살아남은 유일한 혈통이라고 본다.

육지에 갇힌 지중해

지구의 기후가 계속 냉각되는 가운데 확장되고 있던 남극 빙상에 점점 더 많은 해양수가 얼어붙으면서 지구의 해수면은 더욱 낮아지고 강우량도 훨씬 줄어들었다.[9] 해수면이 낮아지자 지중해로 흘러드는 대서양 해수의 양도 줄어들었다. 앞서 지적했다시피 지브롤터해협의 턱이 높이 드러나서 바닷물이 드나들 수 없을 정도로 해수면이 낮아졌다. 이렇게 지중해가 닫히게 되면서 진화와 환경, 기후에 커다란 변화가 일어났다.

해양수가 공급되지 않는 가운데 지중해의 물이 증발하자 그 일대가 거대한 소금 사막으로 변하고 전 세계 해양 염류의 6퍼센트 정도 되는 염류 공급이 중단될 수밖에 없었다. 대양의 염분이 감소하자 해수의 동결 속도가 더욱 빨라지고 남극의 빙원과 북극의 빙하가 확장되었다. 아니나 다를까 이런 현상으로 지구의 기온이 급속히 하락했다. 차갑고 건조한 기후가 6백만 년 전부터 1백만 년 동안이나 지속되면서 삭막한 풍경이 확장되었으며 울창한 아프리카 우림이 점점 줄어들고 건조한 동아프리카 사바나가 늘어났다. 호미니드들은 점차 사하라사막 이남 여기저기에 남아 있던 열대 환경으로 밀려났다. 이렇게 고립된 호모 속(屬)이 오랜 시간에 걸쳐 서로 다른 종으로 서서히 진화해 나갔다.[10]

계속되는 판구조 운동으로 지구가 냉각되고 취송류(吹送流, 수면 위에 부는 바람에 의해 생겨나는 물의 흐름—옮긴이)의 방향이 바뀌면서 북반구에는 강우량이 더 늘었다. 북반구 지역에서는 습도가 높아지면서 얼음이 커지고 그 이동이 빨라져서 멀리 남쪽으로 순환하는 공기를 냉각시키고 건조시켰다. 어떤 경우에는 이 공기가 멀리 열대우림 지역까지 남쪽으로 내려갔다. 우림이 점점 물러나고 계속 나뉘면서 여러 종들의 고립된 서식지가 되었다. 사바나와 사막도 새로운 지역으로 확장되어 나갔다.

빙하기와 간빙기가 여덟 차례나 일어난 지난 74만 년의 결정적인 시기에 급속한 변화가 일어났다. 이 주기가 수천 년이라는 일정한 간격을 두고 나타났기 때문에 그 사이 시기에 열대우림과 사바나, 사막 같은 미세 환경이 늘어나거나 줄어들거나 하는 변화가 일어났다. 이 고립된 환경이 진화가 일어나는 요람이 되었고 기후변화에 따라 그런 지역이 늘어나거나 줄어들거나 했다. 기후변화를 맞아 살아남기 위해서 이주하지 않을 수 없었기 때문에 분산이 종 진화에 나타난 초기 양상이었다. 호미니드들의 경우도 마찬가지였다. 급속한 기후변화가 진화의 속도를 앞당겼다. 그래서 중대한 기후변화가 일어난 시기에는 종의 진화가 빨라지고 기후가 안정된 시기에는 생물학적 안정성이 강화되었다.

인류의 조상

고립된 열대우림 서식지와 작은 초원의 거리가 멀어 식량 채취가 어려워지게 되면, 식량을 구하러 나가서 거대한 육식동물의 공격을 피해 안전하게 서식지로 돌아오는 적응 메커니즘이 필요하게 된다. 호미니드들한테 닥친 선택 압력은 걷고 빨리 걷고, 결국에는 달려 더 빠른 포식자보다 '한발 앞서는' 것이었다. 이렇듯 새로운 환경을 극복하고 사냥이나 채취를 하기 위한 압력 말고도 호미니드들의 직립 자세와 두발보행을 설명하는 데 도움을 주는 압력도 있었다.

네발 달린 포유동물은 다른 동물에 비해 땡볕에 노출되는 체표면이 더 넓다. 그래서 뜨겁고 습한 공기를 들이마시기 위해서 코를 길게 발달시켰다. 또 공기의 흐름을 증가시키고 공기를 시원하게 하며 공기 속의 수분을 증발시키기 위해서 숨을 헐떡거렸다. 이런 방식으로 자신의 체온을 조절하면서 네발 달린 포유동물들은 열대의 더위에서 살아남았다. 또 그늘이 있으면 그곳에 머무르고 땡볕을 피해 밤에 사냥을 나갔다. 호미니드들은 똑바로 서서 햇빛에 직접 노출되는 면적을 줄이고 바람을 쐬어 몸을 빨리 식혔다.

시상하부라고 부르는 뇌 부위가 발달해 체온을 조절하기도 했다. 체온이 오르면 시상하부가 신경을 통해서 충격을 보내 땀샘을 자극했고 땀이 증발하면서 체온이 내려간다. 머리카락은 햇빛을 가리는 보호막 기능을 했고 땀샘과 함께 뇌와 몸을 시원하게 해주었다. 호미니드들은 이런 진화 과정의 변화를 통해서 적대적인 기후에서 살아남는 신체 조건을 갖추게 되었다.[11]

기후는 또한 인류가 진화할 당시 신체적 특징의 발달에 나타나는 변형과 유전, 선택을 설명하는 데 도움을 준다. 열대지방에 사는 사람들의 검은 피부는 생명을 위협하는 태양의 자외선 효과로부터 보호해 준다. 근대 초기 유럽인들이 비타민 D가 부족한 서남아시아에서 위도가 더 높은 지역으로 이주했다. 그 이유는 이렇다.

햇빛의 도움을 받아 곡물에서 발견되는 전구분자에서 필수 비타민을 얻을 수 있기 때문이었다. 유럽인들은 태양의 자외선이 피부를 통과해서 이 전구분자들을 비타민 D로 변형시키도록 피부색을 희게 발달시켰다. 유럽인들의 피부색이 그들이 태어난 더 먼 북쪽 지역보다 평균적으로 더 흰 데는 나름대로 이유가 있다.[12]

인간의 지능

기후변화와 인류의 신체 적응은 인간의 지능 발달에 필수적인 정신적 수정을 유도했다. 호미니드들은 다른 네발동물 경쟁자들처럼 밤에 사냥과 채취를 하는 정도에 머물지 않았다. 이리저리 돌아다니며 신선한 물을 찾고 야생식물에서 먹을 것을 채취하는가 하면, 호신용 무기를 들고 다니며 작은 동물을 잡거나 거대한 포식 동물이 먹고 남긴 사체를 뒤질 수도 있었다. 이런 행동반경이 경험과 선택 압력, 지능 발달을 통해서 점점 더 넓어지고 사회 연결망이나 집단의 규모가 종을 보호하는 중요한 요인이 되었다. 그들은 발달하는 지능을 활용해서, 사냥꾼이기도 하지만 동시에 사냥감도 될 수도 있었던 적대적 환경을 극복해 나갈 채비를 갖추었다. 호미니드들은 약 250만 년 전에, 장차 엄청난 발달을 성취하고 지구의 다른 지역으로 이주하는 데 필요한 직립 자세와 큰 체구, 복잡한 두뇌, 원시적 도구 사용 기술을 갖춰 나갔다.[13]

호미니드 종을 다른 영장류와 구별시켜 준 것은 직립보행이었고 인류의 조상을 다른 호미니드들과 구별시켜 준 것은 지능이었다. 호모 속의 체구와 뇌가 커졌다는 추정들이 있다. 호모가 그보다 앞선 호미니드 종들 가운데 가장 큰 뇌를 지니고 있었고 그 뇌는 빠른 속도로 더 커졌다. 이 속도가 더 빨라지게 된 건 아마도 호모가 육류를 주식으로 삼았기 때문일 것이다.[14]

호모 하빌리스라는 이름은 고고학자들이 '도구를 사용하는' 이 종이 초기 인류의 기술을 보여 주는 최초의 증거를 제공해 준다고 생각해서 붙인 것이다. 에티오피아 지구대에서 발견된 2천500만 년 된 기술은 돌망치와 모루, 고기를 자르고 골수를 뽑아내는 데 사용하는 날카로운 돌로 이루어져 있었다.[15] 이 종의 구성원들은 여기저기 흩어진 숲과 사바나에서 살았다. 화석 자료에 따르면 그들은 식량과 물을 찾아 먼 지역까지 돌아다닌 것으로 보인다. 다른 영장류와 마찬가지로 점점 건조해지는 기후에서 살아남으려면 상당한 양의 마실 물이 필요했다. 호모 하빌리스가 몸의 열을 식히기 위해서 땀샘을 개발한 것이 바로 이 진화 주기 동안이었을 것이다. 땀이 증발함에 따라 체온과 건강을 유지하기 위한 물이 더 필요했을 것이다. 기후가 서늘해지고 건조해지자 호모 하빌리스는 줄어드는 숲에서 큰 과일, 견과, 산딸기, 식물, 뿌리 같은 식량원을 얻었다. 이들은 잡식성으로서 육지 거북이를 잡거나 네발 포식 동물이 남긴 동물의 사체를 뒤져 동물성 단백질을 섭취했다.[16]

호모 하빌리스는 언젠가 냉혹한 자연선택에 굴복하게 될 오스트랄로피테쿠스 아프리카누스 형제들을 비롯한 호모 속의 다른 구성원들과 더불어 덩치가 큰 육식동물 세계에서 살아남았다. 규모가 작기는 하지만 그 수가 점차 불어나고 있던 호모 하빌리스는 날마다 환경을 살피고 환경이 던져 주는 여러 가지 도전에 맞서야 했다.[17] 단 한 번의 판단 착오는 곧바로 재난으로 이어질 수도 있었다.

자연선택은 마치 엄하고 비정한 감독과도 같았다. 잘못된 판단을 내리면 호미니드 집단은 그 대가를 지불해야 한다. 그 대가는 목말라 죽거나 몸이 허약해지거나 굶주려 죽거나 잡아먹힐 위험이 늘어나거나 부상을 입거나 부상으로 사망하는 것이었다. 호미니드들은 주로 기지를 발휘해서 환경에 적응했기 때문에 지능 개발의 압력을 엄청나게 받을 수밖에 없었다.[18]

우리는 이런 사정을 호모 하빌리스와 그 후손들의 뇌 크기가 커진데서 확인할 수 있다. 호모 하빌리스의 두개골 크기를 측정해 보면 뇌크기가 커지고 언어 습득과 도구 제작을 비롯한 인지능력이 발달했음을 알 수 있다.[19] 어떤 학자들은 인류 진화에 나타난 탁월함 가운데 으뜸가는 두발 보행 다음으로 호모 하빌리스의 진화를 꼽는다.[20] 호모 하빌리스는 약 1백만 년 전 비교적 안정된 기후 속에서 살았다. 서늘하고 건조한 기후가 꽤 정상적인 주기로 나타났다. 이따금씩 기온이 올라가고 강우량이 늘어나기는 했지만, 전반적으로는 기후가 시원하고 아프리카 사바나에는 비가 적게 내리는 양상을 보였다.[21]

150만 년 전 무렵에는 지구의 기후 사정이 더 빨리 바뀌고 아프리카의 환경은 갈수록 더욱 극단적인 양상을 보였다. 호미니드들에게 익숙한 초목과 사용할 수 있는 수자원, 지표식물, 식량원이 사라지고 숲이 줄어들면서 제자리가 바뀌거나 낯설고 다른 식용 식물로 대체되었다. 이렇듯 호모 하빌리스는 바뀐 생태 환경에 적응하면서 진화하든지 아니면 멸종의 고통을 겪어야 했다. 동식물군이 바뀌면서 호모는 그야말로 아프리카 바깥으로 밀려나게 된다. 자연선택에 의한 진화는 낯설고 거칠 뿐 아니라 훨씬 더 경쟁적인 환경에서도 다시 일어나게 될 것이다.

이 시기에 다양한 종이 살고 있었다. 일부 연구자들은 호모 하빌리스가 호모 에르가스테르로 확인이 되기도 하는, 자신들보다 더 새로운 호모 에렉투스와 50만 년가량이나 공존했다고 주장한다. 이전에는 대부분의 연구자들이 하빌리스와 에렉투스가 잇따라 차례대로 진화한 것으로 보았다.[22] 칼륨-아르곤 연대 측정에 따르면, 새로운 호모 에렉투스(해부학적 현생인류와 같은 직립 자세를 취했기 때문에 붙여진 이름) 종의 화석 유골은 아프리카에서는 180만 년 전, 우크라이나 조지아의 드마니시에서는 170만 년 전의 것으로 추정된다. 또 인도네시아 자바에서는 그보다 더 이른 시기의 것으로, 중국 저우커우뎬에

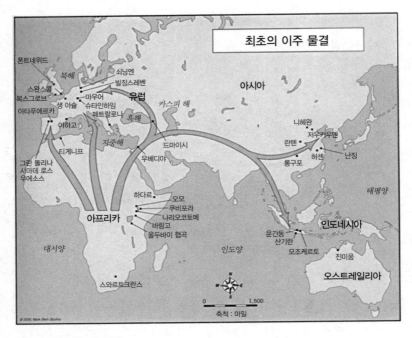

그림 2-1 최초의 이주 물결

ⓒ Markn Stein Studios. Ian Tattersall and Jeffrey Schwartz, *Extinct Humans* (Nèvraumont
Publishing Company 승인을 받아 재구성).

서는 50만 년 전의 것으로 각각 추정되었다.[23]

유전학자들에 따르면 우리가 인간게놈이라고 부르는 30억 개의 뉴
클레오티드로 이루어진 DNA에서 이러한 이주의 증거를 발견할 수
있다. 우리 인간은 인간게놈의 99.9퍼센트가 동일하다. 나머지 0.1퍼
센트가 다른데, 이 0.1퍼센트가 아프리카에서 나와 전 세계의 다른
지역으로 흩어진 이주의 증거를 보여 준다. 유전학자들이 오늘날 인
류의 정체성을 인류의 조상으로 거슬러 올라가 찾다가 남아메리카
원주민의 혈통이 시베리아인과 다른 아시아인들에게서 유래한다는

아슐 도구와 올두바이 도구의 경계

스완스콤
북해
빌징스레벤
유럽
아브빌
생 아슐
테라
아마타
베르테스쵤레스
카스피 해
아시아
후해
지중해
우베디야
자우커우뎬
테르니피네
란톈
태평양
아프리카
보도
쿠비포라(카라리)
페닌지, 응두투
올두바이 협곡
아슐 전통의 북부와
동부 경계
인도네시아
대서양
인도양
산기란
스와르트크란스
스테르크폰테인
오스트레일리아
모비우스 선
아슐 손도끼 문화
올두바이 찍개 문화
0   1,500
축척: 마일
© 2000, Markn Stein Studios

그림 2-2 아슐 도구와 올두바이 도구의 경계
© Markn Stein Studios. Ian Tattersall and Jeffrey Schwartz, *Extinct Humans*(Nèvraumont Publishing Company 승인을 받아 재구성).

사실을 발견했다. 중국의 주요 종족 집단인 한족에는 뚜렷이 구분되는 북방인과 남방인이 섞여 있다.[24]

조상들이 멀리 이동하지 않고 300만 년가량 아프리카에 머물러 있었는데, 호모 에렉투스가 하필 그곳을 떠나 흩어지게 된 계기는 무엇이었을까?[25] 그 답은 플라이스토세에 있다. 플라이스토세는 180만 년 전 무렵에 시작해서 11,600년 전에 현세에 해당하는 홀로세가 시작되면서 끝난다. 호모 하빌리스는 극단적인 기후변화를 견디지 못하고 고통받다가 멸종되었을 것이다. 이 기간에 이따금씩 아프리카 사바나

의 건기와 한랭기는 더욱 건조하고 차가워지고 우기와 온난기의 기후는 더욱 더 습윤하고 뜨거워졌다.[26]

새로운 종 호모 에렉투스는 뜨겁고 건조한 기후가 계속되자 물과 식량을 찾아서 행동반경을 확장해 나갔다. 호모 에렉투스는 몸집이 커져서 해부학적 현생인류의 몸무게와 맞먹는 43~68킬로그램에 이르렀다. 그래서 상당한 양의 단백질이 필요한 이 종의 생존자들은 땡볕에도 증발하지 않고 남아 있는 물웅덩이를 찾아서 먼 거리를 여행할 수밖에 없었을 것이다.[27]

호모 에렉투스는 가혹한 기후의 역경 속에서도 현대적인 의미에서 최초의 도구 제작자가 되어 번성했다. 이는 그들의 지능이 높아지기는 했지만 여전히 한계가 있었음을 짐작케 한다. 호모 에렉투스는 호모 하빌리스가 이렇다 할 변화를 보이지 않고 1백만 년 동안 사용해 온 매우 단순한 올두바이 도구 대신에 양날이 있는 아슐 손도끼를 발명했다. 힘이 세고 지능이 더 우수한 종과 경쟁할 수 없었던 호모 하빌리스는 호모 에렉투스가 행사한 선택 압력에 굴복했다. 호모 에렉투스가 불의 힘을 활용하고 불을 이용해서 열을 가하거나 어둠을 밝혔다는 사실은 훨씬 더 중요하다. 그들은 이 두 가지 발전을 통해서 환경을 좀 더 쉽게 지배할 수 있었다. 그들은 육식동물로서 이제 동물과 식물을 요리할 수 있게 되었다. 동물의 사체를 뒤져서 얻든 사냥을 해서 얻든 동물성 단백질을 더 많이 섭취하게 되었고, 이 단백질이 식단에 추가되면서 건강이 좋아지고 수명도 길어졌다. 또 불을 이용해서 포식자들의 공격을 막고 주거지를 따뜻하게 하기도 했다. 호모 에렉투스는 불빛 덕분에 태양으로부터 오는 빛에 덜 의존할 수 있게 되었다.[28]

생태학적 의미에서 특히 기후가 더 더워지고 건조해지면서 사바나에는 화재가 자주 발생했다. 건조하고 더운 기후는 호모 에렉투스가 열과 연기, 빛을 결합하게 된 경위를 생각할 때 고려해야 할 중요한 요소이다. 그들은 틀림없이 화재로 발생한 열과 연기를 피하려고 애쓰는 작은 동물의 모습을 목격했을 것이다. 이 불행한 동물은 먹이를 찾는 사냥꾼에게 맛있는 요기가 되었을 것이다. 그다음부터는 거대한 포식자들이 먹고 남긴 크고 작은 포유동물과 파충류의 날고기 대신에 구운 고기를 먹었을 것이다.

인간의 지능과 문화

좀 더 협동적인 성격을 띤 행위는 수천 세대는 아니라 하더라도 수백 세대를 거쳐 나타났을 것이다. 뇌 크기가 더 커졌다는 것은 몸짓이 아니라 간단한 언어 구사를 통한 이해력과 소통 능력이 있었음을 암시한다. 언어를 습득하고 사용하면서 아마도 인지 연결망과 사회 연결망이 발달했을 것이다.

인간의 지능이 발달하면서 주변 환경에서 정보를 입수하고 그 정보를 익힐 뿐 아니라 미래를 위해서 정보를 대뇌피질에 저장하는 능력이 길러졌다. 저장한 정보를 기억해 내서 그것을 새로운 정보와 견주어 따져 보고 외부 세계에서 비롯된 문제에 대응하려면 인지능력의 발달이 필요했다. 새로 나타나는 문제는 진화하는 호모 속에게 번번이 독특한 도전을 제시했다. 치열한 자연선택에 의한 진화 과정은 수십만 년이 지나도 수그러들지 않았지만, 몹시 적대적인 환경 속에서 생각을 하지 않고 행동하는 종의 구성원들은 곧 사라져 갔다. 호모 에렉투스는 아마도 주변 환경을 살피고 일어날 사건을 예측하며 다른 구성원들과 몸짓이나 소리로 소통하면서 지능을 더 훌륭하게 개발해 나갔을 것이다.

공통적으로 초창기 인류의 문화는 이러한 지능 발달 단계에 이르러 시작되었다. 호모 에렉투스는 정보를 통합하고 방안을 개발하며 과거에 일어난 주요 관련 사건들을 기억함으로써 다른 종의 호미니드들보다 확실한 우위를 차지했다. 정보를 빨리 통합하고 스스로 터득하며 신속히 대응할 필요성을 후손들에게 가르친 종들은 주변 환경이 제기한 위협에도 살아남았다. 그들은 자손을 낳고 지식을 전수해서 변화하는 환경의 성격을 이해하게 했다. 새로운 도전을 만나고 새로운 문제를 풀어나갔다. 그러면서도 자연선택에 의한 진화는 계속되었다. 전체 집단 속의 개인들이 자연선택의 대상이 되었고 진화를 거친 자들이 살아남았다. 호모 에렉투스는 숲이 조각나고 사바나가 확산되고 기후가 서늘하다가 변덕을 부리는 중요한 변화들이 일어나는 환경에 살면서 다른 호미니드 종들과 구분되는 진화의 길을 걸었고 전 세계의 다른 지역으로 이주해 나갔다.

인류의 이주와 팽창

마이오세 후기(600만~500만 년 전 무렵)에 테티스 해가 그 자리에 들어선 오늘날의 지중해보다 더 작아졌다. 1장에서 살펴본 것처럼, 이 바다가 완전히 말라서 거대한 수역을 건너지 않고 아프리카에서

남유럽이나 서아시아로 이주할 수 있게 되었다. 또 지질학적 시기의 판구조 활동으로 아프리카 판이 유럽, 서아시아와 부딪쳐서 오늘날의 터키나 이란과 경계를 이루는 산맥과 알프스산맥이 생겨났다. 압축으로 아프리카, 유럽, 아시아, 세 대륙 사이의 거리가 가까워졌다. 아프리카에서 나온 이주민들이 서쪽보다는 동쪽으로 이동했는데, 여기에는 이렇듯 기후뿐 아니라 지질학적인 이유가 있었다.[29]

플라이스토세 빙하기(180만~11,600년 전)에는 홍해 남단을 가로지르는 랜드브리지로 동아프리카와 사우디아라비아가 연결되어 있었고, 그에 따라 서남아시아로 이주할 수 있게 되었다. 이스라엘 우베이디야에서 150만 년 전 무렵의 석기가 발굴되었는데, 이는 그보다 수천 년 앞서 에티오피아 지구대에서 사용하던 석기와 유사했다. 이 석기는 인류가 서남아시아로 이주했음을 보여 주는 증거이다. 이주민들이 이동하던 200만~180만 년 전 무렵 플라이오세 후기에서 플라이스토세로 이행하던 시기에 기후가 좀 더 좋아졌다. 플라이스토세 초기에는 북반구의 빙하 탓에 서쪽으로 이주하기가 어려웠을 것이다. 반면에 동쪽의 중앙아시아나 그 너머로 이주할 때는 지리적 장애물이나 빙하의 장애물을 거의 만나지 않았다. 하지만 북쪽으로 방향을 틀면서 그들은 수백만 년 전에 지각 판이 융기하면서 생성된 터키와 이란에 위치한 토로스산맥과 자그로스산맥이라는 장애물을 만났을 것이다.

호모 에렉투스가 아프리카를 떠나면서 새로운 대륙으로 이주가 본격적으로 시작되었다. 그들은 110만 년 전까지 아시아 전역에 걸쳐 여러 곳에 정착했다. 이 첫 번째 이주 물결이 팽창을 거듭한 결과 6만 년 전 무렵에는 뉴오세아니아 일부 지역에 도착했고, 5만5천 년 전에는 오스트레일리아로까지 건너갔을 것이다.[30] 이주는 수천 년의 간격을 두고 거듭해서 일어났다. 일부 이주민들은 과거에 이주민들이 지나간 경로를 따라서 아라비아를 건너 중앙아시아를 거쳐 동남아시아 해안 지역으로 갔고, 유럽으로 건너간 이주민들도 있었다.

꽤 많은 인류학자들이 아프리카에서 나온 이주 물결에는 적어도 세 물결이 있다고 생각한다. 중동으로 이주한 물결과 아시아로 이주한 물결, 유럽으로 이주한 물결이다. 나중에 우리 조상 호모 사피엔스가 이들 지역에 다시 정주하고 오스트레일리아와 아메리카 대륙, 멀리 태평양 섬들까지 건너갔다.[31]

120만 년 전에는 호모 에렉투스가 남유럽으로 이주했을 것이다. 아프리카와 유럽이 가깝기 때문에, 기동성이 높고 두발 보행을 하는 초기 인류가 낮아진 해수면을 보고서 남유럽으로 진출했을 개연성이 있다. 그 무렵 북유럽은 빙하로 뒤덮여 있었다. 고고학자들은 새로운 화석 발견물이 초기 인류의 유럽 진출을 보여 주기는 하지만 혹독한 빙하 기후 탓에 그들이 그곳에 계속 머물지는 않았을 것이라고 생각한다. 유럽 이주는 빙하의 팽창 및 후퇴와 맞물려 진행되었다. 하지만 에스파냐 아타푸에르카 언덕의 동굴 그란 돌리나(Gran Dolina)는 색다른 이야기를 전해 준다. 이 동굴을 사용한 것이 수십만 년에 이르고 그 가운데 90만 년에 걸친 매우 혹독한 기후와 겹친 기간도 있었다.[32]

유럽으로 진출한 경로에 대해서는 아직도 논란이 많다. 지중해를 건너 짧은 경로를 통해 유럽으로 들어갔다고 주장하는 사람들은, 플라이스토세의 빙하기와 간빙기에 해수면이 오르락내리락하면서 지브롤터해협의 폭이 34킬로미터에서 14~15킬로미터로 좁아졌다고 생각한다.[33] 바닷물이 빙하빙에 갇히는 바람에 북아프리카의 튀니지와 시칠리아 사이에 섬들이 생겨나서 지중해를 건너는 길이 좀 더 짧아졌다. 하지만 아프리카의 야생동물이 같은 길을 통해 유럽으로 이주한 것을 입증하지 못하게 되면서 이 단축 경로 가설의 신뢰가 무너지고 말았다. 상당수 연구자들은 그보다 긴 육로 가설이 더 설득력 있는 것으로 받아들인다.

대부분의 연구자들은, 호모 에렉투스가 서남아시아의 산맥에 가로막혀서 중앙아시아를 경유하는 북로를 발견할 때까지는 유럽으로 이주하지 못했을 거라고 생각한다. 만약에 인류가 다른 시기에 다른 방향으로 유럽으로 들어갔을 가능성을 받아들인다면 유럽 이주와 관련한 논란은 마무리된다. 호모 에렉투스가 어떻게 유럽으로 들어갔든지 간에 그곳에 도착하면서 그들은 서식지와 자원을 놓고 경쟁할 다른 종의 호미니드들을 만나게 된다.

호모 네안데르탈렌시스와 호모 사피엔스

연구자들이 에스파냐 북부의 시마 데 로스 우에소스에서 발굴한 30점이 넘는 유골을 조사한 뒤에, 앞선 호모 에렉투스 종과 나중의 호모 하이델베르크 및 호모 네안데르탈렌시스가 유럽의 서식지에서 동시에 살았을 것이라는 결론을 내렸다. 이들과 더불어 다른 호미니드 종들이 비슷한 서식지를 공유하다가 뇌가 더 크고 신체가 더

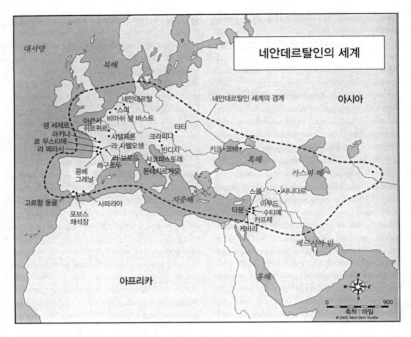

그림 2-3 네안데르탈인의 세계

ⓒ Markn Stein Studios. Ian Tattersall and Jeffrey Schwartz, *Extinct Humans* (Nèvraumont Publishing Company 승인을 받아 재구성).

튼튼한 네안데르탈인이 플라이스토세 빙하기 유럽의 혹독한 추위를 잘 견디지 못하는 다른 종들을 압도했다. 약 25만 년 전에 유럽의 지배자가 된 네안데르탈인도 과도기적인 존재일 수밖에 없는 운명이었다.

주요 가설에 따르면 5만~4만 년 전 무렵에 작은 호모 사피엔스 집단이 아프리카를 떠나 아시아에 거주하고 그다음에는 유럽에 거주했다. 최근 연구는 호모 사피엔스가 적어도 아프리카에 거주하던 7만 년 전에 해부학과 행동 면에서 진화를 했지만, 유럽의 빙하 기후와 네안데르탈인의 경쟁을 만나면서 창조적인 폭발을 경험했다는 사실을 시사해 준다.[34] 호모 사피엔스는 종이 다른 호미니드로서 수천 년 동안 네안데르탈인과 공존하다가 그를 대체했다. 일부 증거가 알려 주는 바에 따르면, 심지어 호모 사피엔스와 네안데르탈인은 시기는 다르지만 서남아시아에서 같은 동굴에 거주했을지도 모른다.

물론 행동반경이 넓어지면서 이 두 종에게는 동물성 단백질과 과일, 견과류 같은 식량 공급이 풍부해졌고 다른 종과 경쟁도 사라졌다. 기술적인 측면에서 이 두 종은 새로운 석기를 발명하고 몸치장을 위한 구슬과 장신구는 물론 뼈 조각물도 만들었다. 하지만 어느 종도 상대방한테서 많이 배운 것 같지는 않다.

4만 년 전 호모 사피엔스가 서아시아에서 유럽으로 진출하기 전에는 네안데르탈인이 큰 희생을 치르지 않고 기후변화에 적응했다. 하지만 새로운 종이 도착하고 유럽의 기후가 악화됨에 따라 가장 좋은 사냥터나 서식지를 둘러싼 경쟁이 치열해졌다. 두 종의 경쟁은 새로운 도구와 무기, 장신구의 발명으로 나타났다. 커다란 외날 제작 기술은 크기와 기능이 다양한 손잡이가 있는 날을 제작하는 새로운 방식으로 발전했다. 새로운 장식 펜던트와 장신구는 물론 이가 파인 더욱 정교한 석기도 등장했다.

하지만 네안데르탈인은 새로운 종과의 경쟁과 악화된 빙하 기후를 견디지 못했다. 그들은 3만 년 이상 전에 이 두 가지의 공격을 받으며 물러나기 시작했다. 새로운 호모 사피엔스는 기술과 문화를 발전시키고 영역을 확장해 나갔다. 그들은 미늘이 난 투사촉과 뼈바늘을 만들고 동굴 벽에 인상적인 장면을 그렸으며 상아로 동물 모형을 조각했다. 시신을 매장하고 작은 사냥감과 큰 포유동물을 사냥하고

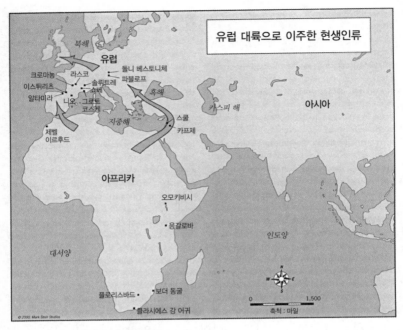

유럽 대륙으로 이주한 현생인류

북해
유럽
크로마뇽 라스코
이스튀리츠 솔뤼트레 돌니 베스토니체
알타미라 쇼베 파블로프
니오 그로트 흑해
코스케 카스피 해 아시아
지중해 스쿨
제벨 카프제
이르후드

아프리카

오모키비시

응갈로바

인도양

대서양

플로리스바드 보더 동굴
클라시에스 강 어귀 축척 : 마일
© 2000 Mark Stein Studios 0 1,500

그림 2-4 유럽 대륙으로 이주한 현생인류

© Markn Stein Studios. Ian Tattersall and Jeffrey Schwartz, *Extinct Humans* (Nèvraumont Publishing Company 승인을 받아 재구성).

식용 식물과 견과류, 딸기를 먹었다.[35]

　새로운 호모 사피엔스 종의 구성원들은 네안데르탈인들의 업적을 무색하게 하며 뛰어난 실력을 발휘했다. 그들은 2만8천 년 전 무렵에 플라이스토세 유럽의 기후가 더욱 나빠지자 익숙한 고향을 떠나서 이탈리아 남부와 발칸반도, 캅카스산맥으로 이주하고, 가장 멀게는 이베리아반도와 포르투갈까지 갔다. 호모 사피엔스는 자신들의 행동 범위를 넓히고 네안데르탈인을 완전히 대체했다. 네안데르탈인은 다시 회복하지 못했다. 매서운 추위가 다가오면서 그 수가 줄어들다가

마침내 자취를 감추었다.[36]

네안데르탈인은 최후의 빙하기에 소멸했다. 이 사실은 그들이 지난 시절 오랜 기간에 걸친 이상 기온 속에서 자신들을 유지해 준 바 있는 응집력 있는 사회구조를 발전시키지 못했음을 보여 준다. 과거에는 물질 자원이 감소하고 식량 공급이 줄어들면 기후가 따뜻해질 때까지 안전한 곳으로 피했다. 생존하던 25만 년 이상 동안 피신했다가 돌아오기를 반복했다. 그들은 25만~18만 년 이전의 한랭하고 건조한 기후와 18만~13만 년 이전의 빙하기, 13만~11만5천 년 이전의 따뜻한 마지막 간빙기, 11만5천~7만5천 년 이전의 한랭기, 빙상이 확장되던 7만5천~3만 년 이전에 이르는 한랭 빙하기 등 다양한 기후에서 살았다.

그런데 마지막 단계에서 호모 사피엔스가 영역에 침입하여 네안데르탈인을 대체했다. 이와 관련한 증거는 유럽의 상당 지역에 엄청난 이상 기온이 등장한 4만~2만 년 전에 행동에 중대한 변화가 나타났음을 보여 준다. 인구밀도가 낮아지자 널리 분산되어 있으면서도 서로 결합이 이루어진 현생인류의 거주지가 등장했다.

호모 사피엔스와 다른 경쟁자들을 구별시켜 준 것은 풍부하고 다양한 물질문화와 발전하는 사회 연결망의 출현이었다. 호모 사피엔스는 다양한 종류의 날을 제작하기 위해 먼 지역에서 돌과 부싯돌을 들여왔다. 1만8천 년 전에 기후가 빙하기로 접어들자 현생인류는 집단생활을 강화했고, 환경이 나빠져 동물 사냥이 더 어렵게 되자 날 제작 기술을 발달시켰다. 예를 들어 폴란드의 시비엥톡지스키에산맥에서 발굴된 날 제작용 고급 부싯돌이 400킬로미터도 더 떨어진 곳에서 발견되었다.

2만3천~2만1천 년 전에 등장한 비너스 상이 매우 광범위한 지역에서 출토되었는데, 이것은 현생인류들 사이에 공통된 예술 형태가 출현했음을 시사해 준다. 의복과 주거가 개량되면서 힘들고 엄혹한 예측 불허의 환경 속에서도 생활이 좀 더 나아졌다. 동료와 친척들, 거래 상대자들 사이에 사회관계를 발전시키면서 빙하기의 영향을 최소화했다.[37]

빙상이 최대로 확장되고 기후가 악화되고 식량 자원이 줄어들던 시기 중유럽과 동유럽에서 조각상들이 등장한 것은 우연의 일치가 아니다. 이 조각상들이 상징하는 사회 협력이 없었더라면 2만3천 년 전에서 2만1천 년 전에 이르는 시기에 이 지역에는 사람이 거주할 수 없었을 것이다.[38]

복잡한 사회 협력을 더욱 광범한 지역으로 확산시키고 주거를 개선하며 날 제작 기술을 혁신하고 굶주림을 면하기 위해 식량을 저장하면서 현생인류는 지구 전역으로 식민 활동을 확대해 나갔다. 6만~4만 년 전에 이들이 전 지구로 퍼져 나간 것은, 1백만 년 전이나 그 이전에 호모 에렉투스가 사하라 이남의 동아프리카에서 흩어진 것과 차원이 다르다. 첫 번째 확장 때는 지리적 장벽이나 기후의 장애물 탓에 세계의 일부 지역으로만 흩어졌으며 공동체도 아주 드문드문 형성되었다.

중요한 것은 호모 사피엔스가 이런 장애물 앞에서 물러서지 않았다는 점이다. 해수면이 내려가자 그들은 이미 5만5천 년 전에 순다 해구를 통해서 동남아시아에서 오스트레일리아로 건너갔고 3만5천 년 전에는 태즈메이니아 동남부에 다다랐다. 그들은 장거리 여행을 거쳐 태평양 서부의 가장자리에 도착했다. 1만5천 년 전에는 그들이 베링 랜드브리지를 거쳐 북아메리카로 건너갔다. 규모가 꽤 큰 상호 연결된 공동체를 통해서 팽창했기 때문에 그들의 생존 전망이 높았다. 새로운 공동체는 멸종으로부터 자신들을 지키기 위해서 175~500명에 달하는 짝짓기 연결망을 필요로 했다. 이런 과정과 식민화를 통해서 수백만 년 동안 정체 상태를 보이던 인구가 늘어나기 시작했다.

식생활과 영양

과거 2백만 년에 수렵과 채취를 하던 우리 조상들이 그들의 조상과는 다른 해부학적 현생인류로 변화되었다. 이 변화에는 식생활과 기후 그리고 이 둘의 상호 관계가 결정적인 구실을 했다. 수렵채취자들은 인류 역사의 대부분 동안 현생인류가 알 수 없는 방식으로 살아왔다. 초창기 인류는 장단기의 기후변화에 따라 자신들의 수렵·채취 행위를 조정했다. 그들은 단백질과 미네랄이 풍부한 식단이 뇌 발달에 미치는 영향을 모르는 상태에서 열량이 높은 식품을 섭취했다. 호모 에렉투스의 뇌가 500세제곱센티미터에서 1,000세제곱센티미터로 커지고, 오스트랄로피테쿠스 속이 호모 속으로 바뀌는 극적인 변화를 가장 그럴듯하게 설명해 주는 것은 바로 식생활이다. 5만 년 전에 이르러서야 비로소 뇌 크기가 1,500세제곱센티미터로 커졌다.

초기의 수렵채취자들 사이에 생리학적이고 신경학적인 변화가 거의 없다가 그들의 식생활에 변화가 생겼다. 일부 연구자들에 따르면, 육류 섭취가 호모 에렉투스의 신체 발달과 인지 발달에 핵심적인 역할을 했다. 사냥을 하고 사체를 뒤지는 솜씨가 더욱 발달했는데, 그들이 아프리카에서 이주해 나갈 때 이 솜씨를 지니고 나갔다. 또 어떤 연구자들은 육류를 통해 섭취하는 영양가만으로는 호모 에렉투스한테 나타난 생리학적이고 신경학적인 극적인 변화를 설명할 수 없다고 설득력 있게 주장한다. 이 연구자들은, 종의 급속한 변화는 그들이 불을 정복하고 여러 가지 석기와 무기를 발명하면서 일어났다고 가정한다. 호모 에렉투스가 인류의 명민함과 체력을 길러 주는 개발자가 되었다.

초창기 인류의 영양을 둘러싼 논란의 핵심은 시기 문제이다. 호모 에렉투스가 불을 발견하고 불을 요리에 이용한 것이 언제일까? 한편에는 호모 에렉투스보다 앞선 오스트랄로피테쿠스가 190만 년 전에 동아프리카에서 덩이줄기와 뿌리를 요리하기 시작했고, 그 뒤로 7백 세대가 되지 않아서 그들이 호모 에렉투스로 진화했다고 주장하는 사람들이 있다. 인류가 진화하는 데 7백 세대에 걸쳐서 덩이줄기와 알줄기, 뿌리줄기, 그 밖의 뿌리들을 요리한 것이 중요한 역할을 했다.

오스트랄로피테쿠스에서 호모 에렉투스로 진화하면서 뇌 크기가 급격히 커진 것 이외에도, 치아가 작아지고 직립 자세를 취하는 것에 이르기까지 여러 가지 중요한 생리학적 변화가 일어났다. 일부 연구자들은 습윤한 기후에서 건조한 기후로 바뀌고 더운 기후에서 서늘한 기후로 바뀌는 동아프리카의 기후변화로 한때 먹을 수 있는 토착 과일이 줄어들었다고 주장했다. 그 결과 초기 호미니드들이 덩이줄기와 뿌리를 모아서 요리해 먹기 시작했다. "요리는 덩이줄기를 훨씬 먹을 만하게 만들어 주며, 먹기 부드럽게 하고 상당수의 경우에는 독소를 제거해서 영양가를 높여 준다."[39] 뿐만 아니라 요리는 폭넓은 사회경제적 영향을 미쳤다. 이를테면 가임 연령이 지난 여성들이 주로 식량을 모으고 요리하는 일에 참여하게 되면서 가족들을 먹여 살리는 데 더욱 몰두하게 되었다.

이러한 사건들이 일어난 시기도 논란거리로 남아 있다. 어떤 연구자들은 대략 2백만 년 전부터 불을 사용해서 요리를 하기 시작했다고 생각했고, 또 어떤 연구자들은 50만 년 전 무렵 중국의 저우커우덴에서 인류가 가장 먼저 불을 사용했고 40만 년 전 무렵에는 유럽에서도 일부 지역에서 그렇게 했다고 주장하고 있다. 하지만 중국의 고인류학자들은 최근 들어 저우커우덴에서 발견된 잔류물이 외부에서 유입된 것이고 자연적인 요인에 의해 생긴 것일지 모른다고 주장하면서 인류가 그곳에서 불을 처음 사용했다는 주장에 이의를 제기했다.[40] 요리에 사용한 불이 작은 불이고 재와 그을음 형태로 남게 되는 잔류물이 이내 사라졌기 때문에 불을 사용한 시기는 영원히 풀리지 않는 문제로 남을지 모른다. 불 사용을 밝혀 주는 직접적인 증거는 너무 최근 것이어서 그보다 수백 세대 전에 불을 사용했다고 볼 단서가 될 수는 없다. "돌난로나 점토 화덕 같은 불을 사용했다는 확실한 증거가 필요하다면 그것은 지난 25만 년 전까지 거슬러 올라간다."[41]

불을 사용한 요리는 고기의 근육과 식물의 섬유질을 분해하여 영양가를 높여 주고 인류의 진화에 나타나는 생리학적이고 신경학적인 발달에 크게 기여했다. 현생인류는 야생식물과 곤충, 작은 사냥감과 물고기 등 무척 다양한 음식을 먹으면서 수렵채취자로서 오랫동안 잘 살았다. 사회 연결망을 확립하고 효과적인 사냥술을 갖춘 다음에는 큰 포유동물을 사냥했다. 자연이 제공하는 풍성함에도 불구하고 전 세계에 걸친 현생인류의 수는 이 기간에 큰 변동이 없었다. 그 수는 기껏해야 수백만 명에 불과했을 것이다.

현생인류의 사냥 솜씨가 조상들보다 훨씬 더 좋아지면서 지난 10만 년 사이에 거대 동물의 멸종이 더욱 빨라졌다. 1만8천 년 전 무렵 플라이스토세 말기에 나타난 기후 온난화가 멸종을 불러오게 된 도화선이 되었다. 온난화의 영향은 해수면의 상승으로 생긴 해안의 변화에서부터 토양침식의 확산과 주요 생물계의 붕괴에 이르기까지 다양했다. 하지만 지금도 한 세대 전에 나온 '거대 동물 과잉 가설'이 가장 그럴듯한 멸종 이유로 남아 있다.[42]

지구 전역에 걸쳐서 거대 동물의 멸종 시기와 인류의 이주, 정주 시기가 일치한다. 유라시아 북부에서는 14,300년 전에 멸종이 일어났고 북아메리카에서는 13,200~12,900년 전에 멸종이 일어났다. "최근에 시베리아 북쪽으로 200킬로미터 떨어진 북극해의 랭겔 섬에서 얼어붙은 포유동물이 발견되면서 논쟁은 끝이 났다. 발견된 매머드가 죽은 것은 불과 4,500년 전이었다. 이 시기는 랭겔에 인류가 처음으로 도착한 바로 그때이고, 최후의 시베리아 매머드가 사라지기 1만 년 전 무렵이다. 전 세계 다른 지역에서는 인류가 무대에 등장하자마자 거대 동물이 사라졌다. 오스트레일리아에서는 5만 년 전에 사라졌고, 남아메리카에서는 1만3천 년 전에, 카리브 해의 섬들에서는 6천 년 전에, 마다가스카르와 뉴질랜드, 하와이를 비롯한 여러 태평양 섬들에서는 1,200년 전 무렵에 각각 자취를 감추었다."[43]

과학자들은 화석화된 뼈 유골을 화학적으로 분석하고 칼슘 미량 원소를 찾는 방식으로 인류가 수천 년 전에 먹은 음식을 확인했다. 과학자들은 이런 방식으로 그들의 몸집과 힘, 키를 현생인류와 비교했다. 화석화된 배설물도 먹은 음식에 관한 자료를 제공해 주었다. 발굴된 유골로 보면 고인류가 현생인류보다 약간 더 컸다. 오늘날 전 세계 남성의 평균 키는 165센티미터이고 여성의 평균 키는 155센티미터이다. 구석기시대 우리 조상들은 뼈가 무척 튼튼했고 평생을 충치 없이 살았다. 아마도 60대까지 산 사람들은 9퍼센트밖에 되지 않았을 것이다. 몸집이 크고 위험한 동물을 사냥해야 하는 스트레스와 부상에 의한 감염, 출산의 시련을 견디고 살아남은 자들은 오늘날의 운동선수 같은 신체적 특징과 심혈관을 지니고 있었다. 트라우마를 견디고 살아남은 자들은 대체로 질병에 걸리지 않았다. 심장병, 당뇨, 고혈압, 비만 같은 현대의 만성질환이 수렵·채취 사회에는 존재하지 않았다. 이 옛 선조들이 유전학적으로 현생인류와 동일하다는 사실을 명심하자. 진화와 유전학의 세계에서는 4만 년이 비교적 짧은 기간이다."

'광역스펙트럼' 경제 혁명

지구의 역사를 연구해서 얻은 가장 놀라운 결과 가운데 하나는 지난 15만 년 동안 기후가 갑자기 바뀌었다는 점이다. 특정 지역의 연평균 기온이 몇 도 바뀌는 기온 변화는 대체로 수백 년에 걸쳐서 일어나고 수십 년에 걸쳐서는 이따금씩 나타났으며 수년에 걸쳐서는 거의 나타나지 않았다. 수십 년 또는 그보다 짧은 기간에 기후변화가 나타나는 시기에 산다면, 인류는 그런 변화에 적절하게 대응하거나 그 결과를 감당해야 할 것이다. '빙하기'가 수백 년 동안 지속되면 아마도 랜드브리지가 드러나고, 온난기에는 해수면이 상승해서 통행을 가로막을 때까지 이주가 가능할 것이다. 이 밖에 여러 가지 다른 반응을 보일 수도 있다.

플라이스토세가 끝나 가던 3만 년 이전 무렵에 지구의 기후가 불안정해서 규모가 작은 자율 집단들이 수렵·채취 활동 범위를 넓히고 고고학자들이 말하는 이른바 '광역스펙트럼 혁명'을 일으켰다.[45] 마지막 빙하기가 끝나갈 무렵에는 수십 년에서 수천 년 주기로 심한 기후변동이 나타났다. 영거 드라이아스기(빙하시대 꽃 이름에서 따옴)를 제외하면, 대기 중 이산화탄소 농도가 낮고 매우 건조한 한랭기(12,600~11,600년 전)가 전 세계 대부분의 지역에 나타났으며 간간이 빙하가 급속한 전진과 후퇴를 반복했다. 기후학자들은 그린란드의 빙하코어에서 얻은 고해상도 자료를 통해 과거 8만 년 이전의 기후변화를 10년 단위로 나타내고 과거 3천 년 이전의 기후변화를 월별로 그려 냈다. 전성기의 빙하가 1만8천 년 이전에 물러나기 시작해서 오늘날의 인류 역사 시기에 해당하는 홀로세 간빙기로 이어졌다. 그러면서 기후가 비교적 안정되었는데 변동의 폭은 150년 정도였다. 물론 소빙기(1300~1850년)는 특별한 예외였다.[46]

이렇듯 이산화탄소 농도가 낮고 몹시 건조한 환경에서 수렵채취자들은 혁신을 이루어 냈다. 그들이 백만 년에 걸친 진화의 산물인 큰 뇌와 향상된 인지능력을 충분히 활용했음을 짐작할 수 있다. 그들은 무기를 가는 숫돌을 비롯하여 갖가지 새로운 기술을 발명했다. 작은 포유동물을 잡는 데 쓰는 그물과 덫은 물론, 사냥용 창 발사기 아틀라틀을 비롯한 작은 발사 무기들을 발명했다. 요리를 해 먹기 위해 야생식물을 분쇄하는 도구도 발명했다.[47]

작은 육상 포유동물과 날짐승, 물고기를 사냥하고 포획하면서 식생활과 인류의 건강이 새로운 단계로 접어들었다. 또한 나중에 곡물로 발전하게 되는 작은 씨앗을 채취해 먹으면서 건강이 증진되기도 했다. 이러한 개선을 위해서는 대가를 치러야 했다. 작은 사냥감을 사냥하고 포획하기 위해서는 많은 정력과 시간을 들여야 했다. 비록 위험하기는 했지만, 몸집이 큰 매머드를 사냥하거나 그 사체를 뒤지는 일이 식단을 풍성하게 해주는 작은 사냥감을 포획하는 쪽보다 노력이 덜 들었다. 그 밖에도 비록 번식 속도가 빠르기는 하지만 그 수의 증감을 예측할 수 없기에 무턱대고 작은 동물을 안정된 식량원으로 삼고 있을 수가 없었다.[48]

인류는 이 광역스펙트럼 혁명의 초기 단계에 좀 더 복잡한 수렵채취 전략을 개발했다. 수렵채취의 범위를 넓히고 가용 식품의 양과 종류를 대폭 늘리면서 식단의 영양이 훨씬 더 풍부해지고 건강도 나아졌을 것이다. 하지만 혁명이 완성 단계에 이르고 사냥과 채취, 저장, 음식 준비에 더욱 더 많은 사람들이 뛰어들면서 식량 공급이 늘어나자 인구밀도가 높아졌다. 줄어드는 작은 사냥감을 찾기 위해서 수렵의 범위를 넓히고 사냥감을 포획할 새 기술을 개발하면서 밀도가 높아진 정주 인구의 영양 문제를 해결하려고 노력했지만 광역스펙트럼 혁명은 위기로 빠져 들어갔다. 사냥감이 줄어들고 더 많이 들인 노동의 대가도 줄어들면서 인류 역사에 등장한 혁명 단계가 끝나고 말았다.

시간이 흐르면서 영양가가 점차 떨어졌음을 보여 주는 식량 자원의 점진적인 감소에 관한 문서 기록이 존재하는 것은 아니다. 그런데 우리가 어떻게 그런 사실을 알 수 있을까? 지중해 지역과 레반트, 인도, 서유럽, 북유럽에 살던 사람들의 키가 작아졌다. 키가 작아지는 것은 영양 결핍과 관련이 있다. 고고학자들과 고인류학자들은, 수렵채취인들이 필요한 식량 자원을 확보하기 위해서 더 많은 노동을 했다는 사실을 그 이유로 꼽는다. 수렵채취 정주자들은 자신들의 식량과 더불어 그들이 사냥하는 작은 사냥감의 먹이가 줄어들면 주기적으로 스트레스를 받게 된다. 이러한 스트레스와 전염병 발생률의 증가가 기후 온난화와 관련이 있을지도 모른다.[49]

광역스펙트럼 혁명의 마지막은 플라이스토세가 끝난 시기와 일치했다. 그것은 식량 공급 감소는 물론 기후변화로 생긴 식물 천이(遷移)와 관련이 있었다. 이 혁명이 끝날 무렵에는 정주자들 가운데 영양실조에 걸린 이들의 수가 늘어나고 키도 작아지고 있었다. 계절에 따른 굶주림과 전염병이나 감염률의 증가에서 비롯된 주기적 스트레스로 사망률과 발병률이 높아지면서 인구가 일시적으로 줄어들었던 것이다.

3장

농업과 식량

플라이스토세 빙하기 말기에 나타난 몹시 건조한 기후는 농업으로 이행하는 것을 가로막았다. 대기 중 이산화탄소 농도가 너무 낮고 150년 동안 기후가 온난한 상태에서 빙하 상태에 이르기까지 극단적인 양상을 보여서 식물이 스트레스를 받았다. 기후가 점차 따뜻해지면서 농업과 정주의 여건이 마련되었다. 과학자들은 14,500~12,900년 전에 북대서양의 거대한 빙상과 빙산이 줄어들면서 전반적인 온난화 추세가 나타났다고 가정한다.[1] 기후가 점점 더 따뜻하고 건조해지면서 수로와 물이 풍부한 초지가 줄어들고, 말과 영양을 비롯한 몸집이 큰 사냥용 초식동물이 사라졌다. 앞서 지적했다시피 인류는 이런 변화에 적응해서 사슴과 땅 다람쥐, 쥐, 거북이, 새 같은 좀 더 작은 동물을 사냥했다. 고고학자와 인류학자들은 이런 변화를 광역스펙트럼 혁명이라고 부른다.

기후가 따뜻해지고 강수량에 변화가 나타나면서 플라이스토세 후기 인류가 재배한 식물들의 수확이 늘어났다. 농부들이 태양에너지로 작물을 생산하여 그 에너지를 섭취했다. 역사가 로버트 B. 막스가 지적한 것처럼 "생물학적 구체제에서는 농업이 인류가 환경을 바꾸고 식량 에너지를 사람들에게 더욱 효과적으로 전달하기 위해서 생태계를 변환(이를테면 삼림이나 대초원을 호밀이나 밀 농장, 논, 양어장 또는 어살로)하는 주요 수단이었다."[2]

이러한 장기적인 온난화 추세가 중단되고 영거 드라이아스 기후라고 부르는 빙하기(12,600~11,600년 전)가 시작되면서 인류는 수렵 채취 활동을 줄이고 노동 집약적인 개간 활동에 뛰어들었다. 이동을 덜 해도 되는 좀 더 영구적인 곳에 정착을 하면서 인구가 점차 늘어났다. 고고학적인 자료에 따르면, 이들은 유기 물질로 땅을 비옥하게 만들고 일부 야생식물 가운데 먹기에 가장 좋은 식물을 골라 그 씨앗을 땅에 심었다. 영거 드라이아스기의 혹독한 추위가 아마도 야생식물을 재배하고 농사를 지어서 식량을 생산하게 만든 요인 가운데 하나였을 것이다.[3] 이렇듯 장기간에 걸친 식량 부족과 그것이 사람들에게 끼친 영향은 인류 역사에서 중요한 부분을 차지했다. 식량 부족은 농업을 역사적 서사로 서술하는 데 도움을 주었다.

북유럽의 꽃가루 기록에서 처음 발견된 영거 드라이아스기의 빙하가 확장되면서 자작나무와 소나무 숲이 물러나고 툰드라 식물이 그 자리를 차지했다. 이렇게 식물대가 바뀌고 생육기에 강우량이 감소하자 인류는 변덕스러운 기후변화에 적응할 수밖에 없었다. 그 결과 소규모 공동체들이 모여 다소 큰 취락을 구성하는 방식으로 정주 형태에 신속한 변화가 생겼다. 영거 드라이아스기가 끝나고 빙하가 풀리면서 양질의 토지가 다시 그 모습을 드러냈으며 이용할 수 있는 하천과 호수가 많아지면서 여기저기서 농사를 짓기 시작했다.[4] 초기 형태의 소규모 제조업과 더불어 경작과 농사가 경제 발전의 주축이 되었다. 인구가 늘어나는 초창기 도시 세계는 이러한 기후변화에 뒤이어 나타난 몇 가지 주목할 만한 변화에 지나지 않았다.

초창기 농업과 따뜻한 기후

농부들의 수가 늘어나면서 더 많은 식량이 생산되었고 더 많은 사람들이 좀 더 가까운 곳에 모여 살 수 있게 되었다. 인구밀도가 높아지면서 조직과 공공질서가 필요해졌다. 친족 관계와 충성 서약을 기초로 마련한 새로운 통치 조직이 사람과 생산물을 관리했다. 이 조직은 대개 징벌적 성격을 띠었다. 질서와 평화를 증진하는 데 가장 효과적이었던 초창기 방식 한 가지는 적대적인 토착민들을 무장해제시키고 외부의 침략으로부터 변경을 지키는 군대를 마련하는 것이었다.

추수한 작물은 대개 저장했으며 도난을 방지하기 위해 새로 구성한 군대를 동원해서 지키게 했다. 좀 더 일반적인 조직의 의사 결정이 결국에는 친족 관계를 대신했다. "새로운 조직 형태 가운데 일부는 위계가 있었고 나머지 주민들을 다스리는 좀 더 영구적이고 공식적인 지도자들을 두었다. 이 지도자들이나 의사 결정자들이 자원과 노동을 더욱 집적시켰을 것이고, 그 결과 생산이 강화되고 공동체의 규모가 더욱 커졌을 것이다."[5]

지질 변화도 이런 이행을 재촉했다. 서남아시아와 레반트 지역의 지질 상태는 홀로세에 온난 기후가 미친 영향과 초창기 농업의 역사에서 그 기후가 차지하는 의미를 설명하는 데 도움을 준다. 레반트는 양쪽에 바다와 사막이 가로막고 있는 지협이다. 수백만 년 전에 구조판이 융기하면서 그와 나란히 달리는 산맥을 만들어 냈다. 알프스에서 시작하는 유라시아의 산맥이 남유럽을 지나 동남쪽의 활 모양으로 휘어진 토로스-자그로스산맥(터키와 이란의 산맥)으로 뻗고 파미르

매듭의 히말라야산맥으로 이어졌다. 이전보다 더 따뜻하고 건조한 홀로세에 빙하가 녹아서 해수면이 높아지고 사막의 가장자리가 확대되자 수렵채취자들이 한 곳에 갇히게 되고 흩어지기 어렵게 되었다. 이 밖에도 동아프리카에서 오늘날의 요르단에 이르는 동아프리카 대지구대가 이주의 속도를 더디게 만들었다. 이 지역이 홀로세에 물이 풍부한 환경으로 바뀌었다. 초창기 농부들이 경작을 하려고 언덕에서 저지대로 야생 곡물을 가져왔다. 지각운동으로 생긴 오목한 땅들 상당수는 지하수가 가득한 오아시스로 변했다.

북아프리카에서 중앙아시아에 이르는 물이 풍부한 지역에서는 증발률이 높아 대기 중에 습기가 풍부했다. 또한 길게 뻗은 산맥이 서풍을 막아 주는 천혜의 장벽 구실을 했다. 서풍은 지중해 동부의 사막 지역을 지나면서 산지에 비를 뿌려 비옥한 초승달 지대를 만들어 냈다. 이 비옥한 초승달 지대는 산지에서 메소포타미아 수계로 물을 흘려보내는 거대한 오아시스였다.[6]

12,500년 전 무렵부터는 지중해 식물이 서남아시아, 특히 레반트로 퍼져 나가기 시작했다. 수렵채취자들이 2만 년 전에 저지대에서 채취한 곡물과 콩, 오크 나무, 아몬드 나무, 피스타치오 나무들이 비옥한 초승달 지대의 언덕에 등장하기 시작했다. 평균 기온 화씨 9도의 변화로 이전에는 저지대에 국한되어 있던 식물이 살아갈 최적의 환경이 조성되었다. 기후가 따뜻해지면서 토질이 좋아지고 지각 판이 융기하면서 생긴 현무암 토양의 형성이 증가되었다. 좀 더 높은 지대의 식물 생육기는 연간 5~6개월까지 늘어났다. 기후가 따뜻해지면서 경작을 하는 이주 농민들이 점점 더 높은 지대로 이주하자 야생식물은 뒷전으로 밀려나게 되었다.

기후가 따뜻해지면서 빙하가 물러나고 대기 순환 양상에 변화가 생겼으며 식물대가 확장되었다. 빙하가 높아지면서 수백 년, 때로는 수천 년 동안 말라 있던 깊은 하천 계곡에 다시 물이 차기 시작했다. 삼림이 우거진 지역과 야생식물을 재배할 수 있는 지역에는 인류 집단이 정착했다. 인류는 지각변동과 기후 혼란, 환경 변화에 사회 문화적으로 재빨리 적응해 나갔다.

정착 생활과 재배

기온이 오르면서 식물의 생육기가 늘어났다. 야생식물이 풍부해지자 수렵채취자들이 몰려들었고 정착 생활을 선택하게 되었다. 수렵채취자들이 식량을 충분히 확보하게 되자 한 곳에 정착하고 더 이상 이동을 자제했다. 그들은 생육기가 길어지면 길어질수록 그곳에 더 오래 머물렀다. 영양이 가장 풍성해 보이는 식용작물을 고르고 잡초를 뽑아내고 식물 쓰레기나 분뇨 같은 바이오매스가 우연히 땅에 떨어지면서 토양과 식물의 유전자 구조가 바뀌었다. 인류가 여러 가지 활동을 벌이는 가운데 자연선택을 통한 재배가 초창기 농업 시기에 우연히 시작되었을지도 모른다.

스티븐 미슨은《빙하 이후: 지구 인류의 역사》(2004년)라는 책에서 야생식물과 재배식물의 유전적 차이를 설명했다. 기후가 좀 더 따뜻하고 습윤하게 바뀌는 기후 전환기에 서남아시아의 삼림 스텝에서 자라던 야생종에 중요한 유전적 변화가 발생했고 그 결과 야생종은 재배하기에 적합한 작물이 되었다. 야생종이 다 자라게 되면 터지기 쉬운 이삭이 패고 땅에 떨어진다. 사람의 손에 길들여진 뒤에는 곡물의 이삭이 줄기에 붙어서 수확을 기다린다. 이런 곡물은 사람의 손길이 닿지 않으면 스스로 번식할 수 없다. 이들이 다 자라게 되면 사람들이 곡물을 털고 이삭을 주워서 준비한 바구니에 담는다.

사람의 손길이 만들어 낸 가장 중요한 결과는 식물 유전자의 돌연변이이다. 그 결과 야생종이 재래종으로 바뀌었다. 이와 같은 과정이 품종이 다양한 완두콩과 렌즈콩에서 일어난다.[7] 이 장에서 몇 차례나 얘기하고 있다시피, 인류가 식량의 유전자 변형에 관여해 온 것은 수백만 년 전 수렵채취에서 농업으로 이행할 때부터이다. 최근 들어서는 식물 유전학이 발달하면서 이 과정이 과학적 방식으로 진행되었다.

그런가 하면 정착 생활이 노동의 분업을 더욱 재촉했다. 어떤 이들은 연삭 가공 기술의 지식을 이용하여 절구와 공이, 갈개, 간석기를 제작했다. 플라이스토세에 유럽과 유라시아에 계절에 따른 정착 사례가 상당수 존재하기는 하지만 기후변화와 정착, 야생식물의 광범한 분포가 서로 뚜렷한 관련을 맺은 것은 농업이 처음 확산되기 시작한 서남아시아에서였다.

식량 생산은 수렵채취자들이 수렵채취보다 농업이 더 낫다는 점을 '발견'하면서 1만2천 년 전 무렵에 갑자기 시작된 사건이 아니다. 노동과 위험이란 관점에서 볼 때 그리고 새로운 식량 생산방식을 통해 영양 면에서 이익을 얻을 수 있을 것이라는 확신이 없는 가운데 농사에 의존한다는 것은 예측이 불가능한 어려운 일이었다. 공동 진화 과정에 따르면, 야생식물 재배와 농업 기술, 인구밀도는 자연히 식물성 식량의 생산 증가로 이어졌다. "이러한 생산 증가는 교란 토양(압력이

나 힘을 받아서 원형이 파괴된 토양—옮긴이)이 확장되면서 생긴 생물학적 선택 압력을 통한 진화에서 비롯되었고 인구 증가를 가져왔으며 정착 생활을 확대시켰다."[8] 인간과 식물의 상호작용은 수렵채취에서 농업으로 바뀌는 전환을 이해하는 열쇠가 된다. 사람과 동물의 배설물로 토질을 개선하고 식용 야생식물 둘레에 있는 잡초를 제거하는 과정을 통해 식물이 재배종이 되었다.

지역 주민들은 수렵과 채취가 중요한 생계 활동이기 때문에 자신들의 미세 환경에 주의를 기울이게 되었다. 이들은 식물성 식량의 소비량을 늘리면서 계절의 변화와 그에 따른 식량 사정의 변동에 관심을 갖게 되었다. 비가 내리는 봄철과 여름철에는 소규모 가족들이 대규모 부족 단위로 모여 작은 사냥감을 사냥하고 식물성 식량을 채취했다. 이들이 야생 호박과 고추, 아보카도를 먹었음을 짐작케 하는 자료도 있다. 이 식물들은 모두 나중에 재배종이 된다.

좀 더 큰 집단으로 결합하는 것이 유리하다는 점을 깨닫게 되면서 준영구적인 이주 집단의 정주 형태가 자리를 잡아 갔다. "재래종 식물은 물론 새로운 식물도 먹고 살았다. 옥수수가 이 시기의 고고학 기록에 등장하고 음식에서 고기가 차지하는 양이 줄어든다."[9] 이 무렵에 식물의 양과 종류가 늘어났다. 이 사실은 식량 자원이 충분했고 안정된 공급이 이루어졌음을 암시한다. 식단의 변화 양상은 인구 성장과도 관련이 있었다. 수렵채취 사회는 이주를 할 때 데리고 다니며 부양할 자녀의 수가 제한되었지만 정착 생활을 하면서는 그런 제한이 좀 더 완화되었다.

수렵채취 사회의 여성들은 격렬한 활동을 했다. 정기적으로 장소를 이동할 때는 아기들이 먹을 음식을 준비할 수가 없었다. 그래서

장기적인 수유가 일반적인 관례였다. 이 두 가지 활동으로 출산율이 일시적으로 감소했다.[10]

젖을 빨리 떼고 아이를 낳는 간격을 줄이는 일은, 부드럽고 맛있으며 소화가 잘 되는 이유식을 입수할 수 있는지 여부와 관련이 있었다. …… 이유식은 대개 탄수화물이 풍부하고 영양가 높은 일년생 토종 식물이었다. 얇고 효율적인 도자기 그릇 덕분에 이유식을 끓이는 작업이 수월해졌다.[11]

이렇듯 공구 기술과 요업이 정주 양상에 변화를 주었고 복합적이고 영구적인 정주 형태가 등장하면서 인구가 늘어났다.

일부 야생식물은 아마도 수렵채취자들이 괜찮은 식용작물을 좀 더 쉽게 식별할 목적으로 다른 식물을 제거하기 시작하면서 자연스레 그들이 좋아하는 일부 특성들이 진화해서 재배종으로 발전했을 것이다. 이 밖에도 여러 가지 발전이 인류가 씨를 뿌리고 농토를 마련해 나가기 오래전부터 일어났을 것이다. 그들은 계속해서 식용작물을 채취하면서 가장 좋은 것을 골라서 그 씨를 쓰레기 더미에 버리고 가장 나쁜 것은 죽였다. 수렵채취인들이 어떤 야생식물에는 관심을 보이고 나머지 식물에는 관심을 두지 않았을 것이다. 이를테면 식용 채소나 박과 같은 식료품 용기, 향신료를 제공하는 작물들이 이러한 관심 작물의 범주에 들었다.

채취 행위로 넓은 지역이 황폐화되는 곳도 나타나게 되었다. 예를 들어 8,700년 전 스코틀랜드 서부에서는 개암나무를 10만 그루나 추수해서 그 열매를 굽는 바람에 그 지역의 개암나무 숲이 파괴되었다.

고고학자 스티븐 미슨에 따르면 "이 수렵채취인들이 자연과 '조화를 이루며' 살지 않았음이 분명하다."[12] 이런 종류의 유사 농업 말고도 농부들 근처에 살게 된 수렵채취인들이 농부들한테서 농사를 배웠을 것이다.

농업 사회의 등장

언제부터 식량 생산을 위해 씨를 뿌리고 생계를 위해 의도적으로 작물을 수확하게 되었을까? 언제부터 수렵채취인들의 정주 형태가 경작에 도움을 주는 것으로 바뀌었을까? 아나톨리아에서 이란에 이르는 서남아시아에서 밀과 보리가 자란 것은 9천 년 전 무렵의 일이다. 그 이후 완두콩과 렌즈콩, 병아리콩, 누에콩, 아마(최초의 아마 직물 원료)가 같은 지역에 등장했다. 1980년대에 처음 발굴된 터키 도시 차탈휘위크의 고고학 유적은 정주와 농업이 동시에 시작되었다는 가설을 입증해 주는 것으로 보인다. 9천 년 전 무렵 최전성기에 도시의 인구가 1만 명에 이르렀고 그 폭이 530미터에 달했다. 고고학자들은 유적지에서 동물이 그려진 성벽과 벽돌 조각은 물론 소뼈까지 나왔기 때문에 농업과 가축 사육이라는 상호 관련된 두 활동이 농업과 재배와 정주가 상호 보완적인 활동이라는 점을 입증해 준다고 결론을 내렸다.

오늘날 차탈휘위크는 더욱 세밀한 고고학 연구의 대상이 되었다. 중간 결론은 농업과 동물 사육과 정주 형태가 서로 밀접한 관련을 맺고 있다고 보는 기존의 친숙한 역사 서사와 반대되는 내용을 제시해 준다. 발굴된 동물의 뼈 상당수는 야생 양과 염소의 뼈였다. 사육을 하면서 대개는 동물 뼈의 크기가 줄어들기 마련이지만 소는 그 뼈가 작아진 흔적이 없기 때문에 야생 짐승일 수도 있고 가축이었을 수도 있다. 몸집이 작은 동물을 관리하기가 더 쉽기 때문에 목자들은 큰 동물을 싫어하고 작고 유순한 소를 골라 사육했다. 야생 소에서 사육 소로 바뀌는 이행을 보여 주는 작은 소는 부족한 음식과 기동성 감소 는 물론 자연선택에 따른 진화의 산물이다.

고고학자들은 농사일이 수렵채취 활동을 어느 정도나 대체했는지 다른 방식을 써서 추정했다. 목자들이 젊은 수컷 대부분은 죽이고 사 육용으로 주로 암컷을 살려 두었다. 이렇듯 고고학자들은 동물의 노 소 비율과 암수 비율을 연구하는 방법을 썼다. 그들은 한 고고학 유 적지에서 발굴한 상당한 양의 동물 뼈를 조사해서 노소와 암수의 비 율을 판정했다. 터키의 아부후레이라에서는 11,500~10,000년 전에 초기 거주민들이 야생 씨앗과 사냥으로 잡은 음식을 먹고 살았다. 사 람 치아를 현미경으로 들여다본 결과 곡물을 많이 먹었다는 흔적은 없었다.[13]

중국 양쯔 강 유역의 다른 고대 유적에서 발굴된 13,000년 전의 미 화석(微化石)은 쌀이 중국인들의 주식이 되기 4천 년 전에 수렵채취 인들이 호밀과 벼를 경작했다는 사실을 보여 준다. 대략 8,500년 전 까지 영구적인 취락이 등장하지 않았기에 농업과 인류의 정주 사이 에는 4,500년의 시차가 생긴다. 멕시코의 콕사틀란에서는 수렵채취 인들이 9,500~7,400년 전에 사냥용 막집과 야생식물을 채취하는 큰 마을을 왕래했다. 전 세계에 걸쳐 채취와 사육, 경작에 관한 자료가 늘어나고 있다. 이스라엘에서는 17,000년 전 무렵에 야생 곡물이 주요 식량원이었고, 시리아에서는 15,000년 전에 벼를 경작했으며, 에 콰도르에서는 14,000년 전에 호박을 재배했고 2,000년 뒤에는 멕시 코에서도 호박을 재배했다. 6,000년 전 무렵에는 파나마에서 옥수수 를 경작하기 시작했다.

예를 들어 고고학자들은 6,950~6,440년 전에 뉴기니 고지대에서 계획적으로 토란과 바나나를 심은 흔적을 발견했다. 토란이나 바나 나는 동남아시아의 영향을 받았다는 증거가 없는 토착 식물이었다. 급속한 인구 성장이나 초기 도시의 성장, 정치제도, 사회계층과 관련 없이 독립적으로 농업이 등장했다. 농업이 시작되었는데도 뉴기니 의 삶은 계층 구분이 없이 비교적 평등했다. "뉴기니 고지대의 초창 기 농업에 관한 자료는 농업이 시작되고 뒤이은 선사시대의 역사가 다양했음을 시사하고 선사시대에 대한 단선적인 해석에 도전을 제기 한다."14 어떤 지역에서는 영구적인 취락이 통합된 사회경제 조직으 로 발전하기 수천 년 전에 이미 농경이 시작되었다.

홀로세 이행기에 전 세계에 걸친 하천 유역의 중요성을 과소평가 해서는 안 된다. 새롭게 등장한 물고기나 물새가 풍부한 범람원 생태 계가 수렵채취인들에게 기댈 만한 식량원을 제공해 주었다. 이 범람 원 생태계는 인류가 식물 경작을 주요 활동으로 삼기 오래전부터 수 렵인들을 끌어들였다. 분수계(分水界)가 바뀌면서 본류와 지류, 늪지, 초원이 생겼다. 그리고 제방 흙이 쓸려 내려갔다가 겨울철 얼음과 눈 이 녹아 상류에서 내려오는 토사로 해마다 다시 메워졌다. 비옥한 이 땅은 거의 모든 지역의 신석기 농부들에게 소중한 천연자원이 된다. 기후변동에도 불구하고 홀로세 이행기에 농업과 단백질이 풍부한 식 생활로 넘어가는 이행의 조건이 마련되었다.

수렵채취에서 농업으로 넘어가는 이행 요인들에 관한 설명은 한둘이 아니다. 농업은 여러 지역에서 수천 년에 걸쳐 진행되었다. 건조한 계절이 뚜렷한 지역에서는 강수량이 많고 날씨가 흐린 지역보다 농사가 비교적 더 쉬웠다. 모두 충적토 범람원이지만 주기적으로 가뭄이 찾아들어 동식물이 스트레스를 받았고 사육이나 재배의 필요성이 생겨났다. 가뭄 계절에는 최초로 재배한 한해살이 식물이 번성했다. 한해살이 초목이나 콩과 식물, 오이, 박이 여기에 포함된다. 박과 식물은 가뭄 계절 특유의 매우 큰 씨를 만들어 낸다. 씨가 큰 한해살이 식물이 농업으로 넘어가는 전이를 설명해 줄 수 있다. 씨가 작은 야생식물보다 씨가 큰 한해살이 식물을 재배하는 것이 농부들에게 더 수월했기 때문이다.[15] 씨앗을 확보하고 사람과 동물을 위해 식량을 저장하는 일은 예측 불허의 기후변화에 직면한 초기 농부들의 최우선 관심사가 되었다. 세계 최초의 농업 중심지에서 초기 홀로세의 변화무쌍한 기후가 재배용 보리와 밀의 야생 원종을 재배할 환경 조건을 제공해 주었을 것이다.

중국의 초창기 농업

계절에 따른 가뭄이 따뜻한 겨울보다는 추운 겨울에 발생하는 지역에서는 초창기 농업이 등장하는 데 다른 환경 요인들이 작용했다. 예를 들어 북중국에서 발생하는 약한 가뭄으로 "부식되기 쉬운 거대한 황토 고원이 빽빽한 조(잡곡) 밭을 지탱해 주고, 그것이 황허 강에 무거운 토사를 공급함으로써 해마다 거대한 범람원에 조성되는 방대

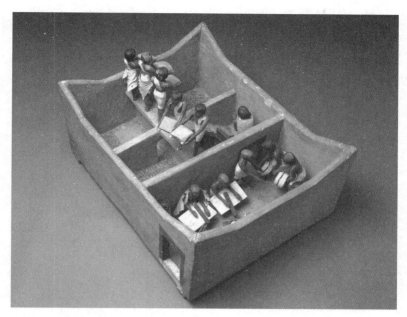

그림 3-1 고대 이집트 곡물 저장고 모형 중왕조(12대)의 메케트레 무덤에서 발굴되었다.
© The Metropolitan Museum of Art. Rogers Fund and Edward S. Harkness Gift, 1920(20.3.110).

한 하류 일대가 돌피로 뒤덮이게 될 것이다. 기온이 오늘날보다 따뜻했던 홀로세 초기에 야생 벼가 존재했을 가능성이 높다."[16] 초기 농업이 발달하고 그에 따라 정주 인구가 늘어나는 데 범람원 현상이 역시 중요한 영향을 미쳤다.

계절에 따른 홍수가 일어날 때 하천이 오래된 제방을 흘러넘쳐 밀과 보리를 재배하는 데 필요한 풍부한 영양을 공급해 주었다. 계절에 따른 홍수로 하천 유역과 평원에는 해마다 비옥한 흙이 쌓였다. "오늘날에도 인더스 강의 범람원에서는 땅을 일구거나 거름을 주거나 물을 대지 않고 이러한 작물을 재배한다."[17] 인류는 5천~6천 년 동안 유라시아의 주요 하천과 이집트 고왕국, 7,300년 전 이라크 수메르 문명의 비옥한 자연 범람원을 이용해 농사를 짓고 확산시켰다. 인더스 강 유역 서안의 메르가르에는 9,000∼7,500년 전에 조그만 농촌 마을이 있었다.

수백만 년에 걸쳐 지역마다 기후가 더욱 따뜻해지고 건조해지면서 이들 각 문명에서는 기후 조건이 상당히 바뀌었다. 초창기 농업의 중심지들은 거의 모두 계절에 따라 극심한 가뭄을 겪었다. 기후가 바뀌고 홀로세의 계절에 따른 기온 변화가 더욱 극심해지면서 동식물이 사람과 더욱 가까이 살게 되었다. 이런 기후변화가 동식물의 사육과 재배를 재촉하는 계기가 되었다.

중국에서 농업은 1만 년 전까지 거슬러 올라가지만 그에 관한 증거는 거의 없다. 하지만 8,500∼7,000년 전 무렵에 상당수의 문화 집단이 북중국의 중앙 평원에서 농사를 짓고 살았을 것이다. 이들 북중국의 농부들은 7,000년 전 무렵의 후기 신석기에 벼, 대마, 콩, 배추, 갓을 비롯한 다양한 작물들을 재배했다. 1984년에 고고학자들이 츠산문화(磁山文化, 8,000∼7,500년 전)에 속한 것으로 알려진 지역에서 직사각형으로 된 곡물 저장 구덩이 345곳을 발굴했다. 그 가운데 80곳에서 조나 기장의 썩은 껍질들이 나왔다. 이 부패한 유물이 썩지 않고 그대로 있었다면 아마도 무게가 50톤은 될 것이다. 빈 구덩이에 더 넣을 수 있는 것을 감안하면 전체 무게는 100만 톤이나 된다. 이 정도 저장 공간이라면 이전에 발굴한 모든 유적지들의 저장 능력을 뛰어넘는 규모임에 틀림없다.[18]

중국의 경작 유형에는 기후 조건이 강한 영향을 미쳤다. 기후가 온화하고 사계절이 뚜렷한 북부 평원에서는 작물을 수확하고 추운 겨울철을 위해 수확한 작물을 저장하는 일이 주된 농업 활동이었다. 하지만 남중국에서는 재배의 역사가 달랐다. 겨울이 없고 강수량이 많으며 동식물이 풍부한 환경에서 농부들은 야생종을 기르거나 재배해야 할 압력을 받지 않았다. 지역 주민들이 야생 벼를 비롯한 식물들의 자연 성장 주기를 관찰하고 벼의 영양가를 인정하기는 했지만, 기후변화와 인구 압력이 나타나기 전까지는 재배할 필요성을 느끼지 못했을 것이다. 그럴 필요를 느낄 무렵에는 북중국에서 발달한 농업 활동이 남중국에 전파되었을 것이다. 북위 10도에서 15도 사이에 위치한 극동의 다른 중심지들에서는 8,000~7,000년 전 무렵에 농부들이 벼를 재배하기 시작했다.

동남아시아에서도 8,000~7,000년 전에 벼농사가 시작되었고, 인도네시아의 수마트라와 남술라웨시에는 2,000년 전에 벼농사가 도입되었다. 4,500년 전 무렵에는 서남아시아에서 인더스 강 서부 일대로 밀 농사가 확산되었다. 4,000년 전에는 벼농사와 수수 농사가 인더스 강 유역에 도입되었으며, 곧이어 파키스탄에서도 벼와 수수를 재배하게 되었다.

아프리카의 초창기 농업

농업으로 넘어가는 이행 과정은 사하라 이남 아프리카에서도 다른 지역에서 만큼이나 복잡했다. 먼 옛날 농부들은 차드 호에서 나일 강에 걸쳐 재배한 수수, 에티오피아에서 우간다 북부에 걸쳐 분포한 기장, 니제르 강 삼각주의 아프리카 벼, 에티오피아의 씨가 작은 테

그림 3-2 일본 간토 지방의 벼 재배 모습을 담은 그림
Colin Sargent 제공.

프(teff), 서아프리카의 얌(yam) 등 10여 종이 넘는 토착 식물을 재배
했다. 그들은 북아프리카나 아시아에서 사육 소를 들여왔다. 그 결과
7,000년 전에 사하라 이남 아프리카에서 가축 사육이 시작되었다.[19]
6,500년 전 무렵에는 밀이 이집트에서 남쪽의 에티오피아 남부까지
확산되었다. 5,000년 전에는 수단 남부에서 나이지리아 북부에 이르
는 지역에 기장과 얌이 재배되었고 곧 남쪽의 케냐와 탄자니아로 확
산되었다.

메소아메리카의 초창기 농업

환경이 다양한 메소아메리카 지역의 농업은 다른 지역들과 그 시
작이 달랐다. 여러 가지 이유가 있지만, 무엇보다 이 지역은 멕시코

북부에서 코스타리카에 이르는 열대지방에 속해 있고 해발고도에 따라 기후가 다양하다. 대부분의 지역에 냉대와 온대, 난대 기후가 공존한다.[20]

생태학적으로 이 지역에서 농업은 강우량 덕분에 가능했다. 초기 농부들은 야생 원종에서 고른 몇 종의 식물들을 재배했다. 시간이 흐르면서 옥수수와 콩, 호박, 박, 고추, 아보카도 생산이 이 지역의 경제와 사회구조를 형성하게 된다. 8,000년~6,500년 전 무렵에 농부들이 콩과 감자, 고추를 재배하기 시작하면서 아메리카 대륙 전역으로 확산이 일어난다. 8,000년~6,000년 전 무렵 멕시코 중남부에서는 호박을 재배했고, 이 호박 재배가 5,000년 전 무렵에는 남아메리카로 확산되었다.

6,500년 전에 멕시코 중남부에서 옥수수를 재배하게 되면서 식량 생산에 중요한 진보를 이루었다. 멕시코 북부에서는 5,000년 전 무렵에 옥수수를 재배했다. 4,000년 전 무렵에 미국 남서부와 페루에 옥수수가 등장했고, 3,000년 전 무렵에는 펜실베이니아로 확산되었으며, 공동시대(Common Era, 기원후―옮긴이) 초기에는 미시시피 강과 오하이오 강 상류 지역까지 도달했다. 옥수수 재배 농부들은 물론이고 그들의 경작 방식이 서반구 전역으로 퍼져 나가서 수렵채취 사회를 대체했다. 수렵채취인들이 수백 세대에 걸쳐 먹어 온 얌과 덩이줄기를 비롯한 뿌리채소 작물은 원산지에서 여전히 재배되고 있었다. 예를 들어 얌은 1만 년 전에 서아프리카와 동남아시아에서 재배되었다.[21]

유럽의 초창기 농업

서남아시아에서 유럽의 중심부로 이주할 때 농부들이 종자와 식물, 기술을 함께 가지고 갔다. 그들은 지중해 중부와 서부 지역에 정착해서 나무로 집을 짓고 소와 양을 길렀다. 또 작물을 재배하고 도자기를 빚었으며 도끼, 연삭숫돌, 칼, 무기에 이르기까지 더욱 세련된 석기를 제작했다. 이 신석기 농부들은 8,000~6,500년 전에 중석기시대 수렵채취인들(10,500~6,000년 전)의 땅을 경작했다. 이제 막 도착한 신석기 농부들은 이주 농부들의 문화가 압도적인 기존 중석기 주민들의 노하우를 받아들여 노력한 결과 농업이 유럽 전역으로 확산되었다. 다만 대륙의 최북단에서는 수렵과 채취가 현대까지 이어졌다. 하지만 그곳에서도 끝내는 사라지게 된다.

중유럽 북부와 농부들이 활동하던 영역 바깥에서는 중석기인들이 여전히 멧돼지나 사슴을 사냥하고 석기를 제작했다. 하지만 사냥에 실패하는 일이 생기자 곡물을 재배하고 동물을 사육하기 시작했다. 그들은 전 유럽으로 확산되어 나간 농경 기술에 힘입었고 효과적인 요리나 저장을 위한 도자기 제작 기술을 초창기 농부들로부터 입수했다. 이러한 발달과 더불어 농부들이 새로운 지역으로 진출하면서 유라시아 전역으로 밀을 신속하게 확산시켰다. 8,500년 전 무렵에 이라크와 그리스 북부에 이르는 지중해 동부의 농업 사회에서 밀을 재배했다. 8,000~7,000년 전에는 밀이 나머지 그리스 지역을 거쳐 멀리 북쪽과 서쪽의 다뉴브 강 유역까지 확산되었다. 6,500년 전 무렵에는 밀이 북쪽의 폴란드와 서쪽의 독일, 스웨덴으로 확산되었고 500년 뒤에는 영국제도까지 퍼져 나갔다.

농경이 유럽 전역으로 확대된 데는 기후변화가 한몫했다. 6,000~5,200년 전 무렵에 지구가 따뜻해지고 농경이 확산되어 오늘날 마그데부르크-쾰른-리에주 지역으로 알려진 중유럽에서도 처음으로 곡물이 생산되었다. 이런 확산 추세는 2,900~2,300년 전 무렵에 한랭기가 시작되면서 멈추었다. 더위와 추위, 습윤과 건조의 극단을 오가는 변덕스러운 기후가 수백 년 동안 지속되다가 1000~1300년 무렵에는 온난기가 이어졌다. 기후학자들이 '중세 온난기'라고 부르는 이 시기에 중유럽과 북유럽으로 농업이 급속하게 확산되었다.

나아진 기후와 더불어 도끼나 철제 쟁기가 토지의 생태 균형을 바꿔 놓았다. 이 과정은 지피식물(지표를 낮게 덮는 식물—옮긴이)을 제거하고 씨를 뿌리기 위해 그 땅을 개간하면서 더욱 빨라졌다. 이 지역에서 나온 꽃가루를 분석한 결과 중세 온난기에 숲이 실제로 밀려난 것으로 밝혀졌다. 기후가 따뜻해지면서 해발 18~21미터에 이르는 중유럽의 고지와 산지에서도 작물을 심을 수 있게 되었다. "북잉글랜드 언덕에서는 12~13세기에 경작 수준이 최고조에 달했다. 1940~1944년의 전시 비상 경작 운동의 수준마저 넘어설 정도였다."[22]

북반구에서는 유럽과 아메리카 대륙의 유럽 식민지에 영향을 미치는 소빙기(1300~1850년)가 시작되면서 농업 팽창과 생산성이 지체되었다. 과학자들이 수집한 꽃가루 자료를 분석해 보니, 중유럽 고지의 경우 이미 1300년에 곡물이나 과수 재배 지역이 해발 18~21미터 정도 아래로 내려왔다. 혹독한 냉대기후 때문에 유럽과 아메리카 대륙의 일부 지역에서는 늘어나고 있던 정착민들 사이에 굶주림이 확산되면서 생계 위기가 발생했다.

공업화 시대의 농업

1750~1850년에 농부들은 파종과 추수를 교란시키는 변덕스러운 날씨 체계에 직면했다. 가을과 봄에 내린 치명적인 서리 때문에 자라나는 작물이 모조리 죽었다. 기상 악화에 뒤이어 대기 중에 수백만 톤의 연기와 재를 날리며 태양 광선이 지표면에 도달하지 못하게 막는 화산폭발이 여러 차례 일어났다. 1788년과 1789년에 일본과 아이슬란드에서 화산이 폭발했고, 1816년에는 인도네시아의 탐보라 산에서 화산 폭발이 일어났다. 이런 화산 폭발은 지구의 기온을 떨어뜨렸고 전 세계의 곡물 수확량을 감소시켜 기아를 확산시켰다.

공업과 매뉴팩처 시대의 유럽에서는 농부들이 점점 늘어나던 도시 인구와 팽창하는 농촌 인구의 식량 수요를 충족시키기 위해 안간힘을 썼다. 인구의 95퍼센트 가량이 농업에 종사할 정도로 세계 경제에서 농업이 압도적이었지만, 농민과 도시 빈민은 주기적으로 식량 부족 사태에 직면했다. 농촌과 도시 거주민들 대다수는 좋은 시절에도 제대로 먹지 못했다. 그들은 얼마 되지 않는 소득 가운데 60~80퍼센트 이상을 영양가가 별로 없는 곡물을 사는 데 지출했다.

경제사학자 카를로 치폴라는 다음과 같이 강조했다. "곡물이 가난한 자들의 식량이 된 궁극적인 이유를 생태학적 에너지 사슬에서 찾아야 한다. 밀은 태양에너지를 화학에너지로 바꾼다. 반면에 육류는 사료의 성장과 관련이 있는 1차 과정의 '손실'에다 동물의 성장 및 발달과 관련이 있는 2차 과정의 '손실'을 더한 이중적인 변형 과정의 산물이다."[23] 게다가 수확을 예측할 수 없어서 가격은 걷잡을 수 없이 요동쳤다. 소빙기의 극단적인 기후 양상과 더불어, 곡물 생산에 늘

위협을 주는 해충의 습격도 수확에 영향을 미치고 가격을 불안정하게 만들었다.

흉작과 치솟는 물가는 대다수 사람들의 구매력을 제한했다. 사정이 좋아져도 영양실조에 걸린 주민들이 거듭되는 굶주림에 직면했고, 사정이 나빠지면 흉작으로 기근이 발생했다. 따라서 현대가 시작되기 이전에 수천 년에 걸쳐 농업이 확산되었지만 굶주림과 기근이 전 세계 모든 지역의 사람들을 괴롭혔다. 원시적인 농업기술과 형편없는 수송 체계, 비료 부족은 늘어나는 정주민들을 먹여 살릴 식량을 생산하는 데 또 다른 과제가 되었다.

기아와 조기 사망은 현실 세계에서 좀처럼 풀기 힘든 문제가 되었다. 영양 결핍으로 일이 힘에 부치기도 했다. 먹는 것이 부실해서 몸이 허약해진 나머지 더 일할 에너지를 제공해 줄 식량 작물을 심고 씨를 뿌리고 추수하는 일들을 제대로 해낼 수 없었다. 우리 조상들은 쉽게 헤어날 길이 없는 영양의 덫에 걸려들었다. 스스로를 부양하기 위해서 수렵과 채취를 한 선조들보다 생물학적으로 더 작고 야윈 몸에 적응했고 그런 체구로 변했다. 키가 작아지고 필요한 영양이 줄어들면서 생존이 가능했고 일을 할 수 있었다. 하지만 영양 결핍의 대가로 수명이 짧아졌다.

영양실조는 또한 면역 체계를 위태롭게 만들었고 식량 부족으로 몸이 허약해져서 전염병에 걸리기 쉽게 되었다. 질병이 음식을 에너지로 바꿔 주는 물질대사를 방해하자 사람들은 또 다른 도전에 직면했다. 환경, 특히 상수도를 청결하게 하고 사람과 동물의 배설물을 치우고, 몸을 쇠약하게 하는 위장병과 콜레라, 발진티푸스, 장티푸스를 예방함으로써 건강을 증진하고 수명을 연장해 나갔다.

그림 3-3 〈풍요의 시대〉 토지의 생산성을 높이기 위해서 초기에는 윤작을 했다.
Wikimedia Commons, the free media repository.

다음 장에서는 급속한 도시화와 공업화로 위생 환경을 보호·유지하고 공중 보건을 증진하려는 노력이 시들해지는 가운데 나타나는 질병의 영향을 좀 더 상세하게 다룰 것이다. 19세기 유럽과 미국에서 경제성장기에 공중 보건이 후퇴하고 평균 수명은 짧아졌다.[24]

성장을 가로막는 장벽에도 불구하고 1300년 무렵에는 농업 생산성과 인구가 소폭 증가하기 시작했다.[25] 1500년 무렵에는 유럽 경제의 모든 부문이 팽창하고 농업이 급속도로 성장하면서 굶주림의 위협이 어느 정도 줄어들었다. 중유럽에서는 대영지의 곡물 생산이 급속히 늘어났고 발트 해를 경유하여 서유럽 여러 도시로 이 곡물을 수출했다. 도시가 성장하면서 농부들은 더 많은 농지를 경작했고 돌려짓기를 확대하여 생산을 늘렸다. 무역 연결망이 생기면서 농업 생산성이 높아졌다. 농부들이 상업 작물을 특화하고 여러 토양에 작물들을 혼합 재배하며 비료용으로 토지에 가축을 더 많이 방목하면서 성장이 탄력을 받았다. 식단에 동물성 단백질을 추가하면서 점차 늘어나는 유럽 대륙 인구의 전반적인 복지도 향상되었다. 소빙기에 성장이 상당한 방해를 받았지만 중단되지는 않았다.

역사가들은 이렇게 농업 생산성이 향상된 배경을 두고 여러 가지 논란을 벌였다. 대부분은 농업이 아닌 다른 생산 활동에 종사하는 도시의 비농업 인구가 증가하면서 생겨난 식량 수요를 그 배경으로 든다. 1500년대에 이미 시장경제의 기회가 여기저기 나타나기 시작했고 1750년대에 산업화가 시작된 이후에는 그 기회가 더욱 늘었다. 농부들은 점점 커져 가는 도시 시장에 내다 팔 작물로 생산을 전환하고 가축과 토지에 투자하며 더욱 열심히 일해서 생산성과 소득을 증대시켰다.

한편 1500년대에 에스파냐와 포르투갈의 정복자들과 정착민들이 '신세계'를 탐험하면서 상당수의 작물이 전 지구적 식량 축적에 추가되었다. 감자와 고구마, 옥수수, 다양한 콩, 호박 등이 유럽인과 아프리카인, 아시아인의 식생활에서 주식이 되면서 지난 300년 동안 전 세계의 인구가 상당한 규모로 늘어나기 시작했다. 뿐만 아니라 신세계의 작물은 밀과 쌀, 보리, 귀리 같은 구세계의 주식이 서식하지 않는 지역과 고도, 토양에서 자랐다. 농부들은 해마다 경작하는 밭의 수확량이 감소하는 해묵은 문제를 해결하기 위해 익숙한 윤작 방식을 채택하고 농지를 초지로 전환하여 토지에 천연 영양분을 보충했다. 신세계 작물 덕분에 전통적인 주식을 생산하는 데 별다른 차질 없이 사람들의 식생활이 더욱 풍성해졌다.

에스파냐 탐험가들이 안데스산맥의 고지에서 들여온 감자가 16세기에는 유럽으로 확산되고 19세기 초에는 제정 러시아까지 도달했다. 19세기 마지막 40년 동안에 러시아에서는 감자 생산이 400퍼센트 이상 늘었다.[26] 유럽에 옥수수가 전파되고 확산된 것 또한 놀라운 일이었다. 옥수수는 덥고 건조한 기후에서 재배해야 하기 때문에 포르투갈에서 우크라이나에 이르는 남유럽 일대로 확산되었다. 오늘날에는 옥수수를 주로 가축 사료용으로 사용하고 있지만, 지난 400년 동안에는 유럽인들 수백만 명이 옥수수를 끼니로 먹었다.[27]

원산지로 하는 재배종이 거의 없는 아프리카에서는 지난 4백 년 동안 점점 늘어나는 인구가 아시아나 아메리카 대륙에서 들여온 식량을 먹고 살았다. 옥수수와 카사바, 땅콩, 호박, 고구마가 아프리카인 수백만 명의 식단에 올랐다. 옥수수는 이미 16세기 중엽부터 재배되기 시작했고 1900년에는 거의 모든 지역으로 확산되었다. 옥수수는 심지어 건조 지역에서 생산되는 기장이나 수수와 경쟁했다.[28] 노예 공급을 위해 신세계가 아프리카를 마구잡이로 착취했는데도 지난 몇 백 년 동안 아프리카 인구는 늘어났다. 아마도 식량 공급이 늘어난 덕분일 것이다.

신세계 작물을 경작하게 되면서 늘어나는 아시아 인구에 더 많은 식량을 제공하기는 했지만 중국과 인도, 일본에서는 워낙에 농업 생산성이 높아서 식료품비가 유럽에서보다 훨씬 낮았다. "인도에서는(중국과 일본에서도) 일정한 양의 종자에서 수확하는 곡물의 양이 20대1의 비율(이를테면 볍씨 1부셸로 20부셸을 수확)이었는데 반해 영국에서는 고작 8대1밖에 되지 않았다. 이처럼 아시아에서는 농업의 효율성이 영국(넓게는 유럽)보다 곱절이나 더 높았고, 그 결과 식료품비(생계비의 대부분을 차지하는)도 더 적게 들었다."[29]

중국에서는 식료품비가 더 낮았을 뿐 아니라 농업 생산량도 유럽 농부들보다 많았다. 중국 남부에서는 같은 땅에서 1년에 두세 차례 수확함으로써 1650년에는 1억4천만 명으로, 1850년에는 3억9천만 명가량으로 늘어나는 인구가 먹고 살기에 충분한 식량을 생산했다. 관개 혁신과 비료, 해충 구제는 풍성한 수확을 거둬들일 수 있게 했다. 1720년대에 프랑스 관광객이 중국을 방문해서 그 비결을 알아내려고 이런 질문을 하기도 했다. "중국인들에게는 사람들이 먹고살 곡물과 식량을 증가시키는 비책 같은 것이 있습니까?"[30]

신세계 작물을 도입함으로써 아시아 농업은 유럽 농업에 견주어 경쟁력이 커지고 생계비가 낮아졌다. 게다가 공업 부문 임금이 유럽보다 높아졌다. 이런 추세는 유럽의 산업화 시기에 역전되는데, 그 이유는 뒤에서 좀 더 자세히 다루기로 한다.

'녹색혁명'

이렇게 식량은 기계 수확이나 인공비료 사용 같은 주요 기술혁신이 없이 전 지구적으로 확산되었다. 1850년에는 유럽과 러시아의 인구가 곱절로 늘어나 2억7천5백만 명가량이 되었고, 농부들은 커져가는 상업 시장에 내다 팔기 위해 밀밭을 더 늘렸다.[31] 전 세계적으로 아시아 인구는 1650년에 3억2천7백만 명 정도에서 1850년에 7억4천백만 명으로 증가했다. 이렇게 된 데는 아메리카 대륙에서 들여온 식량 작물의 영향이 컸다고 볼 수 있다.[32] 옥수수와 감자를 비롯한 아메리카 대륙에서 들여온 식량 작물이 20세기에 들어와서는 중국의 연

간 식량 생산에서 20퍼센트 정도를 차지했다.[33]

농업 생산량과 인구는 기계용 화석 에너지와 연료, 비료, 농약 생산의 영향으로 꾸준히 늘어났다. 19세기 초가 되면 전 세계 인구가 10억 명에 도달했고, 1903년에는 16억2천5백만 명이 되어 해마다 0.5퍼센트의 증가율을 보였다. 20세기에는 세계 인구가 60억 명을 넘어섰고 연간 1.3퍼센트라는 놀라운 성장률을 보였다. 3.7배 증가라는 20세기의 놀라운 인구 급증에 발맞추어 전 세계 식량 공급도 7배나 늘어났다.[34] 대개 인구 규모가 식량 생산을 앞지르던 과거 인류의 농업 역사와 달리, 20세기 농부들은 일인당 식량을 인류 역사상 그 어느 때보다도 더 많이 생산했다. 기아가 온 지구의 문제로 남아 있기는 하지만 그것은 불균등한 식량 분배와 단일 작물 재배의 증가, 역내 소비용 식량 작물을 생산하는 가족농의 소멸 때문이다.

환경사가 존 로버트 맥닐이 지적했다시피 식물 육종이 20세기 녹색혁명과 동의어가 되었다. 휘발유 동력 기계를 도입하면서 천 년 사이에 처음으로 농경 방식이 크게 바뀌었다. "주유소와 정비 공장, 정비공들이 확산되면서 농부들이 지원 체계의 도움을 받게 되었다."[35] '녹색혁명'으로 상징되는 식물 유전공학은 장기적인 농업 활성화 모색을 위해 거쳐야 할 필수 단계였다. 앞으로 좀 더 자세히 다루게 될 거름과 작물 잔류물 형태의 유기비료를 대체하는 화학비료와 더불어 20세기의 대규모 단작농업이 더 지속할 수 있을지는 장담할 수 없다.

녹색혁명은 여러 과학자들의 연구로 시작되었다. 그레고어 멘델 (1822~1884년)의 수학 유전학 연구가 지닌 가치는 그의 저작이 출판되고 수십 년이 지나서야 재발견되었다. 1876년에 찰스 다윈(1809~1882년)이 교잡종 옥수수를 재배하는 실험 자료를 출판했고, 20세기

그림 3-4 트랙터로 경작하고 있는 알팔파 농장
Wikimedia Commons, the free media repository. Scan of Collier's New Encyclopedia, Volume 1(1921), opposite p. 58, panel H.

들어 일본과 멕시코, 필리핀, 인도, 중국을 비롯한 여러 나라의 농학자들 상당수가 그 실험을 이어 갔다. 학자들은 주식 작물인 옥수수와 밀, 벼에 초점을 맞추었다. 국제쌀연구소(IRRI)가 1960년에 록펠러재단의 재정 지원을 받아 설립되었다. 맥닐이 이 국제쌀연구소의 후원으로 이루어진, 아시아의 식량 생산에 광범위한 영향을 끼친 실험 하나를 소개했다. "벼 유전학자들은 일본 육종학자들이 1920년대에 타이완(당시 일본 식민지)에서 처음으로 고른 키가 작은 벼(왜성도) 종자를 사용해서 열대 벼(인디카)와 온대 벼(자포니카)가 지닌 최상의 특질을 결합한 다수확 벼 품종들을 개발했다."[36] 나중에는 벼 육종 실험이 인도와 인도네시아, 한반도로부터 남아시아 전역으로 확산되었다.

다수확 품종을 개발하려는 식물 육종학의 영향으로 1990년대 말에 발전도상국 밀과 벼, 옥수수 생산의 4분의 3 이상을 차지하는 전 지구적인 식량 코르누코피아(풍요의 뿔)가 생겨났다. 맥닐이 다시금 이러한 현상에 대한 광범한 맥락을 제시해 주었다.

새로운 품종은 세계 역사상 가장 널리, 가장 빨리 확산되었다. 작물 육종학과 성공적인 보급에 기반을 둔 녹색혁명은 1942년 이후 유라시아와 아프리카에 들여온 아메리카 식량 작물(옥수수, 감자, 카사바) 도입, 열대 아프리카에 들여온 동남아시아 플랜틴 바나나 도입, 900년 이후 아랍인들이 지중해 세계에 들여온 감귤과 사탕수수 도입 같은 위대한 역사적 작물 도입에 견줄 만하다.[37]

기계화 확대와 다수확 교잡종 작물, 20세기의 새 세대 비료 덕분에 전 지구에 걸쳐 대량으로 수확을 하게 되었다. 질소와 수소를 결합하는 암모니아의 공업적 합성이 없었다면, 그리고 그에 따라 토양의 질소 성분을 보충할 비료를 생산하지 못했다면, 20세기 농업은 자연이 부과하는 생산 한계에 다다랐을 것이다. 지리학자 바츨라프 스밀에 따르면 "화학비료가 현대의 집약적인 작물 재배에 질소를 공급하는 주요 원천이 되었고 집약적으로 경작하는 농지의 70~80퍼센트 정도나 또는 적어도 60퍼센트에 사용되었다."[38] 이러한 변화가 20세기 농업에 어떻게 일어났을까?

전쟁 목적으로 사용한 화학약품의 양은 제1차 세계대전 당시 연합국과 동맹국이 상대방을 제압하기 위해 공중 화학무기를 쓰면서 최고조에 이르렀다. 수백만 명의 사망자를 낸 참호전을 치르면서 전투

그림 3-5 기업형 양계장 전염병 확산을 예방하기 위해 항생제와 성장호르몬을 투여하고 사료를 먹여 닭을 대량으로 생산했다.
Wikimedia Commons, the free media repository.

원들이 꼼짝할 수 없게 되자 '겨자가스'를 사용해 적군을 이동하지 못하게 했다는 이야기가 여기저기에 나돌았다. 두 명의 독일 화학자 프리츠 하버와 카를 보슈가 질소를 산소나 수소와 결합해서 식물의 성장과 물질대사를 조절할 화합물(암모니아 NH_3)을 생성하는 공식을 발견했다. 질소가 대기 중에서 가장 흔한 성분이기는 하지만 내부 결속이 강하기 때문에 그 상태로는 식물에 사용할 수 없다. 식물의 단백질 성장을 촉진시키려면 질소의 결속을 해체해야 한다. 하버와 보슈는 질소를 불안정하게 만드는 방법을 찾아내 20세기 농업혁명을 위한 길을 열었다.[39]

그 결과 집약적으로 경작하는 농지의 곡물 생산량이 1900년에 헥

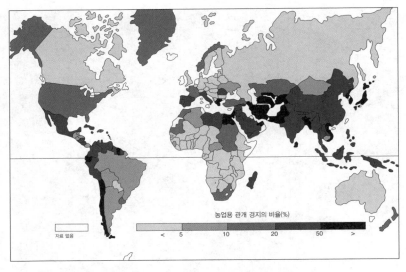

농업용 관개 경지의 비율(%)

자료 없음   < 5   10   20   50 >

그림 3-6 전 세계 관개 경지의 비율
유엔 식량농업기구 자료(2003년). 지도는 Colin Sargent가 제작.

타르당 0.75톤에서 2000년에는 헥타르당 2.7톤으로 늘어났다. 이러한 생산량의 증대 덕분에 폭발적으로 늘어난 20세기 인구를 부양할수 있게 되었다. 그뿐 아니라 질소비료 사용으로 집약 농업의 농지를줄일 수 있었다. 경작 농지의 축소는 비료를 사용해서 얻게 된 긍정적인 결과 가운데 하나였다. 경작 농지가 줄어들자 유럽과 북아메리카, 그리고 상당수의 발전도상국에서는 숲이 회복되고 초원이 살아났으며 습지가 확대되었다.

그런데 질소비료를 생산하는 데는 비용이 많이 들었다. 질소처럼결속이 단단한 화학물질을 불안정하게 하기 위해서는 고에너지를 투입해야 한다. 질소비료 2.5킬로그램을 생산하려면 석탄 1톤 이상을태워서 나올 만큼의 에너지가 필요하다. 연료비가 쌀 경우에는 그걸 신경을 쓰는 사람이 거의 없다. 하지만 석탄이나 석유처럼 재생 불능 에너지 자원의 소비가 늘어나는 21세기 세계에는 토지의 생산성이 에너지 가격과 밀접한 관련이 있다.[40]

이 밖에도 합성 질소비료를 사용하면서 작물 생산과 축산업의 유기적인 관계가 깨졌다. 이전에는 질소 함량이 풍부한 거름이나 퇴비를 땅에 되돌려 주어 작물을 성장하게 하는 유기적 연결을 통해서 땅의 생태 균형을 유지해 왔다. 합성 화합물이 유기성 폐기물을 대체하면서 토양에 유기물이 줄어들고 토질이 위태로워졌으며, 땅이 딱딱해지는 경반 현상과 수분이 빠져나가는 용탈 현상은 물론 침식과 산성화, 부영양화 현상이 나타나게 되었다. 말하자면 합성 화합물의 남용이 지구의 생태 균형을 파괴하고 땅과 공기와 물에 더욱 무거운 짐을 지우고 있다.[41] 공기의 질만 봐도 질소비료가 미치는 영향은 주목할 만하다. 토양에 투여한 질소는 휘발 합성물로서 질소산화물 가스로 분해되어 이산화탄소보다 훨씬 강력한 열 차단용 온실가스가 된다. 대기 중 오존층 파괴와 지표면 오존층 오염은 질소산화물의 농도와 관련이 있다. 따라서 농업용 비료 사용과 지구 오염이나 온난화 사이에는 모종의 관련이 있을 수 있다.

1972년에는 생태학자 존 맥헤일이 세계 식량 공급 가운데 6분의 1이 합성 질소 사용에 의존하고 있다면서 이렇게 말했다.

일반적으로 사람들은 농업과 공업을 분리하는 경향이 있다. 농부를 자연을 보존하는 사람으로 생각하고 기업가를 자연을 망치는 사람으로 여기는 이미지는, 설령 지금까지는 그랬다 하더라도 이제는 더 이상 사실이 아니다. 해마다 질소비료 1백만 톤을 생산하기 위하여 그와 직간접적으로 관련이 있는 여러 공장에서 우리는 강철 1백만 톤과 석탄 5백만 톤을 사용한다. 2000년에는 이러한 질소가 5천만 톤가량 필요할 것으로 추정된다.[42]

실제로 질소 생산이 8천5백만 톤을 넘어섰다. 맥헤일의 예측은 다소 보수적이지만 예리했다.[43]

4장

늘어나는 인구

농경과 정착 생활은 인구 증가율과 관련이 있다. 농업이 시작되기 전 세계 인구는 10만 명에서 기백만 명에 달한 것으로 추정된다. 여성이 출산 능력을 갖추고 소규모 수렵채취인 집단이 먹고 살기에 충분한 식량이 있었던 데다 전염병이 없었음에도 플라이스토세 전 기간 동안 인구는 거의 변함이 없었다. 전염병은 인류가 서서히 야생동물을 사육하기 시작하면서 발생이 잦아졌다. 그렇다면 인구가 왜 이렇게 더디게 성장했을까?

고고학자와 진화생물학자들에 따르면 인구 성장은 수천 년 동안 영에 가까웠다. 평균적으로 출생자 수와 사망자 수가 해마다 거의 비슷했다. 꽤 보수적인 인구 성장 추정치에 따르면, 농업으로 이행하기 이전 3만 년 동안에 수십만 명이던 인구가 해마다 0.01퍼밀도 늘어나지 않았다. 이렇듯 지극히 느린 성장률은 전 세계 인구가 겨우 8,000~9,000년마다 곱절로 늘어난다는 것을 의미한다.[1]

계산이 좀 더 정확한 다른 추정치에 따르면, 8만5천 년 전에 한 쌍이 25명의 안정인구로 늘어나는 데 5천 년이 걸렸다. 연간 성장률이 현대를 기준으로 볼 때 너무 낮은 0.000125퍼밀(0.0125퍼센트)이라면 세계 인구가 곱절로 늘어나는 데 4,561년이 걸린다는 계산이 나온다.

따라서 농업이 시작되는 매우 중요한 발전기인 11,000년 전부터 7,500년 전까지 세계 인구가 곱절로 늘어났을지 모른다. 25명의 안정인구에 이른 시점에서 플라이스토세 말기까지 8만5천 년이 걸렸다면, 농업으로 이행이 시작될 무렵의 세계 인구는 아마도 8,605,565명이었을 개연성이 있다.[2]

현대의 인구

이런 계산에 따라 플라이스토세 말기에 전 세계 인구가 9백만 정도에 달했다는 것은 단지 5만 명 정도가 특정 지역에 모여 살았을 것이라는 얘기가 된다. 세계 인구가 4백만 명을 넘어선 1만5천 년 전 무렵에 인류가 아메리카 대륙으로 팽창해 나간 점을 고려하면 이런 수치는 정확한 것 같다. 역사학자 앨프리드 크로스비에 따르면, 1만5천 년 전에 고작 400명의 남녀가 베링 랜드브리지를 건너갔고, 세대마다 1.4퍼센트의 증가율을 보여서 1492년 무렵에는 남북 아메리카 인구가 1천만 명 정도에 이르렀을 것이다.[3]

환경의 측면에서 보면 유라시아와 아메리카 일대에서 초기 수렵인들이 거대 동물을 과잉 살육한 흔적이 많음에도 불구하고 이 정도 규모의 인류가 남긴 '생태 발자국,' 곧 인류가 사용한 천연자원의 양은 매우 적다. 하지만 농업으로 이행하고 경작을 위해 삼림지대를 개간하면서 광범한 환경 훼손과 생태 교란이 여기저기서 일어났다.

1만2천 년 전에 인류가 서남아시아에서 유라시아로 확산되면서 인구는 해마다 0.04퍼밀 늘어났다. 이것은 2천 년이 안 되어 인구가 곱

그림 4-1 이탈리아 시에나의 피아사델캄포에 모인 군중 시내 여러 지구들이 승리를 겨루는 팔리오 경마 경주가 시작되기 전의 모습. 이 경마의 기원은 13세기로 거슬러 올라간다.
Peter Beaton 제공.

절로 늘어나거나 수백만 명이 서기 1년에 2억5천만 명으로 늘어난다는 것을 의미했다.[4] 이 역사시대의 세계 인구조사 자료가 남아 있는 것은 아니지만, 콜럼버스가 1492년에 이스파뇰라 섬에 도착한 지 150년가량 지난 1650년에 세계 인구가 5억 명에 달한 것으로 추정된다. 1800년까지 인구가 10억 명에 도달하는 데 또다시 150년이 걸렸다. 세계 인구가 10억 명에 도달하는 데 수백만 년이 걸린 셈이다. 이렇듯 더딘 인구 성장은 현대의 폭발적인 인구 성장 통계와 큰 대조를 이룬다.

인구가 20억 명에 도달하는 데 불과 123년이 걸렸고, 30억 명에 도달하는 데 33년이 걸렸으며, 40억 명에 도달하는 데 14년이 걸렸고, 50억 명에 도달하는 데 13년이 걸렸다. 1999년에는 세계 인구가 60억 명을 기록했다. 생물학자 파울 에를리히가 대중화시킨 '인구 폭발'이라는 용어는 이러한 폭발이 지구 생태계에 끼친 영향을 말하고자 한 것이 아니다. 인구 규모에 나타난 이런 변화를 생각하는 것만으로도 벅찬 일일 수 있다. 간단히 말하면, 지난 65만 년 동안에 인류가 1천 년마다 0.2퍼센트 정도 되는 매우 작은 비율로 서서히 증가했다. 서기가 시작될 때는 성장률이 해마다 0.04퍼센트 정도로 빨라졌고 1650년에는 0.08퍼센트에 이르렀다. 이 수치가 두 차례의 세계대전 사이에는 1퍼센트로 증가하고 1950년 이후 한동안은 2퍼센트에 도달했으며 지금은 1.3퍼센트 정도 된다. 사소해 보이는 이러한 비율 변화는 사실 농업이 시작되기 이전 수백만 년 동안 1천 년마다 2퍼센트 정도 성장한 데서 1950년대에는 해마다 2퍼센트 성장하기에 이른 폭발적인 인구 증가를 나타낸다. 이러한 변화는 인구가 1천 배 증가한 것을 의미한다.[5]

지구의 인구는 계속 늘어나 2050년이 되면 90억 명에 육박할 것이다. 계속되는 '인구 폭발'로 지구의 생태계가 악화되고 인류가 더 깊은 수렁에 빠지게 될 거라는 비관적인 예측이 과장일 수도 있다. 인류가 2050년에 예측한 성장 수치까지 도달한다고 가정한다 하더라도, 최근에 유엔이 내놓은 〈세계 인구 보고서〉는 전 세계 출산율을 더 이상 가구 당 평균 2.1명으로 잡지 않는다.[6] 부모가 두 자녀를 낳고 그 아이들이 부모를 대신한다. 나머지 0.1명은 성인이 되기 전에 죽는 아이들을 의미한다. 이런 성장률이라면 시간이 흐를수록 세계 인구가 안정될 것이다. 오늘날의 출산율 추세를 기초로 제시한 새로운 계산은 2.1명이 아니라 1.85명으로 가정한다. 1.85명은 인구 대체

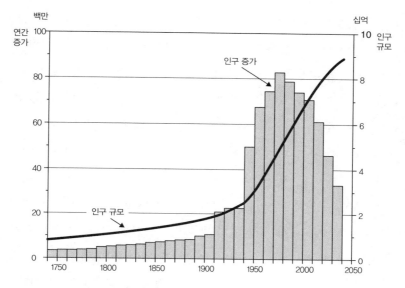

그림 4-2 장기적인 인구 성장(1750~2050년)
유엔 인구분과위원회 제공.

수준보다 낮은 수치이다. 따라서 세계는 인구 폭발이 아니라 장기적인 인구 감소에 직면하게 될 것이다.[7]

질병과 인구 변화

인구가 수백만 년 동안 왜 그렇게 더디게 성장했는지에 관한 논란이 해결된 것은 아니지만, 생물학적 요인과 생태학적 요인에서 그럴듯한 설명을 찾아볼 수 있다. 인구의 규모가 커지고 밀도가 높아지면서 전염병의 확산도 빨라졌다. 이것은 감염성 세균의 번식이 빠르고 생애 주기가 빨리 완성되며, 세균이 이 사람 저 사람에게로 옮아가기 때문에 벌어지는 현상이다. 감염의 사슬을 끊게 되면 세균의 급속한 번식과 성장은 물론 전염의 확산을 막을 수 있다. 인구 규모와 밀도가 질병의 확산을 이해하는 주요 변수이다. 그렇기 때문에 기동성 있는 소규모 수렵채취인 집단에서는 기생충에 의한 전염이 불가능한 일은 아니었지만 지극히 어려웠던 까닭을 이해할 수 있다.

광견병, 탄저병, 백선(白癬) 같은 질병은 척추동물한테서 인류에게 전염이 될 수 있는 인수공통 전염병이다. 사람들이 숙주 구실을 하게 되면서 다른 수렵채취인들의 건강을 위협했다. 그들은 사냥을 하면서 동물 사체의 살과 피를 직접 만졌고 사냥감과 털가죽짐승을 다루는 가운데 치사율이 높은 전염병에 노출되었다. 사망에 이르는 질병은 탄저병뿐이 아니었다. 톡소플라스마증(설익은 고기를 통해 인간에게 전염되는 톡소플라스마로 말미암은 포유동물 질병), 출혈열(열과 오한, 다량의 모세혈관 내출혈로 이어지는 뎅기열이나 에볼라 같은 바이러스성 감염병), 살모넬라(대개 위장 장애와 설사, 열로 이어지고 경우에 따라서는 죽음에까지 이르는 유기체 감염에 의한 식중독) 등은 치명적인 질병이다.

수렵인들이 이러한 유해한 전염병뿐 아니라 사냥한 동물을 도살하면서 장기의 내용물에는 물론 괴저(壞疽)와 보툴리누스중독, 파상풍을 매개하는 '혐기성 세균'에도 노출되었다.[8] 이 밖에도 동물한테서 사람에게 전염되는 섬모충과 벼룩이 옮기는 선페스트, 모기가 옮기는 말라리아와 황열병, 웨스트나일열이 있다. 기동성을 갖추고 드문드문 흩어져 사는 인류의 건강을 위태롭게 한 기생충들이 부지기수다.

기동성을 갖춘 소규모 인구는 기생충이 확산될 기회를 제한한다. "기생충은 끊임없이 생애 주기를 완성해야 하고 사람에게 위협을 가하려면 이 사람 저 사람에게로(아니면 흙이나 동물한테서 사람에게) 옮겨 다녀야 한다. 번식과 전염의 사슬이 완전히 끊기면 질병은 사라진다."⁹ 수렵채취인들에게는 이러한 질병이 확산될 기회가 거의 없었다. 유기체가 풍부한 열대지방에서 기생충에 시달리기는 했지만 그들이 더운 기후에서 차갑고 건조한 환경으로 이주해 나가자 그런 기생충이 번식할 가능성은 더 줄어들었다.

하지만 새로운 환경에 들어가면서 호모 사피엔스는 낯선 땅에서 새로운 기생충에 노출되었고 전염병이 확산되는 사건이 일어났다. 사냥을 하면서 인수공통 전염병에 노출되기도 했을 것이다. 치사율이 낮은 전염병으로 고생한 사람들이 많았지만 질병에 취약한 노약자들을 제외하면 대부분 회복되었다. 돌연변이 능력이 뛰어난 온갖 기생충들이 인간 숙주를 따라 새로운 기후로 옮겨가 그 기후에 적응해 나갔을 것이다.

이런 미생물 약탈자들이 이동하기 위해서는 수렵채취 사회의 특징인 낮은 인구밀도의 환경에서 살아남았어야 한다. 기생충들은 자신들이 머물던 인간 숙주가 더 큰 치사 효과에 대한 면역력을 길렀을 것이기 때문에 치사율이 낮은 질병을 일으켰다. 플라이스토세 말기인 2만~1만2천 년 전 무렵에 기온이 오르고 날씨가 더 습해지면서 이 숙주에서 저 숙주로 전염병을 옮기는 병원 미생물을 뜻하는, 학질모기를 비롯한 매개체 의존성 기생충이 사람들 사이에 치사율이 높은 말라리아를 일으켰을 것이다. 이 말라리아가 초임 여성을 특히 가혹하게 괴롭혀서 태아가 사망하는 경우가 많았고 이따금 산모까지 사망하기도 했다.

인류가 새로운 변경으로 이주하면서 거대 동물을 과잉 살육했고 그에 따라 기생충이 침입할 수 있는 동물 숙주가 줄어들었다. 새로운 인간 숙주에 적응한 기생충들에게는 인간이 '단일 작물'이 되었다.

말라리아, 천연두, 발진티푸스, 매독(선천성, 전염성) 같은 상당수의 주요 인간 질환은 인간을 대체할 동물 병원소가 없었다. 그 대신에 사람이 갖고 있는 매우 뛰어난 면역 체계가 새로운 침입자를 인식하고 그에 맞서 싸우는 법을 배웠다. 하지만 많은 희생을 치러야 했다.[10]

기생충들은 플라이스토세 말기에 서서히 인류를 감염시켜 나갔으며, 홀로세에 들어와 메소포타미아의 비옥한 초승달 지대를 비롯한 서남아시아의 역사에 중요한 역할을 했다. 이 밀도 의존성 질병들이 계속 이어져 오늘날에도 그 영향을 느낄 수 있다. 홀로세 초기에는 아마도 기온이 오늘날보다 다소 높아서 열대우림에서 인구 분포가 적고 안정적이며 비교적 쾌적한 서남아시아와 지중해 연안, 북아프리카 일대로 기생 미생물의 이동이 활발했을 것이다.

이론적으로 해마다 0.000125퍼밀씩 인구가 자연 증가할 경우 플라이스토세 기간에 4,561년마다 곱절로 늘어났을 것이라는 사실을 기억하자. 플라이스토세 수렵채취인들이 이동 생활을 했기에 그 수가 매우 더디게 늘어났다면, 발병률이 높고 치사율이 낮은 질병으로 인구 성장은 영에 가까웠을 것이다. 수렵채취인 여성이 30세에 마지막 아이를 낳는다고 가정하면, 치사율이 0.44퍼센트에 불과한 질병으로도 인구 성장이 멈추게 될 것이다.[11] 더디게 늘어나는 인구는 치사율이 낮은 질병에도 매우 취약해지고 주로 가임 연령의 여성과 아이들이 그 피해를 입는다.

사람의 면역 체계는 조밀한 인구에 의존하는 질병에 효과적으로 반응한다. 특히 홍역, 볼거리, 유행성 감기, 일반 감기, 결핵이 이런 질병에 속한다. 인구가 늘어나면 이 질병들이 성인들에게 면역 반응을 일으키게 되고 일반 전염병은 청소년들이 걸리는 연령별 질환으로 바뀐다. 청소년 인구가 늘어나게 되면서 밀도 의존성 질병들도 늘어났다. 파상풍이나 보툴리누스중독 같은 흔한 전염병은 이런 방식으로 진행되지 않는다. "이와 마찬가지로 불규칙하게 일어나는 희귀한 전염병은 단기간에 파괴적인 영향을 미칠지는 몰라도 자연 증가에 지속적인 영향을 주지는 않는다. 무엇보다 중요한 것은 치사율이 높고 재발 가능성이 있는 질병은 자기 조절을 하고 면역 체계 이외에는 장기적인 영향을 거의 주지 않는다."[12]

전염병 사망률이 해마다 2퍼센트로 오를 경우 감염자들은 선택압을 발휘해서 질병에 대한 면역력을 증대시키는 유전형질을 모으거나 활성화시킨다. 이런 질병이 발병했을 때 출산을 하게 되면, 면역력을 갖고 태어나는 사람들의 수가 노출을 통해 면역력을 획득하는 사람들보다 더 빠른 속도로 늘어난다. 발병 주기가 더디어지다가 전체 인구가 유전적으로 보호를 받게 되면 그 질병은 사라지게 된다. 치사율이 높은 질병은 강한 면역반응을 불러일으킨다.

수렵채취 사회에서는 인구 성장을 더디게 하는 데 그렇게까지 부담이 되는 질병이 필요하지 않다. 1퍼센트가 안 될 정도로 치사율이 낮은 전염병은 면역반응을 불러일으키지 않는다. 자연선택은 유리한 유전자를 모으거나 활성화시킬 것이다. 그렇게 되면 전염병이 계속 재발하게 되고 인구 성장을 지연시킬 것이다. 치사율이 낮은 질병에 대한 유전자 반응이 없을 경우에는 문화적 특성이 발전했을 수도 있다. 육류와 생선을 불에 익혀 먹어 인수공통 전염병을 철저히 예방했고 손을 씻거나 개인위생을 청결하게 함으로써 다른 질병도 예방했다. 이를테면 전염병에 걸리기 쉬운 돼지고기를 먹지 않는 풍습은 문화와 종교, 건강상의 이유에서 비롯된 것이다.[13]

이주와 정주

일부 연구자들은 정주 생활의 시작이 수렵채취인들의 이동이 줄어들고 인구가 늘어나고 식량 채취나 경작이 더욱 전문화되는 진화 과정의 일부라고 주장한다. "전환이 있었다면 이동이 적은 더욱 복잡한 대규모 사회가 등장하면서 플라이스토세의 장기 지속적인 이동 양상이 막을 내렸다는 것이다."[14] 그러나 적게 이동하는 경향은 이보다 훨씬 더 빨리, 적어도 40만 년 전에 인류가 불을 정복하면서 시작되었을 것이다.

첫 번째 인류의 이주 물결이 끝날 무렵에 수렵채취인들은 사냥 실적을 올리기 위해서 불을 사용했으며 재가 떨어진 땅의 토질이 좋아진다는 사실을 알게 되었다. 그들은 이 학습된 행동을 장차 수천 년 동안 이어 나가게 된다. 이 행위로 인류와 자연 세계의 관계가 급격히 바뀌게 된다. 수렵인들은 가뭄이 들 때 풀과 덤불을 태워서 동물의 사료로 삼고 시야를 더욱 넓게 트이게 하여 사냥하기가 좋아졌다. 땅을 덮고 있는 식물을 태워 그 재로 땅을 비옥하게 만들었으며, 그곳에 동물의 사료나 그들이 먹을 새로운 작물을 심었다.

불 관리를 중심으로 하는 복잡한 과정을 거치면서 지역 환경에 변화가 나타났으며 이동하던 무리들이 일정한 구역 내에서 사냥하는 법을 터득했다. 그들은 주기적으로 불을 질러 경관을 바꿔 놓았다. 정주와 이동이 수천 년에 걸쳐 서로 경합을 벌이다가 결국에는 농업이 수렵채취를 대체했다. 초창기 농부들은 삼림지대에 밭 만드는 법을 터득했다. 돌도끼로 나무에 테를 만들고 돌아가며 나무껍질을 벗겨 내면 윗가지로 수액이 올라가지 못해 나무가 죽게 된다.

이 단계에는 몇 년간 지표의 부엽토에 곡물을 심은 다음에 바짝 말라 죽은 나무를 태워 그 재를 황폐지에 비료로 주었다. 그런데 몇 년이 더 지난 뒤에는 바람을 타고 이동하는 잡초가 그 밭에 날아들었다. 화전민들은 주위에 삼림지대가 남아 있는 동안에는 그곳에 그냥 머무르다가 잡초 때문에 수확이 줄어 가는 것을 지켜보는 것보다 다른 곳에다 새로운 밭을 개간하는 일이 더 낫다는 것을 깨닫게 되면 이동했다.

버려진 빈터는 자연스레 다시 숲이 되었다. 자연 천이에 따라 날아든 잡초 자리에 키가 큰 관목이 들어서고 그 다음에는 나무가 들어섰다. "남아 있는 삼림지대가 충분하지 않다면 화전 농민은 자연과 모종의 관계를 맺고 적절한 간격을 둔 다음에 그 땅에 다시 돌아갈 수 있었다."[15] 농경 인구가 약간이라도 불어나면 새로운 땅을 찾아 나서야 했고, 옛 땅을 잠시 떠났다가 환경이 개선되어 토질이 회복된 이후에야 다시 돌아왔다.

사람들이 수렵채취 생활을 접게 되면서 일정한 지역에 거주하며 농사를 짓는 사람들의 수가 늘어났다. 정착 생활을 한 데다 출산 주기가 빨라졌기 때문이다. 한 추정에 따르면 신석기시대 초기 농부들은 서남아시아에서 유럽 쪽으로 해마다 1킬로미터씩 이동했다.[16] 농부들이 전진하고 농업이 확산되면서 삼림을 벌채하자 수렵채취인들과 야생 동식물에게 친숙한 서식지가 사라졌다. 이주가 계속되면서 땅에 변화가 생겼다. 삼림 벌채로 토사가 유출되면서 분수계와 하천, 개울에 위기가 찾아왔고 땅이 기후 변천과 지역의 미세한 기후변화에 그대로 노출되었다.

영양과 인구 성장

수렵채취인들이 초창기 농부들보다 좀 더 균형 잡힌 식사를 하고 키가 좀 더 컸으며 충치가 더 적었다. 하지만 그들이 이용할 수 있는 천연자원에는 제약이 많아 인구 규모와 증가율에 한계가 있을 수밖에 없었다. 수렵채취인들은 걸어서 하룻길 정도에 있는 서식지만 이용할 수 있다. 날마다 길을 떠났다가 주둔지로 다시 돌아올 수 있어야 한다. 식량을 구하는 일은 서식지의 생태와 접근성에 달려 있다. 이런 기능들을 단 하루에 성공적으로 완수할 수 없다면 다른 지역으로 이동해야 한다. 그래서 수렵채취인들에게는 동식물과 적절한 강수량이 생존의 필수 요소이다. 그들의 가족 부양 능력은 동식물의 양에 달려 있었다. 이런 생활 방식을 유지하느라 인구밀도가 제곱킬로미터당 1명을 넘어서지 않았다.[17]

인구밀도는 농사를 짓기 시작하면서 수백만 년에 걸쳐 서서히 높아졌다. '화전'(火田)을 3모작으로 바꾸고 더 나은 종자를 선택했으며, 동물을 사육하고 식물을 재배했고, 식량 공급을 늘리기 위해 축력과 수력을 이용했다. 이렇게 해서 18세기 중엽이 되면 유럽 국가들의 인구가 제곱킬로미터당 40~60명으로 조밀해졌다. 인구밀도가 수렵채취인들보다 100배나 더 높아진 지역도 있었다.[18] 밀, 보리, 기장, 옥수수, 벼 같은 영양이 풍부하고 저장이 수월한 곡물을 경작하면서 식량 공급이 늘어나 생태계 위기로 수확이 줄면서 생긴 영양 문제가 어느 정도 해소되었다. 생산성에 나타난 이러한 변화를 고려하면 농부들의 건강이 개선되고 사망률도 떨어졌을 것이라고 가정할 수 있다. 실제로 그랬을까?

일부 자료는 다음과 같은 점을 시사해 준다. 신석기시대 초기 메소아메리카에서는 옥수수가 주식이어서 충치가 늘어났을지 모른다. 하지만 단백질이 풍부한 조개류(굴, 홍합, 조개)와 사슴고기, 멧돼지, 토끼를 먹은 유럽의 해안과 내륙에서는 급속한 치아 손상을 보여 주는 자료가 존재하지 않는다. 농업을 시작하기 오래전부터 둘째 어금니의 크기가 일반적으로 작아지기 시작했는데, 이는 모유에서 이유식으로 영양법이 바뀌었기 때문일 것이다. 대부분의 현대사회에서는 아기들이 젖 떼는 시기가 지나 생후 36개월 무렵에 둘째 어금니가 자라기 시작한다. 수렵채취인들은 두 살 때까지 아기에게 모유를 먹이고 36개월 정도 터울이 지게 자녀를 낳았을 것이다. 네 살배기 아이는 갓 태어난 동생 때문에 짧은 기간 영양 결핍을 겪게 된다. 이런 내용이 신석기 이행으로 전반적인 식사량 감소 현상이 있었음을 보여 주는 것은 아니지만, 구체적인 영양 결핍이 있었음을 알려 준다. 농업으로 이행함에 따라 영양이 크게 부족해졌음을 보여 주는 자료가 유럽에서는 단편적으로 존재한다.[19]

겉보기에는 정주 사회 농부들의 출산율이 기동성이 높은 수렵채취인 집단의 출산율보다 높았던 것으로 보인다. "인간 사회에서는 결혼 연령, 여성의 생식 기간, 출산 터울, 성교 빈도, 피임의 중요성 같은 다양한 요인이 여성이 평생 낳는 자녀의 수에 영향을 준다."[20] 정주 사회에서는 젖 먹이는 기간이 줄어들면서 임신할 기회가 늘어난다. 출산 횟수가 늘어난 것은 아마도 수유 기간이 짧아졌기 때문인 것으로 보인다.

수렵채취인 어머니들이 적절한 이유식이 없어서 수유 기간을 늘렸을 수도 있다. 그들이 날마다 음식을 조금씩 여러 차례 먹는 유아들에게 덩이줄기와 견과, 기타 야생식물 같은 소화가 잘 안 되는 음식을 주지는 않았을 것이다. 다른 영양소에 비해 칼로리가 거의 없고 양이 많은 어른들의 음식이 아기들에게는 적절하지 않았을 것이다. 지방 함량이 낮은 식사가 어른들을 퇴행성 질환에서 보호해 주었을지는 모르지만 영양이 필요한 유아들에게는 적당하지 않았다. 이동 생활로 특정 시기에 아이 여럿을 돌보는 일이 어렵기도 했다. 2년에서 6년으로 수유 기간을 늘린 데다 강도 높은 신체 활동을 하느라 수렵채취인 여성들의 출산 능력이 일시적으로 떨어졌다.

이와 대조적으로 소화가 잘 되는 밀과 보리가 풍성한 서남아시아 레반트 지역의 초창기 농부들은 자라나는 유아들에게 모유 대용으로 고탄수화물 음식을 먹였을 것이다. 초기 농경 사회의 유아들은 영양이 풍부한 음식 말고도 염소나 양, 소에서 나는 우유를 섭취해서 젖 떼는 과정을 단축했을 것이다. 그 결과 어머니가 아기에게 수유하면서 생기는 자연피임이 끝났다. 이런 일은 영양가 높은 작물이 풍성해지면서 일어났다.

농업으로 이행하기까지 수백만 년이 걸렸고, 수렵채취 활동과 초기 농업 활동이 오랜 기간 겹쳐 나타났다. 농사는 건강에 큰 타격을 주는 노동 집약적 활동이었다. 우리는 오늘날 정주 농업 사회에서 사망률과 출산율이 모두 증가했지만 출산율이 약간 더 높아서 인구가 늘어났다고 알고 있다. 수렵채취인에 견주어 초기 농부들의 사망률이 더 높았다는 사실을 어떻게 설명할 수 있을까? 농부들이 일부 특정 작물을 재배하기 위해서 땅을 개간함에 따라 영양가가 높은 무척 다양한 야생 견과와 과일, 덩이줄기들이 줄어들었고, 그 결과 전반적인 영양 감소 현상이 일시적으로 나타났을 것이다.

가축 사육과 전염병

이런 설명보다는 정주 인구의 안정과 전염병 확산을 그 근거로 제시하는 두 번째 설명이 훨씬 더 설득력이 있다. 농부들이 사육과 식량을 위해 동물을 더 가까이하면서 생물학적인 침입이 발생했다. 잘 알려져 있듯이 인간의 여러 질환은 그 기원이 사람과 가축의 밀접한 접촉에 있다. 이 둘의 결합으로 인구의 자연 증가가 지연되었다. 또한 사람들이 크고 작은 취락에 모여 살면서 근처에 땅과 물, 식량을 오염시킬 수 있는 쓰레기가 생겨났다. 이곳이 수렵채취인들에게는 알려지지 않았거나 드물었던 미생물이나 전염병이 번식하고 확산되는 환경이 되었다.

고립된 소규모의 이동 생활에서 벗어나 정주 농업 사회에 살면서 사람들은 아마도 여러 가지 인수공통 전염병에 덜 노출되었을 것이다. 정주 사회에서는 환자를 돌보고 건강을 회복할 기회도 더 많았다. 그러나 원근 각처의 이웃과 교역을 확대하면서 정주 사회는 인수공통 전염병을 옮기는 미생물 변종에 노출되었다. 물론 몸속에 있는 미생물이 다른 지역에서 침입한 병원체로부터 사람들을 보호해 줄 수도 있다. 이 미생물들은 그 지역 병원균과 싸우면서 외부의 침입자들로부터 사람을 보호해 준다.[21]

야생식물 경작과 더불어 가축을 사육하게 되면서 초기 농부들은 전염병에 감염될 가능성이 높아졌을 것이다. 야생동물이나 가축과 접촉하면서 동물의 체액이나 배설물에 들어 있는 감염성 미생물에 노출될 위험이 나타났다. 개는 광견병은 물론, 그보다는 덜 하지만 주로 말에서 감염되는 무시무시한 파상풍을 옮길 수도 있다. 천연두와 결핵은 원래 소에서 생기는 것으로 생각해 왔다. 하지만 지금은 천연두는 낙타에서 옮고 결핵은 버팔로나 야생 조류를 비롯한 여러 동물들에서 생기는 것으로 알려져 있다. 소는 홍역과 디프테리아를 옮긴다. 인플루엔자는 조류와 돼지, 닭에서 생기고 일반 감기는 사람이 말과 접촉하면서 시작되었다. 호흡기 감염은 대부분 이런 식으로 시작되었다.[22]

인구밀도가 높아지자 번식을 위해 인간 숙주를 필요로 하는 미생물의 생존율도 증가했다. 인구밀도가 낮은 지역에서는 기생충의 감염력이 떨어지고 어떤 경우에는 아예 기생충이 자취를 감추었다. 사람을 통해서 감염되든 먹이사슬이나 흙, 공기, 물을 통해서 감염되든 상관이 없었다. 인구밀도와 가축의 물리적 근접성이 여러 가지 전염병이 확산될 환경을 제공해 주었다. 기동성, 집단의 크기, 고립, 기후가 질병의 확산을 이해하는 데 중요한 요소이다. 날씨가 춥고 건조할수록 병원균이나 매개체가 생존할 확률이 적다. 사람의 배설물에서 배양되는 기생충이 사막에서는 생존할 수 없다. 모기를 매개로 전염되는 말라리아 같은 매개 질병도 마찬가지이다. 호모 에렉투스가 1백만 년 전이나 그보다 앞서서 열대 아프리카를 떠나고, 해부학적 현생인류가 10만 년 전 이전에 선선하고 건조한 더 나은 서식지를 찾아서 이주해 나가면서 건강이 나아지고 사망률도 감소했을 것이다.

기후가 미생물 확산에 미치는 역할을 과소평가해서는 안 된다. 미생물은 그 경계를 벗어나서는 살 수 없는 환경적 한계를 지니고 있다. 기후의 역할은 대기 전염에 의한 질병의 확산에서 분명히 나타난다. 이와 관련하여 일반 감기와 인플루엔자, 홍역, 폐렴, 천연두는 연중 서늘하고 건조한 계절에 확산된다. 말라리아, 황열병, 수면병 같은 매개 질병은 열대 기온을 필요로 한다. 계절 기후에 이어서 휴일과 축제 같은 사회활동도 미생물의 확산에 영향을 미친다. 사람들이 많이 모이면 전염병이 확산될 가능성이 크다. 사람이 개입해서 생기는 또 다른 환경적 영향으로 방목이나 농경을 위해 공터를 만드는 삼림 정리가 있다. 이 공터에는 말라리아를 전파하는 모기의 번식이 활발하다. 소 방목도 전염병 확산에 영향을 미친다. 소 떼가 모기에게 혈분을 제공해 말라리아 확산에 기여할 수도 있다.

수렵채취에서 농경으로 식량 획득 방식을 바꾼 인류가 영양실조에 걸리고 전염병 발병률과 사망률이 높아졌으며 키가 작아지고 치아 손상이 늘어났다는 결론은 대체로 맞는 말이다. 하지만 몇 가지 중요한 예외가 있다. 이런 일반화를 뒷받침해 주는 증거 자료는 특정 지역과 관련한 것이다. 주로 그런 자료는 북아메리카 중서부와 수단의 누비아에서 나왔다. 유라시아 지역에서 나온 것이 아니다. 서남아시아 출신 농민들이 유럽으로 이주하면서 도중에 수렵채취인들을 대체해 나간 곳이 유라시아 지역이다. 취락과 과잉인구에서 비롯된 영양실조와 전염병으로 이들 이주 농민들이 몸이 허약해졌을까? 아니면 건강하고 생식력이 좋아서 대륙을 신속하게 '정복'할 수 있었을까?

수렵에서 농경으로 넘어가면서 인류가 왜 심각한 건강의 위협을 받게 되었을까? 간단히 이렇게 대답할 수 있다. 그렇게 할 수밖에 없었다. 다른 합리적인 대안이 있었더라면 그들은 그렇게 하지 않았을 것이다. 플라이스토세 말기에 지구의 기후가 온난화되면서 기생 미생물들이 자신들의 세계를 확장해 나갔는데, 그 과정에서 생긴 압력이 어쩔 수 없는 메커니즘으로 작용했을 것이다. 대부분의 진화생물학자들이 주장하고 있다시피, 사망률이 상승하고 기대수명이 줄어들면서 종의 생존 가능성이 위태로워질 때는 그 어떤 종도 유전적 생존전략을 선택하지 않는다.

생물학적인 진화는 번식에 성공하려는 전략적 선택으로 이루어진다. 번식을 위협하는 전략은 그것이 장기적으로는 효율적이라 하더라도 선택하지 않는다. 진화생물학자들이 변함없이 주장하듯 선택은 어쩔 수 없는 것이다. 그것은 '계획'된 것도 아니고 그렇게 할 수도 없다. 오직 즉각적인 번식을 위해 선택할 뿐이다.[23]

수렵채취에서 집약적인 작물 경작과 가축 사육으로 식량 획득 방식을 바꾸면서 감염성 미생물 약탈자를 피하고, 그들보다 한발 앞서 가려는 번식 노력을 끊임없이 이어 갔다. 인류의 이주는 여러 집단이 평화롭게 섞이거나 다른 집단을 침략하고 정복하면서 호모 사피엔스에게 선택압을 증가시켜 주었다. 생산성이 높은 식물 선택과 집약적인 작물 경작은 물론, 양과 소와 염소의 사육, 그리고 그 후손의 품종을 개량하기 위한 선택적 육종이 질병보다 한발 앞서가려는 번식 노력의 일환이었다.

무척 다양한 신종 바이러스와 새로운 종류의 기존의 바이러스들이 취락 사회를 통해서 확산되어 나갔다. 이를테면 사람들이 식용으로 가금류와 돼지를 기르면서 호흡기 감염이 급속하게 확산되었다. 조류가 자기 배설물에 바이러스를 떨어뜨리면 땅바닥을 핥아먹는 돼지가 그 바이러스들을 집어삼킨다. 돼지는 조류 바이러스는 물론 인간 바이러스도 지니고 있기 때문에 유전자가 교환될 생물학적 환경이 그 속에 만들어진다. 이런 교환을 통해 인류를 감염시킬 새로운 종류의 재래종 바이러스와 신종 바이러스가 생겨난다. 종간 감염은 인구 밀도와 동물 밀도가 높은 수준에 도달한 크고 작은 오늘날의 도시에서 특히 치명적이다. 상당수의 발전도상국에서는 수백만 명이 일인당 3.7제곱미터가 채 안 되는 거주 공간에서 살아간다. 그런가 하면 오늘날 대학교 기숙사 방은 14제곱미터나 된다.[24] 그 결과 전염병이 발전하고 수백만 년에 걸쳐서 돌연변이를 끊임없이 만들어 내며 인류에게 신속하게 확산되었다.

사람들이 이주와 탐험을 통해 다른 사람들과 접촉하게 되면서 면역성이 없는 사람들에게 전염병을 확산시켰다. '대멸종'이라는 말은 16세기 초에 아메리카 원주민이 유럽에서 건너온 질병으로 멸종되기 직전에 이른 상태를 의미했다.

1492년에는 5천4백만 명 정도가 아메리카 대륙에 살고 있었는데 1650년에는 560만 명밖에 남지 않게 된다. 살아남은 사람이 11퍼센트에 불과했다. 급격한 인구 감소로 한때 번성하던 사회들이 무너져 내렸다. 인구 감소는 메소아메리카와 카리브 해에서 가장 심했고 인구밀도가 좀 더 낮은 북아메리카에서는 그보다 덜했다. 1750년 무렵에 유럽인들이 이주하고 아메리카 원주민들이 되살아났지만 아메리카 대륙 전체 인구는 1492년 추정치의 30퍼센트에 지나지 않았을 것이다.[25]

인구가 전혀 늘어나지 않거나 약간 늘어나는 추세가 15세기까지는 전 세계적 현상이었다. 그 뒤에 식량 작물의 급속한 세계화와 유럽인들의 이주, 노예로 전락한 아프리카인들의 강제 이주 등으로 세계 인구는 서서히 증가하기 시작했다.

농사를 짓기 시작하면서 인구 성장에 박차를 가할 식량이 꾸준히 공급되었을 것이라고 짐작할 수 있지만, 기나긴 인류 역사는 사용할 수 있는 자원에 비해 인구가 더 많은 비참한 역사였다. 만성적인 식량 부족으로 오래도록 사망률이 무척 높았다. 식량 부족은 전염병과 더불어 만성적인 영양실조를 불러오고 사망률이 높아질 수 있는 환경을 조성했다. 전염병이 없었더라면 인류의 사망률이 수천 년에 걸쳐 꾸준히 감소했을지도 모른다.

영양과 기후변화

하지만 영양과 식량이 동일한 것은 아니다. 식량이 충분해도 영양 결핍을 겪을 수 있다. 영양의 필요는 개인의 신체 활동 수준이나 일하며 생활하는 지역의 기후, 노출되는 질병에 따라 다르다. 이런 결론을 의미 있게 만들어 주는 사례는 그야말로 셀 수 없이 많다. 그 가운데 한 가지를 들자면 다음과 같다. 철분 섭취가 부족하면 오늘날 저개발 지역에 거주하는 사람들의 풍토병인 구충에 걸릴 확률이 높아진다. 농업이 사람들에게 필요한 영양을 공급해 줄 수 있지만 식량 공급이 늘어나면서 일이 더욱 고되고 더 많은 감염에 노출될 수도 있다. 이런 점들을 고려할 때 수렵채취에서 농업으로 전환하는 중요한 역사적 이행을 단행하면서 인류가 단순히 혜택만 누렸을까 하는 문제가 제기된다.

앞서 지적한 대로, 농업으로 전환한 이후 영양실조 양상이 장기화되고 갖가지 새로운 전염병이 등장하면서 인류의 평균 키와 몸무게가 줄어들었다. 이러한 정보들과 더불어, 18세기 유럽인들의 키에 비해 그 무렵 인류의 평균 키가 훨씬 작았음을 보여 주는 증거 자료가 있다. 이러한 장기적인 성장 장애 추세는 당시 사람들이 오늘날 빈곤 국가의 국민들이 섭취하는 양과 비슷한 1750칼로리밖에 섭취하지 못한 데서 비롯되었을 것이다.

유럽과 아시아의 인구는 14세기에 흑사병의 재난에서 조금씩 회복세를 보이기 시작했다. 유라시아 전염병이 발생하기 전인 1300년에 세계 인구는 3억6천만 명에 이르렀다. 1750년에는 세계 인구가 전염병에서 회복되었고 인구가 곱절로 늘어나 7억5천만 명 정도에 달했다.[26] 하지만 대다수는 장시간 일하거나 의미 있는 활동에 종사할 수 없었다. 최악의 시나리오는 인구의 20퍼센트가 넘는 이들이 부실한 식사와 작은 키 때문에 의미 있는 일을 하지 못했을 가능성이다. 그들은 사실상 인정받지 못하고 버려졌다. 그들의 몸무게는 더 많은 칼로리를 섭취하는 사람들보다 25~30퍼센트나 덜 나갔다. 이를 통해서 1789년 혁명 이전에 프랑스 인구의 20퍼센트 정도가 거지였던 이유를 어느 정도 짐작할 수 있다.[27]

1348년부터 1485년까지 나타난 인구 감소는 계속되는 선페스트 발병과 관련이 있다. 이 시기에 유럽 인구 가운데 4분의 1에서 3분의 1에 달하는 사람이 사망한 것으로 추정된다. 이 전염병으로 죽은 사람의 숫자를 전 세계에 걸쳐 추정하기는 어렵다. 우리가 알고 있는 것은 사람과 밀접한 접촉을 하는, 벼룩이 우글거리는 쥐를 통해 전염병이 확산되었다는 사실이다. 식량이 부족하고 기근이 들 때는 쥐가 먹을거리를 찾아서 이주를 했다. 역사가들이 기근의 원인을 찾다가, 온대지방에서는 앞서 다룬 시기보다 훨씬 더 오랜 기간에 걸쳐서 식량 부족과 지구의 기후변화 사이에 놀라운 유사점이 나타난다는 사실을 발견했다. 1348~1485년에 살아간 사람들은 기후의 한랭화를 겪었다. 매주 발행되는 런던의 사망자 통계표에는 1665년 4월부터 10월까지 전염병이 도시를 엄습해 6만 명 이상이 사망한 것으로 집계되어 있다.

따라서 인구의 성장과 감소는 때때로 식량 공급의 변동이나 기후 변화와 관련이 있다. 지난 천년기(11~20세기)의 초기 몇 세기에 인구가 수십억 명이 아니라 수백만 명에 불과했던 것은 인간의 활동과 관계없이 전 지구나 반구에 기후변화가 나타났기 때문이다. 모든 기후 변화에 영향을 미치는 태양 활동의 장기 변화가 여기서 얘기하는 인구의 장기 변동을 일으키는 주된 요인이었다. 뉴질랜드 석순에 있는 광물 침전물 자료와 고대 나무에 있는 탄소-14 침전물과 농도 자료, 기후변화 양상과 사망률 기록, 농업 생산성 등을 기술한 역사 자료를 비교해 보면 중위도 기후에 상당한 일관성이 나타난 것으로 보인다.

중세 온난기(800~1200년)에 살았던 사람들은 지구의 인구가 늘어나는 것을 목격했다. 더 나은 도구를 사용하고 새로운 마구 덕분에 소보다 끄는 힘이 더 센 말을 이용하면서 농업 생산성이 늘어났다. 콩과 식물을 심고 비료를 사용하면서 토양의 필수 영양소가 고갈되는 것을 막았다. 생산이 늘어나자 도시가 성장하고 역내무역이 확대되었다. 소빙기(1300~1850년)에는 기온이 하락하고, 특히 1590~1670년 무렵에 기온이 최저치로 떨어지면서 식량이 부족해지고 물가가 올랐다. 1500~1650년까지 오스만제국과 중국, 영국의 곡물 가격이 500퍼센트나 올랐다.[28] 곡물 생산은 줄고 사망률이 늘어났으며 출산율과 기대수명도 낮아졌다. 1670~1800년 이후 소빙기가 물러나고 비교적 따뜻한 시기가 이어지면서 식물 생육기가 더 길어지고 식량이 늘어나 가격도 떨어졌다.

이러한 급속한 변동이 가져온 역사적이고 현재적인 함의를 이해하기 위해서는 변동의 특징에 주목할 필요가 있다. 과거에는 기후가 점진적으로 바뀌기도 하고 급속하게 변하기도 했다. 기후는 이 급속한 변동을 겪은 사람들의 삶에 크나큰 영향을 미쳤고, 그 파장이 지방과 지역, 전 지구에 걸쳐 나타났다. 서늘한 기후는 주간 기온 변동이나 연간 기온 변동의 폭이 더 컸다. 무엇보다 중요한 것은 기온이 차갑고 변화무쌍하면 식량 생산이 불안정해진다는 사실이다. 이런 농업사회에서는 농업 생산의 변동이 경제적 복지에 영향을 미친다. 한랭기가 길어지면 고지대 토지를 이용할 수 없게 되면서 경작지가 줄어든다. 기온이 화씨 2도 낮아지면 식물 생육기가 3~4주 짧아진다. 식량 공급이 줄어들면 곧 기근이 찾아온다. 취약한 사회의 경우에는 기

그림 4–3 네덜란드 화가 피터 브뤼헐이 그린 〈눈 속의 사냥〉(1565년) 이 그림은 소빙하기의 혹독한 겨울을 보여 주는 자료로 이용된다.
빈 미술사박물관(오스트리아) 소장.

근이 들고 전염병 감염률이 높아지면 사망률이 높아진다.[29]

천문학자들이 1609년에 발명한 고성능 망원경을 이용하여 태양의 활동을 체계적으로 관찰하기 시작했고 기후변화 요인을 처음으로 관측했다. 처음에 의미심장한 태양의 흑점 활동, 곧 태양에너지의 방출 활동을 목격했다. 어떤 천문학자들은 태양의 활동이 지구에 영향을 주었을 거라고 생각했다. 그리고 몇 십 년이 지나지 않아, 이 예리한 관찰자들은 1645년과 1715년 사이에 오늘날 1년에 나타나는 것보다 훨씬 더 적게 기록될 정도로 태양의 흑점 활동이 줄어들었다고 기록했다. 지구에 도달하는 태양에너지가 감소하면서 1638년부터 1643년까지 적어도 대규모 화산 폭발이 12차례나 발생했다. 그 때문에 대기 중에는 먼지 구름이 생겼고 이 구름에 가려 햇빛이 지표면에 도달하지 못했다.

연륜연대학자들은 나이테의 성장을 조사해서 태양과 지구의 사건들이 기후에 미친 영향을 측정한다. 나무는 해마다 한 나이테씩 자라는데 식물의 성장 환경에 따라 크기가 결정된다. 예를 들어 온화한 기온과 계절 강우량은 성장을 재촉하고, 계절에 맞지 않게 길고 춥고 건조한 겨울은 성장을 더디게 한다. 서리테(서리 때문에 철이 아닌데도 잎이 지고, 그 결과 다시 잎이 나서 줄기에 생긴 위연륜—옮긴이)는 여름 기온이 영하로 떨어질 때 나타난다. 지금도 살아 있는 17세기 나무들의 연륜연대학적 기록을 통해 과거 600년 동안 가장 추웠던 여름 가운데 세 차례가 1640년대에 나타났다는 사실을 알 수 있다. 북반구의 중위도가 소빙기의 추위에 휩싸였다.[30]

1640년대에는 헝가리, 폴란드, 에스파냐의 곡물 생산이 급락하면서 작물 생산이 30~50퍼센트까지 줄어들었다. 프랑스에서는 예년보다 2주 늦게 포도를 수확했다. 런던의 템스 강이 겨우내 얼어붙었고 산 정상은 1년 내내 눈으로 뒤덮여 있었다. 극빙이 바다와 해상 교통을 위협했고 빙하가 확장되면서 들과 농장, 마을에서 생산을 하지 못하게 됐다. 기후가 온화할 때는 서유럽 농민들이 9개월 정도의 생육기를 기대할 수 있었고, 더 멀리 북동쪽에 위치한 제정 러시아에서는 보통기(제철 재배 시기—옮긴이)가 북쪽에서 남쪽으로 내려오면서 4~6개월 지속되었다. 1450년부터 1600년까지 인구가 곱절 가까이 늘어난 것을 보면, 이 빙하기가 인류 역사상 그 어느 때보다도 더 많은 사람들의 생활환경에 악영향을 미쳤다는 것을 알 수 있다.

흉작과 더불어 식료품 가격이 오르고 경제활동 전반의 침체로 임금이 하락하면서 대부분의 인구가 파국에 직면했다. 빈곤 가정의 주식인 곡물 수확이 실패로 돌아가면서 기아가 전반적인 기근으로 이어졌다. 빈곤 가정은 값이 가장 싼 칼로리 공급원인 빵을 사는 데 소득의 3분의 2에서 4분의 3을 지출했다. 빵 5킬로그램은 고기 500그램의 값과 맞먹었다. 영양이 부족한 사람들은 발진티푸스, 장티푸스, 이질, 선페스트 같은 전염병에 매우 취약해졌다. 프랑스에서는 1628~1631년에 발생한 전염병으로 1백만 명이 사망했다. 1630년에 베네치아에서는 4만 명이 죽고, 나폴리 왕국의 일부 도시와 마을에서는 인구의 절반이 목숨을 잃었다.[31]

16세기 무렵 서남아시아에서는 인구 성장 속도가 빨라졌다. 1500년과 1570년 사이에 인구가 50~70퍼센트가 증가한 것으로 추정된다. 어떤 도시에서는 200퍼센트 이상 증가했다. 1520년에 인구가 10만 명가량이던 이스탄불이 1600년이 되면 70만 명의 거대도시로 변모했다. 중국 인구는 1300년대 후반에 4천5백만 명에서 1600년에 1억5천만 명으로 불어났다. 쑤저우, 난징, 베이징 같은 주요 도시의 인구가 눈에 띄게 늘어났고 소규모 시장 도시의 인구도 폭발적으로 증가했다. 세계에서 인구밀도가 가장 높은 나라 가운데 하나인 일본의 인구는 1200년에 7백만 명에서 1600년에 1천2백만 명으로 늘었고 1720년에는 3천1백만 명으로 껑충 뛰었다. 1520년에 2백만 명이던 영국의 인구는 1640년에 5백만 명을 넘어섰다. 런던 인구는 1500년에 5만 명에서 1650년에 40만 명으로 뛰어올랐다.[32] 노리치, 우스터, 베리세인트에드먼즈 같은 시장 도시와 그보다 규모가 훨씬 작은 상당수의 도시 인구가 두세 배로 늘어났다.[33]

오래된 나이테의 탄소-14 농도와 장기간에 걸친 태양 활동을 결합해 보면 서유럽과 중국의 인구 증가 현상이 거의 비슷했던 것으로 보인다. 인구는 온난기에 늘어나고 한랭기에는 정체되거나 감소했다. 지구의 인구 폭발은 기후가 따뜻해지면서 시작되었고 1750년 이후 속도가 빨라졌다. 지구의 기후변화는 작물 생산을 늘려 사람들에게 더 많은 식량을 제공해 주는 중요한 요인이었다. 소의 두수가 늘어나고 건강이 좋아져서 육류 공급도 늘어나고 우유 생산이 증가했다. 이러한 다양한 요인들이 작용한 결과 출산 능력이 커지고 유아사망률이 낮아졌다.

드디어 산업화가 진행되었다. 수력을 대체한 증기력이나 모직물과 아마 섬유를 대체한 면직물, 직기와 통조림을 비롯한 주요 발명 같은 어떤 한 가지 요인으로는 산업화의 본질을 제대로 포착할 수 없다. 역사가이자 경제학자인 조엘 모키어가 이렇게 지적한 바 있다. "산업혁명은 유기물을 무기물로 전환하거나 기계를 채택한 것 그 이상이었다. 간단히 말하면 더 좋고 더 싸고 더 빠른 여러 가지 기술들을 채택한 것이었다."[34]

그러나 자료를 통해 알 수 있다시피, 기후변화가 일부 유럽 국가들의 일인당 소득 증대와 유럽 대륙의 인구 폭발을 재촉했다. 경제성장으로 소득이 오르고 생활수준이 높아지면서 사람들이 결혼을 많이 하게 되었다. 영국에서는 1600~1649년에 기혼 여성의 34퍼센트가 22세 이하였다. 1750~1799년에는 이 수치가 50퍼센트로 늘어났다. 호경기와 좋은 날씨가 가임 여성의 행동과 운명을 바꿔 놓았다.[35] 이렇듯 중요한 인구 변화를 설명하는 요인에는 사망률과 출산 능력, 이주 세 가지가 있다. 호모 사피엔스가 지구를 지배하면서 이 세 가지 요인이 인구 규모에 직접적인 영향을 미쳤다. 여기에다 농업 확대나 급속한 산업화의 모습으로 나타난 경제 발전이라는 중요 변수를 보태면 대체로 지난 몇 세기 동안 나타난 인구 폭발을 설명하는 주요 요인들을 파악할 수 있게 된다.

요즘 기준으로 볼 때 18세기까지만 해도 전 세계 인구의 대다수가 영양실조 상태에 놓여 있었다. 심지어 소득 분포에서 상위 절반을 차지하는 사람들 사이에도 영양실조를 겪는 사람이 있었다. 영양 상태가 좋아진 것은 농업 생산량이 늘어나고 소비할 식량이 더 많아지면서부터였다. 농업 기술이 개량되면서 적은 수의 노동자들이 더 많은 생산을 할 수 있게 되었다. 이렇게 되자 더 많은 사람들이 중소 도시에서 일을 할 수 있게 되었다. 식사를 제대로 하지 못하는 사람들의 수가 줄었고 이런 사람들은 생산자들의 주류에 들지 못했다. 산업 시대 이전 1730년대 영국이 거둔 놀라운 풍작은 최고의 출산율과 더불어 상품과 서비스 시장을 확대하는 효과를 가져왔다. 영양 상태가 좋은 인구가 공업 세계를 형성하는 데 중요한 변수가 된다. 산업 시대 이전에도 인구가 급증하기는 했지만 농업 사회가 수요에 맞추어 생산을 늘리지 못한 까닭에 그 성장이 빛을 바랬다. 사람들이 영양실조에 걸려 질병에 취약하게 되었고 그 결과 인구 붕괴 현상이 나타났다. 인구학적 변천과 전염병학적 전환이 영국에서는 18세기에 전개되기 시작했고 그 결과 경제 발전을 가속화할 수 있는 상황이 마련되었다.

인구는 1730년대에 증가하기 시작했고 이 베이비 붐 세대가 자라서 결혼을 하고 가족을 부양하면서 그 속도는 더욱 빨라졌다. 1660년부터 1740년까지는 일인당 식량 소비가 50퍼센트나 늘었다. 기온이 약간 바뀌면서 식물의 생육기가 늘어나고 방목 가축이 목초지에서

풀 뜯는 시간이 길어져 육류와 우유 생산이 늘어났다. 1730~1740년 대에 기후가 따뜻해지고 건조해지면서 밀 생산이 늘어나고 사람들의 건강도 좋아졌을 것이다. 집이 눅눅하면 특히 유아나 어린아이들이 호흡기 질환에 걸리기 쉽다. 기온이 따뜻해지면서 유럽과 아시아, 아메리카 대륙의 식량 생산이 늘어나고 밀과 콩을 섞어 먹게 되면서 칼로리와 단백질 섭취가 늘었다. 이제 영국 바깥 세계에서도 먹을 식량이 풍부해지고 곡물 가격이 하락하기 시작했다.[36]

18세기 말에 35퍼센트로 치솟은 혼전 임신 증가율과 조기 결혼, 출산율 증가, 유아사망률 감소 등으로 인구가 증가했다. 영국은 늘어나는 인구에 경제활동 기회를 제공하기 위하여 농업과 공업을 꾸준히 발전시켰다. 또 크고 작은 도시의 시가지를 확장하고 물적·인적 자본을 창출해 내며 대륙과 해외 시장에 접근할 필요가 생겨났다. 영국은 폭발적인 인구 증가의 수요에 대비해서 식량 수출을 중단하기에 이르렀다. 1750~1760년대에 아일랜드산 소고기 수입을 세 배로 늘리고 버터와 돼지고기 수입도 늘렸다. 가격이 급등하면서 성장이 둔화되고 식량 소비가 20퍼센트나 감소했다. 그러나 이전의 영양 수준이 사람들이 기근을 겪지 않고 견뎌 나갈 수 있을 정도로 높았다.[37]

인구 성장과 산업화의 밀접한 관련성은 다음 세기에 영국의 뒤를 이은 국가들에게 본보기가 되었다. 인구가 조밀해지면서 구매자와 판매자 사이에 수송이나 거래 비용이 줄어들게 되었다. 1750년 무렵에는 영국 전체 인구 가운데 5분의 1이 도시에 살았다. 이 무렵 도시화가 높은 수준에 도달했는데, 1600년 이후 증가한 인구의 절반가량은 중소 도시에서 나타났다. 공장제가 확산되면서 노동자(성인 남녀, 아이들)의 공급이 계속 늘어났다. 현대의 기준으로 볼 때 이 노동자들의 임금은 낮았다. 하지만 이 노동자들이 공업 제품의 수요를 만들어 냈다.

　도시 인구가 5퍼센트로 늘어난 16세기에는 인구가 급증한 뒤에 농업이 그 증가를 따라 잡을 정도로 성장하지 못해서 사람들이 어려움을 겪었다. 그러나 도시화가 20퍼센트까지 진행된 1700년대에는 상업이 발달하여 영국과 유럽이 멀리 있는 농업 지역과 더욱 가까워졌다. 인구가 늘어났을 때 이들 지역이 영양 공급처가 되었다.[38] 풍작을 거두고 영양 상태가 좋아지면서 인구가 증가하고 산업화를 위한 노동시장도 커졌다.

　백신과 항생제를 개발하기 이전에도 주택 개량이나 위생 개선 덕분에 유럽과 미국에서 사망률이 낮아졌다. 위생을 개선하고 음식 준비에 더 많은 관심을 기울이게 되면서 감염성 미생물이 예방되었다. 기대수명도 늘어났다. 소득 분포 상위 절반 사람들의 경우에는 기대수명이 30년이 늘어나고 하위 절반 사람들의 경우에는 50년이 늘어났다. 인구가 꾸준히 증가하기 시작하여 1900년에 16억 명이던 세계 인구가 1950년에 25억 명으로 늘어나고 20세기 말에는 61억 명에 이르렀다.[39]

인구 문제의 중요성

　세계 인구가 계속 증가하자 영국 경제학자 토머스 맬서스의 예측을 따라 인구가 폭발하게 될 것이라는 충격적인 주장들이 나오고 있다.[40] 1798년에 출간한 명저 《인구론》에서 맬서스는, 세계 인구가

10억 명에 다다를 때가 되면 식량 공급이 늘어나는 인구를 따라잡지 못해 재난이 발생할 것이라고 경고했다. 그의 평가는 당시에 이미 틀린 것으로 판명이 났다. 오늘날 인구가 60억 명을 넘어서고 일인당 식량 생산과 소비가 이전보다 훨씬 더 늘어났다. 그럼에도 사람들은 여전히 곧 인구가 붕괴하지 않을까 두려워하고 있다. 평균 기대수명이 늘어나고 있고 세계 여러 지역에서는 보편적인 생활수준이 향상되고 있다. 지난 10년 동안 세계 인구가 10억 명가량이나 더 늘어났고 인구가 곧 폭발할 것이라는 두려움은 여전히 지속되고 있다.

인구 증가의 90퍼센트 정도가 발전도상국, 특히 연간 증가율이 3퍼센트 이상인 아프리카와 절대 증가량이 가장 많은 아시아에서 일어나고 있다. 따라서 가장 가난한 국가들의 인구가 가장 빨리 늘어난 끝에 전 지구의 인구에 불균형이 나타나지 않을까 염려하고 있다. 아프리카와 아시아의 인구가 1950년에 전 세계 인구의 64퍼센트 정도에서 2000년에 70퍼센트 이상으로 늘어났고, 2050년에는 78.5퍼센트로 늘어날 것으로 예측된다. 그런가 하면 출산율이 낮은 선진국들은 이주민이 넘쳐나지 않을까 두려워하고 있다. 노벨상을 수상한 경제학자 아마르티아 센에 따르면, 선진국이 가난한 유색인 천지로 바뀌지 않을까 하는 두려움은 과잉 반응에서 나온 것이다. 그 이유는 다음과 같다.[41]

첫째로, 오늘날 발전도상국은 산업화가 한창이던 18~19세기에 유럽이나 미국이 겪은 것과 비슷한 인구학적 변화를 겪고 있다. 19세기에 아시아와 아프리카는 10년마다 4퍼센트 미만의 성장률을 보였지만, 유럽과 미국은 10년마다 10퍼센트 정도의 성장률을 보였다. 이렇듯 놀라운 인구 성장률에도 불구하고 당시 아프리카와 아시아는

그림 4-4 아프리카 북서 해안에 있는 라이베리아 수도 몬로비아의 워터사이드 시장
라이베리아의 친구들 Michael Waite 제공.

전 세계 인구의 78.4퍼센트 정도를 차지했다. 오늘날에 아프리카와 아시아 인구가 차지하는 비율은 71.2퍼센트이다. 이는 1650년이나 1750년의 비율보다 훨씬 낮은 수치이다. 유엔은 세계 인구 가운데 아시아와 아프리카 인구가 차지하는 비율이 2050년에는 78.5퍼센트로 다시 늘어날 것이라고 예측하고 있다.[42] 산업화 이전과 유사한 비율이다. 따라서 세계 인구가 불균형 지점에 도달할 것이라는 생각은 이러한 역사적 추세를 무시한 것이다.

둘째로, 임박한 인구 폭발에 관한 두려움은 식량 공급과 관련이 있다. 인구 성장이 인구 부양 능력을 앞지르지 않을까? 이따금씩 전쟁에 짓밟힌 지역이나 재난 지역에서 식량이 부족해서 수백만 명이 굶주리기는 하지만, 전 세계 식량 생산은 인구 증가 추세보다 더 빠른 속도로 늘어나고 있다. 이 결론은 일인당 소득의 측면에서 볼 때 부유한 국가보다는 발전도상국에 훨씬 잘 적용된다. 전 세계적으로는 식량 생산이 일인당 3퍼센트 증가했지만 유럽에서는 2퍼센트 증가하고 미국에서는 오히려 5퍼센트 감소했다. 이와 반대로 아시아의 일인당 식량 생산이 22퍼센트나 뛰었고 인도와 중국에서는 각각 23퍼센트와 39퍼센트 증가했다. 오직 사하라 이남 아프리카에서만 식량 생산이 6퍼센트 감소했고 전쟁과 정치 억압, 혼란으로 전반적인 경기 침체가 가중되어 기근과 절망감이 나돌고 있다.[43] 아프리카를 제외한다면, 인구 폭발로 식량 위기가 발생할 것이라는 비관적인 예측은 적절하지 않은 것 같다.

일인당 식량의 양이 증가하면서 가격이 하락하고 18세기에 맬서스가 예측한 이래 그 어느 때보다도 실질적인 구매 가격이 더 싸졌다. 1990년대에는 쌀, 보리, 기장, 옥수수 같은 기초식품의 가격이 38퍼센트 떨어졌다. 그 결과 추가 하락을 방지하기 위해 농부들이 식량 생산을 줄였다. 인구 성장이 식량 공급을 따라잡게 되면 식량 생산을 늘리려는 가격 유인이 작동하게 될 것이다. 현재로서는 인구 폭발의 관점에서 '밀어내는' 요인이나 식량 증산의 필요성의 관점에서 '끌어당기는' 요인이 존재하지 않는다. 하지만 최근에 나타난 식료품 가격의 급등으로 밀어내는 요인과 끌어당기는 요인의 비율에 변화가 생길 수도 있다. 이 책의 에필로그에서 좀 더 논의하게 될 것이다.

인구 성장이나 식량 공급의 증대만으로는 발전도상국의 도시들에 상존하는 빈곤과 과밀, 슬럼 문제를 다 설명할 수 없다. 역사가 오래된 선진국의 도시 슬럼이나, 어느 곳에나 끈질기게 남아 있는 가난한

그림 4-5 유행을 선도하는 쇼핑과 유흥가로 유명한 도쿄 시부야 거리
Jean-Francois 제공.

농촌 지역은 전 지구적인 문제이다. 파키스탄의 연간 인구 성장률이 3.1퍼센트이고 인도는 2.1퍼센트인데도 불구하고, 인도의 캘커타와 뭄바이의 슬럼이 파키스탄의 카라치와 이슬라마바드의 슬럼보다 더 빠른 속도로 확대되고 있다. 마찬가지로, 연간 인구 성장률이 2.8퍼센트인 코스타리카의 산호세에 견주어 인구 성장률이 2퍼센트인 멕시코시티의 슬럼이 더 빠른 속도로 확장되고 있다. 인도네시아의 슬럼이 터키의 슬럼에 비해 더 빠른 속도로 확장되고, 뉴욕의 할렘이 싱가포르의 슬럼보다 더 빠른 속도로 늘어나는 데서 마찬가지 양상이 나타난다. 10억 명이 넘는 전 세계 빈민의 사정을 설명할 때는 인구 자료와 식량 이외에도 경제적 과정과 정치적 상황까지 고려해야

한다. 인구밀도가 도움을 주는 요소일지는 모르지만 결코 유일한 요인은 아니다.

우리는 인구와 식량을 결부시키면서 인구 성장이 환경에 미치는 영향을 맬서스와 같은 열정으로 다루지는 않았다. 인구압으로 전 세계적으로 천연자원을 더 많이 사용하게 되면 그만큼 환경이 더 훼손되고, 훼손된 환경은 틀림없이 우리 삶의 질에 영향을 미친다. 한 사람을 기준으로 볼 때 제3세계 국가들은 선진국 세계의 국가들에 비해 식량이나 연료 같은 자원을 덜 쓴다. 제3세계의 수십억 인구가 짧은 시간 안에 지구의 환경에 악영향을 미치지 않을 수도 있지만, 그들이 지방이나 지역의 환경에 미치는 영향은 완전히 다른 문제이다. 규제를 받지 않은 지역 기업들이 토양과 물, 공기를 계속 오염시키고 나무를 땔감으로 쓰면서 지역의 삼림을 훼손하고 있다.

하지만 비교 차원에서 말한다면 미국과 서유럽, 일본의 시민 한 사람이 제3세계의 시민 수십 명이 소비하는 것보다 32배나 많은 자원을 소비하고 있고, 그 결과 지구의 기후변화에도 훨씬 더 많은 해악을 끼치고 있다.“ 제3세계의 시민 수십 명이 더 잘 살게 되고 부유한 국가 시민들의 소비 행위를 모방해 더욱 더 많이 소비하게 되면 장기적으로 그들이 환경에 큰 영향을 미칠 수 있다. 이들이 환경에 미칠 위협은 오늘날 선진국들이 가하고 있는 위협과 똑같은 것이 된다.

5장

도시와 인류

오늘날 우리가 살고 있는 세계는 인구의 대다수가 도시에 살고 있다. 현재 유럽과 아메리카 대륙에서는 무려 인구의 75퍼센트 이상이 도시에 살고 있다. 반면에 세계에서 인구가 가장 많은 아시아와 아프리카에서는 인구의 38퍼센트만이 도시인이다. 아직도 농촌 인구가 다수를 차지하고 있는 아시아와 아프리카 두 대륙에서도 해마다 1백만 명씩 늘어나 적어도 금세기 중엽에는 도시가 농촌을 무색하게 만들 것이다. 아시아와 아프리카 대륙의 도시는 다가오는 30년 동안 유럽이나 아메리카 대륙의 도시보다 훨씬 더 빠른 속도로 성장해 도시 인구가 54퍼센트로 늘어날 것이다. 이 지역의 도시화나 인구 성장률이 다른 대륙을 훨씬 능가하게 될 것이다.[1]

포화 상태에 도달한 도시 지역, 곧 성장률이 매우 둔화된 지역이라면 어디서나 거주민들의 영양 균형을 맞추어야 하는 무척 복잡한 문제로 골머리를 앓고 있다. 이것은 사실 식량, 연료, 의복, 내구재, 수송, 상업, 생산 등 인간의 기본 수요와 관련된 문제이다. 이 모든 요소들이 폐수를 만들어 낼 수밖에 없기에 도시들은 저마다 그 처리 방식과 수단을 놓고 씨름한다. 도시사가이자 환경사가인 조엘 타르에 따르면, 폐수가 현대적인 도시든 현대화가 진행 중인 도시든 할 것

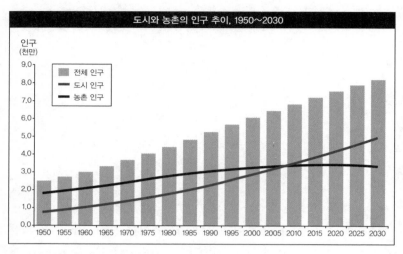

그림 5-1 세계의 도시와 농촌 인구
유엔 인구분과위원회 제공.

없이 최종적인 배출구를 찾고 있다.[2]

예를 들어 빗물이든 사람과 주택, 상업, 생산에 사용된 지하수든, 도시의 물은 결국 폐수나 하수가 된다. 이것을 처리하는 방식이 도시의 수계(水系)와 주민들의 건강에 영향을 미친다. 하수 처리 문제가 워낙 큰 과제였기 때문에 역사상 도시는 주민들을 유행성 전염병으로부터 보호할 수 없어 어쩔 줄 몰라 하는 경우가 많았다.

이 밖에 다른 요소들도 폐기물을 만들어 내고 그 폐기물들로 도시가 어지러워진다. 나무를 땔감과 건축용 자재로 사용하면서 주변 전원 지대의 보호 숲이 줄어들게 되고 토양침식이 일어나 바람의 속도가 더 빨라지고 먼지와 쓰레기들이 공기를 타고 날아다닌다. 나무와 석탄을 때면서 상황은 더 악화되었다. 대기 낙진으로 공기와 토양이 오염된 것이다.

도시의 건조(建造) 환경과 그 내용 및 지원 체계가 도시 생물권의 양분 균형을 침해할 때도 비슷한 일이 일어난다. 다양한 생물과 식물의 순환이 토양에 영양분을 보충할 바이오매스(생물량)를 제공해 준다. 건축 부지를 개발하면서 자연 상태에서 흐르는 물의 여과기 구실을 하는 모래와 자갈이 사라진다. 마찬가지로 유입된 물질로 이루어진 쓰레기 매립지가 건조 환경의 생태계를 바꿔 놓는다. 건조 환경의 구조는 복합재료(이를테면 아스팔트와 콘크리트)를 포함하고 있어서 표토 침식은 물론 지표 유출과 도시 지하수면 침하를 불러일으킨다. 도시화와 인구 집중으로 모든 면에서 토지 생물권에 변화가 일어난다.

　이런 과정이 어느 정도 느려질까, 아니면 어느 정도 빨라질까? 2050년에는 현재 60억 명 수준인 세계 인구가 90억 명 정도로 불어날 것이다. 현재 전 세계의 도시 인구는 28억6천만 명 수준이고 30년 안에 50억 명으로 늘어날 것으로 예상된다. 동시에 세계의 농촌 인구는 아마도 31억9천만 명에서 32억9천만 명 정도로 증가할 것이다. 이러한 도시 성장률을 고려한다면, 전 세계 여러 지역의 정부와 도시 설계자와 시민들은 충격적인 도전에 직면하게 될 것이다.

　인구가 집중되면서 전 세계에 도시 수가 획기적으로 늘어날 것이고 일부 도시들은 '거대도시'(mega-city)로 변모할 것이다. 이러한 변화를 전 지구적인 차원에서 생각해 보면 다음과 같다. 1800년에 전세계 200대 도시에 저마다 20만 명 정도의 사람들이 살았다. 그러나 1990년 무렵에는 세계 200대 도시에 저마다 5백만 명이 거주하게 되었다. 1800년에 인구가 1백만 명에 달한 도시는 전 세계를 통틀어 베이징뿐이었다. 백 년 뒤에도 1백만 명이 넘는 도시는 여전히 16곳뿐이었다. 1950년에는 그 수가 86곳으로 늘어났고 50년 뒤인 2000년에는 400곳에 이르렀다. 2015년이 되면 그 수가 550곳 이상으로 늘어날 것으로 추정된다. 이 거대도시 클럽에 새로 가입하게 될 도시는 대부분 아시아와 아프리카, 라틴아메리카에 있는 도시들이다.[3]

'거대도시'에 대한 정의도 계속 바뀐다. 1950년에는 인구 5백만 명이 넘는 도시가 8곳뿐이었다. 1천2백만 명이 넘는 뉴욕이 최대 도시였고 런던과 도쿄가 그 뒤를 이었다. 1950년의 뉴욕만한 도시가 2000년에는 세계 10대 도시에도 들지 못한다. 기존 도시의 인구가 불어나 거대도시로 변모하고 지난 20세기에 새로운 대도시가 등장하기는 했지만, 가까운 미래에는 상대적으로 규모가 작은 75만 명 이하의 도시에서 대부분 인구 증가가 일어날 것이다. 이런 양상이 선진 경제 구조와 발전도상 경제 구조를 지닌 국가들에서 나타날 것이다. 세계의 거대도시가 놀랍게 성장하기는 했지만 그 인구는 사실 2015년에 세계 전체 인구의 4.1퍼센트 정도를 차지하는 데 그칠 것이다. 최근에는 라틴아메리카와 아프리카, 아시아가 폭발적인 도시 성장을 경험하고 있듯이, 여기서 서술하는 추세가 지역이나 시기에 따라 다르게 나타나기는 할 것이다. 하지만 이러한 성장들은 그 기원이 과거로 거슬러 올라가는 불균등한 도시 성장 양상에 속한다.

이언 더글러스가 《도시 환경》(1983년)에서 지적했다시피, 세습 군주가 지배한 수메르의 대도시 우르는, 인구가 수천 명에 불과한 2000년 뒤의 조그만 아테네 도시국가들보다 훨씬 더 나은 위생 시설을 갖추고 있었다. 그 이후 고대 로마인들은 대규모 상수도 공사에 착수하고 티베르 강을 건너 로마로 깨끗한 식수를 공급하는 트로이 수로를 만들었다. 그들은 폐수와 하수를 처리하는 배수구로 클로

그림 5-2 인구 2천만이 넘는 중국 최대의 도시 상하이
ⓒ Peter Morgan, 2008.

아카 막시마(Cloaca Maxima)라는 대규모 하수구를 건설하고 도시 바깥으로 그 물을 흘려보냈다. 조엘 모키어에 따르면 "서기 100년의 로마가 문명화된 1800년 무렵의 유럽 수도들보다 더 나은 포장도로와 하수처리, 상수도, 소방 시설을 갖추고 있었다."[4] 하지만 위생 기술이 진보했음에도 불구하고 로마인들은 수인성 질병을 막는 데 실패했다. 도시 인구가 불어나면서 식수를 공급하는 문제가 심각한 상태에 빠졌다. 하루에 일인당 7~15리터의 물을 공급하는 일이 버거워졌다. 중세와 근대의 여러 도시들처럼 날마다 엄청난 양의 쓰레기가 쌓였고, 이렇게 쌓인 쓰레기 더미는 파리 떼가 옮기는 전염성 미생물의 번식지 구실을 했다. 로마를 가로지르는 대규모 하수구를 건설했음에도 1층보다 높은 주택이나 공동주택은 대부분 하수 체계와 연결이 되어 있지 않았다. 공중 보건은 고대 유럽의 대도시들뿐 아니라 모든 지역의 도시 거주민들에게 위험 요인이 되었다.[5]

18세기 중엽 유럽에서 산업화가 시작될 때까지 대도시는 이례적인 것이었다. 세계사 연구자 데이비드 크리스천이 지적했다시피, 메소포타미아나 이집트의 허브 지역에 인구가 24만 명 되는 도시가 8곳 가량 존재했을지 모른다. 7천 년 전에는 이 도시들의 인구가 3만 명 정도였다. 4천 년 정도가 지난 3,200년 전에는 도시가 16개로 늘어나고 전체 인구는 50만 명이었으며 동지중해에서 북인도와 중국에 이르는 유라시아 전역에 걸쳐 분포했다. "기원전 650년에는 이런 규모의 도시가 20곳에 불과했고 전체 인구도 1백만 명이 되지 않았다. 하지만 기원전 430년에는 그 수가 50곳으로 늘어나고 서기 100년에는 70곳을 넘어섰으며 전체 인구는 각각 290만 명과 520만 명에 달했다."[6] 그는 더 나아가 제1천년기에 도시 지역의 인구가 감소했다고 지적하고, "서기 1000년의 도시나 사람 수가 서기 1년에 견주어 더 많지는 않았다"고 주장했다.[7]

이 대도시들 대부분은 앞선 천년기에 농업이 발달한 지역에 자리 잡고 있었다. 멕시코 아스테카 문명의 중심지인 테노치티틀란 시도 여기에 포함된다. 테노치티틀란의 인구는 1500년에 에스파냐 정복자들이 도착하기 이전에 50만 명이었다.[8] 이 밖에 메소포타미아의 비옥한 초승달 지대와 이집트, 인더스 강 유역, 중국, 지중해 일대의 유럽 초기 농업 중심지에도 세계적인 대도시들이 있었다. 5,360년 전에 이집트의 테베와 멤피스-카이로, 메소포타미아의 바빌론 인구가 각각 10만 명이었고, 서기 100년에 로마 인구가 65만 명이었으며, 중국 시안(장안)과 바그다드, 콘스탄티노플(이스탄불) 인구가 각각 80만 명, 70만 명, 30만 명에 달했다.[9]

메네스 파라오가 7,100년 전에 멤피스-카이로를 건설했다. 나일 강의 충적평야에 자리 잡은 입지 조건 덕분에 관개용수가 마련되고 농

지도 비옥했다. 이 고대 도시는 기후가 건조하고 따뜻했으며 지중해에서 160킬로미터가량 떨어진 내륙에 자리 잡고 있었고 동쪽과 서쪽이 거대한 사막으로 막혀 있었다. 건설한 지 백 년도 안 되어 인구가 4만 명이 되었다. 멤피스는 오랜 기간 전쟁과 불안정한 시기를 겪고 난 뒤 5,991년 전 무렵이 되면 사제가 1만 명에 달하고 전체 인구가 10만 명이나 되는 도시로 다시 등장했다. 그 사이 시기인 6,240년 전 무렵에 아카드를 수도로 하는 사르곤과 나람신이 다스리던 바빌로니아 왕국이 멤피스와 같은 규모로 성장했다. 6,100년 전에는 수도를 인구 10만 명 규모인 디아코노프로 옮겼다. 전쟁과 혼란이 이어지고 이집트와 바빌로니아(아카드와 아시리아)의 왕조들이 흥망성쇠를 거듭하는 사이에, 4,668년 전 무렵 인구 12만 명을 자랑한 니네베 같은

도시들이 등장했다가 사라지고 인구 20만 명에 달하는 네부카드네자르 치하의 바빌론이 다시 번성했다.[10]

　알렉산드로스 대왕은 정복자로서 위엄을 세우기 위하여 이집트에 알렉산드리아를 건설했다. 기원전 210년에는 알렉산드리아 인구가 30만 명이었다. 짧은 기간이기는 하지만, 알렉산드로스의 부하 장군 가운데 한 사람인 셀레우코스가 메소포타미아에 설립한 셀레우키아 시가 알렉산드리아와 맞먹었다. 멀리 인도의 동부에는 갠지스 강 유역을 기반으로 인도의 절반가량을 통치한 굽타왕조(320~550년)의 중심지로 파트나 시가 번성했다. 파트나 시의 둘레는 34킬로미터였고 인구는 450년에 50만 명에 이르렀다. 로마 인구는 그보다 400년 전에 80만 명으로 늘어났다. 451년에 로마제국이 몰락한 이후 유라시아 대륙 주요 도시들의 인구가 늘어났다. 비잔티움의 중심지인 콘스탄티노플의 인구는 로마가 몰락한 뒤 650년에 50만 명 정도에 이르렀다. 당 왕조(618~905년)의 수도인 중국 장안(시안)의 인구는 900년에 1백만 명으로 늘어났다. 이슬람의 중심지 바그다드는 세계 최대의 도시로서 935년에 인구가 1백만 명을 넘어섰다.[11]

　이러한 고대 도시들과 주변 농업 세계, 그 둘의 깊은 공생 관계에도 불구하고, 산업화 시대까지 전 세계의 도시 인구는 1~2퍼센트를 넘지 않았다. 인구 성장과 도시화가 상업적인 무역 연결망을 통하여 혁신을 불러일으키는 자극제가 되기도 했지만 병원균과 사람을 뒤섞는 구실을 하기도 했다. 일부 병원균은 유라시아 대륙 전역에 파국적인 전염병을 불러왔다. 1500년 무렵에 대서양 탐험 시대가 열리면서 질병이 전 지구적인 전염병으로 확산되었다. 질병이 확산되면서 위생 환경이 좋지 않은 근대 이전 도시들 상당수가 치명적인 병원균의 온상이 되고 그 결과 인구 성장이 둔화되었다.

공중 보건의 부재로 농업 생산성이 낮아지고 일인당 생산량이 줄어들었으며 성공에 대한 개인의 전망도 불투명했다. 농부들은 수백 년 동안 감염성 미생물은커녕 토지 생산력의 한계나 토질 개량의 필요성 같은 것을 알지 못했다. 풍작을 내던 기름진 토지가 갑자기 줄어들었다. 반복되는 일에 길들여진 농부들 세계에서는 추상적인 '수확체감'의 법칙이 아무런 의미가 없었다. 성공이나 실패에 대한 생각은 기후변화와 예측할 수 없는 강수량, 기생충 침입, 토양침식 등 사람이 어쩔 수 없는 자연의 힘에 좌우되었다. 더욱이 농부들은 발전을 가로막는 봉건적인 사회 체제와 퇴행적인 경제 유인에도 직면해 있었다.

동시에 상인과 수공업자는 자신들의 연결망을 통해서 경쟁적인 시장을 만들어 내고 가격을 설정했으며 기술혁신을 전문화하고 장려하기 시작했다. 문자해독 능력과 회계 방식이 세속 교육을 통해 배우고 발전시키고 전수해야 할 귀중한 재능으로 떠올랐다. 이 재능은 오늘날의 기준으로 볼 때 보잘것없었고 18세기 중엽까지도 여전히 마찬가지였다. 그래도 세계 최초의 도시들에서 도시의 출현과 관련한 자료가 발견된다.

도시의 출현

저명한 고고학자 고든 차일드에 따르면, 초기 도시들은 모든 도시 공간의 전형적 특징을 보여 주는 공통점을 지니고 있었다. 첫째, 한

정된 지역 내에 비교적 많은 인구가 살았다. 둘째, 전문적인 분업을 개발하고 부와 권력의 집중에 따라 사회계층을 형성했다. 셋째, 이 위계 사회의 지도자들이 권력을 중앙에 집중시키고 공물 징수와 과세, 대외무역에 관여하며 잉여 자원과 상품을 관리했다. 무역 거래의 핵심은 주로 부유한 지주와 상인, 전사 계급, 정부 관료를 위한 사치품이었다. 넷째, 소수에게 권력과 지위가 집중되면서 친족이나 씨족의 역할이 줄어들고 지역 단체나 구역 단체 같은 집단에 정치적 대표성을 두었다. 다섯째, 초기 도시들은 건축학적으로 디자인이 독특한 커다란 공공건물을 보유하고 있었다. 여섯째, 학식이 높은 시민들이 기록 관리와 계약을 위해 문자를 발명하고 초창기의 과학, 특히 천문학과 수학, 물리학, 공학을 발전시켰다. 마지막으로, 초상화 같은 형태의 미술로 상인계급의 업적을 기렸다. 대체로 이런 발전과 더불어 도시의 의미가 완성되었다.[12]

도시 이전 세계에서도 기록 관리를 통해서 집단학습을 한 흔적이 있다. 14,300~11,000년 전에 수렵채취인은 자신들의 세계를 조직하기 위해서 표기를 사용해 시간과 계절의 변화를 나타냈다. 북이탈리아의 베로나 인근에 있는 리파로 타글리엔테(Riparo Tagliente) 유적에서 발굴된 석회암 덩어리에 새겨진 표기는 집합과 부분집합의 자리 표기 방식을 보여 준다. 이 표기를 산술적으로 읽는다면 아무 의미가 없을 테지만, 이 자리 표기 방식을 식물의 성장 유형과 의례 절기를 표기한 것으로 해석한다면 농업이 시작되기 전 인류의 인식 수준과 개념을 들여다볼 수 있다. 인류는 갈수록 복잡해지는 생산양식을 조직하고 유지할 수 있게 되었으며 그 결과 농업과 초창기 취락을 발달시킬 수 있었다.[13]

도시화와 환경

　도시화는 30,000~12,000년 전 무렵 빙하기 사회가 세시 의례, 교역과 교환, 우호 관계 갱신, 공동 연결망 마련을 위해 모인 곳에서 처음으로 나타나기 시작했다. 이런 장소는 준영구적 취락이나 영구적 취락이 등장하기 오래전부터 존재했고 상업 생활의 중심이 되었다. 처음에는 보잘것없고 잊히기 쉬운 초창기의 모임 장소가 시간이 흐르면서 조그만 마을 거주지가 되고 마침내 작은 도시로 변모했다. 이처럼 의례와 교역, 교환이 도시화의 시작을 상징적으로 보여 준다. 초기의 여러 장소들 가운데 여덟 곳이 문명의 중심지로 발전했다. 3대 주요 문명은 메소포타미아와 이집트, 인도의 인더스 강 유역에서 나타났다. 6천 년 전 무렵, 인류는 환경적으로 살기에 좋은 메소포타미아 남부의 강기슭(오늘날 이라크)에 최초의 도시를 건설하면서 새로운 시대로 이행했다.[14]

　초기 메소포타미아 도시들은 세계사에서 도시의 시대와 근대 문명의 초기 단계를 열었다. 식량 생산이 현격하게 늘지 않았더라면 도시가 발달하거나 문명이 출현하지 않았을 것이다. 작물을 재배하고 가축을 사육하면서 인류 역사상 처음으로 식량이 남아돌게 되었다. 나중에 북중국 평원과 마야 제국에 속한 중앙아메리카, 아스테카 제국에 속한 멕시코 도시들, 잉카 제국 이전의 안데스, 요루바족이 거주하는 나이지리아 해안에서 저마다 독립적인 문명이 발달했다. 이 도시들이 발달하면서 인류 역사에 새로운 도시의 시대가 열렸다.

　도시의 발달은 인류와 환경의 관계를 바꿔 놓았다. 도시와 주변 지역을 잇는 교통망이, 이전에는 분리되어 있던 지역사회를 연결하는 주요 도로가 되었다. 도시를 건설하는 데는 건축과 수리, 조달을 위한 자재가 필요했다. 처음 형성된 도시에서는 진흙을 사용하다가 곧 비바람에 잘 견디는 구운 벽돌로 바꾸었다. 가마 기술 덕분에 도시 구조의 내구성과 수명이 굉장히 좋아졌지만, 가마에 벽돌을 구우려면 엄청난 양의 나무가 필요했다. 처음에는 근처에서 땔감을 구하다가 나중에는 멀리 떨어진 숲에서 구했다. 숲이 고갈되면서 복잡한 생물군집이 파괴되고 생태계의 순환이 무너졌다. 수분을 머금고 있는 삼림지대는 수분 증발을 제한하고 토양침식을 막아 주며 계절풍의 속도를 줄여 준다. 새로운 도시 생태계가 생겨나면서 하천과 호수는 전에 없던 스트레스를 받게 되었다. 관개를 하면서 물이 자연스런 생태학적 경로를 벗어나 흐르게 되고 하천의 수중 생물도 바뀌었다.

초창기 관개가 불러온 가장 파괴적인 결과이자 농업을 시작하면서부터 괴롭혀 온 문제는 흐르는 강물에서 나는 자연 소금으로 땅이 건조해지는 현상이었다. 그 결과 장기적으로 농업 생산이 줄어들게 되었다. 이보다 더 나은 토지 관리 방식이 존재했겠지만 초창기의 도시화 단계에서는 그런 지식을 이용할 수 없었다. 이런 변화가 가져온 환경 파괴의 영향으로 동식물의 군집이 바뀌고 수질이 달라졌으며 인류의 구매 형태가 바뀌었다. 인류가 자원을 더 많이 소비하게 되면서 더 많은 배설물을 만들어 냈다. 그에 따라 식수를 공급하고 하수를 처리하는 새로운 기반시설을 개발할 필요가 생겨났다. 물을 체계적으로 처리하지 못하면 전염병이 확산되고 취약한 도시 거주민들 사이에 발병률과 사망률이 커지게 된다.

초창기 도시들은 정치와 경제의 권력 중심지가 되었다. 주변 지역으로부터 식량과 인력, 건축용 천연자원을 공급받아 도시 생활이 발달하기 시작했다. 근대사회의 도시화가 마무리되는 데는 수천 년이 걸렸다. 그 기원은 도시의 출현으로 거슬러 올라간다. 본디 모든 도시는 보잘것없는 제의 활동과 의례의 중심지로 시작되었다. 처음부터 군사 요새나 행정 중심지 또는 상업적인 시장으로 시작한 도시는 없다.

> 부족 성지 정도로 시작한 …… 이 중심지들이 피라미드와 대지 토루, 신전, 왕궁, 테라스, 계단, 궁궐, 석비 같은 건축물들의 집합체 …… 공공 기념물 복합체로 발전했다. 이런 건축물은 기능상 정치와 사회경제, 종교의 공간을 만들어 내는 곳인 동시에 우주와 사회질서, 도덕을 상징했다.[15]

고대 도시

고대 메소포타미아('두 강 사이'라는 뜻의 그리스어)는 수천 년에 걸친 역사적 발전을 보여 준다. 그 역사는 문자 기록보다 앞서 시작되었다. 기원전 제5천년기에서 제4천년기에 이르는 시기에 유프라테스 강 유역에 토사로 만들어진 조그만 토루를 중심으로 알우바이드라는 작은 마을이 형성되었다. 기원전 제4천년기와 제3천년기, 제2천년기에는 이 마을이 확대되어 메소포타미아의 도시들로 번성했다. 그 경계가 바빌로니아를 넘어 방대한 아시리아의 천수답 지역까지 확장되었다. 이 고대 문명의 주인인 수메르인들은 그 장소를 일러 규모와 상관없이 '우루'라고 불렀다. 마을이 될 수도 있고 읍성이나 도시가

될 수도 있다. 우루는 사실 수메르 남부 도시 우루크를 가리키는 말
이었다. 바그다드에서 남쪽으로 320킬로미터 떨어진 유프라테스 강
유역에 설립된 우루크는, 5,400년 전에 세계 최대의 도시로 발전하고
800년 뒤에는 530헥타르에 달하는 성 내에 5만 명이 살고 있었다.

　　도시에는 오늘날에도 볼 수 있는 회반죽을 바른 진흙 벽돌집이
있었고 그 집들 사이로 좁은 길이 나 있었다. 대부분 단층집이었지
만 부잣집은 대개 2층집이었다. 도시 한가운데 위치한 12미터 높
이의 지구라트에는 백색신전이 서 있었다.[16]

농지와 목초지가 성벽 바깥 15킬로미터까지 펼쳐져 있었다.
　도시는 드넓은 땅에서 나는 풍성한 수확물로 번창했다. 그 땅은 새
로 등장한 제조업이나 가정, 빵집, 도자기 가마에 땔감으로 쓸 나무
를 공급하고 도시 급수와 잉여 식량을 제공하는 곳이었다. 환경학적
으로 도시는 규모가 커지면서 온갖 질병의 온상이 되는 쓰레기와 폐
기물을 더욱 더 많이 배출했다. 어떤 고대 도시들은 사람과 동물한테
서 나오는 폐수를 처리하는 도시 위생 시설을 개발함으로써 도시가
발달하면서 흔히 직면하게 되는 문제인 수인성 질병과 공기 전염성
질병의 피해를 막았다. 기원전 제1천년기에 로마 공화정이 등장할
때까지 세계 최대 도시의 지위를 누린 우루크는 5,500년 전에 건립한
신전 건축을 시작으로 천 년 동안 확장을 거듭한 끝에 생겨난 도시
였다. 신전은 의례와 행정 기능을 하면서 서쪽으로 아시리아를 넘어
소아시아에 이르고 서남쪽으로 이집트와 이란고원에 이르는 식민지
와 교역소를 관장했다.

우루크는 나중에 등장한 여러 대도시와 마찬가지로 외적의 공격이나 기근에 대비해서 먹고 남은 밀과 보리, 호밀을 보관할 창고를 지었다. 또한 수송과 농업을 위해 방대한 운하망을 건설하고 관개 공사에 착수했다. 방어용 성벽과 요새를 건축했으며 질서를 유지하고 평화를 도모하고 분쟁을 해결할 관료 체계를 마련했다. 오직 번창하는 도시들만이 물리적 구조를 건설하고 확장하며 유지할 자원을 보유할 수 있었고, 내분과 요새 도시 외부의 침략으로 발생하는 조직상의 문제를 효과적으로 다룰 자원을 보유하고 있었다.

우루크는 주변 지역에서 금속과 돌, 목재를 비롯한 원자재를 들여오고 문자와 원통인장, 예술 형식 같은 도시 문화를 확산시켰다. 우루크는 회계, 목록 정리, 수집과 관련한 방식들은 물론 밤하늘의 관찰 기록을 분류하는 시도를 전파했다. 대부분은 발달된 설형문자를 통해서 전달했다. 문헌 자료와 속담, 신화, 역사 이야기에 이르기까지 형식도 다양했다. 역사 이야기는 전투에서 발휘한 영웅적인 용맹함과 신성한 찬가를 다루기도 했지만 왕족과 엘리트, 백성들의 일상생활을 훨씬 더 많이 다루었다.

우루크뿐 아니라 그와 경쟁 관계에 있던 메소포타미아의 주요 도시 라가시, 움마, 우르, 키시도 노동을 분업화해서 도시 아녀자들을 공공 직물 공방에 배치했다. 메소포타미아의 고대 도시에서는 분업이 상당히 발달했다. 그런 모습이 특수 길드로 조직된 여러 전문 직업을 열거하고 있는 함무라비법전(제274조, 3,792~3,750년 전)에서 확인된다. 도장장이, 보석 세공인, 금속 세공인, 소목장이, 대목, 가죽 세공인, 갈대 세공인, 세탁공, 축융공, 펠트 제조공, 의사가 이 목록에 들어 있다.[17]

경제의 전문화는 신전 상인이나 행정가들이 수익성이 좋은 경제 활동에 종사하면서 사회계층화를 낳았다. 의례와 의식을 거행하는 공공장소인 메소포타미아의 신전들은 자체적으로 토지와 가축은 물론 기존 수공업과 신흥 수공업을 지원할 수 있는 자원을 보유하고 있었다. 이 공공단체들은 주로 아녀자들로 구성된 부속 노동자들을 동원해서 교역을 위한 잉여 상품을 만들어 냈다. 이러한 방식으로 신전의 토지 소유권은 잉여 작물을 받는 대가로 차지농에게 토지를 임대하는 최초의 선례를 남겼다. 저명한 고고학자 마이클 허드슨에 따르면 "민영화가 이루어지기 이전에는 이윤을 축적하는 기업이 공공적이었다."[18] 메소포타미아 도시들에서는 신전이 최초의 공공기관이었다. 수익을 창출하고 수익과 비용을 계산하는 신전은 공공기업이었고 어떤 면에서는 종교적 기업이었다.

상인들은 또한 교역소나 식민지를 설립하고 부유한 외국 고객에게 내다 팔 사치품 재료인 귀금속과 견목, 석재를 구입하면서 대외무역을 시작했다. 공동체 조직이 가족 중심의 사회질서를 대체하기 시작한 것은 수천 년 전이었다. 예를 들어 메소포타미아와 이집트에서는 지역사회가 관개 수로나 댐을 관리했다. 초창기 메소포타미아 도시들은 가족이나 씨족 성향이 점차 줄어들면서 이방인들을 그 사회에 자유롭게 흡수하는 다중언어 사회가 되었다. 이러한 고대 도시의 문명은 민족성이나 언어, 인종으로 구분할 수 없는 다문화적인 성격을 띠고 있었다. 하지만 결국에는 인간이 만들어 낸 인종, 민족성, 종교, 언어라는 사회적 구성물에 의해 계층화되고 분리될 터였다.

메소포타미아 역사에서는 여러 차례 침략해 온 민족이 더 큰 문화에 흡수되었다. 그래서 그 문화가 여러 언어를 사용하는 다양하고 포괄적인 성격을 띠게 되었다. 수메르의 문자 형태는 몇 차례나 침입한 자들의 언어에 영향을 받았다. 침략자라고 한다면, 4천 년 전 우르의 수메르 왕국을 무너뜨린 이란의 엘람인에서 오늘날 바그다드 인근 아카드의 두 강이 합류하는 중심지에서 수천 년 동안 수메르인과 더불어 살아온 아카드인에 이르기까지 다양했다. 4,300년 전에는 초기 아시리아어를 사용한 사람들이 오늘날 이라크의 페르시아 만에서 터키의 유프라테스 강 상류에 이르는 제국을 건설했다.

5천 년 전 무렵부터 4천 년 전까지는 메소포타미아와 이집트, 인더스 강 유역의 고대 도시 문명이 나란히 발달했다. 5천 년 전 무렵에는 기록을 통해서 상이집트와 하이집트가 단일 왕국으로 통일되었다. 4500년 전 무렵에는 피라미드를 건축하기 시작했다. 이때 이집트가 영토를 누비아로 확장했으며 서남아시아와 무역을 시작했다. 레반트는 물론이고 인더스 문명과도 교역했을 것이다. 메소포타미아에 문자가 처음 등장한 것은 5,300~5,200년 전 무렵이었다. 도시계획과 신전 건축, 돌조각, 원통인장이 우루크와 에리두, 우바이드, 우르 같은 수메르 도시의 부와 지위, 공공 업적을 상징하게 되었다. 아라비아반도와 페르시아 만을 향한 대외무역과 식민지 팽창은 아카드의 사르곤 왕 치세(4,334~4,279년 전)에 메소포타미아 왕국을 통일하면서 절정에 이르렀다.

사르곤 왕은 독립적인 일부 도시국가를 정복하고 성벽과 요새를 파괴했으며 여러 아들을 총독으로 파견하여 중앙에서 관리했다. 아카드 제국은 중앙집권화를 통해 인더스 강 유역의 중앙아시아뿐 아니라 메소포타미아와 이집트, 사하라 이남 아프리카에 이르는 고대세계 전역에 공식적인 무역 연결망을 마련했다. 아카드의 수도 아가 데는 이렇게 등장한 농업 제국의 중심지 역할을 했다. 새로이 획득한 부와 권력은 4천 년 전 초기 아가데의 생활을 묘사한 다음 기록에 잘 나타나 있다.

그 무렵 아가데의 주거지는 금으로 가득 찼고 빛나는 가옥은 은으로 채워졌으며 창고는 구리와 주석, 청금석 판으로 넘쳐났고 옆에 서 있는 사일로도 가득 차 있었다. …… 벽은 마치 산처럼 하늘로 치솟아 있었다.[19]

아카드 제국은 4,170년 전 무렵 갑자기 몰락했는데, 여기에는 내부의 타락과 파벌 싸움, 외부의 침략을 비롯한 여러 요인들이 작용했다. 하지만 인근 아라비아 해와 인도양 유역의 퇴적물에 나타난 화학적 변화에서 수집한 일련의 자료는 제국의 환경이 습윤기에서 건기로 급속히 바뀌었음을 알려 준다. 이 지역의 기후와 날씨 패턴이 급속하게 바뀌면서 초목이 무성하고 생산성이 높던 지형이 사막으로 변했다. 인근 도시의 생명을 유지해 주는 농업 생산성이 줄어들었으며 그와 더불어 아카드 도시들의 성장과 활력도 시들해졌다.[20]

문자의 탄생

문자의 기원은 고고학자와 언어학자들 사이에 논란이 많은 주제이다. 하지만 문자가 도시화를 앞당긴 필수적인 발명품이었다는 사실에는 모두가 동의한다. 학자들은 대부분 5,300~5,200년 전에 수메르의 도시인들이 최초로 문자를 발명했다는 사실에 동의한다. 수메르인들은 오늘날 이라크 남부에 해당하는 티그리스와 유프라테스 강 하류 지역을 다스리고 있었다. 이집트도 같은 시기에 문자를 사용하기 시작했을 것이다. 독자적으로 개발된 것인지 아니면 고대 메소포타미아에서 수입된 것인지를 둘러싸고는 논란이 아직 해결되지 않은 상태이다. 독자적인 문자 개발이 3,300년 전 무렵에 중국에서도 나타났고, 2,600년 전 무렵에는 멕시코 원주민들도 문자를 사용한 것으로 보인다. 다른 형태의 문자들은 대부분 초기의 독자적인 언어에서 생긴 파생물이다.

문자는 매우 복잡해서 그것이 복합 형태로 등장하는 데 수천 년이 걸렸다. 문자를 사용한 사람들은 극소수의 기록관과 엘리트 계급이었다. 그들이 문자를 사용한 목적은 의례와 회계 문제를 서로 의논하기 위해서였다. 수메르인들과 그 조상들은 수천 년 동안 점토판에다 단순한 개념을 사용해서 경작하고 추수한 곡물의 양과, 출생하고 털을 깎고 도살한 염소나 양, 소의 마릿수 같은 일상적이면서도 중요한 거래를 기록했다. 새로 등장한 도시에서는 엘리트와 평민을 대상으로 농산물을 판매하고 분배했는데 그 배후에 사람들 사이의 권력 관계가 작용했다. 이렇게 단순한 형태로 새겨진 표시들이 오랜 기간 실험을 거쳐 수메르의 설형문자가 되었다. 설형문자는 그림과 유사한 어표를 사용하여 단어나 이름을 나타내고, 표음으로 음절과 글자를 나타내는 문자 체계이다.

설형문자의 구성 방식은 개발 단계에서 이미 정해졌다. 왼쪽에서 오른쪽으로 읽고 위에서 아래로 읽는 가로줄 방식이 표준화되었다. 몇몇 드문 예외를 제외하면 오늘날 전 세계의 거의 모든 문자 체계는 이 최초의 문자에서 영감을 받았다. 언어학자들은 수메르 설형문자의 기원이 문자의 기원에 대한 다양한 해석들 가운데 최상의 사례를 제공한다고 보고 있다. 사물의 본질을 시간에 따라 표현하는 그림문자로서 시각예술에 속하던 문자가 사물과 이름을 더욱 추상적으로 재현하다가 마침내 입말 형태의 단어로 발전했다. 우루크에서 발굴된 수천 개의 점토판은 이러한 최초의 문자 발달을 잘 보여 준다. 이 문자가 점토판의 기록 관리에서 시각적인 재현을 거쳐서 결국에는 입말로 발전했다.

고고학자들은 초창기의 도시들에서 행정관들이 매매하고 빌려준 가축과 곡물의 양을 파악할 메커니즘을 찾는 과정에서 문자가 시작되었다고 생각한다. "기록 관리는 문자가 사적인 자기표현이나 문학 또는 추상적인 철학을 전달하는 매개체가 되기 오래전부터 중앙집권적인 통제를 실시하고 일정과 계획을 세우기 위한 장치 구실을 했다."[21] 도시의 신전 행정관들은 다양한 크기와 형태의 점토 인장이나 다양한 표기를 통해서 자신들의 활동에 책임을 졌다. 이것들은 영수증 기능을 했고, 필요할 때는 그것을 검토하고 평가할 일종의 기록 구실도 했다. 달력 관리도 신전 행정관들이 맡은 또 다른 중요한 행정 기능 가운데 하나였다.

메소포타미아의 기록 관리자들은 다중언어를 사용하는 초창기 도시 생활의 소통을 위해서 외국의 이름이나 지역, 사물을 번역할 발음 부호를 갖춘 공통의 기호언어를 발명했다. "이것이 다중언어를 사용하는 수메르에서 낱말 표기를 음절문자로 전환하는 데 영감을 불어넣어 주었다. 기원전 제5천년기가 끝나기 이전에 대외무역이 확산된 곳이라면 어디에서나 문자가 등장했다. 시리아와 크레타, 터키, 남이

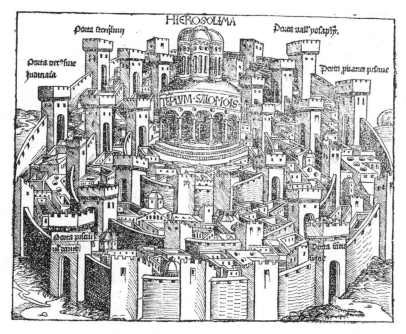

그림 5-4 고대 성벽 도시 에로솔리마(예루살렘) 중앙에 솔로몬 성전이 그려져 있다. 독일 문헌《뉘른베르크 연대기》(1493년)에 나오는 고대 지도의 원본.
Hartmann Schedel의 목판화. Wikimedia Commons, the free media repository.

란, 인더스 강 유역(오늘날의 파키스탄), 중국이 그런 곳이다. 문자 전통은 이처럼 여러 민족을 대상으로 하는 고대 도시들의 상업적 성격 덕분에 생겨났을지 모른다. 이런 도시로 …… 청동기 시대 수메르인들이 인더스 강 유역이나 이란의 해안 지역과 교역을 할 때 들르게 되는 딜문(오늘날의 바레인)이라는 섬이 있었다. (이 섬은) 수메르와 바빌로니아(그 기록이 주로 '딜문의 상인들'을 가리키는)를 인더스 문명과 이들 사이에 위치한 이란의 해안 지역을 연결하는 화물 집산지 구실을 했다."²²

한 지역에서 이웃 지역으로 화물을 실어 나르는, 크기나 형태가 다양한 선박들이 점토 인장과 질그릇 조각, 주형에 도상 형태로 등장한다. 설형문자로 기록된 문헌에는 상당한 양의 종려 섬유와 종려 잎 밧줄에 관한 기록이 나온다. 선박들이 그것을 사용해서 판자를 꿰매고 이어 붙였음을 암시한다. 우르에서 출토된 고대 메소포타미아 문헌에는 움마 조선소에 보내는 나무못 59,290개가 언급되어 있다. 이 기록은 나무못이 이어 붙이는 데뿐 아니라 건축에도 사용되었음을 짐작케 한다. 이러한 문헌에는 밀짚, 어유, 석회를 역청과 섞어서 갈대로 만든 배의 틈새를 메우는 데 사용했다는 기록이 있다. 1977~1978년에 갈대 선박 티그리스 호를 타고 이라크에서 카라치로 그리고 인도양을 건너 홍해의 지부티로 이동한 토르 헤위에르달(Thor Heyerdahl, 1914~2002년, 노르웨이의 탐험가—옮긴이)의 항해는 이 선박들의 항해 능력은 물론 홍해와 아라비아 해, 인도양으로 이루어진 '해양 대륙'의 전체 교역로를 확인해 주었다.[23]

하천의 흐름과 환경

초기 농경 사회 상당수가 강변 산비탈에서 시작했지만, 역사학이나 환경학적 관점에서 볼 때 고대 도시의 취락 상당수는 비옥한 지역에 자리 잡은 강기슭 문명이었다. '비옥한 초승달 지대'라는 말은 지리학적 용어로 다음과 같이 설명할 수 있다. 땅이 페르시아 만 어귀에서부터 북쪽 산지의 티그리스 강 수원까지 펼쳐져 있다. 초승달 지대는 그 지점에서 서쪽으로 방향을 틀어 유프라테스 강을 지나 시리아와 팔레스타인으로 이어진다. 도중에 시나이 사막이 끼어들지만 이 비옥한 지대는 너른 나일 강 삼각주에 합류하고 좁은 강 유역을 따라 남쪽의 이집트로 연결된다.

초기 메소포타미아 도시들의 기능이 일상적으로 돌아가는 데는 물이 중요한 역할을 했다. 예를 들어 고대 도시 우루크는 페르시아 만 어귀에서 3분의 1 지점에 자리를 잡고 있었다. 바그다드는 유프라테스 강 서안을 따라 건설되어 있었고 도시의 북쪽과 동쪽에는 폭이 꽤 넓은 운하가 있었다. 우루크의 북쪽과 서쪽에는 항구가 있었는데 이 두 항구는 무역선이 드나들기에 안전한 항만을 제공했다. 아마도 조그만 운하가 도시를 가로질렀을 것 같다.

이 강이 수천 년간 굽이쳐 흐르면서 오늘날에는 초기 도시의 서쪽에서 16킬로미터 정도 떨어진 곳으로 그 흐름이 바뀌었다. 예를 들어 유프라테스 강의 물길이 동쪽으로 바뀌고 도심에 거주하는 주민들이 운하를 이용할 수 없게 되면서 우루크의 중요성이 줄어들게 되고 결국에는 사라지고 말았다. 곡류 하천은 대개 수로에 유입되는 물의 양이 달라져 자연스럽게 생겨난다. 이런 현상이 하천을 따라 사는 사람들의 생계는 물론이고 대개는 취락 사회의 생존 자체에도 영향을 끼쳤다. 전쟁이 벌어질 때는 주민들이 성벽과 요새의 보호를 받았지만 자연재해나 환경 재난이 일어나면 영락없이 위험에 노출되었다.

자연스레 흐르는 유프라테스 강물을 식수와 관개, 수송, 홍수 관리, 위생 목적으로 도시의 운하로 끌어들이면 여러 가지 부작용이 발생할 수도 있다. 운하 건설로 자연경관이 훼손되고 지상 동물과 어류의 서식처가 바뀌게 된다. 물줄기의 흐름이 바뀌는 수로에서는 강물의 흐름으로 유지되던 수온이 오르고 강기슭 생태계에 변화가 나타난다. 늦여름에는 강물의 흐름이 줄어들어 고인 물웅덩이가 여기저기 생기고 이것이 운하를 따라 사는 사람들의 건강을 위협하게 된다.

수계가 연결되어 사람과 생산물과 가축이 모여들고 역내외 교역이 활발해졌다. 그 기원은 기존의 교역로를 따라 활동한 빙하기 인류까지 거슬러 올라간다. 그들은 상업 중심지로 성장할 항구를 갖추고 있었다. 이곳에서 상품 교환은 물론 사상과 언어의 교류가 활발하게 일어나게 된다. 물을 중심으로 도시가 안정을 찾게 되고 물이 있어서 농업 생산성이 늘어나고, 점차 늘어나는 도시 거주민들에게 영양을 공급할 수 있게 되었다. 하지만 강물이 줄고 가뭄이 들거나 예기치 않은 혼란이 발생하면 초기 도시 문명의 생존이 위협을 받았다.

고대 메소포타미아의 경우에는 토양 염류화가 장기적인 토지 생산성에 영향을 주었다. 북부 산악 지대의 퇴적암에서 침출된 소금이 강물을 타고 남쪽의 메소포타미아로 흘러들었다. 그 일대의 뜨거운 열을 받아 물이 증발하면서 소금이 땅에 축적되고 물에 씻겨 지하수면으로 흘러들어가거나 물이 스며들지 않는 지표면을 형성했다. 홍수가 나거나 관개를 할 때는 지하수면의 소금이 지면으로 올라왔다. 이것이 식량 생산에 위협 요인으로 작용했다. 이 시기 농업 기록에는 밀 농사가 염류에 대한 내성이 더 높은 보리농사로 바뀌었다는 내용이 나온다. 이러한 전환에도 불구하고 곡물 수확량은 급락했다. 다른 지역의 농업 문명에서도 마찬가지이듯이 농업이 불안정해지면서 메소포타미아 남부의 사회구조가 붕괴되고 말았다.[24]

인더스 강 유역의 도시

역사적으로 인더스 강 유역의 범람원 문명은 이 지역에서 가장 중요한 도시인 하라파의 이름을 따서 하라파 문명이라고 부른다. 하라파는 4,150~3,750년 전 무렵에 번성했다. 이 지역에 도시가 등장한 것은 인도 대륙의 지질학적 역사 덕분이었다. 아라비아와 동남아시아 사이에 위치한 삼각형 모양의 인도 대륙은 선원들이 인도양의 해풍을 정복하면서 접근이 가능해졌다. 초기 인더스 도시의 문화적 성격은 이 지역의 환경에 영향을 받았다. 환경의 역사는 주로 북쪽을 막아 주는 힌두쿠시와 카라코람, 히말라야 같은 주요 산맥들과 티베트고원, 드넓은 유라시아 평원의 상호 관계를 통해 형성되었다.

인도 대륙의 자연지리를 형성한 지질학적 과정이 이 지역 문화의 과거와 현재에 영향을 주었다. 수백만 년에 걸친 지구핵의 복잡한 지열 변화로 지각 판에 균열이 생기고 다른 대륙의 일부와 합쳐지면서 이따금 새로운 대륙을 형성하게 되었다. 1장에서 살펴본 것처럼, 인도 대륙은 오스트레일리아와 모리셔스 섬을 포함하는 곤드와나라는 꽤 오래된 초대륙에 속해 있었다.

이처럼 기나긴 지질학적 역사 속에서 인더스 강은 강둑을 따라 사는 사람들과 그 지류에 사는 사람들에게 수천 년에 걸쳐 사람과 물품을 운송하는 수송로가 되어 주었다. 겨울에 비가 내리고 눈이 녹아내리는 북서쪽 산맥 지역과 여름 장마 지역 사이에 있어서 인더스 강에는 그 어느 쪽에서도 빗물이 거의 흘러들지 않았다. 인더스 강 하류는 티그리스 강과 유프라테스 강, 나일 강 유역들과 무척 유사하다. 세계의 주요 하천은 언제나 비가 거의 오지 않는 건조 지대를 가로질러 흐른다. 이러한 하천 유역이 모두 초기 도시 문명의 중심지로 성장했다.

이러한 기후 조건은 농업과 수송에 적합한 환경을 제공했다. 인더스 강은 티베트 고원의 서남쪽에서 발원해서 히말라야산맥 내부의 두 산지 사이를 흐른다. 이곳에서 눈이 녹은 물과 장맛비가 대량으로 유입되고, 그 후에 여러 지류에서 물이 흘러들어 강물의 양이 많아진다. 인더스 강 상류는 기후변화에 따라 그 흐름이 불안정했다. 하류에 접어들면서 수심이 얕은 수로 탓에 물길이 자주 바뀌었다.

산이 침식되면서 많은 토사가 건조한 평원에 유입되고 곡류 하천이 그 땅에 물을 공급했다. 물 공급이 원활한 평원을 따라 우거진 삼림이 생겨나고 지피식물 대신에 목초지와 농지, 조림지가 들어서면서 이 지역이 농업에 적합한 곳으로 바뀌었다. 해마다 홍수가 나 사막의 평원에 물이 계속 흐르면서 풍작을 거둘 수 있었다. 하지만 삼림 벌채가 기원전 제4천년기에 인더스 도시들의 몰락에 미친 영향을 과소평가해서는 안 된다.

서쪽에 위치한 인더스 강 유역과 평원은 그와 짝을 이루는 동부의 갠지스 강보다 강우량이 적기는 했지만 비옥한 충적토의 관개가 갠지스 강 유역보다 나았다. 인더스 강 유역의 기후가 기원전 제7천년기부터 티그리스와 유프라테스 강 유역의 기후와 비슷해졌을 것이다. 신석기시대에 농업 취락이 인더스 강 유역의 평원에 처음으로 등장했다. 계절에 따른 홍수를 피하기 위해 비교적 높은 곳에다 취락을 형성했다. 인구가 늘어나고 기술과 사회적 결집력이 높아지면서 농부들은 범람원을 경작할 필요에 직면했다.

환경의 측면에서 인더스 강 유역의 주요 도시에는 주기적으로 홍수가 일어났다. 이에 맞서 그들은 거친 파도에 휩쓸리기 쉬운 저지대에서 멀리 떨어진 곳에다 웅장한 성채를 건설했다. 진흙 벽돌로 단을 높이고 거대한 성벽으로 주위를 막은 이 성채는 홍수로부터 엘리트들을 보호해 주었을 뿐 아니라 외적의 침입을 막아 주는 성곽 구실을 했다. 성벽이 시내 저지대에 홍수가 나지 않도록 보호해 주기는 했지만 인더스 강이 그곳을 덮치지 못하게 예방하지는 못했다.

인더스 강 유역에 취락이 형성된 지 오랜 세월이 지나고 기장 생산이 급속히 늘어나면서 초기의 도시화가 안정을 찾게 되었다. 거의 동시에 형성된 메소포타미아나 이집트의 도시들과 유사한 점이 많기는 하지만, 인더스 강 유역의 도시 발달은 실제로 독특한 점이 있었다. 문자 언어와 기념물 건축물처럼 서남아시아에서 도시화를 상징하는 요소가 인더스 강 유역의 초기 도시들에는 별로 존재하지 않는 것처럼 보이지만, 이곳에 도시화가 일어났다는 유력한 증거 자료가 있다.

인더스 강 유역에 도시 문화가 자리를 잡기 시작한 것은 4,600~4,500년 전 무렵이다. 주요 상인들이 보급한 새롭고 획일적인 방식의 제조 공예는 물론 모헨조다로와 하라파에서 시작된 새로운 도시계획안과 건축술로 지어진 새로운 도시들이 등장했다. 지역의 도시 사이에 교역이 번성하고 뒤이어 페르시아 만 국가나 중앙아시아를 상대로 한 육상무역도 발달했다. 얼마 지나지 않아 페르시아 만 국가들을 상대로 해상무역도 활발해졌다. 모헨조다로가 중요한 해상무역 도시로 떠오르면서 하라파는 인더스 강 유역에서 이란고원을 지나 중앙아시아로 연결되는 육상무역의 입구가 되었다. 하지만 고고학자들은 곧 이런 지적을 한다. "인더스의 도시화가 메소포타미아나 (그) 제도에 종속된 결과로 나타났을 것이라는 생각은 이처럼 이론을 잘못 이

해한 데서 비롯된 것이다."²⁵ 그 농업 체계와 마찬가지로 인더스 도시들은 다른 고대 문명과는 다른 독자적인 발전을 보였다.

하라파 유적, 특히 주요 도시인 모헨조다로와 하라파, 로탈에서 발견된 돌들의 무게는 인더스 문명이 수학에 기여한 바를 암시해 준다.

돌의 무게는 모두 1, 2, 3, 4, 8, 16, 32, 64, 160, 200, 320, 640, 1600, 3200, 8000, 12800의 비율로 수열을 이루었다. 가장 흔한 무게 값은 13.5~13.7그램에 해당하는 16이었다. 최근에는 이 자료를 바탕으로 로탈 발굴 당시에 나온 다른 사례를 다시 연구한 결과, 무게를 두 수열로 나눈 뒤 놀랍게도 새로운 대칭 수열을 만들어 내는 구조를 밝혀 냈다. 첫 번째 수열은 0.05, 0.1, 0.2, 0.5, 1, 2, 5, 10, 20, 50, 100, 200, 500으로 이어진다. 이번에는 이 수열에서 가장 흔히 등장하는 무게 값이 …… 0.5로 나타난다.²⁶

소규모의 정밀 측정이 물건을 제작하는 과정에서 중요한 역할을 했고, 이 정밀 측정이 하라파 체계의 대규모 도시계획 과정과 다른 기술 사용을 이해하는 창을 제공했다. 도시 유적의 발굴을 통해 비율이 서로 다른 벽돌 크기와 아울러 거리의 폭과 집이나 방의 폭 사이의 관계가 드러났다. 이러한 발견은 하라파 도시 설계자들의 지식 수준이 뛰어났고 인더스 문명 도시를 수학과 기하학을 사용해서 설계했음을 짐작케 한다.

대칭 구조가 도시의 형태와 기능을 특징지었다. 직사각형의 격자 체계를 갖춘 도로 설계는 메소포타미아의 조각보 구조와 달랐다. 하라파 도시들은 사람과 동물의 배설물을 처리하기 위해 쓰레기 배출

장치는 물론 복잡한 배수와 하수 시스템도 건설했다. 정교하고 안전한 성벽과 대규모 공동 곡식창고, 도량형 체계를 갖춘 인더스 강 유역의 도시들이 질서가 잡힌 기능 사회로 변모했다.

그런가 하면 하라파 도시들은 주민들에게 단조로운 생활을 강요한 것처럼 보인다. "금속 생산용 용광로나 도자기 가마 근처에 초라한 노동자들의 막사를 줄지어 지어 놓은 도시 설계 방식을 들여다보면 불편한 감정이 몰려든다. 생산은 철저하게 조직했으면서도 사용한 기술은 그렇게 효율적이지 않은 도시국가라는 느낌이 든다. 사실은 이곳에도 로마가 몰락할 때 그랬던 것처럼 공무원의 압박이 작용하고 있었다는 느낌이 든다."²⁷ 초기 제조업이 만들어 낸 오염된 공기와 폐기물을 보면서 노동자들은 비참한 일상생활 환경을 끊임없이 떠올렸을 것이다.

수학과 과학의 혁신적인 발달이 암시하는 대로 인더스 도시들이 일찍이 문자를 사용했을 것처럼 보이지만 그런 증거는 없다. 일부 도시계획 자료나 인장은 예외에 속한다. 4,600~4,500년 전 무렵에 모헨조다로와 하라파, 로탈 같은 대규모 도시가 유례없는 성장을 보였고 서남아시아와의 무역도 그에 발맞춰 폭발적으로 늘어났다. 고고학자 고든 차일드는 이러한 병행 발전을 이렇게 표현했다.

인도는 기원전 제3천년기가 되기 전에 이집트나 바빌로니아와 대등해졌다. 기술적으로는 나머지 지역과 대등하면서도 개별적이고 아주 독자적인 문명을 이루고 있었다. 말하자면 인도 땅에 깊이 뿌리 내린 문명이다. 인더스 문명은 특수한 환경에 매우 완벽하게 적응한 인류의 삶을 보여 준다. 오직 오랜 세월에 걸친 끈질긴 노

력으로 가능한 일이었다.[28]

차일드를 비롯한 여러 학자들이 지적했다시피, 새로 등장하는 도시 중심지는 사회계층화의 흔적을 보여 준다. 도시 단계의 인더스 문명에도 주민들을 구별한 사례가 많았다. 대형 목욕탕(깊이가 2.4미터이고 바닥의 가로 세로가 각각 12미터와 7미터)이나 창고를 비롯한 모헨조다로의 주요 건축물은 사회계층의 분리가 나타났음을 암시해 준다. 도시 주민 대다수는 도시 중앙의 창고에서 벌어지는 경제활동이나 대궐 같은 목욕탕에서 휴식을 즐기는 데 참여할 수 없었다. 모헨조다로와 로탈, 찬후다로 같은 인더스 도시에서 발견된 전문 수공예나 생산이 대규모로 진행되었음을 보여 주는 자료 또한 직업상의 차별이 있었음을 시사한다. 수공업자들은 별도로 자신들의 구역을 건설했다. 목걸이와 귀금속, 묵주와 같은 개인 장식용 사치품 생산은 부와 신분에 따라 풍요에 대한 접근 기회와 소비에 차이가 있었음을 짐작케 한다.

구운 벽돌로 쌓은 성벽이 인더스 강 범람원 위로 13미터나 솟아 있는 모헨조다로가 하라파 문명의 중심지가 되었다. 도시 사회의 계층화를 보여 주는 또 다른 증거는 단칸방에서부터 방과 뜰이 있는 개인 대저택에 이르기까지 무척 다양한 유형의 주택이다. 구운 벽돌로 지은 대저택은 진흙 벽돌로 된 조그만 숙소와 달랐다. 초창기의 인더스 도심지에는 정결 의식과 위생용 물이 있었다. 부자와 남녀 수공업자, 가난한 자들의 주택에는 목욕실이 있었는데, 거기에서 나오는 오수가 하수구를 거쳐 맨홀로 통하는 노면 아래 간선 배수로로 흘러 들어갔다. 상당수의 주택에는 목욕실 말고도 1층이나 위층에 변소가 있

그림 5-5 인더스 강 유역의 모헨조다로 유적
Wikimedia Commons, the free media repository.

었다. 이 변소 배수관도 간선 배수로에 연결되어 있었다. 어떤 면에
서는 21세기 오늘날의 오수 처리 체계도 이와 큰 차이가 없다. 고고
학자 모티머 휠러는 "모헨조다로의 수준 높은 위생 설비는 오늘날 전
세계 여러 지역의 부러움을 살 것"이라고 했다.[29]

모헨조다로의 하수관을 씻어 내는 데는 한 가지 방식이 필요했다.
어떤 고고학자들은 인더스 강의 지류를 시내 저지대로 돌려 하수관
을 씻어 내는 위생 수로로 사용했을 것이라고 주장한다. 위생 수로의
물길은 이 작업을 마치고 나서 다시 인더스 강 본류로 흘러간다. 습
한 기후와 하수도 체계, 높은 지하수위가 작은 구멍이 숭숭 뚫린 충
적토에서 나는 민간 우물과 공공 우물의 식수 오염을 방지하고 3만
5천 명에 달하는 도시 거주민들의 건강을 유지하는 데 중요한 역할

을 했던 것으로 보인다.

하라파 문화는 쇠퇴를 거듭하다 결국에는 사라지고 말았다. 여기에는 여러 요인이 작용했을 텐데, 그 가운데 환경적 요인이 가장 컸을 것이다. 가마에서 벽돌을 굽는 데 필요한 땔감을 마련하기 위해 대규모 삼림 벌채를 하게 되었다. 사육용 양이나 소를 지나치게 많이 방목을 해서 토질이 나빠졌다. 더 중요한 것은 아라비아 해의 북부 연안이 융기하는 바람에 인더스 강 유역의 평원으로 물이 흘러넘쳐서 모헨조다로 도시에 홍수가 났다는 점이다. 지하수위가 상승하면서 토양에 염분이 늘어나 끝내 문화의 파국을 불러왔다. 하라파의 경우에는 인더스 강 유역의 파괴적인 홍수에 뒤이어 유목 부족이 침략해 들어오는 바람에 고도로 발달한 도시 문화가 무너지고 말았다.[30]

이 유목민들이 서서히 정착을 하면서 농사를 짓기 시작했다. 하라파 도시들의 터전에 그 지역의 역사를 잘 알지 못하는 새로운 취락과 도시, 작은 공국이 들어서고, 새로운 도시와 왕조, 새로운 문명들이 등장했다.

중국의 고대 도시

중국의 역사는 먼 옛날에 드넓은 황허 강 유역과 동남부 지역에서 시작되었다. 이들 초기 거주지에서 사방으로 이주해 나가면서 중국인들은 땅을 점령하고 그 과정에서 만난 현지인들을 정치적으로 통제했다. 중국 문명은 상(商)이라는 부족의 통치자들이 다스리면서 시작되었다. 전차를 이용하던 그들은 방대한 황허 강 유역 일대에 살고 있던 이웃 부족들에 비해 상당한 이점을 지니고 있었다. 북부 평원에 위치한 상나라(3,766~3,122년 전 무렵까지)가 도시 형태로 발전했다. 세계 다른 지역의 여러 초기 도시들과 마찬가지로 상 왕조의 도시들 (안양, 후이시엔, 정저우, 뤄양)은 방대한 농업 지역으로부터 지원을 받았다. 또 장인이나 공예가들의 작업장이 곳곳에 있었고, 그 주변에서는 세련된 제례 행위와 행정 업무가 진행되었다. 기존의 주거 단지에 사는 엘리트들은 지역 상인들이 생산한 돌 제품과 비취, 정교한 도자기를 즐겨 사용했다. 중앙집중 경제는 대중을 위한 것이 아니었다.

농업 생산은 여기저기서 진행되었지만 수확과 분배는 중앙 당국이 관리했다. 고고학 유적에서 무더기로 발견된 돌낫은 농업 노동자들을 관리하던 중앙집권적인 통제가 있었음을 암시해 준다. 한 창고 터에서는 3,500개나 되는 반원형 돌낫이 발굴되었는데, 사용한 것도 있었고 미처 사용하지 못한 것도 있었다.[31] 의례 중심지와 행정 중심지 부근에 있는 창고 구덩이들은 곡물의 수확과 저장을 중앙 당국이 관리했음을 새삼 보여 준다.

상 왕조 시기에 권력이 중앙집권적이었다는 흔적이 의례 중심지의 건축에도 나타난다. 성곽과 도시를 건설하는 데 상당히 많은 노동자들을 동원했다. 상나라는 3,122~3,120년 전에 또 다른 부족인 주(周)에게 굴복했다. 수도 정저우(뤄양)는 기단 폭이 20미터, 높이가 10미터나 되는 토벽이 한 변의 길이가 3킬로미터인 사각형으로 에워싸고 있었다. 한 계산에 따르면, 이 건설공사를 완공하는 데 노동자 1만 명이 1년에 330일을 일해도 18년이 걸렸을 것으로 추측된다.[32] 주나라가 무너질 때까지 3,122년 전부터 2,256년 전까지 수백 년 동안 주 왕조는 권력을 강화하고 유산을 확립했다. 그런 차원에서 장례 의식을 마련하고 솜씨 좋은 장인과 공예가들이 정교한 청동 제품과 장식 예술을 창조해 냈다.

2500년 이전 무렵에는 중국에 도시가 수십 개나 존재했다. 도시는 저마다 방어용 성곽과 성벽을 쌓았고 정원과 건물의 규모로 알 수 있게 귀족의 거주 구역을 구분했다. 수공업자와 상인들은 꽤 넓은 지역에 살았다. 상가에는 가구와 보석, 의류, 식품을 비롯한 완제품을 판매하는 가게가 늘어서 있었다. 거기에는 술집이나 도박장 같은 유흥업소들도 있었다. 이렇게 도시가 성장했지만 나라 전체는 여전히 농지와 사유지의 세계였다. 사유지는 대개 왕족과 친인척 관계를 맺은 귀족들이 소유하고 있었다.

2,500년 전 무렵에는 제철업이 시작되었다. 아마도 생산성이 증가했을 무렵과 시기가 일치했을 것이다. 금속 주조 공정, 곧 낫을 만들고 나중에는 방패, 무기, 칼, 철퇴 같은 전쟁 무기들을 주조하기 위한 철제 거푸집을 만드는 기법은 중국의 발명이 다른 지역보다 2천 년가량이나 앞섰다. 그보다 앞서 발달한 고온으로 가열해서 청동을 주조하고 도자기에 유약을 바르는 공정이 철을 주조하고 벼리는 기술로 이어졌다고 볼 수 있다.

일의 순서가 어찌됐든 간에, 나무를 땔감이나 건축 자재로 쓰게 되면서 물 공급이 잘 되는 도시 근처의 땅과 무성한 삼림이 훼손되었다. 요리와 난방, 주조, 단조, 요업에는 막대한 양의 나무가 필요했고, 나무는 인근 지역이나 먼 지역에서 조달했다. 땅이 건조해지면서 경관이 바뀌었고 도시는 더 먼 곳으로 나가서 천연자원을 찾아야 했다. 생산비가 오르자 완제품 시장 중심의 지역 경제가 쇠퇴했다. 주 왕조는 주변 국가들과 전쟁을 벌이기 시작하면서 쇠퇴하기 시작했다. 여러 세력들이 격렬한 전투를 벌이는 가운데 규모가 작고 약한 세력들이 무너지고 진(秦, 기원전 221~206년)이 두각을 나타냈다. 마침내 거대한 제국이 탄생했다. 중국 전역을 지배하게 된 진 제국에서 중국을 가리키는 '차이나'라는 이름이 나왔다.

중국 문자가 완전히 새로운 발명이라는 주장이 있지만, 학자들은 중국 문자가 서아시아 문자 체계로부터 중요한 영향을 받았을 것이라는 가설을 제기한다. 중국 문자와 22개의 페니키아 문자 사이에 비슷한 점이 여럿 있다. 서방의 직물로 짠 옷을 입은 미라가 중국 서부의 사막에서 발견되면서, 기원전 제2천년기와 기원전 제1천년기에 중국과 서남아시아가 접촉을 했다는 사실이 확인되었다. 이러한 발견은, 전차와 청동 야금이 서방에서 중국으로 들어왔다고 하는 학자들의 주장과 더불어 서양과 동양의 교류가 상당했음을 짐작케 한다. 동서 교류는 대외무역의 팽창이나 두 지역의 도시 문화 등장으로 나타났다.

메소아메리카의 고대 도시

농업 제국이 출현하면서 나타난 고대 도시의 성장은 무역 연결망을 발달시키고 위계적인 정치 체제를 수립했으며 언어와 집단 학습의 발달을 재촉했다. 인구 집중 현상이 계속되면서 토지 자원과 수자원에 대한 수요가 늘어나고 환경 악화나 오염이 생겨날 때가 많았다. 메소아메리카에서는 도시의 성장이 서남아시아와 인도 대륙, 중국에 견주어 적어도 1천 년은 늦어졌다. 하지만 1500년 무렵 멕시코에는 몇몇 도시가 번성했고 전체 도시 인구가 30만 명을 넘어섰다.

메소아메리카 초기 도시들의 기원은 이미 4,700년 전에 멕시코에서 시작된 초창기의 옥수수 경작과 재배로 거슬러 올라갈 수 있다. 7백년 뒤에는 곡물이 오늘날 우리가 먹는 식량과 비슷해지기 시작했다. 세계 어디에서나 농부들이 그랬듯이, 멕시코와 중앙아메리카의 농부들도 땅을 경작하면서 가장 크고 열매를 많이 맺는 이삭을 골라 심고 그것을 길러 먹었다. 고대에 이루어진 이런 인위적 선택의 과정이 오늘날의 현대 세계에서도 계속되고 있다. 바로 식용작물의 유전자 조작이다.

경작과 재배, 취락 형성이 상호 관련을 맺으면서 곡물이 멕시코와 중앙아메리카 전역으로 확산되어 나갈 수 있었다. 취락을 이루게 되면서 직조와 도자기 제조 같은 집단 사업이 출현했고, 가족이나 친족보다 넓은 범주의 집단 정체성이 처음으로 생겨났다. 멕시코 동부의 올메카족이 도시 생활을 시작한 것은 4천 년 전 무렵이었다. 그들은 흙으로 된 대형 피라미드 기념물을 건축하고 정교한 비취 조각을 비롯한 기념물 조각들을 세웠다. 멕시코의 올메카 문화는 따뜻하고 습윤한 기후 덕분에 한 해에 네 차례나 곡물 수확을 거둬들였고, 800년 이후에는 수백 년에 걸쳐 중앙아메리카를 건너 엘살바도르까지 확산되어 나갔다.

4백 년 뒤에 올메카 문화는 사라졌지만, 상속자인 아스테카족에게 상형문자를 바탕으로 하는 초기의 문자 체계와 달력을 남겼다. 아스테카족의 신들이나 자연신, 인간과 포식 동물 형상을 결합한 거대한 조각은 놀랍게도 초기 올메카족이 만든 것과 무척 닮았다. 올메카족의 중심지에서 땅에 묻힌 석조 배수관 연결망이 발견된 사건은 주목

그림 5-6 아스테카의 도시 테오티우아칸 유적
Wikimedia Commons, the free media repository.

할 만하다. 이를테면, 올메카족의 초기 취락인 산로렌소 유적에서 직사각형의 현무암 블록을 U자 형태로 길게 이어 붙이고 갓돌로 덮은 배수관이 발굴되었다. 이 석조 배수관이 식수를 공급하는 상수도나 하수를 처리하는 하수도 구실을 했을 것이다.

올메카족이 사라진 뒤에 아스테카족은 멕시코에 아메리카 대륙 최초의 대도시 테오티우아칸을 건설했다. 테오티우아칸은 세계 다른 지역의 여러 고대 도시와 마찬가지로 3백 년에 걸쳐 공공건물과 대형 피라미드 기념물이 줄지어 서 있는 종교 중심지이자 교역 도시로 발전했다. 이 도시는 700년 무렵에 파괴되고 만다. 아마도 남쪽의 중앙 멕시코로 진출하는 경쟁 부족이 테오티우아칸을 무너뜨렸을 것이다. 1500년에 에스파냐 정복자들이 도착할 때까지 이 지역의 역사는 대체로 지역 부족과 민족 집단들이 패권을 놓고 서로 경쟁한 역사였다. 아스테카 문명과 마야 문명은 올메카 문명을 뒤이어 8백 년 동안 번창했다.

마야 문명은 멕시코의 유카탄반도를 넘어, 쟁기도 없고 금속 농기구를 제작할 능력도 없는 중앙아메리카 우림지대의 과테말라와 온두라스 북부로 확산되었다. 마야인들이 남긴 최초의 흔적은 2,400년 전으로 거슬러 올라가지만 마야 문명은 1,100~1,400년에 번성했다. 도시들은 저마다 신전과 신의 결합을 보여 주는 대규모 의례 중심지와 피라미드, 무덤, 의례용 운동경기장을 건설했다. 돌로 만든 상형문자는 마야 문화와 마야인들을 이해하는 창문과도 같다.

마야인들은 황금시대에 20년마다 시간의 경과를 표시하는 기념물을 건축했다. 그들은 수십만 년 단위의 시간 개념을 지니고 있었다. 마야 문명이 인류 역사에 가장 지속적으로 영향을 끼친 요소는 이러한 시간 개념과 더불어 천문학적 관찰과 계산을 사용한 달력의 발명이라고 할 수 있다.[33] 전성기에 인구가 4만 명에 이르렀고 주변 농촌 인구는 그보다 열 배나 더 많았던 도시 치첸이트사를 건설하면서 마야 문명은 세계사에 오래도록 남을 발자국을 찍었다.

규모나 권력, 문화 지배의 측면에서 전성기를 누릴 무렵 마야의 영향권 내에는 8백만~1천만 명에 이르는 사람들이 살았다. 그 지역에서 20세기에도 도달하지 못한 규모의 인구를 마야인들이 어떻게 유지하고 부양했을까? 이는 학술적인 연구가 필요한 주제이다. 이 문제는 1000년 무렵에 마야인들이 대도시 대부분을 버리고 떠나는 바람에 마야 문명이 붕괴되었다는 사실이 발견되면서 더욱 관심을 끌었다. 적군이 침략했다는 흔적이 없다면, 그럴듯한 이유는 환경 악화

같은 내부 요인에 있을 것이다. 물이 풍부한 중앙아메리카의 열대우림 지역에서 마야인들은 화전 농사를 지었다. 열대기후에서 이런 농사는 불에 태운 초목과 바이오매스를 옥수수, 호박, 콩, 박 같은 곡물을 대량으로 생산하기 위한 연료로 사용했다. 곡물 생산량이 늘어나면 더 많은 인구를 부양하게 되고, 인구가 늘어나게 되면 더욱 더 많은 식량이 필요하게 마련이다. 이러한 순환을 위해서는 더 많은 숲을 불태워야 했다.

공격적인 농업은 토질을 악화시키면서 지역 생태계에 지나친 압박을 가했다. 제곱킬로미터당 25명 정도의 인구 수요에 적합한 농업 체계가 똑같은 면적에서 250명이나 되는 사람을 부양할 수는 없었다.[34] 크고 작은 도시 건설과 정교한 의례·행정 구조는 물론 농업을 위한 열대 경관의 삼림 벌채가 최종적인 붕괴를 불러온 환경을 조성했다. 그런데 삼림지대에서 개방군락(개체밀도가 낮아서 개체와 개체가 직접 접하는 일이 없는 드문드문한 군락—옮긴이)으로 바뀌는 가장 중요한 천이가 서기 1년에서 1000년 사이에 일어나기는 하지만, 삼림을 벌채한 흔적은 4천~3천 년 전까지로 거슬러 올라간다. 따라서 마야는 하루아침에 몰락한 것도 아니었고 한 가지 상황 때문에 붕괴한 것도 아니었다.

수년에 걸친 농업 개발로 곡물 생산량이 줄어들면서 식량 부족 현상이 나타나고 결국에는 기근과 정치적 불안, 경작 포기 현상이 나타났다. 이 모두가 마야 문명을 쇠퇴하게 만든 중요한 요인이다. 사람이 자초한 영향 이외에 기후변화도 문명 쇠퇴에 기여했을 것이다. 인간의 착취와 더불어 열대 습윤 기후가 건조해지면서 농업 생산에 또 다른 압박으로 작용했다. 고고학자들은 기후변화가 일어난 지 몇 세기가 지나지 않아 이 지역 인구가 80퍼센트 정도나 줄었을 것이라고 생각한다.

유럽의 고대 도시

고대 유럽의 크고 작은 도시들은 그리스와 그에 뒤이어 로마가 무역과 정복을 위한 선박을 건조하면서 지중해를 기반으로 번성했다. 해안 지역을 따라 진행된 제한된 도시화가 고대 유럽의 중심을 이루었다. 로마인들에게는 중유럽의 강이 자기들의 세력이 미치는 동쪽 외곽을 의미했다. 서유럽의 영국이나 프랑스에는 도시 형태의 취락이 거의 없었다. 로마의 패권이 절정에 이르렀을 때도 서유럽에 있는 로마 행정 도시의 인구가 200명을 넘는 경우는 드물었다. 도시의 작업장이나 농촌의 영지 같은 제국의 취약한 사회 기반시설을 대부분 노예들이 지탱하고 있었기 때문에 로마가 사회 불안이나 외부 침략의 위협을 받을 때 허약해진 도시 취락들이 무너지고 말았다. "문명에 특별한 기여를 한 도시 생활양식은 살아남지 못했다."[35]

로마가 무너지고 난 이후 600년부터 800년까지는 유럽의 초기 도시들이 좀 더 안정된 지원을 받게 되었다. 돌려짓기와 더불어 무거운 금속 쟁기와 편자, 마구를 도입하면서 농장들이 새로운 마을과 도시를 부양할 수 있는 더 좋은 조건이 되었다. 로마 시대 농장에서는 농산물이 남아돌 것이라는 예측을 할 수 없었고 더러는 그런 일이 가능한지조차 알지 못했다. 이제 그 일이 가능해지면서 좀 더 집약적인 농사가 활기를 띠었다. 농업 생산성이 높아지면서 인구가 늘어나고 더 많은 비농업 생산자들이 도시로 몰려들었다. 옛 로마제국의 경계 바깥에서 농민들이 계속 이주해 오면서 새로운 농경 기술이 전통적인 방식을 대체했다. 변함없이 잉여 농산물이 생기는 가운데 역내외의 시장에 내다 팔 물건을 생산하기 위해 더욱 더 많은 사람들이 끊임없이 크고 작은 도시로 몰려들었다. 이렇게 중세 도시의 주거 단지가 생겨나고 있었다. 성을 지키던 전사들은 새로운 갑옷이나 군마가 필요했다. 귀족들은 고급 직물과 향료를 찾았고, 농민들은 이제 의복과 소금, 항아리와 연장을 구할 수 있게 되었다.[36]

유럽 사회가 농업에 큰 관심을 보이는 가운데 크고 작은 도시가 산업화 이전의 제조업과 사회경제적 혁신을 꾀하는 활기찬 중심지로 떠올랐다. 1100년 무렵에는 유럽에 새로운 도시 구조가 등장했고 그 수가 수천 곳을 헤아렸다. 이런 도시 가운데 상당수는 정치·행정적으로 독자적인 발전을 보였다. 하지만 산업화 이전 시대 대부분의 기간 동안에는 봉건지주들에게 의존했다. 봉건지주들이 새로 등장한 중소 도시에 잉여 농산물은 물론, 도시를 건설하고 유지하는 데 필요한 천연자원을 공급했다.

새로운 중소 도시가 생겨나고 기존의 도시들이 팽창하면서 자원에 대한 수요가 늘어나게 되었다. 사람들은 삼림지대에서 건축 자재를 구하고 주거지와 상업용 건물은 물론 대장간, 빵집, 무두질 작업장에 필요한 땔감을 가져다 썼다. 중소 도시에 필요한 잉여 농산물을 생산하기 위해 그 활동을 확대해 나가면서 농촌이 삼림 벌채를 하기도 했지만, 건축 자재나 땔감이 필요한 초창기 도시들이 주변 자원의 기반을 더욱 더 훼손했다. 의도하지 않았지만 삼림 벌채는 토양침식과 주변 하천의 미사 퇴적, 더욱 변덕스러운 미기후 변화를 초래했다.

경제사가 호헨베르크와 리즈가《도시 유럽의 형성, 1000~1950년》(1985년)이라는 책에 기술했듯이, 영국의 지방 도시 레스터의 초기 역사는 18세기 제조업과 산업화 시대 이전에 진행된 도시 발달의 줄거리를 보여 준다. 그 책에 묘사된 대로 서기 100년 무렵에 간선 도로인 포스 가도와 소어 강이 만나는 그곳에 로마인들이 요새를 건설했다. 수백 년 뒤에는 이곳이 성벽과 광장, 목욕탕까지 갖춘 로마의 행정 중심지가 되었다. 서기 400년부터 600년에 이르는 2백 년의 도시 역사에 관해서는 알려진 내용이 거의 없다. 17세기에 들어서 가톨릭 주교가 이곳을 주교구 중심지로 삼았다. 잉글랜드가 앵글로색슨 왕국을 수립하면서 나라를 7개 자치주로 나누고 오늘날과 마찬가지로 레스터를 레스터셔의 수도로 지정했다.

　노르망디의 윌리엄 왕이 1066년에 잉글랜드를 정복한 뒤에 레스터에 성을 건축하라고 지시했다. 레스터는 20년 사이에 가옥 378채, 교회 6개, 인구 2천 명 규모의 도시로 성장했다. 레스터는 1200년까지 끊임없이 성장했다. 1200년 무렵에는 도시가 9개 교구로 나뉘고 그 안에 아름다운 교회와 공공건물이 들어섰다. 레스터는 상업 중심 도시로서 레스터셔의 시장 구실을 하면서 지역 소비를 위한 빵과 맥주를 생산했고, 상인들은 양모를 대량으로 수출했다. 가죽을 무두질하고 말안장과 마구에서부터 부츠와 의류에 이르는 피혁제품을 생산하면서 1400년까지 꾸준히 번성했다. 1500년대에는 제화공, 재단사, 방직공, 제빵사 등 상당수의 숙련된 장인들이 있었다. 주민의 절반 이상이 제조업에 종사했고, 4분의 1은 식품과 우유를 생산하는 농민이었다.

　상인길드 조직이 도시의 상업을 관리하고 시장 진입을 막는 장벽을 설치했으며 대부분의 금융업을 관장했다. 레스터의 정치권력은 잉글랜드 왕이 임명한 레스터 백작과 시의 제반 사항을 처리하는 원로들의 수중에 있었다. 1500년 무렵에는 부유한 가문 출신의 엘리트들이 통치 기반을 강화했다. 백작의 영지가 국왕 소유로 편입된 이후에는 폐쇄적인 운영위원단이 의원 선출이나 정치·경제 사안들을 관리했다. 대개 유럽에서는 지배 구조가 일반 주민들의 권리보다는 소수의 특권에 속해 있었다.

레스터는 중세 유럽사의 일반적인 도시 발전 유형을 따랐다. 대부분의 도시들은 주민수가 5천 명이 안 됐지만, 이탈리아의 피렌체나 밀라노 같은 일부 도시들은 인구가 5만 명이 넘었으며 고층 건물이나 성 밖의 교외 지역에 거주했다. 1300년 무렵에 밀라노가 50개 소도시와 150개 마을을 거느린 반면에, 레스터의 정치적 경계는 상업 활동을 주변 지역으로 확대해 나갔음에도 변화가 없었다.

중세 유럽의 도시들을 단순하게 범주화하려는 시도는 어리석은 일일 것이다. 피렌체나 밀라노는 레스터와 분명히 달랐다. 하지만 북적거리는 지중해의 항구도시들과, 1453년에는 10만 명에 못 미치다가 1600년에는 80만 명으로 늘어난 제국의 수도 콘스탄티노플은 다른 곳에서는 찾아볼 수 없는 점을 공유하기도 했다.[37]

중세 유럽 도시들 상당수가 보여 준 팽창은 '토목공학의 거대한 위업'에서 비롯되었다.[38] 주변 시장경제를 끌어들이는 허브나 자석 역할을 하는 도시든 아니면 농업 중심지 구실을 하는 도시든, 도시가 성장하고 발달하는 데는 어마어마한 투자가 필요했다. 주변 삼림지대와 채석장이 끊임없는 팽창에 필요한 건축 자재를 공급했다. 수로와 항구 준설로 경관이 바뀌고 수로에서 파낸 토사 더미가 여기저기 생겨났다. 토사의 상당량은 사실 땅을 헐겁게 만드는 삼림 벌채에서 나온 것이다. 중세 사람들은 대부분 이러한 사실을 떠올리지 못했다. 준설 작업은 그 일 자체가 버거워지거나 그 지역의 경제적 가능성이 사라지게 되면 끝이 났다.

중세 말기에 교역 중심지 브루게(벨기에)가 쇠퇴한 것은 바다로 흘러드는 수로에 토사가 쌓였기 때문이다. 하지만 무역 중심지가 바뀌면서 브루게의 역할이 줄어드는 바람에 주민들이 정기적으로 해오던 수로 준설 작업을 하지 않게 되었다고 말하는 것이 훨씬 더 합리적이다.[39]

수백 년 동안 유럽의 도시들은 대개 주민이 2천 명이 채 안 되는 지역 시장의 중심지였다. 1300년까지만 해도 프랑스와 독일, 스위스 도시의 75~95퍼센트가 이 범주에 속했다.[40] 거의 모든 도시가 16세기의 경제 불황을 견뎌 내지 못했다. 그런 가운데 끊임없이 주민을 끌어들이면서 숙련된 방직공과 재단사, 제빵사들에게 더 넓은 시장을 마련해 주는 도시들도 있었다. 지역의 행정과 금융, 군사 활동의 중심지가 된 곳도 있었다. 1300년에 피스토이아 같은 이탈리아의 일부 행정 도시들은 500제곱킬로미터가량을 관할한 채 세금을 걷고 군역을 요구하여 공공 도로를 유지하며 병원이나 교회를 관리했다. 하지만 1350년에 피렌체 관할 구역에 편입되면서 이런 권한을 새로운 보호기관에 내주고 말았다.[41]

피렌체, 베네치아, 제노바 같은 이탈리아 북부 도시들이나 저지대 국가들의 도시 플랑드르와 브루게의 인구는 1만 명 남짓이었다.

그림 5-7 19세기 파리 오페라 거리의 건축 현장 나폴레옹 3세의 도시 재건 정책의 일환으로 시작된 오페라 거리의 건축이 1878년에 완공되었다. 오늘날까지도 시 행정과 관광, 시외 교통 체계의 요지이다. Charles Marville(1816-1879년)이 찍은 사진. ⓒ 파리 시립미술관 카르나발레미술관. 브리지먼미술도서관.

1300년에 5만 명에 달한 런던의 인구와 1340년 무렵에 8만 명 정도 된 파리의 인구는 예외였다. 나머지 지역은 조그만 취락과 소도시 수준이었다. 시장 도시들이 성장하여 중심지들을 연결하거나 더 넓은 상업적·정치적 연결망의 일부가 되어 먼 곳에서 더욱 더 많은 자원을 빨아들이기 시작했다.

호헨베르크와 리즈가 말한 대로, 중세 원예가들이 정원에 필요한 표토를 주변 지역으로부터 실어 나르면서 이러한 팽창이 시작되었을지도 모른다. 공동체의 규모가 커지면서 지역 환경으로부터 더 멀리 떨어진 곳에서 곡물과 채소, 육류를 생산했다. 나중에는 발전을 더 앞당기기 위하여 땅에서 파낸 화석연료와 무기질 비료가 필요하게 되었다. 도시들이 재생할 수 없는 천연자원에 훨씬 더 많이 의존하게 되면서 그 생태 발자국이 더 넓어지고 더 깊어지게 되었다.[42]

도시 성장이 점진적으로 전개되는 장기적인 과정이라는 인식은 잘 못된 것이다. 왜냐하면 그 성장이 산발적으로 나타나고 이따금 팽창과 붕괴, 점진적인 변화의 시기가 도중에 끼어들기 때문이다. 아일랜드를 포함한 영국에서는 도시 팽창이 실제로 점진적으로 빨라지는 장기적인 과정이었다. 예를 들어 1500년에 4만 명이던 런던의 인구는 1700년에 57만5천 명으로 불어났다. 1550년에서 1650년에 이르는 100년 동안 진행된 유럽 도시들의 성장 추세가 1750년 무렵에는 엄청나게 느려졌다. 유럽의 도시 성장이 점차 회복되기 시작한 것은 1700년대 후반에 들어서였다. 그 이후에는 전반적으로 인구의 증가가 정체되었다. 지중해 인구는 1600년대에 이미 붕괴되기 시작했고, 북유럽에서는 도시화의 주요 성과들이 1650년 무렵에 나타났다.[43]

유럽을 전체적으로 살펴보면, 1600년대에 시작된 도시 발달로 유럽 대륙의 성격은 물론 유럽과 세계 무역망의 관계까지 바뀌었다. 1600년부터 1750년까지 38개 도시의 성장이 유럽 전체 도시 성장의 80퍼센트를 차지했고, 그 가운데 30개 도시는 수도나 항구 또는 교역 도시였다. 거의 모든 도시가 20세기에도 여전히 규모가 큰 수도로 남아 있다.[44]

이러한 대도시의 성장에도 불구하고 1750~1850년에 나타난 도시화의 탄력은 인구 1만 명의 소도시 수 증가에서 비롯되었다. 소도시의 수가 100년 사이에 3배로 늘어났다. 새로운 공장 도시로 생겨난 곳도 있었지만, 대다수는 유럽에서 이미 나타나기 시작한 경제 활성화와 인구 증가 추세의 영향으로 등장했다. 1750년에는 소도시가 138개였는데 100년 뒤에는 551개로 늘어났다. 그로부터 40년 뒤인 1850년에는 앞서 얘기한 추세의 결과로 인구가 1만~1만9천 명 규모에 이르는 도시의 수가 거의 곱절로 늘어나 1,024개가 되었다.[45] 1850년 무렵에 영국 인구의 50퍼센트가 도시에 살았다. 독일이 1900년에 그 정도 비율에 도달했고, 미국과 일본은 각각 1920년과 1930년에 그렇게 되었다.[46]

도시가 출현하기 전에 제조업 시대가 시작되었지만 대부분은 인구가 얼마 되지 않는 소규모 지역에서 전개되었다. 기술혁신이 일어나면서 광물자원 부지 근처에 소도시와 농촌이 들어섰다. 이곳에 생산 활동을 위해 사람들이 모여들면서 인구가 늘어나기 시작했다. 상당수의 농촌과 소도시에서는 제조업이 가정이나 작업장을 넘어 훨씬 더 광범한 지역으로 확산되어 나갔다. 유럽의 신흥 도시들은 이미 1200년부터 초기 제조업의 발판이 되기 시작했다.[47]

6장

채광과 제철, 제조

제 조업은 수천 년 전에 인류가 돌을 사용해서 도구와 장식품, 무
기 따위를 만들기 시작하면서 시작되었다. 더 큰 돌로 작은 돌
을 깨서 모양을 내고 다듬어서 모서리를 날카롭게 만든 다음에 구멍
을 내서 나무 손잡이를 끼우는 작업이 신변 보호와 일과 장식을 목적
으로 자연 재료를 사용하기 시작한 최초의 시도들이다. 석기시대 또
는 구석기시대는 인류가 돌 대신에 점차 금속 도구와 장식품, 기구,
무기를 사용하기 시작하면서 막을 내렸다. 인류가 초창기 역사 내내
나무로 이 모든 것들을 만들어 썼기에 나무 사용은 석기시대와 금속
기 시대를 뛰어넘는다.

6장과 7장에서는 역사적인 출발이 아니라 연속적인 활동으로서 광
업과 제조업, 공업을 다룬다. 광업과 제조업은 수천 년 동안 이어져
왔는데, 지난 3세기 동안 산업화 시대가 환경에 끼친 변화에 견주면
이들이 자연 세계에 미친 영향은 흐릿하다. 규모나 인구가 산업화 시
대에 견주면 보잘것없다 할지라도, 제조업 사회는 상당수의 내구재
를 다양한 용도로 만들어서 꽤 많은 사람들이 사용하게 했으며 지방
과 지역에 체계적인 무역망을 발달시켰다. 그러면서 그들은 지방과
지역, 반구의 환경에 영향을 미치는 오염 물질을 퍼뜨렸다. 제조업은

이런 방식으로 산업화의 전조가 되었다. 그런데 점진적인 초창기 제조업의 성장과 달리, 16세기 영국에 석탄이 널리 보급되면서 산업화 시대로의 이행은 매우 갑작스럽게 시작되었다. 길고 긴 제조업 역사 내내 연료 위기를 맞아 산업이 정체되곤 했는데, 바야흐로 석탄이 정체된 산업을 부흥시키는 에너지원으로 부상한 것이다.

농업 생산성은 인구가 수렵채취 말고 다른 활동에 종사할 수 있도록 해주기 때문에 제조업이 팽창할 선결 요건이 되었다. 초창기의 취락과 중소 도시들은 농업과 더불어 생겨났다. 이곳에서는 직업의 분화와 사회적 구분이 갈수록 뚜렷해졌다. 농업과 야금술 또한 도시화를 재촉했다. 사회계층이 생기고 직업의 분화에 따른 사람들 간의 차별 증대가 고대 도시들에 나타나는 두드러진 특징이 되었다. 장인과 금속 세공인, 숙련 노동자와 준숙련 노동자, 일반 노동자가 제품을 생산하는 신흥 경제의 구성원들이었다.

초창기의 농업과 야금술이 시너지 효과를 발휘하며 사회적·경제적 발달을 부추겼다. 화로를 이용해서 요리를 하는 일이 가정의 주요 활동이 되었으며, 화롯불을 조절하고 온도 높낮이를 조절해 요리를 하면서 얻은 기술을 야금에 적용했다. 금속 기술이 발달하기 전에는 지역 소비를 위한 제조 도구와 장식품, 생활용품을 가정에서 생산했다. 손으로 만들다가 나중에는 녹로를 이용해서 도자기를 만드는 일이 처음에는 전문화되지 않은 친족 중심의 제조업이었다.

이것은 동물의 힘이 아니라 인간의 근력을 이용해 괭이로 경작하던 초기 농업 시기와 일치했다. 사육하는 동물을 주로 육류로 소비한 이러한 초기 단계의 농업 발달은 부산물 혁명으로 대체되었다. 이 변화는 6천 년 전에 소와 양, 염소 같은 가축을 사육하고 쟁기와 수레

그림 6-1 **도자기 제작 공정** 초벌 작업 테두리 작업(왼쪽)과 녹로에 걸기(오른쪽).
《공업화학 백과사전》(1864년) 제3권, 306쪽.

를 발명하면서 일어났다. 이제는 고기를 얻기 위해서뿐 아니라 우유
와 양모 같은 부산물을 얻기 위해서 가축을 길렀다.

　이런 갖가지 발명들과 녹로, 황소나 말에 쓰는 마구, 가축 사육
에 이은 부산물 혁명은 인간과 동물, 인간과 자연의 관계를 바꿔 놓
았다. 식량이나 사료를 생산하기 위해 더 많은 토지가 필요해지자 숲
과 관목, 덤불을 개간하게 되었고 그 결과 지피식물이 햇빛에 직접
노출되게 되었다. 땅을 보호하는 덮개인 우거진 숲이 사라지면서 미
기후에 변화가 나타났다. 자연 방풍림이 사라지고 혹독한 겨울바람
추위에 노출되면서 지역 환경이 사람과 동물은 물론 토질을 회복시

켜 주는 미생물이 살기에 적합하지 않은 곳으로 바뀌었다. 이와 동시에 식량 생산을 위해서 그리고 인간의 대체 노동력으로서 동물을 점점 더 많이 이용하게 되었고 그들의 배설물을 비료로 사용했다. 농업과 제조업이 더욱 밀접한 관련을 맺게 되면서 인간-동물-식물의 유기적인 에너지 교환이 갈수록 빨라지게 된다.

로마인들이 서기 100년에 무거운 쟁기를 발명하고 1000년 무렵에는 철제 쟁기가 발명되면서, 괭이를 사용하던 가족 중심의 지역 농업이 안고 있는 여러 가지 환경적 제약으로부터 자유로워졌다. 도끼를 비롯한 금속 도구를 제작하고 더 많이 사용하게 되면서 지역 환경에 변화가 생겼다. 농업 생산성과 금속 생산이 늘어나면서 취락과 고대 도시의 등장이 탄력을 받았다. 그 결과 복잡한 사회 조직이 나타나고 역내 거래망이 등장하게 되었다. 이 거래망이 확장되면서 훨씬 더 넓은 지역으로 정보가 유통되기 시작했다. 유통과 교환, 정보 처리를 통해서 생산자와 소비자, 무역업자 간에 소통 수단이 늘어나고 지식도 확대되었다. 과거에는 고립되어 있던 집단들의 사회적 상호작용이 활발해지고 환경에 대한 통제도 늘어났다. 우리가 이제 알게 되었다시피 문명이 조금씩 불균등한 발전을 보이기 시작했다.

구리와 청동의 시대

성분들이 드러나면 구리는 청록색의 밝은 색상을 띠어 식별하기가 쉽다. 빙퇴석에서 발견되는 경우도 있고 갈라진 지각 판의 경계를 따라서 발견되기도 했다. 이 사실은 인류가 출현하기 이전에 수백만 년 동안 진화해 온 자연 세계와 천연 재료를 가지고 도구, 무기, 용기, 장식품을 만들어 내는 인류의 발명 능력 사이에 중요한 관계가 있음을 암시한다. 천연 재료를 발견하고 그것으로 형체를 만들게 되면서 지식이 확장되었다. 야금술과 제조 활동은 어디에서나 찾아볼 수 있는 인류의 공통적인 활동이다.

9,000~3,500년 전 무렵까지 구리가 전 세계의 금속 생산을 지배했고 서반구에서는 이런 현상이 콜럼버스가 도착하기 이전까지 변함없이 이어졌다. 지구 곳곳에서 발견되는 구리는 금보다 천 배나 더 흔한 금속이다.[1] 구조 판이 충돌하던 지질시대에 물리적 환경이 바뀌면서 산화철이 풍부한 변성암이 생겨났다. 구리는 화학적 과정을 통해 표면의 틈을 메우고 식별이 가능한 광맥과 단괴, 얇은 박을 만들어 냈다. 수천 년에 걸쳐 지질구조가 융기하면서 충적토가 가득한 커다란 계곡이 생겨나고, 이 충적토가 서남아시아와 서아시아에 있던 넓은 광상을 뒤덮었다. 구리 도구와 무기가 석기시대의 도구들을 대체하고 나중에는 다시 철기시대의 발명품에게 자리를 내주게 된다.

구리 제조업이 무척 더디게 발달하기는 했지만, 작업이 일단 가능해지자 몇 가지 절차를 숙달하고 여러 사람을 동원해야 하는 복잡한 노력이 필요하게 되었다. 구리를 처음 사용한 시기는 1만 년 전부터 9천 년 전에 이르는 1천 년의 기간이었다. 이 시기에 구리에 열을 가하고 망치로 두드려 간단한 도구와 무기를 만들었다. 7천 년 전에는 인류가 섭씨 1,000도 정도로 열을 가하면서 광상의 표층에서 구리를 벗겨 냈다. 고고학자들이 메소포타미아 초기 취락과 선왕조 시대 이집트, 인더스 강 유역의 모헨조다로 사회, 고대 중국에서 구리로 만든 고리와 끌, 도끼, 칼, 창을 찾아냈다. 구리 광상의 표층이 고갈되자 노동 집약적인 활동이 필요한 심부 채광을 하게 되었고 그 작업을 노예들이 하는 경우가 많았다.

인류가 매장을 위해서 땅을 파고 날씨로부터 신변을 보호하기 위해서 정주지를 깊이 파기는 했지만 심부 채광은 새로운 경험이었다. 우리는 초창기 광부들의 사정이나 노동이 그들의 건강에 끼친 영향, 채광 기술에 대해 아는 바가 거의 없다. 하지만 채광이 5천 년 전에 동세르비아에서 시작되었다는 사실은 밝혀져 있다. 당시 광부들이 목재 지렛대와 돌망치, 사슴뿔을 가지고 30미터 정도를 팠다. 거의 같은 시기에 북아메리카 5대호의 원주민들은 6미터 깊이에서 적어도 3만 톤에서 많게는 5만 톤가량의 구리를 파냈다.[2] 그 밖에도 고대의 구리 광산은 시나이반도와 북아프리카, 시리아, 이란, 중앙아시아에 있었다. 나중에는 이탈리아와 이베리아에서도 구리 광산이 등장했다.

인도에서는 기원전 450년에서 기원후 400년까지 라자스탄의 구리 광산들을 끼고 상당수의 도시들이 번성했다. 채광 작업에서 나온 찌꺼기와 구리 동전들이 유적지에 널브러져 있었다. 용융로와 도가니, 세정 탱크 같은 유물을 비롯하여 바위와 광석, 광미 더미는 폐갱이 된 광산 부지가 3.2킬로미터에 걸쳐 조성되어 있었음을 보여 준다. 고고학적인 자료에 따르면, 이곳에서 납, 아연, 은, 금의 채광과 야금이 시작된 것은 기원전 250년이다. 이런 금속의 채광 기록이 연대기적으로 차이가 있기는 하지만, 서기 1600년에 와서는 대포와 가정용품, 마실 것을 담는 용기의 수요가 늘어나면서 인도의 구리 가격이 은 가격보다 더욱 빨리 상승했다.[3]

유럽에서는 로마의 채광과 야금이 구리에서 청동으로 이어지고,

청동에서 철로 이어지는 오랜 기간의 발견과 혁신, 이행의 역사를 거치면서 발달했다. 구리를 사용하기 시작한 것은 적어도 7천 년 전이었다. 키프로스 섬에 커다란 구리 광상이 있었다. 지중해 일대와 서남아시아에서는 불그스름한 빛깔이나 비바람에 씻긴 청록색으로 구리를 쉽게 식별할 수 있었다. 성질이 무른 금속이기 때문에 거의 모든 지역의 전근대인들이 이 물질을 쉽게 가공할 수 있었다. 메소포타미아와 인더스 강 유역, 특히 수메르와 하라파 도시국가들에서는 금속 제품을 제작하고 사용하는 일이 흔했다. 하지만 이런 금속을 발견해서 사용하는 일이 특정 지역에 국한되지는 않았다. 구리 사용은 이들 지역이 오늘날의 명칭을 얻기 이전에 이미 영국, 서프랑스, 이탈리아, 에스파냐로 그리고 중유럽으로 확산되었다.

수메르인들은 구리를 남쪽의 아르메니아에서부터 유프라테스 강을 따라 메소포타미아 북부의 주요 도시까지 수송했다. 수메르어로 '우루두'(urudu)라는 말은 유프라테스라는 강 이름과 마찬가지로 구리를 뜻한다. 그래서 수메르의 사업가들이 '구리 강'이란 말을 경제적 의미로 받아들였을 것이라고 짐작할 수 있다. 이집트에서는 5,500년 전 무렵에 구리 제련술을 도입했고, 무덤과 기념물이 이집트 사회의 특징으로 떠오르면서 몇 백 년이 지나지 않아서 돌을 다듬는 데 구리 연장을 사용하기 시작했다. 이집트인들이 거대한 건물과 피라미드를 건설하기 시작하면서 고대 세계 최대 규모의 구리 채광 작업이 5,150년 전에 시나이반도에서 시작되었고 3,186년 전 람세스 3세 치세까지 2천 년 동안이나 지속되었다. 도끼와 칼을 비롯한 예리한 연장 등 구리 도구에 대한 수요가 늘어나고 있었는데 그 수요가 이 채광 작업으로 충족되었다.

농사와 땔감과 정착지 마련을 위해서 삼림을 개간하면서 가축을 사육할 땅이 생겨났다. 점차 돼지 대신에 소를 기르기 시작했다. 이러한 변화는 닫혀 있던 삼림지대가 좀 더 개방적인 경관으로 바뀌었음을 시사한다. 초기 농부와 벌목꾼의 연장 꾸러미에 구리 도끼가 추가되면서 채광 능력이 좋아지고 개간 과정이 빨라졌을 것이다. 도구를 제작할 금속을 광물에서 추출하게 되면서 도시들이 지리적으로는 물론 인구학적으로도 팽창했고 더 많은 땅을 관리하며 그 땅에서 더 많은 것을 생산해 낼 수 있게 되었다. 이 도시들이 5천 년 뒤에는 황화 광석에서 구리를 대량으로 생산해 냈다.

광업과 구리의 거래망이 발달하면서 짐을 나르는 동물이 중요한 요소로 떠올랐다. 3,400년 전의 것으로 추정되는 도자기로 된 당나귀 모형들이 초기의 채광과 구리 수송을 보여 주는 자료가 된다. 지중해 일대에 구리 기술이 확산되고 가정용품과 용기, 도구, 장식품, 무기 제작 기술이 발전했다. 고대 문명을 보여 주는 서남아시아와 키프로스, 아나톨리아(오늘날의 터키 지역), 크레타의 고고학 유적들은 한 문명이 앞선 문명의 발전을 활용한 다양한 사례를 잘 보여 준다. 하지만 제련 기술의 발전이 구리의 약점을 보완해 주지는 못했다. 구리로 만든 도구와 무기는 날이 날카로움을 유지할 정도로 강하지 않았다. '연질' 금속이기 때문에 망치로 치면 깨지거나 부서지기 쉬웠다.

그래서 메짐(물체가 연성을 갖지 않고 파괴되는 성질—옮긴이)을 방지하고 단단하게 하기 위하여 금속을 가열했다가 서서히 냉각시키는 풀림 기법을 사용하기 시작했다. 그 뒤를 이어 용융 구리를 주조하기 시작했고 결국에는 금속 세공인들이 구리와 주석을 결합한 청동 주물을 발명했다. 이런 기술들이 개발되고 널리 애용된 과정이 왜 일어났을까 하는 문제는 아직도 토론과 논란의 주제로 남아 있다. 어떤 금속공학자들은 구리에 주석을 섞어 청동을 만들게 된 사건이 우연하게 일어났다고 말한다. 수메르의 야금술사들이 이 새로운 합금을 처음 만들게 된 과정을 정확하게 서술하고 있는 자료는 없다. 그래서 고고학자들은 그들이 '우연히' 이 발견을 하게 되었다고 생각한다. 하지만 이 합금을 더 단단하게 만드는 그다음 발전은 의도적인 실험을 통해서 이루어졌다. 인간의 지식이 처음에는 우연하게 발전했다면 실험을 통해서는 급속한 발전을 이루게 되었다.⁴ 구리는 많고 주석은 부족한 가운데 진행된 이 실험으로 결국에는 구리 시대가 막을 내리고 청동 시대가 열리게 된다. 구리 90퍼센트와 주석 10퍼센트를 적절하게 섞은 합금으로서 가장 단단한 청동기를 만들어 내기까지는 수백 년이라는 세월이 걸렸다.

터키 중남부에 위치한 토로스산맥 중앙에 5,750년 전으로 거슬러 올라가는 잘 갖추어진 주석 광산이 있었다. 케스텔-골테페 광산에서 주석이 대량으로 생산되었고 커다란 읍성 골테페에는 5,290년 전부터 3,840년 전까지 주석을 제련하는 종합처리 시설이 있었다. 고고학자들은 이곳에서 주석을 도금한 석기 수천 점과 다수의 도가니, 수 킬로그램에 달하는 주석 분말을 발굴했다. 광산에는 가파른 갱도가 여럿 있었다. 아이들만 들어가 일할 수 있을 정도로 매우 좁은 갱도도 있었다. 최근 발굴에서 나타난 아이들의 유골이 이러한 결론을 뒷받침해 준다.

채광과 제련 작업의 규모는 땅에 버린 폐기물의 양으로 가늠할 수 있다. 고고학자나 지질학자들에 따르면 커다란 무더기 하나에만 60만 톤으로 추정되는 광재가 있었다. 케스텔-골테페 시설에 남아 있는 잔해는 고대 세계의 채광과 야금 생산을 보여 주는 또 하나의 생생한 사례이다. 이곳에 있는 주석 광재 더미를 보면 누구라도 황폐한 경관을 떠올리게 될 것이다. 이 광산에는 구리가 생산되지 않았기 때문에 채굴한 주석은 대부분 다른 도시로 수출되었다. 이렇듯 매우 흥미로운 발견에도 불구하고 발굴된 주석의 실제 양과 광부들의 신원, 주석이나 청동 제품의 생산자와 소비자에 대해서는 알려진 바가 거의 없다. 하지만 고고학자들은 대개 이러한 발견들을 고대 서남아시아의 청동 문명이 보여 준 기술적 · 문화적 발달을 이해하는 데 필요한 귀중한 자료라고 생각한다.

고대 수메르(4,650~4,500년 전)의 왕족과 귀족 무덤에서 발굴된 실물 크기의 사람 조각상 청동 주물에는 주석 납땜이나 못질이 동원되었다. 청동 무기는 싸움을 벌이는 세력이나 정복자들이 선호하는 무기가 되었다. 4,250년 전 무렵에 사르곤 1세가 수메르의 도시국가들을 아카드 왕국으로 통합하고 나중에는 아나톨리아를 침략해 그곳의 주석 광산에 접근했다. 전하는 내용에 따르면 사르곤 1세가 포장마차 한 대에만 주석 12톤을 실었다고 한다. 이 정도라면 상당한 규모의 군대가 무장을 갖출 수 있는 125톤에 달하는 청동 무기와 갑옷, 창 촉, 칼을 제작하기에 충분한 양이다. 사르곤 1세의 권력이 대단했지만 아카드 왕국은 200년 뒤에 내전으로 무너졌다. 그 뒤에 등장한 함무라비의 바빌로니아왕국이 3,900년 전까지 지속되다가 아시리아 제국으로 대체되었다.

아시리아인들이 여러 해에 걸쳐 이 지역을 지배했다. 아수르를 정치와 경제의 수도로 삼은 아시리아 제국은 인근의 '제조업 도시' 퀼테페에 주석을 실어 날랐다. 연료와 구리가 나는 퀼테페에는 숙련공과 금속 세공인들이 있었다. 그들은 이곳에서 청동으로 된 무기와 도구, 장식품, 조각상들을 만들었다. 이곳에서 얼마나 많은 작업을 수행했는지 구체적으로 알 수는 없지만 퀼테페는 아마도 세계 최초의 '굴뚝' 도시였을 것이다. 그곳에서 나오는 공기가 주변 농촌을 오염시키고 주민들의 건강을 끊임없이 위태롭게 했다.

지중해 동부에서는 무기와 무역선이 권력을 상징했는데 나중에는 지중해 전역에서도 마찬가지였다. 3,100년 전에는 미케네와 페니키아 상선이 실어 나른 청동 무기가 북서아프리카의 카르타고에 이르고 나중에는 에스파냐에까지 도달했다.

카르타고가 마침내 지중해 지역의 지배권을 놓고 로마와 다투었다. 자국 영토를 관리하고 기존 질서를 위협하면서 영토를 확장해 나가기 위해서는 제련 작업을 통해서 기존의 청동 무기와 보호 장비, 도구와 연장을 끊임없이 공급해 주어야 했다. 그 결과 주석의 양이 줄어들고 구리 공급도 힘들어졌다. 더구나 채광 작업으로 땅에 흉터가 생기고 온갖 잔해와 오염 물질이 나뒹굴게 되었다. 제련 활동으로 오염을 일으키는 금속 잔류물이 인근의 수로에 흘러 들어가고 산화된 오염 물질이 대기 중에 유입되었다.

고대의 채광이 지방과 지역의 환경을 바꿔 놓았다. 광물 채굴은 지반의 안정성을 위태롭게 해서 이따금 지반 침하를 불러일으켰을 뿐 아니라 경관을 해치는 엄청난 쓰레기를 배출했다. 하지만 채광은 복잡한 제조업의 세계로 들어가는 최초의 고된 노동에 불과했다. 옛날에는 물론이고 지금도 숯을 생산하려면 방대한 삼림지대와 더불어 제련과 주조, 연료 생산을 위한 여러 시설들이 필요하다. 구리를 생산하고 뒤이어 등장하는 구리와 주석의 청동 합금을 생산하는 데는 일반적으로 엄청난 양의 목재가 필요했다.

숯을 생산하기 위해서는 삼림을 베어야 했다. 숯 1톤 정도를 생산하기 위해서는 축축하거나 습기가 있는 나무 7톤가량을 태워야 했다. 나무를 건조하는 데 많은 에너지가 들기 때문이다. 건조한 나무는 숯 생산량과 나무를 때는 비율이 5대 1 정도였다. 숯은 흙으로 만든 가마에서 고열을 가하면 나무의 화학 구조에 변화가 생기면서 만들어진다. 이 과정이 끝나면 노동자들이 숯을 꺼내고 가마를 서서히 식힌다. 이 과정에서 대개 에너지의 3분의 2 정도가 소실된다.

생산 과정이 이 과정에서 다음 과정으로 바뀌거나 금속이 이 금속에서 다음 금속으로 바뀔 때마다 야금 지식이 총동원되었다. 금속 생산을 위한 광업 기술이 발전하는 데는 숯 굽기와 더불어 주형 제작, 용광로 건설, 고온 가열, 냉각용 주괴 디자인, 수송 작업이 필요했다. 생산 과정을 조정할 필요가 있었기 때문에 광업 기술의 발전은 일정한 수준의 사회적 복잡성을 보여 주기도 했다. 개인들은 물론이고 다양한 사회 집단과 직업 집단들이 서로 협력하고 조정하는 일이 전체 과정에 필요했다.

광업과 인류의 건강, 환경

광물을 채굴하고 제련하는 금속공업뿐 아니라 농업을 위한 토지 개간이 청동기시대(4,300~2,700년 전)에 서남아시아의 삼림을 위태롭게 만들었다. 목재는 연료의 주된 공급원일 뿐 아니라 선박 건조나 도시 확장에 필요한 중요한 건설 재료이기도 했다. 개인 주택이나 공공건물 건축에 필요한 회반죽이나 시멘트, 벽돌의 원료는 태운 나무의 잔류물에서 구했다. 이런 수요가 지역의 삼림지대를 끊임없이 압박했다. 건축업자와 청부업자들이 건축 부지와 용광로 근처의 공급원을 고갈시킨 뒤에는 주변 산지에서 통나무를 사들였다. 대개 건조하고 더운 서남아시아 기후에서는 훼손된 삼림이 쉽게 회복되지 않았다. 아니나 다를까 삼림 벌채로 표토가 노출되고 극단적인 기후가 나타났다. 한낮의 햇볕으로 표토가 뜨거워지고 이따금 내리는 파괴적인 폭우가 무방비 상태의 토양을 휩쓸어 갔다. 지나친 더위와 강수로 침식작용이 활발해졌다.

서남아시아에서 삼림을 벌채하고 토양침식이 진행된 흔적이 이미 3,200년 전에 나타났고 지중해의 다른 지역으로 확산되기 시작했다. 예를 들어 라우리온 은광은 2,478년 전에 시작된 300년 동안의 고전기 아테네에서 은 3,500톤과 납 140만 톤을 생산했다. 제련공들이 이 양을 생산하기 위해서 숯 백만 톤을 태우고 숲 100만 헥타르를 고갈시켰다. 삼림 벌채와 토양침식이 너무 광범하게 전개되어서 플라톤이 이 재난을 다음과 같이 말할 정도였다.

처음 국가에서 남은 유물 한 가지. …… 남은 것은 질병으로 수척해진 해골과 같다. 부드럽고 기름진 토양이 차츰 사라져 버리고 땅은 뼈와 가죽만 남았다. 지난날 아티카산맥에는 숲이 우거져 있었다. 좋은 나무에서 대규모 건물의 지붕에 알맞은 목재가 나왔다. 이 목재를 잘라 만든 지붕이 아직도 남아 있다.[5]

목재 위기가 구리와 청동을 제련하던 고대 세계 여기저기에서 나타났다. 한때 공급이 충분했던 나무가 고갈되자 고대 아테네인과 스파르타인들은 북부에 있는 마케도니아 삼림을 이용했고 터키 남부와 레바논, 이탈리아에서까지 목재를 들여왔다. 아테네인들은 2,400년 전에 운송 비용을 줄이려고 라우리온 광산의 제련 작업을 해안으로 옮겼다. 바지선으로 실어 온 숯을 용광로에 사용했다. 새로운 시설의 광재 더미에서 납 성분이 많이 나왔는데 이는 광석을 녹이는 데 연료를 적게 썼음을 시사한다. 숯이 넉넉하지 않았고 가격이 비쌌다는 표시이기도 하다. 당시 유독성 산화납이 대기 중에 방출되었다. 뒤에서 좀 더 자세하게 살펴보겠지만, 여기서는 산화납 방출이 제련공과 금속 세공인의 건강과 복지에 나쁜 영향을 끼쳤다는 정도로 말해 두겠다.

삼림 벌채를 남발하니 연료 위기가 발생했고, 이 연료 위기를 맞아 고대 세계 전역에서는 제련 작업을 줄여 나가다가 결국에는 중단하고 말았다. 로마인들은 삼림지대가 사라지자 2,100년 전에 '연기가 자욱한 섬' 아이탈레이아의 광석 제련 작업을 중단했다. 바로 오늘날이 엘바 섬의 경관에는 근대사에 이루어진 환경 훼손도 아로새겨져 있다. 웅장한 소나무와 낙엽수림이 그 일대에서 자취를 감추었다. 키프로스 섬의 구리 산업은 구리 20만 톤 정도를 생산하는 데 나무 2억 그루를 베어 냈다. 이 목재를 모두 합치면 키프로스 섬 면적의 16배에 해당하는 삼림지대가 사라진 셈이다.[6]

5천 년 전에는 벌목꾼이 선박 건조와 더불어 주택이나 공공 건축에 목재를 공급하면서 레바논의 대규모 삼나무 숲이 사라졌다. 키프로스와 그리스, 지중해 해안 지방에서 진행된 삼림 벌채는 대부분 크고 작은 용광로들에 공급할 땔감을 마련하기 위한 것이었다. 초목이 사라지면서 바람과 비, 직사광선에 땅이 그대로 노출되었다. 토양이 침식되고 토사가 하천과 항구로 흘러들었고, 그 결과 자연 수로가 막히게 되었다. 인구밀도가 높은 지역에서는 주민들이 제방과 우회 수로를 건설해 물의 흐름을 관리했다.

연료 공급원으로 쓸 만한 크고 굵은 나무가 사라지자 광석이 있음에도 생산 과정이 중단될 수밖에 없었다. 광재는 고온으로 광석을 녹여서 원하는 금속을 추출하는 제련 과정에서 나온다. 유리질 폐기물인 광재는 금속이 광석에서 분리될 때 발생한다. 이 광재를 생산 시설 주변에 무더기로 버려 두는 경우가 많은데, 이 광재 더미에서 유독성 화학물질이 침출되어 땅과 물을 오염시킨다.

구리 광재는 광부들과 지역 주민들의 건강을 위협했다. 광재에는 다량의 염화물과 미량의 탄산염과 황산염, 비소, 카드뮴, 납이 함유되어 있었다. 모두가 유독성이고 어떤 것은 암을 유발한다. 임산부, 태아, 신생아의 건강은 물론이고 그것에 노출되는 모든 사람의 건강이 위협받는다. 뿐만 아니라 제련 과정 중에 비소가 증발해서 노동자들은 물론 인근 마을이나 도시의 주민들이 마시는 공기까지 오염시킨다. 고대 취락이 현대 취락의 규모나 밀도에 견주어 작기는 하지만 유독가스와 연기, 불은 구리 제련 작업장 인근에 사는 고대인들의 건강을 위협했을 것이다. 상당수의 금속 제련 작업이 크고 작은 고대 도시에서 진행되었다고 가정한다면, 유독성 잔류물의 오염에 노출된 사람들이 수천 명에 이르렀을 것이다.

환경과 인류의 건강에 끼친 영향에도 불구하고, 구리와 청동, 기타 합금의 생산은 전파를 통해서든 독자적인 발명을 통해서든 고대 세계 전역으로 확산되었다. 상당수의 제조 무기와 용기, 도구, 장식품이 티그리스-유프라테스 강 유역과 나일 강 유역, 인더스 강 유역, 황허-양쯔 강 유역 등에 나타난 고대 문명에서 발견되었다. 그들은 긴 창과 화살촉, 칼, 날이 굽은 단검을 비롯하여, 크기와 형태가 다양한 단검, 검 등 온갖 무기를 다 만들었다. 연장이나 도구에는 오늘날 사용하는 것과도 비슷한 톱, 형태와 크기가 다양한 갈고리, 낫, 끌, 송곳, 바늘, 저울 접시, 주걱 등이 있었다. 고고학자들은 구리와 청동, 은과 금으로 된 여러 장식품과 더불어 매우 독특한 물품인 세련된 청동거울을 발굴했다. 구리와 청동의 시대를 상징하는 갖가지 물품들은 이들 고대 문명에서 인류의 생활이 발전하고 있었고 그 안에 사회계층이 존재했음을 보여 준다.

로마 시대의 광물 채취

3천 년 전 무렵, 접근하기 쉬운 구리 광상이 고갈되고 전반적으로 주석이 부족해지면서 철의 시대로 넘어가는 천 년간의 이행이 가속화되었다. 시대 교체는 비선형적인 방식으로 일어났다. 왜냐하면 기술혁신과 발전에도 불구하고 전근대 사회가 여전히 익숙한 기술을 사용했기 때문이다. 예를 들어 이탈리아반도의 에트루리아 문명은 2,800년 전 무렵에 전성기에 이르렀으며 최신식 철제 무기를 제작했다. 그들은 또한 놀랍지 않게도 아름다운 청동 조각상과 실용적인 구리 제품을 만들었다. 거의 모든 역사학도들이 알고 있다시피 이탈리아반도에는 에트루리아인들에 뒤이어 로마 공화정이 들어섰다. 그리고 몇 세기가 안 되어 로마제국이 지중해 지역을 지배하고 지중해를 '마레 노스트룸'(mare nostrum), 곧 우리의 바다라고 불렀다. 로마 제국은 영국제도에서부터 유럽과 북아프리카를 거쳐 지중해 동부 연안에까지 이르렀다.

커져 가는 제국을 부양하기 위하여 로마의 탐험가들이 지중해 전역으로 흩어져 광물 자원을 찾아 나섰다. 북아프리카의 페니키아 식민지 카르타고를 함락시키고 지중해 일대의 카르타고 소유물들을 차지했다. 이베리아의 고대 광산도 마찬가지였다. 이 가운데 가장 잘 알려진 것이 오늘날의 세비야 근처에 있는 리오틴토 구리 광산이다. 이 광산은 구리와 철광석 잔류물이 불그스레한 산에서 강으로 흘러 들었다고 해서 '붉은 강'이라는 이름으로 불리었다. 로마인들이 이곳에서 노예노동과 고도로 발달한 제련 기구를 동원해서 엄청난 규모의 광산 사업을 벌였다는 사실이 최근에 이 지역에 대한 발굴을 통해 밝혀졌다. 놀랍게도 3천 년에 걸친 채광으로 한때 산이 있던 곳에 깊이가 250미터이고 너비가 1,200미터가 넘는 커다란 구덩이가 생겨났다.

리오틴토에서는 청동기시대 중기에 페니키아인들이 집약적인 채광을 하기 시작했고, 그리스인과 카르타고인들이 그 뒤를 이었으며 2,200년 전에는 철기시대의 로마인들이 채광을 했다. 채광과 제련의 규모가 상당히 컸지만 로마인들은 동전 제작에 필요한 금과 은을 추출하는 데 주안점을 두었다. 2,200년 전에 시작하여 400년 동안 대량 생산을 해온 리오틴토 광산은 엄청난 양의 구리와 철, 금은 물론, 은 1,815톤가량을 로마에 공급했다. 로마 동전이 팽창하는 제국의 통화가 되었다. 제국이 한데 묶여 성장과 번영을 이룰 수 있었던 것은 공동 통화인 은화 덕분이었다고 말할 수도 있다.

광산에는 화학적으로 황과 결합되어 있음을 의미하는 '황화' 광물이 거의 완벽하리만치 다양하게 매장되어 있었다. 이 황이 구리와 철, 납, 아연을 제련할 때 산화되어 대기 중에 떠다녔다. 은 함유량이 매우 적은 광석에도 상당한 양의 납이 들어 있었다. 제련을 할 때 용탕에서 산화납이 발생해 대기 중으로 날아갔다. 이렇게 납을 제거한 다음에 은 세공인들이 금속을 주조하고 망치로 두드려 은화를 찍어냈다. 우리가 오늘날 알고 있는 납의 유독성과 400년 동안 채광한 양을 고려해 볼 때 납은 환경과 건강에 상당한 영향을 미쳤음에 틀림없다. 476년에 로마가 몰락할 무렵이 되면 개발이 가능한 광석을 다 써 버린 상태였다.

리오틴토에 쌓인 고대 광재의 양이 5백만~2천만 톤에 이른 것으로 추정된다. 이를 평균해서 1천만 톤이 쌓인 것으로 가정한다면, 리오틴토 광산에서 철을 제련하는 데 2천만 톤의 숯이 들어갔을 것이다. 이만큼의 숯을 만들려면 목재를 1억 톤이나 써야 했을 것이다. 캅카스와 아프가니스탄 지역의 제련 작업뿐 아니라 6,600년 전 무렵에 시작된 키프로스 섬의 제련 작업에 이르기까지, 제련 작업은 지중해 지역에서 오랫동안 삼림 벌채와 동식물의 다양성 상실, 토양침식, 미기후 변화를 불러온 주범이었다.

공화정 말기와 제정 초기에 로마인들은 광업 생산에 종사했고 채취를 하고 가지를 치고 다시 심으면서 주변 삼림지대를 관리했을 것이다. 나무의 성장기를 15년이라고 볼 때, 적절하게 관리를 하면 반경 40킬로미터 내의 삼림지대에서 계속해서 채취를 할 수 있게 될 것이다.[7] 만일에 그렇다면 우리는 로마제국 말기에 광산의 생산이 줄어든 이유를 설명하려고 시도해야 한다. 채광 활동이 대개는 소규모로

그림 6-2 복원된 로마의 기중기 7톤을 들어 올릴 수 있는 이 기중기는 요새나 대규모 건물을 건축하는 데 사용되었다. 이 기중기를 작동시키려면 2개 군단의 병력이나 노예들이 바퀴 안에서 걸어야 했다. 그리고 움직임을 방지하기 위해서 이것을 땅에 정박시켜야 했다.
Wikimedia Commons, the free media repository.

이루어지고 지리적으로 고대 세계 전역에 걸쳐 이루어진 상황에서 리오틴토의 대규모 채광 활동은 고대의 자연 개발을 짐작할 수 있는 인상적인 사례가 된다.

은 생산으로 대기오염이 얼마나 광범하게 진행되었을까? 해당 지역이나 주변 지역에만 국한되었을까? 아니면 북반구까지 확산되었을까? 로마인들은 납에 독성이 있다는 사실을 알고 있었을까? 대기가 오염되었다면, 고성능 자동차 엔진의 엔진 노킹을 방지하기 위해 납을 휘발유 첨가물로 사용하면서 생긴 1930~1970년대의 오염과 고대 로마의 오염을 어떻게 비교할 수 있을까? 이런 질문에 대한 답은 지구의 기후변화를 연구하기 위해서 40만 년 된 그린란드 빙원 4킬로미터를 시추하기 시작한 과학자 집단이 발견했다. 수천 년에 걸쳐서 오염 물질이 대기 중의 수증기와 섞이고 눈이 되어 땅에 내린다. 그린란드의 한대에서는 해를 거듭하면서 눈이 얼음이 되고 빙원 내에 오염 물질이 쌓인다. 고대 세계의 대기 중 납 농도와 그것이 환경과 인체의 건강에 미친 영향 문제가 오스트레일리아 과학자 케빈 로스먼이 수행한 연구의 핵심 주제였다.

이집트에서 피라미드를 건축하던 시대에는 대기 중에 납이 있었다 하더라도 거의 없었다. 짐작하겠지만 18세기에 산업화가 시작되면서 납 수준이 하늘로 치솟았다. 그렇다면 빙하코어에서 발견된 대로 기원전 500년에서 기원후 900년 무렵에 이르기까지, 수천 년에 걸친 제조업 시대에 납 수준이 급증한 것을 어떻게 설명할 수 있겠는가? 그리고 그 납이 리오틴토 광산에서 나왔다는 것을 케빈 로스먼이 어떻게 알 수 있었겠는가? 과학의 측면에서 보면 납과 그 동위원소는 부식하는 우라늄과 토륨에서 수십억 년이 걸려 생겨난다. 지각의 암반에서는 두 개의 동위원소인 납 206과 207의 비율이 시간이 흐르면서 올라간다. 이 비율이 납 핵에 있는 양성자와 중성자 수를 가리킨다. 리오틴토에서 나온 납은 지각의 암반이 아니라 은 광석에 갇혀 있었다. 따라서 다른 곳에서 발견된 납보다 동위원소가 낮았다.[8] 곧 리오틴토의 납은 고유의 '지문'을 갖고 있었다. 이 납이 빙하코어에서 발견된 그 위치에 다다르게 된 것이다. 리오틴토에서 채광과 제련이 활발하게 진행되던 기원전 150년에서 기원후 50년 사이의 납 수준은 이전 시기보다 4배가량이나 높았다.

그렇다고 로마의 금속 세공인들이 작업을 하면서 그 가운데 상당량을 들이마셨기 때문에 모든 납이 증발한 것은 아니다. 금속 세공인들이 이 금속을 중요하게 생각한 이유는 두 가지였다. 우선 납은 다루기가 쉬웠고, 납으로 만든 완성품이 당시 알려진 다른 어떤 금속보다 부식에 더 강했기 때문이다. 어떤 이들은 배관 재료와 건축, 선박 건조에 사용했기 때문에 납을 특별히 로마적인 금속이라고 생각했다. 납은 그 밖에도 식기, 부엌용품, 마실 것을 담는 용기에 이르기까지 용도도 다양했다.

포도주의 발효를 중단시키는 데 사용한 납은 아무것도 모르는 순진한 로마인들의 신경 계통 건강에 심각한 위협이 되었다. 우리가 확실히 알 수는 없지만 로마인들의 생활을 연구하는 일부 역사가들은 납 중독이 로마제국의 최종적인 몰락에 한몫했다고 주장한다. 대기 중의 납 수준은 빙하코어의 납 수준이 로마 시대보다 25~50배나 높은 것으로 확인된 1930~1970년의 수준에 견주어 훨씬 더 낮았다. 하지만 로마 시대의 대기 중 납 수준은 고대 역사의 다른 시기보다 4~5배나 더 높았다.[9]

광업이 환경에 미치는 장기적인 영향은 꾸준히 연구해 나가야 할 주제이다. 고대 리오틴토의 광업은 언덕이나 구릉에 수백만 톤의 검은 광재를 남겼다. 이 광재로 자연경관에 변화가 생기고 나아가 하천과 지하수가 오염되었다. 은광과 납광은 아연, 비소, 카드뮴을 비롯한 야금 폐기물과 유독가스를 어마어마하게 배출했다. 이것들이 고로재(高爐滓) 언덕과 폐석 적치장, 하천과 토양의 침전물 속에 남아 있다. 이런 온갖 성분이 흐르는 하천을 통해서, 오염된 토양의 지표면에서 자라는 초목을 통해서, 대기 중에 확산된 먼지와 유독가스를 통해서 환경 전반에 침투했다. 오늘날 환경 속에 잔류한 이 성분들이 약 2천 년 전에 로마인들이 채광과 제련 활동을 끝낸 이후에도 여전히 커다란 과학적 관심을 불러일으키는 주제로 남아 있다.[10]

리오틴토는 제국이 몰락한 뒤에 폐광되었다. 노동자들이 주변 농촌을 등지고 떠나면서 리오틴토는 유령도시로 변했다. 1877년에 영국의 광업조합이 에스파냐 정부한테서 이 광산을 매입하면서 리오틴토의 광업은 다시 가동되었다. 그들은 새로운 제련 기술을 이용했고 더 깊은 곳에서 광석을 캐냈다. 이때부터는 지표면에서 더 가까운 층에 묻혀 있는 녹색 구리나 청색 구리보다 제련하기가 더 어려운 황동색 구리를 생산했다. 더 깊은 곳에 매장되어 있는 황화구리 광석은 연소할 때 이산화수소 가스를 배출한다. 이 가스가 대기에 가득 차게 되니 광부와 제련공, 금속 세공인들이 질식했고, 용광로에서 반경 24킬로미터 내에 있는 초목들이 모조리 죽어 나갔다.[11]

철의 시대

구리와 청동 도구를 제련, 주조하고 그 기술이 유라시아 대륙 전역으로 확산되어 나가는 과정이 수천 년에 걸쳐 이루어졌다. 그 이후에 터키 서부의 아나톨리아인들이 철을 생산하기 시작했다. 이 부족은 세계에서 가장 오랜 금속 제품 제작 전통을 지니고 있었다. 얕은 광산에서 채광한 구리가 고갈되어 가자 경제적 필요에 의해 철광석을 가지고 실험을 하게 되었다. 구리와 주석을 제련하는 일이 환경을 심하게 압박했기에 여기에는 생태학적 고려도 작용했을 것이다. 앞서 살펴보았듯이 숯을 생산하기 위해서 지중해 전 지역의 삼림을 벌채하게 되었다. 이와 더불어 농업이 팽창하고 인구가 도시로 끝없이 몰려들면서 토지를 개간하는 일이 급선무였다. 구리를 제련하는 과정에 견주어 새로운 기술을 사용하는 제철 작업은 숯을 덜 써서 연료비가 낮아졌다. 하지만 이런 효율성은 크게 도움이 되지 못했고, 늘어나는 인구의 물질적 필요를 충족시키기 위해서 철 생산량을 늘리게 되었다. 그 결과 그리스와 터키, 팔레스타인에서 삼림 벌채가 상당한 규모로 진행되었다.[12] 지붕처럼 우거진 숲이 점차 물러나면서 토양침식이 심해지고 상대적으로 효율성이 떨어지는 구리 제련 방식의 경우와 비슷하게 철 제련도 토양과 대기를 오염시켰다.

철이 주요 금속으로 떠오른 것은 3,200년 전 무렵이었지만 이미 5,000년 전부터 그 존재는 알려져 있었다. 유럽에서 철을 발견할 무렵의 상황이 그보다 앞선 세기에 철을 발견한 중국의 상황과 유사했을지도 모른다. 채굴이 쉬운 구리 자원이 희소해지자 제련공과 금속 세공인들은 금속의 특성에 관심을 기울이기 시작했다. 그들은 철이 경제적으로 구리의 대용물이 되기 1천 년도 더 오래전에 철을 가지고 실험을 했다. 아나톨리아와 서남아시아에 기원을 둔 제철 기술이 유럽 일부 지역과 아시아, 아프리카로 확산되었다. 3,000년 전 무렵에는 철 생산자들이 모두 같은 기초 기술을 사용했다. 뒤에서 다시 살펴보겠지만, 유럽의 야금술은 중국과 달리 소규모였고 용광로를 이용해 광석에서 직접 연철을 만들었다. 이러한 소규모 작업은 너무 비효율적이어서 주변 삼림이 여러 용광로에 연료를 공급하기에는 부족했다. 철광석 매장량은 많았지만 유럽의 철 생산은 낮은 수준이었다.

제철을 빨리 받아들이지 못한 데는 이유가 있었다. 그중에 한 가지는 금속 세공인에게 철 생산 과정에 필요한 고온 가열 능력이 없었던 데 있다. 청동 합금은 구리와 주석을 섭씨 1,065도에서 녹여서 만들지만, 철은 섭씨 1,538도 정도에서 녹는다. 오늘날의 기준으로 볼 때 대수롭지 않은 일이긴 하지만, 온도를 높이는 데는 초창기 금속 세공인들 대부분이 이용할 수 없었던 에너지와 기술 지식이 필요했다. 뿐만 아니라 철이 용해 온도에 도달하게 되면 해면 같은 철과 탄소가 엉겨붙게 되는데 여기서 탄소를 분리해야 철을 만들 수 있다. 이 끈적끈적한 덩어리에서 탄소를 분리해 내려면 다른 금속 세공인들과 생각을 나누거나 실험을 통해서 얻어야 할 상당한 수준의 야금술 지식과 화학 지식이 필요했다.

금속 세공인은 부드럽고 가단성(可鍛性) 있는 금속을 가지고 못과 쟁기, 철봉을 만들었다. '괴철로'라고 불리는 조그만 용광로나 노를 사용해서 광석을 섭씨 1,000도 정도로 가열했다. 철과 산소를 분리하는 데는 숯을 태울 때 나는 열을 이용했다. 분리 작업이 끝나면 금속 세공인은 시뻘겋게 단 해면 같은 덩어리를 망치로 쳐서 불순물을 제거했다. 불순물은 대부분 광재였다. 이렇게 해서 얻은 이른바 쇠 덩어리를 가지고 갖가지 모양을 만들었다. 탄소 함량이 5퍼센트인 딱딱하고 부서지기 쉬운 주철은 냄비와 솥, 연장과 도구를 만드는 데 적합했다. 금속 세공인들은 2천 년이 넘도록 이런 방식으로 연철을 소량 생산했다.

금속 세공인들은 수십 년, 심지어 수백 년에 걸친 시행착오를 통해서 학습 효과를 높이고, 철로 만든 무기와 도구, 기구, 장식품, 건축자재, 귀중품 사용이 계속 늘어나리라고 내다봤다. 숯을 덜 써도 되는 효율성 높은 용광로가 개발되면서 금속 세공인들은 철을 녹이는 데 필요한 섭씨 1,540도의 열을 얻을 수 있게 되었다. 그 결과 탄소 함량이 적은 고품질 철광석을 만들어 내고 그것을 벼려서 강철 무기와 칼, 도끼를 제작할 수 있게 되었다.[13]

철을 생산하는 데는 구리를 생산할 때보다 나무가 덜 들기는 했지만 그 효율성이 무색하리만치 갈수록 철 수요가 늘어났다. 숯을 얻기 위해서 주변 지역의 삼림을 압박하고 고갈시켰다. 초기 제조업 중심지에서는 삼림 벌채와 토양 퇴화가 심각한 문제로 떠올랐다. 연료가 부족했던 탓에 철 생산이 특정 지역에 국한되었으며 장거리 수송 비용을 포함한 철 가격이 소비자에게는 부담스러울 정도였다. 숯에서 연소 에너지를 얻기 위해 혼신의 힘을 다할 필요가 없게 된 것은 풍부한 석탄을 이용할 수 있게 되면서부터였다.[14] 석탄을 이용하게 되면서 연기, 재, 그을음이 늘어났고 이런 요소들이 지역 환경에 부담으로 작용했다.

중국과 인도의 제철

중국에서는 철제품의 수요가 늘어나면서 철 생산이 늘었다. 중국인들이 처음으로 주철을 생산한 것은 3,300년 전 무렵이다. 온도를 높이고 생산과 품질을 향상시키기 위해서 그들은 더 큰 용광로를 만들었다. 그 결과 더 많은 나무를 때게 되면서 더 많은 숲이 고갈되었다. 그러다가 2,400년 전 무렵에 성능이 좋은 이중 풀무와 숯을 사용하면서 품질 좋은 철을 생산하게 되었다.

그림 6-3 단조 작업을 하고 있는 중세 일본의 대장간
ⓒ MEN(뇌샤텔 민속박물관, 스위스). Alain Germond 사진.

중국인들은 고급 풀무를 사용해서 용광로의 온도를 더 높일 수 있었던 덕분에 유럽보다 2천 년이나 앞서서 철을 주조할 수 있었다. 뿐만 아니라 그들은 산업화 이전 시대에 대형 용광로를 사용하던 선진국 주민이었다. 이 용광로는 같은 양의 철광석을 녹이는 데 더 많은 양의 고탄소 연료를 태울 수 있었다. 이 대량생산 과정에서 진행된 화학적 결과로 일산화탄소가 철광석과 섞이게 되고 녹는점이 섭씨 1,150도 정도로 낮아졌다. 그 결과 용광로의 효율성도 높아졌다.

서기 100년 무렵에는 또 다른 기술혁신으로 수력 풀무가 등장해서 생산이 늘어났고, 400년에는 숯 대신 석탄을 사용하는 이행이 시작되었다. 중국인들이 건축에 사용한 철은 품질이 무척 좋았다. 이를 보여 주는 가장 좋은 사례가 허베이 성 동송에 있는 탑이었다. 높이가 21미터인 탑을 만드는 데 철을 53톤 이상 사용했다.[15] 쇠사슬 현수교를 만들어 상업 활동이 늘어났고 철제 쟁기를 만들어 농업 생산이 증가했다. 서기 1078년까지 중국에서 생산된 철의 양은 12만5천 톤이었다. 거기에는 1천6백만 개의 화살촉도 포함되어 있다. 철제 무기로 군사 장비를 근대화했다. 이렇듯 중세까지는 중국의 생산력이 유럽을 앞질렀다.

오직 인도의 제철 기술 발전만이 중국의 수준과 맞먹었다. 고품질 철강을 생산한 흔적은 기원전 300~200년 전으로 거슬러 올라간다. 인도의 고고학 기록과 역사 기록에 도가니에서 녹인 강철이 등장한다. 특히 2,400년 전에는 우츠강(wootz steel)을 생산했다는 기록이 있다. 우츠강은 도가니에서 만든 탄화 연철로서 망치로 쳐도 날이 무디어지지 않는 날카로운 검을 만드는 데 사용되었다. 일반적으로 이 과정이 철강재 제작의 기원이라고 볼 수 있다.

연료 위기가 발생하고 혁신을 하는 데 실패하면서 인도의 철강 생산이 정체되기 시작했다. 이 위기로 인도의 제철업이 위축되었다. 대장간에서는 수백 년 동안 군대에서 쓸 화살촉과 단검, 칼은 물론 지역 주민들이 쓸 장식품과 생활 도구, 연장을 생산해 왔다. 연철 1톤을 생산하는 데 숯이 14.5톤가량이 들어갔다. 연철 2,500톤을 생산하기 위해서는 주변 삼림 지역 113,183헥타르를 훼손하거나 나무 14만 톤가량을 소비해야 했을 것이다. 끊임없이 나무를 사용한 데다가, 석탄과 코크스로 철을 제련하는 데 필요한 고온 용광로가 없었고 힘이 약한 풀무를 대체할 강력한 바람 공급 장치를 개발하는 데 실패함으로써 인도의 제철업이 정체되었다.[16] 이러한 정체에도 불구하고 1750년에만 해도 1만 개 정도의 소규모 철강 용융로가 계속 가동되고 있었고, 한 용융로에서 해마다 20톤가량의 철강을 생산하고 있었다. 이 무렵에 영국이 값싼 철강 제품과 섬유제품으로 인도 시장을 공략하기 시작했고 그로 인해 인도의 제조업 능력이 약화되었다.[17]

중세까지 유럽이 괴철로를 사용해서 철을 소량으로 생산한 데 비해 중국은 2,300년 전에 이미 용광로 기술을 이용해서 철을 대량생산하기 시작했다. 유럽에서는 아직 이 기술을 발명하지 못한 채 근처의 나무를 이용할 수 있는 조그만 마을에서 저마다 철을 생산하고 있었다. 반면에 중국에서는 한나라(기원전 206~기원후 120년) 황제들이 철 생산을 통제하고 독점하여 숲 근처가 아니라 인구 밀집 지역과 행정 중심지 근처에 제철소를 세웠다. 중국에서는 앞선 기술 덕분에 생산이 전례 없는 규모로 늘어났으며, 제철소가 행정 중심지와 인구 밀집 지역에 있었기 때문에 재와 그을음, 연기가 도시 환경을 오염시켰다. 삼림이 고갈되면서 여기저기서 연료 위기가 발생했고 새 연료로 대체가 일어나고 새로운 기술을 발명하게 되었다. 연료 사용과 발명에서 혁명이 일어나자 철강 생산이 급증했다.

용광로는 적어도 하루에 500킬로그램 규모로 대량생산을 하기 위한 발명품이다. 용광로는 몇 주나 몇 달 동안 중단 없이 가동해야 한다. 따라서 연료와 광석의 공급 능력, 풍부한 노동력, 생산량을 소화할 수 있는 시장, 수송 역량 등이 생산 과정에 영향을 미치는 중요한 요소가 되었다. 용광로에 공급할 숯이 끝없이 필요하게 되자 땔감 나무를 구하는 일이 늘 고민거리가 되었다. 그 결과 2,300년 전 중국의 철 생산은 서기 1700년 식민지 아메리카의 제철소와 흡사하게 숯을 생산하는 삼림 근처나 삼림지대와 연결이 되는 수송망을 따라서 생겨난 '제철 단지'(iron plantation) 같은 생산조직이 필요했다. 삼림지대가 고갈되자 연료 공급원에 더 가까운 곳으로 제철 시설을 옮겨갔다.[18]

생산과정은 용광로에 철광석과 숯(연료), 플럭스(용해 촉진물, 대개는 석회석)을 채우는 일로 시작되었다. 플럭스는 용광로 꼭대기에 달린 통로로 집어넣었고, 용광로 바닥 근처에 난 구멍으로 계속 공기를 주입했다. 바닥에 있는 다른 구멍에서는 철과 광재를 계속 받아냈다. 크기와 구조 때문에 용광로는 여러 해 동안 생산을 계속하고 주철을 쓸모 있는 제품의 형태로 가공하거나 연철로 전환했다. 용광로에서는 또한 고온이 발생하고 뜨거운 열기가 생겨났다.

송나라(721~1040년) 산시 성 룽현의 광쩐에 있던 어떤 용광로는 두께가 2미터였다. 6미터의 흙바닥에는 고농도의 고운 모래와 숯가루, 철광석 가루가 있었고 그 둘레를 두께가 9미터나 되는 붉은 점토 옹벽이 감싸고 있었다. 이 용광로가 환경에 끼친 크나큰 영향을 계산할 신뢰할 만한 방법이 있는 것은 아니지만, 공기의 질이 악화되고 광재 더미가 토양과 지하수를 오염시켰을 것이다. 또 붉은 빛깔의 금속성 미세 먼지를 들이마시고 열과 불에 노출된 데서 오는 건강의 위험이 사람들의 생명을 위협했음에 틀림없다. 공기를 주입하는 풀무를 수력이나 증기력이 아니라 사람이 직접 작동시켰기 때문에 항상 노동자들이 필요했다. 이런 종류의 대기오염은 근대의 제철 공장이 만들어 내게 될 대기오염의 전조와도 같았다. 노동자들은 과거 세대는 알지 못한 외상과 뜨거운 열기를 견디며 일했다.

중국인들은 1100년 무렵에 석탄을 처음 사용했고 유럽인, 특히 영국인들은 1700년 무렵에 석탄을 사용하기 시작했다. 숯에서 석탄으로 연료를 바꾸는 데 수백 년이라는 격차가 나기는 하지만, 삼림이 고갈되고 그에 따라 연료가 부족해지자 뭔가 변화가 필요했던 사정은 매한가지였다. 중국의 노동자들은 철광석을 5센티미터 크기의 덩어리로 쪼개고 체를 이용해 작은 알갱이들을 걸러 냈다. 그 결과 제철소 부지에는 버려진 광석 더미들이 생겨났다. 이 더미들이 보기에 흉물스러웠음은 말할 것도 없다. 그래도 제철업자들은 5센티미터 크기의 철 조각을 이용했다. 그들은 이 철 조각을 이용하는 데 더욱 센 송풍 압력이 필요하다는 사실을 실험을 통해서 잘 알고 있었다. 더 큰 용광로에는 더 많은 연료와 노동력이 필요했기 때문이다. 규모와 연료 소비의 경제를 한편으로 하고 행정 중심지와 도심지 안에 위치한 제철소 주변의 경관 훼손을 다른 한편으로 해서 양자 사이에 결정을 내려야 하는 문제에 맞닥뜨렸다.

철 생산 과정에서는 버려진 철광석 더미뿐 아니라 뒤따르는 환경 비용이 발생했다. 중국의 대규모 제철소에서 사용하는 철광석에는 철이 50퍼센트 정도 함유되어 있었다. 나머지는 광재와 광재에 포함되어 있는 이산화규소(SiO_2), 주로 광석과 석회석에서 나오는 석회(CaO)로 구성되어 있었다. 철 1톤을 생산하는 데는 철광석 2톤 정도가 필요했다. 하루 또는 한 해 동안 생산한 철의 양을 추정할 방법은 없다. 중국이 지난 2백 년 동안 가동한 용광로를 통해서 대규모 제철소마다 연간 100톤 정도를 생산했다고 볼 수 있다. 이러한 추정을 통해서 한나라 시대의 생산이 연간 5,000톤에, 일인당 100그램쯤 되었을 것으로 짐작할 수 있다.[19] 1079년에 쓴 '무연탄'이라는 제목의 유명한 시에서 시인 소식(蘇軾)은 용광로가 지역 환경과 공기의 질에 미친 영향과 대규모 용광로에 몰려든 노동자들을 절묘하게 포착했다.

> 고약한 바람이 불어오다가 이내 흩어져 간다.
> 일단 일이 시작되면 언제 끝날지 알 길이 없구나.
> 일하는 자 만 명이 넘고 감독하는 이 또한 천 명이 넘는다.[20]

중국에서 서기 1000년 무렵에는 바람을 불어넣는 풀무를 작동하는 데 사람의 노동 대신에 수력을 사용하기 시작했다. 또 삼림을 보존하려는 노력의 일환으로 고도로 발달한 제조 부문에서는 연료 공급원으로 숯 대신에 석탄과 코크스를 사용하기 시작했다. 늘어나는 상업 부문과 소비자 부문의 수요를 충족시키기 위해 연철과 주철을 대량으로 생산했다.

근대 이전 유럽의 제철

로마가 몰락한 이후 수백 년이 지나도록 유럽의 야금술과 제조업에는 특별한 변화가 없었다는 평가가 있다. 이 평가는 '암흑시대'나 '중세' 같은 용어를 사용하면서 굳어진 실수이다. 유럽사에서 이 '시대'는 서로마제국(476년)의 몰락으로 시작되어 오스만튀르크족의 콘스탄티노플 침탈(1453년)로 동로마제국이 붕괴되는 시기이다. 이 기간에 농업 분야는 물론 수력과 건축, 직물 제조, 야금술, 무기 분야에서 중대한 기술 발전이 일어났다. 변화는 점진적으로 나타났고 대부분의 경우에는 생산방식과 노동조직이 서서히 개선되는 형태로 나타났다.

476년에 사건이 일어난 직후에는 북쪽에서 내려온 게르만족의 침략으로 혼란이 벌어졌지만, 그럼에도 광범위한 지중해 해안 지방의 생활은 여전히 활기가 넘쳤다. 하지만 북쪽의 인구밀도는 매우 낮았다. 1500년에 갈리아(오늘날 프랑스)의 인구가 1마일마다 3명이 채 안 되었고 독일이나 영국은 1마일마다 1명도 안 되었던 것으로 추정된다. 북쪽에는 영양실조나 질병 때문에 인구밀도가 낮고 수명이 더 짧았음에도 삼림이 우거지고 광석이 풍부했으며 하천이 많았다. 공교롭게도 북쪽에서 발전이 더뎠던 이유는 아마도 기후와 관련이 있었을 것이다. 5세기에 북유럽에 들이닥친 빙하가 8세기 중엽이 되도록 물러가지 않았다. 이 빙하가 물러가고 나서야 북유럽의 인구가 늘어나고 경제도 발전했다.

850년 무렵에 영국 도시 사우샘프턴과 입스위치에는 작업장과 가판대, 창고가 격자 형태로 들어선 집거지가 들어섰다. 포도주와 유리 그릇, 돌림판으로 빚은 도자기가 가죽이나 양모와 거래되었다. 작업장에서는 그 무렵 혁신적인 제품인 무거운 쟁기를 만들었다. 철제 차축으로 연결된 바퀴에 이 쟁기를 달았고 그것을 황소가 끌었다. 농부들은 바퀴를 이용해서 고랑 위치까지 보습을 조정할 수 있었다. 가죽으로 만든 갖가지 마구를 사용해서 말이나 황소를 다른 말이나 황소와 연결시킬 수 있게 되었고, 그 결과 나무를 뽑고 땅을 경작하는 힘든 일까지 해낼 수 있게 되었다. 써레, 큰 낫, 쇠스랑이 발명되고 도끼와 가래가 개량되면서 농업에 혁명적인 변화가 나타나고 식량 생산이 늘어났다. 마구와 더불어 금속 세공인이 만든 철제 도구들을 말의 목사리에 걸어서 사용했으며, 무두장이 가게에서 만든 마구의 가슴 혁대 덕택에 인류가 육체노동의 힘겨움에서 해방되었다.[21]

쟁기를 비롯한 농기구 발명에 버금가는 중요한 혁신은 무기에서 나타났다. 그 덕분에 중세(500~1400년) 내내 유럽을 지배한 무장 기병의 운명이 나아졌다. 유능한 전사나 기사들이 사용하는 기존의 큰 도끼와 새로운 장검, 무거운 철퇴, 철제 창, 긴 창, 투구, 쇠줄이 전쟁의 양상을 바꿔 놓았다. 로마가 몰락하고 국가의 후원이 사라진 뒤에 지역 철공소에서 일할 숙련된 금속 세공인과 직공, 연료 운반인, 노동자를 고용하게 되면서 제철 생산에 기술 확산이 일어났다. 어디를 가나 장인의 존재를 느끼게 되었고 어떤 장인은 통치자와 왕족 다음의 지위까지 올라가기도 했다.

지방분권화의 물결이 나타났음에도 제철 생산은 여전히 중앙 집중적으로 이루어졌다. 몇몇 인상적인 사례가 그런 상황을 보여 준다. 이를 테면 중세 젤레초비스(오늘날 체코공화국에 있는)에 있던 24 용광로 단지는 벌목과 채광, 생산, 제조 분야에 노동자 수천 명을 고용했다. 정확한 생산 자료는 없지만 고고학적 유물을 통해 우리는 그 시설이 대단했음을 짐작할 수 있다.[22]

중세 들어 생산성이 높아지면서 농업과 도시, 제조업도 성장했다. 발트 해와 지중해 사이 유럽 인구가 700년에 2천700만 명 정도에서 1300년에는 7천만 명 이상으로 늘어났다.[23] 인구의 대다수가 여전히 소작인으로서 토지를 경작하고 살았지만, 팽창하는 도시와 농촌의 소도시가 생산과 사회 활동의 중심지로 탈바꿈하면서 많은 사람들이 고대의 생활을 지배한 노예제와 농노제의 속박에서 해방되었다. 중소 도시에서는 제조업이 번성했다. 분산적이고 가족 중심적인 소규

그림 6-4 중세의 철 생산 장면
Wikimedia Commons, the free media repository.

모 가내 제조업이 농촌 대중에게 일자리는 물론 해방의 기회를 마련해 주었다. 앞서 확인한 철강 제품뿐 아니라 괭이, 낫, 고리, 톱, 망치, 큰 망치, 송곳, 칼, 집게, 줄, 못, 곡괭이, 끌, 죔쇠 등을 제작하는 작업이 물질적인 발전을 꾀하는 환경에서는 흔한 일이 되었다.

물레바퀴로 동력을 공급하는 용광로를 사용하면서 물질적 진보의 속도를 앞당기는 획기적인 기술 발전도 중세에 나타난 일이다. 앞서 지적했다시피 중국과 서남아시아에서는 이런 기술이 유럽에 도입되거나 독자적으로 발명하기 오래전부터 용광로를 사용하고 있었다. 유럽에서 발굴된 최초의 용광로는 스웨덴 라피텐에 있는 것이었다. 아마도 서기 1350년 이전에 가동된 것으로 보인다. 물레바퀴로 작동하는 풀무를 통해서 압축된 공기 바람이 용광로의 구멍에 주입되었다. 강력한 공기 바람이 탄소와 철이 결합하는 지점까지 광석의 온도를 신속하게 끌어올렸다. 이런 혁신을 통해서 탄소 4퍼센트와 철 96퍼센트로 이루어진 합금을 생산해 낼 수 있었다. 녹는점이 가마에서 철광석을 녹이는 데 필요했던 섭씨 1,530도보다 더욱 낮은 섭씨 1,100도였다. 수차(水車) 기술이 발전하면서 생산 능률이 더욱 향상되었다.

기계의 힘이 인간의 노동을 대체하면서 수로를 따라 난 중세 도시의 생산력에 변화가 나타났다. 1200년 무렵에 물레방아는 1~3마력에 달하는 동력을 생산하는 지름이 1~3미터의 바퀴를 달고 있었다. 1600년에는 지름 10미터짜리 바퀴를 제조했고 그만큼 마력이 향상되었다. 기술혁신이 대개 그렇듯이 발명이 되자마자 곧바로 상용화되는 것은 아니다. 제분소 주인들은 하나의 바퀴에 에너지를 집중하는 데서 오는 부담을 피하기 위해서 대체로 작은 바퀴를 선호했다. 작은 물레바퀴는 곡물을 빻고, 구리 무기와 솥을 만들고, 연장을 갈고 무기를 닦고, 목재 널빤지를 자르고, 양모와 면화와 생사의 실을 잣는 등 다양한 기능을 수행했다.[24] 베틀에 물레바퀴로 동력을 공급하게 되면서 양모와 면화, 생사 처리 공정이 빨라졌고 그 결과 섬유 제조업이 팽창하게 되었다.

중세 초에 유럽의 인구 증가는 농업 생산력을 앞질렀다. 지대가 오르고 실질임금은 하락했지만, 그 뒤 수십 년이 안 되어 대륙의 인구가 급속히 감소했다. 1317년에 파괴적인 기근이 북유럽을 강타하고 이어 1346~1347년에는 그와 비슷한 기근이 남부를 휩쓸었다. 1348~1351년에는 선페스트로 유럽 인구가 대거 희생되었다. 2년 정도의 사이에 약 8천만 명으로 추산되는 대륙 인구 가운데 2천만 명 가량이 사망했다. 이런 자연 재앙에 전쟁까지 겹쳤다. 프랑스에서는 백년전쟁(1337~1453년)으로 방대한 농지와 마을, 소도시들이 파괴되었다. 영국에서는 남녀 주민들이 장미전쟁(1455~1485년)으로 서로 싸우고 양쪽 모두 고통을 겪었다. 전쟁과 기근, 질병의 결과로 영국 인구가 3분의 1로 감소했다. 하지만 유럽 대륙의 생활과 다를 바 없이 영국의 일인당 제조업 생산량은 30퍼센트가 늘었다. 1400년에는 영국의 철 생산이 3만 톤 정도였다. 1백 년쯤 뒤에는 4만 톤을 넘어섰지만 인구는 전에 비해 훨씬 더 줄었다.[25]

주철이 연철을 대체하면서 중세 제조업에 혁명적인 변화가 나타나 산업 시대의 조짐을 보여 주었다. 수력을 이용하게 되면서 용광로에 인간의 노동이 덜 들었고 강에 물이 흐르는 동안에는 용광로를 쉼 없이 가동할 수 있게 되었다. 수로에 둑을 쌓아 하천 상류의 물을 저장하면서 계절에 따른 유량 변화를 극복하고 계절이나 기후, 또는 날씨 사정에 상관없이 계속해서 제조 활동을 할 수 있게 되었다.

이처럼 야금술이 새로운 활력을 얻게 되면서 중세의 크고 작은 도시에서 금속 세공인들의 존재가 더욱 도드라졌다. 수송 개선, 무역 증가, 시장 확대 같은 경제적 요인이 나아지면서 금속 세공인의 중요성이 훨씬 더 커졌을 것이다. 1400년 무렵에는 라인 강 유역에서 스웨덴, 오스트리아, 벨기에에 이르기까지 유럽 전역에서 용광로를 사용하고 있었다. 이들 용광로에서 금속 세공인의 대장간에 끊임없이 일거리를 공급했다. 수공예가 확산되자 이웃들이 성가신 소음과 연기, 악취에 대해 불평을 늘어놓기 시작했다. 1377년에 이웃들이 런던 갑옷 제작공을 고소하면서 이렇게 불평했다.

커다란 쇳조각을 가지고 …… 갑옷을 …… 만들 때 내려치는 큰 망치 소리가, 돌과 흙으로 쌓은 우리 원고들의 집 담장을 뒤흔들어 붕괴될 위험에 놓여 있습니다. 그뿐인 줄 아십니까. …… 지하 저장고에 있는 포도주와 맥주를 못 쓰게 만들었습니다. 또 대장간에서 땐 석탄에서 나오는 연기와 악취가 우리 집 거실과 방에 자욱합니다.[26]

이 소송은 14세기에 벌어진 일이다. 도시 주민들이 제기한 소송 사례는 그 이후에 더욱 늘어난다. 그들은 이러한 일상생활 침해를 자신들의 기분을 상하게 한 소란 행위로 여겼다. 이러한 소란 행위가 자연환경을 훼손하고 인간의 건강을 위협하는 오염 물질과 파괴자로 간주되는 것은 훨씬 나중의 일이다.

철강 제품 생산을 촉진하고 금속 세공인에게 공급할 철강의 양을 꾸준히 늘리기 위해서는 생산 공정을 개선하고 철제 기구를 제작하는 데 드는 인간의 노동을 줄이는 혁신이 필요했다. 1450년대에는 연철을 두드려 적절한 모양으로 만드는 데 기계 해머를 사용했다. 중국에서 이미 수백 년 동안 사용해 온 이 기계 해머는 무거운 망치 머리와 거기에 연결된 긴 나무 자루로 이루어졌다.

캠을 장착한 드럼이 (해머를) 들어 올리고 떨어뜨린다. 그것이 올라가면서 목재 스프링 빔을 친다. 그리고 아래로 내려칠 때는 스프링의 복원력에 의해 타격에 강한 힘이 실린다. 해머 꼬리 아래 부분의 바닥에서는 철제 블록이 교대로 같은 일을 수행한다.[27]

1500년 무렵에는 건축용 못의 수요가 공급을 넘어서고 절단기가 발명되면서 금속 세공인에게 가늘고 긴 쇠막대를 공급하여 그것을 잘라 못으로 쓰게 했다. 이 획기적인 발명품은 서로 반대 방향으로 도는 한 쌍의 회전식 원판 절단기로 이루어져 있었다. 한 작가가 묘사한 대로 "동력 해머가 도입된 이후 처음 등장한 진정한 기계 …… 그보다 훨씬 더 중요한 이 기계는 압연기와 같은 요소를 지니고 있었다."[28] 다가올 산업화 시대에는 완숙한 제철업과 신생 철강공업에 압연기의 기술을 개량하는 일이 필수적인 과제가 된다.

1500년 무렵에는 내수 시장과 해외 수출용 제품을 생산하는 데 기계가 더 중요한 역할을 하게 되면서 유럽의 철 생산이 6만 톤에 달했다. 앞서 살펴보았다시피 수력이 경제의 모든 부문에 파고들었다. 수력 목재소와 제분소, 직물 공장을 비롯하여 기계와 공작 도구, 가정용품, 무기를 만드는 주물공장에 걸쳐 있었다. 하지만 이러한 기술 발전에는 희생이 뒤따랐다. 중소 도시를 건설하는 데 필요한 물자뿐 아니라 늘어나는 인구에 필요한 끝없이 다양한 신제품과 개량품 생산을 위해 삼림을 벌채했다. 건축자재와 가구, 오븐 요리, 풀무와 용광로 가열, 타일과 벽돌 제조, 유리 제작에 필요한 목재를 구하기 위해서였다. 이러한 인류의 활동이 남긴 생태 발자국은 땅과 물과 공기의 질에 엄청난 압박을 가했다. 식량 생산과 소비재를 위해 땅을 개간하고, 수력을 이용한 공장에서 나오는 폐기물을 하천에 흘려보냈다. 새로운 제조업 시설은 끊임없이 공기의 질을 위협했다.

1500년에서 1600년에 이르는 시기에는 산업화의 조건이 마련되었지만 한편으로는 에너지 위기의 조건도 마련되었다. 1500년부터 대서양 탐험 시대가 시작되면서 조선과 무기, 야금술 분야가 호황을 맞았다. 중유럽에 남아 있던 삼림 자원 소비가 크게 늘어났다. 1550년 무렵에 독일 프라이부르크 광산에서 은 제련을 하는 데 연료용으로 해마다 640세제곱킬로미터의 목재를 소비했다. 중북부와 서북부 유럽, 곧 후텐베르크와 요아힘스탈에 있는 다른 광산 두 곳에서도 프라이부르크와 비슷한 양을 소비했다. 같은 지역 내의 슐라겐발트와 숀펠트 지구는 매년 800세제곱킬로미터를 소비했다.

이 지역의 삼림은 말 그대로 한 세대도 지나지 않아 사라졌다. 이렇듯 삼림지대가 급격하게 고갈되자 연료비가 하늘 높은 줄 모르고 치솟았고 어떤 곳에서는 철 생산비가 70퍼센트나 올랐다. 폭발적인 연료비 때문에 문을 닫거나 생산을 줄이는 주물공장이 나타났다. 연료비가 오르자 경제 전반이 쇠퇴했다. 제노바에서는 조선에 사용된 오크의 가격이 120년 만에 기준가격으로 100리라에서 1,200리라로 올랐다. 1600년 무렵에는 이탈리아 경제가 장기적인 쇠퇴기에 들어갔다.[29]

식민지 아메리카의 제조업

유럽과 서남아시아에서는 수천 년 동안 개발을 거치면서 광범한 삼림 벌채가 진행되었지만, 북아메리카를 비롯한 세계의 나머지 지역 대부분에서는 나무가 가장 중요한 재생 원료로 남아 있었다. 나무는 채광 작업에 비해 싼 가격에 구할 수 있고 가정과 농장, 장인의 작업장에서 사용하는 물품과 장비들을 만들거나 조립하기가 더 수월했다. 미국에서는 1850년까지 나무가 가정이나 공장에서 사용하는 주된 연료였다.

수송 부문에서는 나무를 때서 증기선과 기관차에 증기를 공급했다. 금속을 제련하고 정련하고 주조하는 데 석탄보다 나무를 더 많이 사용했다. 나무는 어디서나 구할 수 있는 건축자재였다. 뼈대가 목재인 가옥과 물레바퀴, 수차, 풍차, 교량, 군사시설에 이 건축자재가 필요했다. 선박도 나무로 만들었다. 포도주 산업에도 크고 작은 통을 만들 나무가 필요했다. 가죽 제품을 무두질할 때 나무껍질을 염료로 사용했다. 밧줄을 만드는 데 나무 섬유를 사용했다. 유리 제조공이 용광로의 연료로 나무를 땠다. 거의 모든 기계들이 나무로 만들어졌다.

식민지 아메리카의 삼림 벌채는 뒤따르는 모든 환경 비용과 기온이 자주 극단적으로 바뀌는 미기후 변화로 이어졌다. 토양침식과 유출, 범람, 하천과 강어귀의 미사 퇴적이 생기고 주요 수로가 막혀 말라리아모기들의 번식장이 되었다. 삼림 근처의 농장은 제조업에 필요한 원료를 공급하는 곳이 되었다. 삼섬유가 직물이 되고 무두질한 동물 가죽이 작은 공장의 물레바퀴에 쓸 가죽띠가 되고 가죽 제품이 되었다. 도살한 가축에서 기계와 풍차에 필요한 라드나 수지 같은 윤활유를 얻었다.

이렇듯 웬만한 제조 활동은 자연 환경을 훼손했다. 사람들의 건강에 미친 영향도 그에 못지않게 심각했을 것이다. 광부들은 폐병이나 그와 관련된 중병을 앓았다. 도금사들은 금과 수은을 합금하고 열을 가해서 수은을 증발시키는 과정에서 폐를 해치게 되어 조기 사망에 이르렀다. 도공들은 도기에 광택제를 바르기 위해 납 가루를 사용했다. 그들은 치아 손상에서부터 신체 마비와 폐병에 이르는 온갖 질병에 시달렸고 결국에는 죽음에 이르렀다.[30]

7장

산업화

더 많은 농촌 사람들이 농업과 제조업을 겸해서 직물과 주석, 청동, 철기, 그 밖에 가정용품을 생산했다. 이런 농촌 수공업을 '원산업화'나 근대 산업화의 초기 단계에 해당하는 것으로 기술해 왔다.[1] 제조업의 중요성이 커지는 가운데 공업이 등장했다. 이 두 가지가 세계사에서 여러 세대에 걸쳐 중첩되어 나타나게 된다.

'원산업 세계'에서는 대개 지역 시장을 위한 물품이 가정에서 생산되었다. 장인들이 운영하는 수공예 가게들이 확장되면서 정밀 기기뿐 아니라 직물 제품과 가죽, 가구, 농기구, 가정용구에 대한 지역의 수요를 충족시켜 나갔다. 제조업과 과도적인 '원산업화' 단계로 알려진 이러한 장기적인 역사 발전이 결국에는 소비자 수요가 신흥 시장 경제를 형성하는 상업 사회로 이어졌다.

생산과 소비가 전적으로 시장 거래를 중심으로 이루어지고 모든 것(상품, 토지, 노동, 심지어 시간까지)의 가치가 수요공급의 법칙과 화폐 관계에 따라 매겨지는 경제……[2]

중국과 인도

　이러한 수요공급의 법칙은 유럽에서 만발하기 수백 년 전에 중국
과 인도에서 등장했다. 불과 200~250년 전까지만 해도 이 두 아시
아 국가가 세계 경제에서 생산력의 상당 부분을 담당했다. 1500년부
터 적어도 1700년까지 유럽인들은 인도와 중국의 생산자들로부터
비단과 염색한 면직물, 후추, 자기를 구입했고 그 양을 계속 늘려 나
갔다. 구입 대금으로 막대한 양의 은을 지불했는데, 이 은은 에스파
냐가 새로 정복한 아메리카 대륙 식민지에서 약탈하고 착취한 것이
었다. 에스파냐 국왕 카를 5세(페르난도 왕과 이사벨 여왕의 아들)와 그
의 후계자 펠리페 2세가 유럽을 에스파냐 주도권 아래 통합하기 위
하여 치른 여러 전쟁 비용으로 이 은을 썼다. 그들은 새로 획득한 부
를 탕진하고 네덜란드와 영국, 이탈리아의 은행가와 무기 공급업자
에게 빚을 졌다. 중국이 자국의 통화제도를 안정시키기 위하여 지폐
를 은화로 대체했다. 바야흐로 세계에서 가장 생산성이 높은 경제가
지속적인 성장을 제공할 통화 체제에 다가간 것이다. 유럽 상인들은
은 덕분에 1500년 무렵부터 1800년까지 중국 영토 안에서 높은 구매
력을 행사할 수 있었다. 그 은은 전 세계 은 공급량의 75퍼센트 정도
에 달했다.

　1775년 무렵에는 아시아, 주로 중국과 인도가 전 세계에 공급된
상품의 80퍼센트가량을 생산했다. 당시 유럽이나 신세계의 유럽 식
민지들은 아시아의 거대 국가들을 상대로 품질이나 가격 경쟁을 벌
일 수 있을 거라고 생각하지 않았다. 인도가 전 세계 면포의 25퍼센
트 정도를 생산했다. 빛깔이 곱고 품질이 좋은 가벼운 면포가 주를

이루었다. '캘리코'(calico)는 섬세하고 촉감이 부드러웠으며 유럽 제품보다 쌌다. 유럽이 감히 넘볼 수 없을 정도였다.

여러 역사적 사건이 주로 지역 시장을 상대로 거래해 온 유럽(주로 영국)의 초보 직물업에 유리하도록 형세를 바꿔 놓았다. 아프리카 노예 공급이 늘어나면서 신세계 플랜테이션에서 면화 생산이 늘었다. 거기에서 들여온 면화는 갓 시작한 영국의 방직공장을 먹여 살렸다. 맨체스터를 비롯한 도시의 방직공장들이 영국의 국내시장은 물론 해외 시장에 값싼 면제품을 공급했다. 여기에는 물론 플랜테이션에서 일하는 노예들의 옷도 포함되어 있었다. 엘리 휘트니가 발명한 조면기로 단섬유 면화에서 씨를 제거할 수 있게 되면서 영국과 미국의 방직공장들이 크게 활성화되었다. 외국에서 들어온 섬유제품에 관세를 물리면서 지역 제품보다 가격이 더 비싸졌다. 영국에서 증기기관이 발명되어 석탄의 축적 에너지를 이용하게 되었고, 미국에서는 수차를 사용하게 되면서 무역수지가 유럽과 미국으로 더욱 기울었다. 유럽이 공격적 군사 개입을 하면서 쇠퇴의 길을 걷던 무굴제국의 해체가 빨라졌고 1850년 무렵에는 끝내 대영제국 체제에 편입되었다.[3]

중국의 세계 경제 대국 지위가 유럽의 초기 산업들로부터 상당한 압력을 받게 되었다. 화석연료 경제로 이행하면서 인간의 노동이 기계로 대체되었고, 값싸고 품질이 좋은 중국 소비재가 유럽의 관세 제도 때문에 저가에 팔렸다. 중국이 은을 필요로 하고 유럽이 그 수요를 채우면서 전 지구적인 무역망이 형성되었다. 이 무역망으로 지위가 높아진 유럽이 아시아와 교류를 하게 되고 아시아 세계의 고품질 상품에 접근할 수 있게 되었다. 은이 필요했을 뿐 아니라, 영국이 중국의 내정에 간섭하면서 중국인들 사이에 아편중독자가 더욱 늘어났다. 1800년대에 4천만 명에 달하는 중국의 아편중독자들이 중독 물질을 계속 필요로 했다. 마침 영국이 홍콩 해안 도시를 관리하게 되자 아편중독자들은 기회를 엿보고 있던 영국인들에게 공급을 부탁 했다. 제1차 아편전쟁(1839~1842년)에서 영국이 중국을 물리치면서 다가올 20년 동안 체계적인 아편 무역의 길이 열리게 되었다. 그래서 해마다 3천 톤에 달하는 아편 5만 상자가량이 중국에 판매되었다.[4]

중독이 확산되면서 인도와 터키에서 재배한 아편 대금으로 은이 중국 밖으로 흘러나갔다. 영국 정부의 강요로 중국 정부는 아편을 합 법화할 수밖에 없었고 공급업자들에게 여러 항구도시를 개방했다. 중국 농민들이 아편 거래로 이득을 보기 위해서 밭작물을 면화에서 양귀비로 바꾸기 시작했고 그로 인해 현금 유동성이 늘어났다. 이런 결정은 식량을 다른 사람들에게 의존하게 만들었고 그 결과 흉작과 기근에 더욱 취약하게 되었다. 19세기 말에 중국인은 전 세계 아편 공급량의 95퍼센트를 소비하고 있었고 인도가 주요 공급자였다. 두 나라 사이의 마약 무역은 서유럽에서 산업화가 시작되기까지 수백 년 동안이나 누려온 세계 최대 제조업 중심지라는 그들의 지위를 무 너뜨리는 데 이바지했다.[5]

유럽 헤게모니와 영국의 산업화

19세기에 영국이 세계 최대의 수출국으로 등장하면서 공업 강국의 지위에 올랐다. '세계의 공장'이 된 영국의 경제적 변화는 인류와 자 연 세계가 맺고 있는 관계에 획기적인 전환이 나타났음을 의미한다.

이러한 전환은 아마도 지난 4백 년 동안 나타난 가장 중요한 발전인 인류의 물질계 정복으로 더욱 촉진되었다.

앞서 살펴보았듯이, 유럽 역사에서는 중세에 수력을 사용하고 있는 다른 어떤 지역보다 더 폭넓게 기계를 도입했다. 기계는 먼저 농촌 경제에서 사용되었다. 면포를 세척하고 조밀하게 만드는 축융 과정에 물이 필요했고 이 물을 농촌의 하천에서 끌어다 썼다. 면업이 양모와 아마섬유, 생사로 확대되면서 영국의 산업화가 시작되었다. 1770년까지만 해도 영국은 면직물을 거의 생산하지 않았고 직물을 대부분 인도에서 수입했다. 하지만 70년 뒤에 생산력이 10배 이상으로 늘어나고 영국은 세계적인 면직물 수출국이 되었다. 이렇게 되기까지 매우 중요한 변화 몇 가지가 잇따라 나타났다.

면사를 생산하려면 공장 중심의 경제가 농촌의 가내공업을 대체할 필요가 있었다. 영국은 노예노동을 기반으로 하는 식민지에서 원면을 대량으로 공급받아 이 원면으로 솜을 만들고 실을 잣는 기술을 개발할 필요가 있었다. 공장주들은 공장 건설에 드는 자본과 새로운 기계를 작동시킬 많은 노동력, 세계적인 직물 시장을 필요로 했다. 경제사가 조엘 모키어가 지적했다시피 "산업혁명 초기 단계에서는 조그만 회사 하나를 설립하는 데 고정비용이 그렇게 많이 들지 않았고 장인으로서 축적한 이윤으로 그것을 충당할 수 있었다."[6] 유럽에서든 다른 세계에서든 영국 사업가들만큼이나 빠른 속도로 이런 조건들을 다 갖출 수 있는 국가는 거의 없었다.

이 장에서는 일부 주제의 초점을 영국의 산업 발전에 둘 것이다. 하지만 기본적으로 19세기 산업화가 국경에 상관없이 전 유럽과 미국으로 확산되었지만, 이전 수백 년 동안 세계 최대의 수출국으로 군림한 인도와 중국에서는 산업화가 정체되었다는 인식을 갖고 살펴볼 것이다.

중국, 인도, 일본의 경제 발전

면화 재배와 방적을 처음으로 시작한 중국은 산업 시대에 진입하기 위한 기준을 두루 갖추고 있었지만 한 가지가 부족한 게 있었다. 그들은 이미 1300년대에 사람 손으로 작동하던 베틀에서 수력을 이용한 방직기로 기술 발전을 이루었다. 이러한 혁신을 이룩하기 전에도 발로 페달을 밟아서 움직이는 다축 기계로 면화의 실을 잣고 생사를 켰다. 중국에서는 1500년대 초에 소비자가 수천만 명이나 되는 내수 시장과 면화 재배업자들이 방대한 조운(漕運) 체계를 통해 연결되어 있었다. 노동 집약적인 공장 단지에 자본을 투자한 개인 투자자들이 고급 도자기와 비단, 자기를 생산하는 세계적인 국가 지도력을 뒷받침하고 있었다. 이 과정에서 부유한 상인 계층이 등장했는데, 그들이 축적한 자산이 유럽이나 아메리카 대륙에 있는 부유한 상인들보다 더 많았다.

그렇다면 중국에서는 어째서 급속한 산업화가 일어나지 않았을까? 이 질문에 역사가들은 여러 가지 방식으로 대답해 왔다. 세계사 연구자들은 서구 예외주의에 초점을 맞추는 설명에 이의를 제기한다. 어떤 역사가들은 중국의 과잉인구가 산업화 시기에 공장제를 통해서 생산 효율을 높이는 데 장애물이 되었다고 주장한다. 임금이 낮은 가내노동이 변함없이 공장보다 더 싸게 면직물을 생산한 결과 면사와 면포에 자본을 투자할 필요가 없었다. 하지만 비슷한 시기 유럽의 인구 성장에 견주어 중국에서 인구 과잉은 없었다. 1500년부터 1700년까지 중국 인구는 45퍼센트 성장했고 유럽 인구는 48퍼센트 늘었다. 1500년부터 1900년까지 좀 더 오랜 기간을 살펴봐도 중국 인구는 330퍼센트 성장하고 유럽 인구는 380퍼센트 늘었다.[7] 이런 자료와 과잉인구 가설에 대해 역사가 잭 골드스톤이 지적했다시피 "중국 인구가 초만원이었을 것이라는 우리 시각은, 역사적으로 나타난 성장률의 차이보다는 유럽의 인구 성장이 급격히 둔화된 반면에 아시아 인구 성장이 가속화된 20세기 상황에서 비롯된 것이다. 우리가 근대 초기의 중국에 대해 그런 시각을 갖는 것은 시대착오이다."[8] 영국에서는 1770년부터 1830년까지 두 세대에 걸쳐 640만 명에서 1,300만 명으로 인구가 배로 늘어났는데, 그게 장애물이 되지는 않았다. 인구가 늘어나면서 오히려 산업화가 촉진되었다.[9]

　잭 골드스톤은 중국이 공장 생산 모델을 채택하지 않은 점을 곰곰이 생각하게 만드는 설명을 내놓았다. 명나라(1368~1644년) 초부터 남성들은 밭을 가꾸고 작물을 경작하고 면화를 재배하고 세척하고 말렸다. 여성들은 가정에서 실을 잣고 베를 짜고 음식을 준비했다. 남성과 여성의 공간이나 역할을 구분하고 위계적인 사회규범과 엄격한 도덕률이 마련되었다. 심지어 20세기까지도 방직공장에 여성을 고용하는 일은 저항에 부딪치고 실패로 돌아가기 일쑤였다. 한 가지 예외가 있었다. 상하이에 일본인이 소유한 방직공장(재화방)들에서는 공장 노동자의 72.9퍼센트가 여성이었다. 1897년에는 중국의 방직공장 34개 가운데 26개가 상하이에 있었다. 1930년대까지만 해도 중국인 여성들 10퍼센트 미만이 공장에서 일을 했다. 여성의 사회적 이동을 제한해 온 오랜 역사와 실을 잣고 베를 짜 온 전통적인 가내 생산이 기술혁신이나 중앙 집중적인 공장제로 이행하는 데 극복할 수 없는 장애물로 작용했다.

유럽의 여성들도 법적 지위나 가정 내 지위가 불평등한 것은 마찬가지였지만 그들은 중국 여성들과 다른 삶을 살았다. 원산업화 시기에 유럽의 가정에서는 방직 작업을 성별로 나누었다. 모녀는 실을 잣고 부자는 베를 짰으며 가족이 함께 농사를 지었다. 직물 수요가 늘어나자 상당수의 가정은 실잣기와 베 짜기에 더 많은 자원을 투입했으며 집을 떠나 임금을 받는 노동자가 되기도 했다. 남녀 할 것 없이 일을 찾아서 도회지로 이주했다. 기혼 남성들은 공장에서 일하려고 아내와 자녀들을 데리고 갔다. 공장주들은 성인 남성에 비해 임금이 낮은 여성과 아이들(13세~18세)을 채용했다.

비용이 낮았던 덕분에 중국의 가내 생산이 유럽에 비해 섬유산업에서 비교우위를 점하고 있었다. 하지만 여성의 사회적 역할과 이동을 제한하는 도덕률 때문에 중국은 여성의 가사노동을 공장노동으로 대체하는 도약을 이루지 못했다. 유럽에서 제니방적기를 발명하기 454년 전인 1313년에 이미 다축 물레와 수직기를 발명한 역사가 있는데도 청나라(1644~1911년)는 이 도덕률을 고집했다.[10] 더구나 중국은 자본투자 전략과 공장제공업을 수력 면방직공장 생산으로 전환하지 못했으며, 산업 세계 전역에 알려진 발전된 섬유 생산 기술을 받아들이지 않았다. 일본이 채택한 기술혁신도 받아들이지 않았다.

일본은 선진 방직 기술을 받아들이고 여성의 공장 취업도 유럽보다 활발했다. 중국이나 조선과 교류했지만 서구와는 단절한 도쿠가와 막부(1603~1867년) 시절에 일본 여성들이 중국에서는 찾아보기 힘든 자유를 누렸다. 그들은 자유롭게 이주하고 일자리를 찾아 집을 떠났으며 자신의 결혼 배우자를 선택하고 엄격한 제약 없이 인생을 즐겼다. 도쿠가와 막부 시대가 끝나기 10년 전에 일본의 전통 마을에서는 여성 취업 인구 가운데 4분의 3이 다른 곳으로 이주한 경험을 갖고 있었다. 1867년 이후 막부 권력이 무너지고 일본은 유럽 모델을 따라 재빨리 산업화하기 시작했다.

> 면방직 노동자들 대부분은 젊은 미혼 여성들이었다. …… 농촌 여성들이 일자리를 찾아 이주하는 것은 …… 새로운 현상이 아니라 여성 이주의 오랜 전통에 따른 것이었다.[11]

인도의 제조업과 산업의 발전 경로는 아시아 이웃 국가들과 무척 다르다. 18세기 후반에 영국이 기계로 방적과 직조를 하기 전까지는 인도의 직물 생산이 아시아와 아프리카, 유럽의 시장을 두루 지배했다. 상당수의 국가들은 지역의 원료로 지역 주민들이 입을 옷을 어느 정도 생산하고 있었지만, 더욱 정교한 옷감과 고급 직물은 인도에서 들여왔다. 고급 직물의 시장성에 눈독을 들이기 시작한 외국인들이 인도 상품과 경쟁을 시도했지만 실패했다. 산업용 기계를 발명하기 전까지는 그랬다. 기계를 사용하기 전까지는 천연섬유를 다루는 인도의 전문 기술이 뛰어났을 뿐 아니라 인건비의 비교우위 때문에 다른 국가들이 방직공업에 발을 들여놓지 못했다.

영국과 프랑스의 방직공들은 대개 국내 직물 생산을 위해서 인도에서 실을 수입했다. 수백 년에 걸쳐 인도의 방적공과 방직공들은 경험을 쌓거나 전수받은 염색 기술을 이용해서 직물에 알록달록한 무늬를 생생하게 그려 넣을 수 있었다. 모슬린 같은 직물은 물레가 아니라 오직 가락(나무 막대기)으로 자아야 한다는 사실을 깨달았다. 마지막으로 웬만한 인도 직물은 기계로 만든 경쟁 직물보다 내구성이 더 좋았다.

18세기 초반에 인도는 직물 수출의 전성기를 구가했다. 하지만 18세기 후반 들어 해외시장이 무너지고 품질 좋은 면사와 면직물을 생산하는 능력이 쇠퇴했다. 18세기 제조업 분야에서 세계 최대의 순면 캘리코 생산국인 인도가 베틀을 사용하는 수만 명의 농촌 방직공들을 동원해서 늘어나는 세계시장의 수요를 충족시켰다. 인도의 제조업은 널리 분산되어 있었기에 이것이 땅에 남긴 발자국은 선명하지 않았다. 한 곳에 집중되지 않고 수천 가정에서 진행된 염색과 표백, 세척 작업은 그 어떤 것도 땅이나 하천을 오염시키지 않았다.

19세기 들어 영국의 산업화와 기계로 만든 값싼 직물은 인도 직물의 세계적인 경쟁력을 심각하게 위협했다. 무역 장벽으로 인도 직물의 가격이 해외무역에서 불리해졌고, 인도의 가내 방직공과 도시 방직공들이 타격을 입었으며, 사상 처음으로 외국 면직물을 수입해야 할 지경에 이르렀다. 서구의 직물 수요 증가에 비추어 인도의 생산자들이 제조업을 기계화하는 데는 실패했지만 노동 공급원을 확대하는 방법으로 생산을 증가시킬 수 있었다. 하지만 직물 생산 기술에는 여전히 변화가 없었다. 인도 방직공들은 살아남기 위해서 지역 시장과 국내시장을 위한 거친 직물을 생산하는 데 집중했다.[12]

이러한 경쟁에 위협을 느낀 영국의 제조업자들은 보호를 위해서 정부에 로비를 벌였다. 1700년에 양모 산업의 요구에 무릎을 꿇은 영국 정부가 인도산 직물의 수입을 금지함으로써 국내시장에서 세계적인 경쟁자를 몰아냈다.

　유럽과 북아메리카 식민지(이른바 프랑스-원주민 전쟁), 필리핀제도, 인도 대륙을 무대로 싸운 그야말로 세계 전쟁인 7년전쟁(1756~1763년)에서 영국이 프랑스를 물리치면서 인도의 주요 도회지와 마을에서 공장을 운영하고 있던 프랑스인들이 사라졌다.

수력 에너지

　유럽에서는 증기력을 이용하면서 공업 생산에 혁명적인 변화가 나타났다. 증기기관은 당대의 가장 앞서가는 공업 기술을 상징했다. 1830년에 벨기에에서는 증기기관 428개 가운데 21퍼센트가 외국산이었지만, 14년 뒤에는 외국산 비중이 1,606개 가운데 7퍼센트밖에 되지 않았다. 벨기에는 금액으로 환산하면 수입한 것보다 7배나 많은 증기기관을 수출했다.[13] 마찬가지로 프랑스의 직물과 금속, 공학 기술도 영국이 지배하고 있던 유럽에서 틈새시장을 개발했다. 영국인들이 철을 더 많이 생산하기는 했지만, 프랑스인들은 막대한 양의 금속 완제품을 다른 유럽 국가들에 수출했다. 프랑스인들은 우세한 영국 공장들이 생산한 면직물과 경쟁하면서 고급 면직물을 만들어냈다. 영국의 우월한 기계 생산력이 지배하는 가운데 유럽 내에 무역 균형이 유지되었다. 독일의 인건비가 떨어지고 기계 기술이 따라오게 되자 독일은 영국에 필요한 방적사(실)를 생산하고 영국은 독일에 필요한 금속 소비재를 생산했다.[14]

　신세계 식민지가 섬유 완제품의 원료와 시장을 제공하게 되자 초

그림 7-1 아크라이트가 발명한 수력방적기
Wikimedia Commons, the free media repository.

기 면방직업자들은 아마와 무명을 결합해서 영국의 국내시장과 수
출 시장을 위한 값싼 면직물 '퍼스티언'(fustian)을 만들어 냈다. 처음
에는 국내 수요가 공급을 초과했지만 농촌 직물 제조업자들이 늘어
나고 맨체스터 방직공장들이 규모를 확장해서 수요와 공급의 균형
이 이루어졌다. 수요와 공급, 원료와 완제품, 식민지 시장과 근대적
생산자가 서로 연결되면서 1750년 무렵 영국의 공업 부문이 엄청나
게 확장되었다. 그 무렵에 아프리카와 아메리카 대륙으로 면직물 수
출이 크게 늘어났다. 미국 남부 식민지의 노예 플랜테이션에서 생산
한 면화가 영국 맨체스터의 면방직공장과 경제적으로 밀접하게 연결
되었다. "이처럼 가장 근대적인 생산 중심지가 가장 원시적인 형태로
착취하면서 (생산을) 늘려 나갔다."[15]

스핀들과 롤러를 사용하는 '수력방적기' 같은 발명품에다, 손으로 베틀 작업을 하는 방직공들이 합세하여 완제품 수요를 맞추게 되었다. 그 결과 커다란 폭포가 있는 농촌 지역으로 산업화가 확산되었다. 점점 커져 가기는 했지만 산업화의 발자국이 아직은 농촌이나 신흥 도시의 생태와 조화를 이루고 있었다. 18세기 말에 유럽인들이 가동한 수차는 모두 50만 기가 넘었다. 그 가운데 상당수는 물레바퀴를 두 개 이상 사용하는 수차였다.[16] 흐르는 물을 이용하는 수력 에너지가 18세기 내내 방직공장의 주요 동력원이 되었다. 1838년까지도 이 수력 에너지가 여전히 국가 전체 동력의 4분의 1을 공급하고 있었다.[17]

소설가나 사회 비평가들이 영국의 산업화에 대해 만들어 낸 인상에 따르면, 거대한 공장들이 수백 명, 심지어는 수천 명의 아녀자 노동자들을 착취하고 있었다. 모직물과 아마 섬유, 비단 분야보다 규모가 큰 면직물 분야에서는 19세기 중반 이후에 소규모 기업들의 수가 늘어났다. 직물 생산에 혁명을 가져다준 것은 바로 신용화폐와 원료 공급, 완제품 유통을 관리한 자본주의적 중간상인 체제였다. 이러한 새로운 자본가들이 생산 속도를 재촉하고 상품의 질을 개선했다. 공장이 등장하기 전에도 중요한 작업상의 변화가 진행되고 있었다. 상대적으로 규모가 큰 작업장이 작은 작업장에 경쟁 압력을 가하자 불규칙한 형태의 작업이 설 자리를 잃게 되었다. 고도로 발달한 공장제로 넘어가는 과도기에 나타난 이런 상황들이 산업화의 길을 마련했다.[18] 초기 산업이 남긴 생태 발자국은 바다를 포함한 주변 환경에 여전히 별 문제를 일으키지 않았다.

1700년 영국에서는 여기저기 흩어진 제조업과 광업이 노동자의 25~30퍼센트가량을 고용하고 있었다. 여기에 직물업이 가세하면서 18세기에는 농업과 공업의 관계에 변화가 나타났다. 경제에서 공업과 광업이 차지하는 몫이 커지고 있었다. 1800년 무렵에는 농업이 고용한 노동력이 36퍼센트로 줄고 한 세기 뒤에는 거기서 8.7퍼센트로 줄어들었다.[19] 제조업과 광업, 그리고 점점 늘어나는 기계화된 공장 형태의 공업이 영국의 경제를 지배하게 되면서 삐걱거리는 도로와 건물, 상하수도 체계를 갖춘 공장 도시들이 점차 그 윤곽을 드러내고 있었다. 도로 건설과 철도 확장은 산업자본주의의 시작을 알리는 신호탄이었다. 수로와 도로, 공장, 증기기관이 산업화가 진행되고 있는 영국의 상징으로 떠올랐다.

영국에서는 일부 제조업 도시에서 인구가 40퍼센트나 늘었다. 1821년부터 1831년까지 북부의 리즈와 버밍엄, 셰필드가 이런 인구 증가를 이끌었다. 1801년부터 1851년까지 리버풀의 인구가 77,000명에서 40만 명으로 늘어나고, 버밍엄의 인구는 73,000명에서 25만 명으로 증가했다. 19세기의 대표적인 방직공업도시 맨체스터의 인구는 1772년에 25,000명에서 1850년에는 무려 367,232명으로 늘어났다.[20] 그 무렵 유럽 최대의 도시였던 런던도 인구가 꾸준히 늘어나고 있었지만 증가율이 이보다 훨씬 더뎠다. 1801년에는 인구 5천 명이 넘는 도시에 살고 있는 사람 가운데 40퍼센트가 런던에 살고 있었다. 1851년에는 그 비율이 3분의 1에 못 미쳤다. 인구 225만 명에다 영국 최대 항구를 갖춘 런던의 규모는 당시 두 번째로 큰 도시였던 리버풀보다 6배나 더 컸다.[21]

젊은 남녀와 아이들이 주류를 이룬, 가진 것이 없는 농업 노동자들이 도시로 몰려오면서 주거 문제가 드러나기 시작했다. 건물 주인들이 기존 거주 공간을 나누고 또 나누었다. 지하실이나 다락방에도 입주자들이 가득 차고 여러 가족들이 한 방을 썼다. 임금이 낮았지만 일반적으로 건물 주인들이 값을 매기게 되면서 집세가 급등했다. 위험한 일도 마다하지 않고 무슨 일이든 일자리를 찾아 몰려든 새 이주민들은 열악한 주거 환경과 불결한 위생, 영양 결핍, 범죄, 질병, 빈곤에 시달렸다.

질병과 사망, 공중 보건

주로 결핵이나 장티푸스, 콜레라 같은 질병이 급속히 확산되고 주기적으로 유행병도 돌았다. 이런 질병 탓에 경제성장이 둔화되고 일부 기업들이 도시 위생을 개선하는 일에 적극적으로 뛰어들기도 했다. 시 당국의 주도로 거리에 방치된 거름이나 소변을 야간에 씻어내고 개방 하수에 뚜껑을 덮어 지하 배수로를 만들었으며 위생국을 설립해 건물 소유주에게 일정한 주거 기준을 요구했다. 모든 주민에게 예방접종을 실시하고 공공 병원을 확대해서 사망률을 낮추고 공기감염 및 수인성 전염병의 확산을 방지하고자 했다. 1830년대 무렵에는 공중위생이 상당히 개선되어 여러 도시에서 출생자 수가 사망자 수를 앞지르기 시작했다. 인식이 반드시 공중 보건 정책의 변화를 수반하는 것은 아니지만 어느 정도 변화가 일어났다.

18세기 후반, 땅에 노출되어 있는 도시의 하수를 덮으려던 계획은 인구가 팽창하면서 지체되었다. 식수용 우물이 건물 밖 변소나 하수구와 가까이 있어서 끊임없이 건강을 위협했다. 하수처리 문제는 시 당국이 처리해야 할 가장 큰 골칫거리였다. 노동력 부족이 금융과 자본의 손실보다 더 크게 경제성장을 저해했기 때문에 노동자들의 정기적인 도시 유입이 생산 증대를 위해 필수 불가결한 일이 되었다.

도시의 규모가 커지고 물질대사가 활발해지면서 식량 소비에 따른 사람과 동물의 배설물이 생겨났다. 이렇듯 자연스럽고 유기적인 현상이 근대의 산업도시들을 괴롭히자 도시들은 최종적인 배수구를 찾느라 고심했다.[22] 과도기에는 하천과 연못, 호수가 인간의 배설물이나 동물의 사체, 방직공장이나 무두질 공장에서 나온 염료, 제지공장에서 나온 펄프, 제재소에서 나온 톱밥과 같은 오염 물질의 배수구가 되었다. 위생시설을 갖춘 현대도시에서는 찾아볼 수 없는 오물과 악취가 늘 존재했다.

맨체스터 인구의 12퍼센트가 거주하고 있던 지하 연립주택은 낙후된 생활수준을 가장 생생하게 보여 준다. 열악하고 복잡한 상황에서 결핵이 확산되고 칼로리와 단백질이 부족한 식사 탓에 주민들의 건강이 더욱 약화되었으며 전염병에 취약하게 되었다. 맨체스터 시는 이런 위협을 누그러뜨리기 위해 1845년에 배설물 7만 톤을 처리하면서 변소와 지하실에서 물을 빼내는 배수 작업을 시도했다. 하지만 시 당국은 난감한 처지에 빠지고 말았다. 1869년에만 해도 3만8천 개의 변소가 원시적인 하수도에 연결된 변소보다 네 배나 많았기 때문이다.[23] 맨체스터 주민들 상당수는 먹을거리와 식수가 배설물로 오염된 '세균 공장'에서 지냈다. 설사와 이질, 콜레라, 장티푸스가 아이들과 노약자들을 괴롭혔다. 자연 세계의 기초 자원인 땅과 물, 공기가 인간의 건강과 생존에 치명적인 미생물을 옮겼다.

1800년에 런던은 영국에서 인구가 10만 명에 이른 유일한 도시였다. 50년 뒤에는 인구가 그 정도 되는 도시가 아홉 곳으로 늘어

그림 7-2 시커먼 연기를 뿜어내는 영국의 공업도시
Wikimedia Commons, the free media repository.

났다. 모두 산업의 중심지였다. 맨체스터와 리버풀, 버밍엄, 리즈는 폭발적인 인구 성장과 산업 활동뿐 아니라 전설적인 도시 오물과 불결함으로 악명을 떨쳤다. 산업화 비평가이기도 한 소설가 찰스 디킨스는 가상의 코크타운을 설정하여 "내부는 살인적인 공기와 가스로 막혀 있고 외부는 자연과 철저히 단절된" 도시로 묘사했다.[24]

공업에서 거둔 영국의 위업은 수력에서 증기로 이행하고 석탄을 때서 물을 증기로 만들기 시작하면서 더욱 커져만 갔다. 이러한 기술 전환을 보여 주는 가장 눈에 두드러진 사례는 맨체스터에 등장한 500개나 되는 공장 굴뚝이었다. 콜타르와 그을음, 재로 뒤섞여 자욱한 검은 연기를 뿜어내자 공기의 질이 곤두박질치고 호흡기 질환이 급증했다.[25]

물리적 환경을 청결하게 하고 인간의 건강을 증진하려는 노력이 고르지는 않지만 19세기 내내 진행되었다. 버밍엄이나 리버풀 같은 공업도시들은 가난한 사람들의 위생을 개선하기 위하여 공중목욕탕과 세탁소를 마련했다. 하지만 맨체스터에는 1865년까지 아무것도 없었다. 다른 도시에서는 최우선 사항이었던 빈민가 철거 작업이 1891년까지도 맨체스터에서는 진행되지 않았다. 하지만 다행스럽게도 맨체스터는 혼잡을 완화하기 위하여 1845년에 벽을 맞대는 가옥 건축을 금지했다. 1868년에는 보건의료 공무원을 임명하고 앞서 언급한 질병들뿐 아니라 수두와 백일해, 성홍열을 비롯한 갖가지 질병의 확산 속도를 줄이려고 애썼다.[26]

1826년에 영국인의 평균 기대수명은 41.3세였다. 1581년 셰익스피어 시절의 42.7세보다 1년 4개월이 더 짧은 수명이다. 1850년 무렵에는 기대수명이 39.5세로 떨어졌으며 일부 하위 계층, 특히 공업도시에 거주하는 하위 계층의 경우에는 그 하락 폭이 훨씬 더 컸다. 사망률이 출산율을 초과하면서 앞서 본 것처럼 1826년부터 1850년까지 평균 기대수명이 떨어졌다. 카를 마르크스와 《자본론》을 공동 저술한 경제학자이자 사회비평가 프리드리히 엥겔스는 이런 상황을 '사회적 살인'이라고 묘사했다.

19세기 중반 수질과 위생 문제에 관한 영국의 주요 개혁가인 에드윈 채드윅은 《노동계급 위생 상태 보고서》(1842년)에서 이렇게 분석했다. "전염병과 풍토병을 비롯한 온갖 질병은 거대도시의 가장 낮은 지구에서 주로 발병해 온 것처럼 주로 노동계급 사이에서 생겨난다. 이 현상은 독립가옥에 살든, 농촌 마을에 살든, 소도시에 살든, 대도시에 살든, 왕국 내 모든 지역 주민들 사이에 널리 퍼져 있는 눅눅하고 불결하고 과밀한 주거 환경과 동식물의 부패 때문에 나타난다."[27]

농촌 소도시와 마을의 사망률은 영국 전체의 평균 사망률보다 낮았고 런던의 사망률다도 약간 더 낮았다. 노동계급이 높은 사망률로 치명적인 타격을 입은 곳은 바로 리즈와 버밍엄, 셰필드, 맨체스터처럼 팽창을 거듭하던 북부의 공업도시들이었다. 채드윅은 이들 도시의 비위생적인 상태 탓에 생산 연령이 13년이나 줄어들었다고 추정했다. 하지만 최근 자료는 19세기 초기 수십 년 동안에 도시의 공장 생활 미친 영향을 채드윅이 과소평가했다는 사실을 보여 준다.

산업화의 본질을 나타내는 아주 중요한 특징은 사람들의 이주이다. 의식주 비용이 늘어나는 데도 이주를 부추기는 동인은 틀림없이 임금 소득일 것이다. 한스-요아킴 포트는 이주-임금-사망률의 관계를 분석하면서 이렇게 기술했다.

1841년에 영국에서는 25세의 남성이 65세까지 살 수 있는 확률이 49.4퍼센트밖에 되지 않았다. 그런데 브리스틀(결코 최악의 공업도시가 아니다)로 이주하게 되면 그 가능성은 34.9퍼센트로 줄어든다. 65세가 되기 전에 죽을 확률이 15.5퍼센트 더 높아진 것은 이주에 뒤따르는 '물리적 대가'이다. 농촌 지역에서는 연령 집단마다 65세까지 7명꼴로 사망하는데 도시에서는 9명이 죽는 셈이다. 북부 도시의 남성들은 25~65세의 농촌 동년배들이 버는 것과 같은 소득을 누리면서 수명은 56세까지 밖에 살 수 없었다. 25세 연령 집단의 40퍼센트 정도가 그런 경향을 보였다. 남부에서는 43세까지 밖에 살지 못했고 64퍼센트 정도가 겨우 그 나이까지 살았다.[28]

맨체스터의 경우는 브리스틀보다 도시 이주로 혜택을 보며 사는 사람들의 비율이 더 낮았다. 1841년에 맨체스터의 평균 기대수명은 놀랍게도 26.6세였고 리버풀은 28.1세였다. 19세기 이주민들은 이주를 결정하기 전에 정보를 제대로 얻지 못했다. 따라서 상황에 따라서 임금을 받지 못하는 경우가 많았던 것으로 보인다.

공공서비스는 여전히 붐비는 사람들로 속수무책이었고 위생시설이 전반적으로 부족했지만, 1850년대가 되면 편의시설이 부족하다는 국가 차원의 자각이 생겨나 몇 가지 중요한 개선으로 이어졌다. 영국의 도시에서는 간선도로를 포장하고 가스 조명을 늘리고 거리 이름을 짓고 주택에 번지수를 매기는 일이 더 일반화되었다. 화재 위험을 줄이기 위해서 초가지붕을 인 목재 가옥이나 건물을 벽돌이나 타일 건축으로 바꾸었다. 주거지를 일터와 분리해서 주민들에게 피해를 주는 소음이나 혼잡, 공해를 줄였다. 도시민들이 누리게 될 편의시설로 박물관과 도서관을 비롯한 공공건물이 등장하기 시작했다.

공장에서 나는 소음과 연기, 혼잡에 놀란 영국의 도시 개혁가들은 '검은 악마의 공장'이라고 불렀다. 그들은 전반적인 하락으로 이어질 유아사망률은 눈치 채지 못하고, 드러난 물리적 환경의 현실에 대응하고 있었다. 수백 개의 주거용 굴뚝에서 연기가 흘러나왔는데, 이 모습은 공장 노동자와 가족들이 값싼 석탄을 구입할 수 있었음을 상징적으로 보여 준다. 1850년대 이후에는 겨울에 도시 가정이 농촌 주민들 가정보다 더 따뜻했고 더 나은 음식을 먹었으며 청결 상태도 18~19세기 기준으로 볼 때 양호했다. 도시로 이주한 신규 정착민들의 사망률 증가를 비롯한 '환경적인 추악함'에도 불구하고, 당시의 기준으로 보면 살아남은 영국 도시 공장 빈민들의 생활조건은 다소 향상되었다.[29]

증기력

갈수록 더 큰 동력이 필요한 새로운 기계를 작업장에 도입하게 되면서 증기력과 석탄 연소로 이행이 나타났다. 인건비를 절감하면서 더 많은 상품을 빠르고 효율적으로 생산하려는 경쟁이 기술혁신을 재촉했다. 처음에는 침수된 탄광이나 금속 광산에서 물을 퍼내는 기계로 발명된 증기기관이 초기 제조업과 원시 산업화를 공장 중심의 산업화로 전환하는 변화를 주도하는 기계가 되었다. 증기기관은 수차를 작동시키거나 공공 급수를 위한 물을 길어 올리는 데도 사용되었다. 여전히 물레바퀴가 지배하고 있었음에도 1770년대 무렵에 증기기관은 기계화를 표상하는 상징물이었다.

산업화가 점진적으로 진행되었고 증기기관이 물레바퀴를 대체하는 과정도 느리게 진행되었다. 1800년에는 물레바퀴가 증기기관보다 네 배 정도 많았으며 다음 50년 동안에도 에너지 시장에서 차지하는 물레바퀴의 몫이 계속 늘어났다. 영국은 하천이 많아 물 공급이 원활한 환경 속에 있었다. 석탄이 풍부하고 값이 싸기는 했지만 방대한 철도 체계가 갖춰지기 전까지는 수송하는 데 어려움이 있었다. "1755년부터 1830년까지는 전체적인 수와 용도의 다양성 면에서 물레바퀴가 여전히 지배적인 동력 장치였다."[30]

1850년에 영국에서 가장 보편적인 직업은 농업이었고 집안일이 그 뒤를 이었다. 전체적으로 면방직 공장 노동자보다 건설 노동자의 수가 더 많았다. 석탄이나 금속을 캐내는 광부들보다 제화공의 수가 더 많았고, 제철공에 비해 대장장이의 수가 더 많았다. 공업이 발전을 거듭하고 있었지만 아직 성숙기에 접어들지는 않았다. 1870년까지만 해도 증기기관은 광업과 직물업, 야금술 세 분야의 산업에서 주로 사용했다. 다른 분야에서는 주로 물레바퀴에 의존했다.

19세기의 마지막 30년 동안에는 증기력 사용이 10배나 증가했다. 기관차에 동력을 공급하기 위해 증기 보일러를 사용하게 되면서 철도가 또 다른 추진력을 제공했다. 이렇게 해서 사람과 제품이 시속 80킬로미터 속도로 이동할 수 있게 되었다. 종전에는 이동 속도가 빨라야 시속 8킬로미터 정도였다. 1870년대 무렵에는 도시와 도시를 연결하고 농촌과 도시를 연결하는 철도망이 유럽 국가들 대부분에 생겨났다.

탄광에서 물을 길어 올리는 데 증기 펌프를 사용하게 되면서 광부들이 더 깊은 수갱으로 내려가 더 많은 석탄을 채굴할 수 있었다. 더 깊은 곳을 채굴하는 데서 오는 수익성이 광산업자들 눈에 분명히 드러났다. 석탄이 이 단계의 산업화를 지배했다. 비용을 최소화하고 이익을 극대화하려다 보니 초창기 기업가들은 토양 악화나 지반 침하, 땅에 버려지는 폐기물 등 심부 채굴이 환경에 끼치는 영향을 무시했다. 19세기 초에는 깊이가 300~600미터에 달하는 수직갱도가 많았다. 증기기관을 사용하면서 수천 년 전부터 이어져 내려온 야금술에도 변화가 나타났다. 철강 용광로에는 물론이고 금속을 찍어 내는 기계 해머와 판금을 납작한 모양으로 만드는 돌림판에도 증기기관이 동력을 제공했다.

석탄 채굴과 철 생산은 서로 공생 관계에 있었다. 무기와 가정용품, 장식품, 예술 작품을 제작하는 데 필요한 숯을 생산하기 위해 농촌의 삼림을 벌채한 이야기는 앞에서 자세히 살펴보았다. 연료 위기에 부닥치자 대안 연료인 석탄을 사용하게 되면서 영국과 유럽, 미국이 공업 세계의 강국으로 떠오르게 된다. 예를 들어 영국의 일인당 철 생산량은 1800년에 12킬로그램이었는데, 80년 뒤에는 120킬로 그램으로 늘어났다. 선철 생산은 18세기 후반 50년 동안에 8배로 늘 어나고 19세기에는 30배로 늘어났다. 석탄 채굴은 이러한 철강 생산 의 증가 폭을 앞질러야 했다. 1700년에는 3백만 톤에 못 미치는 석탄 을 채굴했다. 1800년에는 1천만 톤으로 늘어났고 50년 뒤에는 5천만 톤을 넘어섰다.[31] 프랑스나 독일의 석탄 채굴량도 이와 비슷하게 급 증했다. 프랑스 광부들은 30년 전에 1백만 톤을 채굴했는데 1870년 에는 1천3백만 톤을 채굴했다. 프로이센(독일이 통일된 1871년 이전)의 석탄 생산은 1825년에서 1865년 사이에 150만 톤에서 2천만 톤으로 늘어났다. 영국의 석탄 생산은 1910~1914년에 최고조에 이르러 2억 7천만 톤에 달했다.[32]

석탄은 동식물 바이오매스가 압축된 채 5억5천만 년 동안 매장되어 형성된다. 석탄 채굴로 자연경관이 바뀌었다. 석탄 채굴이 전원 풍경 에 미친 가슴 아픈 이미지를 영국을 방문한 독일 관광객이 1844년에 이렇게 묘사했다.

신록의 들판에 구불구불 나 있는 검은 도로와 시커먼 보물을 잔 뜩 실은 기다란 마차 행렬을 상상해 보라. …… 평지에 뚫린 검은 갱구마다 흩어져 있는 석탄 무더기들을 태울 때면 영국인들이 흑 인들을 찾아 나선 이유를 이해하게 될 것이다.[33]

암울해 보이기는 하지만 다음 이미지는 생기 넘치는 1814년의 맨 체스터 모습을 그린 것이다.

멀리서도 자욱한 석탄 연기를 볼 수 있다. 그 연기로 집들이 시커멓게 되었다. 맨체스터를 가로지르는 강은 버려진 염료로 가득 차 있다. 마치 염색업자의 염색 통을 방불케 한다. 전체적으로 암울한 모습이다. 하지만 어디를 가든 잘 먹고 바쁘게 살아가며 행복해하는 사람들을 만나게 된다. 이런 모습은 보는 이의 마음을 들뜨게 한다.[34]

이런 연기가 공기의 질에 미치는 영향은 파괴적이다. 주택과 공장에서 석탄을 때면서 하늘이 시커메지고 나무에서 잡초에 이르는 온갖 초목들이 죽어 나가며 건물들이 콜타르와 그을음으로 오염되었다. 연기를 옹호하는 사람들은 일과 진보, 공업의 힘을 상징하는 것으로 보겠지만, 여기서 탄소, 황, 산화질소 같은 온실가스가 배출된다. 이런 사실을 깨닫게 되면서 온실가스의 존재를 분자 수준으로 측정하기 위한 과학 기구들이 발명되게 된다. 과거에는 많은 사람들이 호흡기 질환에 좋은 연기의 약리 효과를 환영했을 것이다. 하지만 꽤 시간이 흐른 뒤에는 농촌 사람들보다 도시 주민들이 유독가스 방출로 호흡기 질환을 더 많이 겪는다는 사실이 과학적으로 밝혀지게 된다.

발명과 혁신

영국과 유럽 대륙에서는 증기기관에 동력을 공급하는 화석연료가 1750년에서 1850년에 이르는 첫 번째 세기 산업화의 성격을 규정하는 데 이바지했다. 이런 말을 아무리 자주 한다고 하더라도 이 첫 세기를 그 이전 세기들과 구분하고 다가올 세기에 산업 발전을 촉진시키는 데 필요한 물리적·지적 에너지를 전달해 주지는 못한다. 탄층을 발견해서 석탄을 채굴하고 그것을 수레나 철도를 이용해서 공장으로 수송하고 연소시킬 때 나오는 열을, 작업을 하는 운동에너지로 전환하는 데는 물리적 힘과 더불어 관련 지식이 필요했다. 탄광의 화재를 줄이는 광산용 램프와 열효율이 좋은 난로를 개발한 것도 더 넓게 보면 물질적 복지 개선과 관련 지식이 서로 연결되어 나온 것이고, 실용적인 '것들'과 추상적인 과학 원리가 더 밀접한 관계를 맺게 되면서 가능해진 것이다.

관련 지식은 실천과 시행착오를 거치는 가운데 장인의 손놀림을 통해서, 그리고 장치나 기구를 반복해서 만들면서 조금씩 생겨났다. 예를 들어 초기 발명가들은 증기력의 물리학을 전혀 몰랐다. 그들은 대기와 기압을 알고 있었고 열을 일로 전환하는 대기 장치를 만들었다. 그들은 또한 물이 증기로 변할 때 생기는 진공 상태를 통해서 실린더의 피스톤을 움직이게 하는 압력이 발생한다는 사실을 알고 있었다.[35] 다른 지식들은 제대로 알지 못했지만, 12세기에 이미 물레와 수직기를 발명하면서 시작되었을 발명의 과정을 진척시키는 데는 부족함이 없었다. 앞서 살펴보았듯이, 15세기에는 용광로를 발명해 철을 생산하는 데 필요한 숯의 양을 줄일 수 있었다.

이러한 혁신이 과거에 이루어진 혁신과 다른 점은 그것이 가져다준 가속도에 있었다. 과거의 경험은 주기적인 양상을 보였다. 발전시기에 뒤이어 전쟁과 기근, 전염병으로 앞으로 나아가는 움직임이 지연되는 정체기가 오랜 기간 이어졌다. 산업화 초기의 발명들은 1820년 이후가 되어서야 초기의 탄력을 이어 가는 다른 발명들로 이어졌다. 양모와 아마 섬유용 방적기와 직조기, 소모기(梳毛機)를 만들어 냈다. 열풍을 이용해서 철을 정화하고 정제했다. 좀 더 크고 효율 높은 정지된 저압식 증기기관과 기관차의 고압식 증기기관을 제작하면서 산업과 수송에 변화가 나타났다.

그런가 하면 열기구의 발명으로 초기 형태의 비행이 이루어졌고, 천연두 백신을 발견하면서 전염병을 정복하려는 과학과 의학의 기나긴 여정이 시작되었다. 화학 첨가물을 넣지 않은 초기 형태의 가공식품이라고 볼 수 있는 통조림 식품도 등장했다. 구식 제조업이 더욱 우아하고 새로운 디자인과 양식의 제조업으로 대체되었다.[36] 중대한 발명들과 다수의 작은 발명들이 산업을 계속 변화시켜 나갈 수 있도록 추진력을 제공해 주었다. 철강 생산과 전기 사용이 장차 산업화를 촉진하게 될 터였다. 먼저 미국에서 나타난 초기 산업화와 그것이 환경에 미친 환경 영향을 살펴보자.

미국과 영국의 산업화 비교

미국 뉴잉글랜드 지역의 여성들은 1830년대에 이미 외부 유통업자와 계약을 맺고 가정에서 단추와 모자, 신발을 만들고 있었다. 유럽에서는 계약을 맺고 가내노동을 하는 이 제도가 공장이 가정을 대체하는 체제로 한걸음 나아가고 있었던 것이다. 미국에서는 19세기 초반에 일부 지역에서 산업화가 기존의 방식을 대체할 때까지 이 두 방식이 공존했다. 부츠와 마구, 다양한 가죽 제품을 만들어 내는 제조업자로서 가내노동과 가외노동, 소규모 공장 시설이 동시에 생산 활동을 펴면서 다양한 경제 질서가 오랜 기간 지속되었다. 그들은 유리 그릇 제조와 금속 세공, 자기 제작, 직물 방적을 놓고 소비자들을 끌어들이기 위해 서로 경쟁했다.

18세기 말과 19세기 산업 세계 대체로 그랬던 것처럼 가족 무역은 점점 늘어나는 인구의 수요를 맞추지 못했다. 사람들은 적당한 가격의 표준화된 소비재를 가족의 틀 바깥에서 찾았다. 인구 성장의 추세를 고려해 볼 때 농가 경제와 외부 작업 방식이 결국에는 대규모 공업이 충족시키게 될 수요를 당해 낼 수가 없었다.

유럽과 미국에서는 상인들이 목재와 곡물, 당밀, 설탕, 담배, 직물, 생선, 동물의 털과 가죽을 거래하는 상업적 무역 활동을 통해서 자본을 축적했다. 천연 산물이 소비 상품으로 등장하면서 이 품목들은 모두 머지않아 세계적인 경제로 발전하고, 상품에 새로운 의미를 부여하게 되는 서반구 경제의 일부를 구성했다. 대서양 노예무역 확대와 임금노동의 확장으로 나타난 것처럼 인간의 상품화는 새로운 기술의 팽창력을 보여 주었다. 기업가들이 검증되지 않은 새로운 산업에 투자하게 되면서 자본축적에 선결 요건이 되었다. 오늘날 우리는 이런 방식으로 투자하는 사람을 벤처 자본가라고 부른다. 영국에서는 공유지를 사유지로 전환하는 인클로저 법령으로 노동자들이 농장에서 쫓겨나 도시로 내몰렸다. 미국에서는 가족이 늘어나고 유산으로 받게 될 농장 규모가 작아지면서 형제자매들이 일자리를 찾아 다른 곳으로 떠나야 했다. 농가에 가족들이 너무 많은 상황에서 사람들이 이주를 했고 이들이 새로운 산업에 필요한 노동력이 되었다.

이러한 산업화의 이행기에 열심히 일한다는 것이 장인과 하인, 자유노동자들이 노동의 대가를 공평하게 나누어 받는다는 것을 의미하지는 않았다. 식민지 시대 미국 최대의 도시였던 필라델피아에서는 소득 불평등이 일반적인 현상이었다. 이곳에서는 부를 기준으로 상위 10퍼센트가 과세 재산의 90퍼센트를 소유했고, 인구의 30퍼센트가 가난하게 살았다.[37] 남부의 플랜테이션에서는 그 격차가 더욱 심했다. 담배 플랜테이션에서는 수가 줄어드는 연한계약 노동자를 노예들로 대체했다. 대농장주들이 자작농들을 몰아내면서 사회계층들 사이에 격차가 더욱 벌어졌다. 유럽에서 값싼 담배에 대한 수요가 늘어나자 대농장주들은 그런 식으로 소유지를 확대해 나갔다. 이렇게 단일 작물을 심고 수확하기를 반복하자 돌려짓기를 할 때 나타나던 토지의 활력과 다양성이 파괴되었다.

대다수의 사람들이 자유농민과 자작농, 농장주로서 토지에 투자했다. 하지만 농장에서 방출된 이들은 다른 곳으로 일자리를 찾아서 떠나야 했다. 이들이 공업에 필요한 노동자가 되었다. 기업가들은 여자와 아이들을 겨냥했다. 왜냐하면 젊은 여자와 아이들이 이렇다 할 생계 수단이 없는 잉여 인구를 대표한다고 생각했기 때문이다. 그들은 가난과 굶주림을 물리치기 위해서 공장 노동에 뛰어들었다. 벤저민 프랭클린은 일찍이 이런 거래를 받아들였다. 그러면서 "책임자들이 제조 활동을 수행할 수 있는 것은 바로 다른 사람들을 위해 저임금으로 일하지 않으면 굶어죽을 수밖에 없는 토지 없는 다수의 빈민들 덕분이다"라고 말했다.[38] 기계에 흥미를 가진 발명가들이기는 했지만, 프랭클린과 제퍼슨은 자신들이 유럽에서 목격한 사회 불평등의 함정을 피하려고 애쓰고 있는 신생국가에서 제조업이 분열과 부패를 불러일으킨다고 생각했다.

프랭클린과 제퍼슨은 영국이 산업화되면서 급속하게 도시민들의 국가로 바뀌고 있다고 보았다. 상당수의 사람들은 19세기 초 수십 년이 지나도록 이런 변화를 감지하지 못했지만 이 두 사람은 이러한 추세를 미리 내다봤다. 19세기 초기의 변화는 괄목할 만했다. 증기 보일러는 발명되자마자 곧 증기로 움직이는 신형 기관차의 동력 장치가 되었으며, 결국에는 증기력이 공장의 수차를 대체하게 되었다. 제퍼슨과 프랭클린은 영국에서 이런 추세가 시작되는 것을 보고 신생 국가 미국에서는 그런 일이 일어나지 않기를 바랐다. 두 사람은 미국이 절약, 자급자족, 느린 성장을 바탕으로 민주주의적 가치를 유지하는 농업 공화국이 되기를 바랐다.

제퍼슨과 프랭클린은 해롭다고 생각한 쇳가루와 검댕의 이면에 농촌 경제에서는 알려지지 않은 발명과 혁신, 기업가 정신, 경제적 발효제가 있다는 사실을 내다보지 못했다. 이런 것들이 있는 곳에서는 지식이 발전의 매개체가 되어 학습 활동이 활발해진다. 모든 것이 급격히 변하고 있을 때는 아무도 미래의 모습을 예견할 수 없었다. 하지만 새로운 사회(예측할 수 없는 불안정한 사회, 승자와 패자로 갈리는 사회, 부익부 빈익빈 사회)가 다가온다는 점은 알아챘어야 했다. 새로운 산업사회에서 귀족이 갑자기 사라지지는 않았다. 하지만 상당수의 사람들이 산업 혁신에 자본을 투자하는 투자자 계급으로 전환되었다. 상속 대신에 업적에 바탕을 둔 부가 성공에 이르는 수단으로 등장하자, 일부 귀족들은 자신이 물려받은 권력과 특권이 무너지는 것을 지켜볼 수밖에 없었다.

그런데 자연 그대로의 환경 때문에 투자자나 제조업자들이 심각한 생산 문제에 직면했다. 여름철 삼복더위와 겨울철 한파에 하천이 마르면 수력 에너지에 의존하던 공장 생산이 줄었다. 양모나 면화의 공급 또는 도시와 농촌 인구의 완제품 수요가 생산을 저해하거나 수익과 이윤에 영향을 미친 것이 아니라, 계절에 따른 기후 상태가 영향을 주었다. 수백 킬로미터, 심지어 수천 킬로미터나 되는 분수계에서 발원한 더 큰 하천이 흐르고 물막이 둑을 건설할 수 있으며 폭포가 떨어지는 그런 환경으로 옮기게 되면 생산을 늘리고 비용을 줄일 수 있을 것이다. 결국 규모가 작은 마을 공장들이 대규모 시설을 갖춘 공장들과의 경쟁에서 밀려나게 된다.

어떤 의미에서 이 마을 공장들은 계절에 따른 농업 생활 유형을 따른 것이라고 볼 수 있다. 일하고 잠자는 일상 활동의 리듬이 해가 나는 시간의 길이에 따라 형성되었다. 들에 눈이 덮이게 되면 농부들이나 마을 직공들은 숲으로 가서 벌목을 했고 요리와 난방에 쓸 연료로 헛간을 채웠다. 봄과 가을에는 작물을 심고 수확했으며, 더운 여름에는 밭을 갈고 김을 매고 물을 주었다. 더 넓은 의미에서 공업이 인간관계는 물론 인간과 계절의 관계, 농부와 마을 주민들이 자연 세계와 맺고 있던 역동적인 상호 관계까지 바꿔 놓았다.

도시에 대규모 기계공업이 들어서면서 가족 구성원들은 자신의 일에 전문가가 되었다. 공장이 마을 오두막집을 대신해 일터가 되었다. 가족들이 자신들이 쓸 제품을 계속 생산하기는 했지만 경제활동으로서의 가내 작업과 외부 작업은 사라졌다. 이제는 공장이 주요 일터가 되어 평일에는 가족이 서로 헤어지게 되었다. 새로운 작업 솜씨를 익히고 새로운 생산 기술을 활용하기 위해서는 상당한 수준의 문자해독 능력이 필요했다. 숙련 노동자들은 임금을 더 많이 받았고 더 좋은 음식을 먹었으며 질병과 부상에 대한 치료도 받으며 더 오래 살았다. 반면에 미숙련 노동자들은 임금이 적었고 보잘것없는 음식을 먹었으며 질병과 부상에 대한 치료도 받을 수 없었고 더 빨리 죽었다. 전염병과 질병, 더 길고 강도 높은 노동시간 때문에 숙련 노동자, 미숙련 노동자 가릴 것 없이 모두 "공장에 입사할 때만큼 열심히 일하지 않게" 되었다.

이러한 변화들이 가져온 영향이 처음에는 드러나지 않았지만 머지않아 도시로 몰려들고 난 직후 세대의 유아사망률 증가로 나타났다. 높은 유아사망률뿐 아니라 출산율이 감소하는 현상도 나타났다. 농업과 마을 가내공업은 일할 자녀들이 있는 큰 집안에서 번성했다. 초기 기계공업은 질병의 온상이자 공기 전염성과 수인성 오염을 낳는 배수구였을 뿐 아니라 자녀들이 많아서 가족들의 경제적 부담이 큰 환경이기도 했다. 출산 조절이 흔하게 벌어졌다.

18~19세기 유럽에서는 공업 생산이 농업 생산을 뛰어넘는 데 수십 년이 걸렸다. 따라서 가정과 시장을 위해 생산하는 농촌 공업이 오직 시장만을 대상으로 생산하는 도시 기계공업과 수십 년 동안 공존했다. 이행은 1810년 무렵 영국에서 가장 먼저 일어났고, 나중(1840년)에 프랑스에서, 그보다 훨씬 뒤(1890년)에 독일에서 일어났다.[39] 미국에서는 농업 생산성과 공업 생산성이 20세기 초까지도 비슷했다. 따라서 산업혁명의 개념에 극적인 측면이 있기는 하지만, 혁명의 과정은 점진적일 것이라고 생각하는 게 더 현명할 것이다.

앞서 살펴보았듯이, 19세기 미국의 산업이 단 한 가지 경로를 따라 발달한 것은 아니다. 그렇다고 특정 지역에 국한되어 발달한 것도 아니었다. 뉴잉글랜드의 거대 직물 기업 집단과 나란히 다른 형태의 산업화가 진행되었다. 뉴욕과 필라델피아, 볼티모어 같은 대도시의 공장에서는 의류와 금속, 종이, 부츠, 신발, 공작기계를 제조했다. 코네

티컷 강 유역을 따라 난, 규모가 좀 더 작은 상당수의 농촌 도회지들과 스프링필드, 치커피, 페퍼렐, 매사추세츠, 사코, 메인 같은 소도시들도 그 대열에 뛰어들었다. 도시와 농촌에는 가벼운 수공예에서 형태와 크기가 다양한 수력 공장에 이르기까지 여러 가지 산업화 모델이 존재했다.[40]

매사추세츠 주 로웰은 단일산업도시의 모델을 보여 주었다. 그 역사가 국립공원에 보존되어 있을 정도이다. 미국인들은 대부분 이 단일산업도시가 200년 전의 공업시대를 상징한다고 생각한다. 이 도시는 찰스 강의 물을 이용해 공장 2곳에 동력을 공급한 매사추세츠 주의 조그만 공장 도시 월섬의 성공을 기반으로 1814년에 세워졌다. 공장주 프랜시스 캐벗 로웰과 나탄 애플턴이 기존 농가의 젊은 미혼 여성들을 방적공과 직조공으로 고용했다. 하지만 찰스 강의 자연 유량이 수력 방직공장 두 곳의 수요를 충족시킬 수 없었다.

더 많은 공장에 동력을 공급할 수 있는 유량이 넉넉하고 더 큰 강을 찾기 시작했다. 그보다 훨씬 앞서 증기기관을 발명했음에도 미국은 19세기 중엽까지 물에 의존해서 산업에 동력을 공급했다. 심지어는 20세기에 화석연료가 등장하고도 1900년에 미국 산업의 20퍼센트는 여전히 수력에 의존하고 있었다.[41] 월섬 공장주들은 메리맥 강에서 자신들이 필요로 하는 물길을 발견했다. 메리맥 강은 환경사 연구자 테드 스타인버그가 "미국의 초기 공업 역사상 가장 유명한 하천유역"으로 인정한 강이다.[42]

메리맥 강 유역에는 8천 제곱킬로미터나 되는 땅과 물이 있다. 이 강은 190킬로미터를 흐르고 하류의 일일 평균 유량이 초당 1,800세제곱미터에 달한다.[43] 19세기 전반기에는 매사추세츠 주의 로웰과 로렌스, 뉴햄프셔 주 맨체스터와 콩코드가 미국의 직물 생산 중심지였다.

직물 산업을 장악하기 위해서는 댐과 수문, 용수로 건설을 통해서 아무런 제지 없이 대양으로 흘러 들어가는 자연 경관 수계를 조절해야 했다. 강물을 공장 지하로 끌어들여서 물레바퀴를 돌리고 소면기와 방적기, 직조기에 동력을 공급했다. 공장주들은 하천 에너지를 조절하고 이용하는 이 거대한 노력이 발전을 상징한다고 생각했다. 실제로 공장주들은 점점 커져 가는 국내외 시장에 내다 팔 면직물과 모직물을 꾸준히 생산했을 뿐 아니라 잉여 인구인 미혼 여성과 아이들에게 고용의 기회를 제공했다.

세찬 강물로 상징되는 자연을 정복하는 데는 인간의 발명과 천재성이 필요했다. "자연 세계는 창조적인 인류의 손길을 기다리는 생산 잠재력을 지닌 저수지였다."[44] 1850년 무렵에 40개 이상의 공장들이 강 유역에서 가동되었고 1천4백만 달러어치가 넘는 면직물을 생산했다. 1821년에 하천 조절을 시작할 무렵에 백 명을 고용하던 곳에서 이제는 천 명을 고용했다. 이 신생국가에서 공업에 종사한 사람들의 수는 1820년과 1840년 사이에 곱절로 늘어나고, 제조업 투자가 농업 투자의 40퍼센트 정도에 육박했다.[45]

새로운 산업화가 진행되고 있는 미국을 찾은 방문객이나 관찰자들은 물론이고, 심지어 농업이 공업으로 전환되는 변화를 달갑지 않게 생각한 사람들도 여기저기에 생겨나는 공장들을 보면서 희망과 약속을 얘기했다. 로웰을 방문한 스웨덴 소설가 프레드리카 브레머가 어느 겨울밤에 도시를 낭만적으로 묘사했다.

드루크로프트 언덕 꼭대기에서 장엄한 광경을 목격했다. 로웰의 공장들 불빛 수천 개가 별빛과 함께 빛나고 있었다. 이 불빛들은 그 속에서 일하고 있는 사람들에게 건강하고 희망찬 인생을 상징했다. 이 불빛들은 노동 궁전에서 일하는 모든 사람의 마음속에 안락과 번영의 미래를 밝혀 주는 영롱한 작은 불빛이 빛나고 있음을 알려준다. 하루하루 물레바퀴가 돌 때마다 그 미래가 더욱 가까이 다가왔다.[46]

공장의 출현을 목격한 사람들은 공업이 노동자들에게 미치는 영향에 대해서도 마찬가지로 긍정적인 언어로 표현했다. 농업이 힘을 더해 주는 깨끗한 이미지로 알려져 있었는데 제조업도 비슷한 찬사를 받았다. 사회비평가 헤리에트 마티노가 이렇게 지적했다. "공장이 들어서기 전에 어떤 곳에서는 매우 사악한 도덕이 판을 쳤는데 이제는 무척 질서정연한 사회가 되었다."[47] 여행가 제임스 실크 버킹엄도 "거의 모두가 주변의 농촌 출신이기는 하지만 공장에서 일을 하기 시작한 이후 그들의 건강, 특히 여성의 건강이 입사 이전보다 훨씬 좋아졌다"고 썼다.[48] 이러한 주장들은 나중에 수집한 여성 공장노동자들의 건강에 관한 자료의 내용과 배치되기는 하지만, 그 무렵에는 새롭고 깨끗하고 건강한 공장 도시의 인상이 압도적이었다.

북부의 호수들에서 흘러 내려오는 물과 연간 강우량이 115센티미터나 되는 강수량이 풍부한 인근 지역의 강물이 유입되는 광범한 하천 분수계라 할지라도 공업의 공격을 감당해 낼 수 없었다. 깨끗한 물에서는 번식하고 하천이 오염되면 죽어 버리는 수중 생물과 식물은 하천의 건강 상태를 점검할 수 있는 자연 감시 장치이다. 뉴잉글랜드 하천어업국이 1867년 무렵에 다음과 같이 보고했다.

> 반세기 전에는 (연어와 청어를 비롯한 생선들이) 건강에 좋은 풍부
> 한 식량을 제공해 주었지만, 물이 드나들 수 없도록 댐을 건설하고
> 쓸데없이 연못과 하천을 오염시키며 어류를 남획하면서 우리의 강
> 과 호수에 서식하는 개체수가 대폭 줄어들었다.[49]

20세기 들어 점점 더 많은 댐이 건설되면서 물고기들이 댐에 막혀
산란 장소로 돌아가지 못하고 결국에는 죽게 되었다. 1848년에 건설
한 9미터 높이의 거대한 로렌스 댐이 메리맥 강의 건강을 해치는 큰
장애물로 변했다.

방직공장과 무두질 공장에서 염료와 화학 성분이 배출되고 제재소
에서 톱밥이 물에 떠내려 오고, 사람들이 모아 둔 배설물을 물로 씻
어 내리면서 메리맥 강은 산업폐기물의 배수구가 되었다. 1870년에
는 로웰의 인구가 4만 명을 넘었고, 로렌스의 인구는 2만9천 명에 육
박했으며, 뉴햄프셔 주 맨체스터의 인구는 2만3천 명을 넘었다.[50] 강
을 따라 형성된 도시들이 경제적 발전을 거듭해 나가자 상류 분수계
로부터 흘러오는 물로 강물을 정화하는 강의 자정 능력이 떨어졌다.
이러한 변화의 시기를 살아간 사람들은 그 원인과 결과를 알고 있
었다. 로렌스 출신의 한 관찰자가 1890년에 이렇게 기록했다.

> 10년 전만 해도 메리맥 강의 물이 지금보다 훨씬 더 깨끗했다.
> 우리보다 상류에 있는 도시들에서 해마다 더 많은 쓰레기가 강에
> 유입된다. 그 결과로 갈수록 물이 더 오염된다. …… 유독성 염료

와 공장 폐기물도 강에 버려진다. 세균이 가득한 물이 고작 15킬로미터밖에 흐르지 않았는데 로렌스 주민들이 그 물을 마신다. 질병과 죽음이 뒤따르는 건 놀랄 일이 아니다.[51]

증기 동력을 사용하는 공장이 늘어난다는 사실은 수력 사용이 줄어든다는 것을 의미했다. 메리맥 강을 따라 난 공장들이 증기력을 사용하는 새 직물공장들과 보조를 맞추기 위해서 변신을 꾀했다. 하지만 그들은 자신들처럼 최신의 기술로 혁신을 시도하는 공장들이 아니라 이제 막 개업을 한 공장들에게 비교우위를 상실했다. 산업화는 투자자나 공장주들이 바라본 것처럼 보존이나 적응이 아니라 발전이었다. 메리맥 강의 수력 에너지가 직물과 양탄자, 철기, 가죽, 목재, 목공품 등을 만드는 공장에 반세기가 넘도록 동력을 공급했다. 이제는 증기력과 화석연료 에너지가 차세대 산업화의 물결에 동력을 공급하게 될 것이다. 프랑스의 지형학자 기욤 텔 푸생(Guillaume Tell Poussin, 1794~1876년)이 이렇게 지적한 바 있다. "증기는 미국인들의 성격과 예절, 풍습, 필요에 적응한 국가적으로 매우 중요한 구성 요소였다."[52]

제조업자들은 원시 상태의 자연을 취해서 사람이 사용할 수 있도록 만들었다. 사람들이 그것을 사용하게 되면서 공장주와 투자자들이 막대한 재산을 벌게 되고, 수천 명에 이르는 노동자들이 임금을 받게 되었다. 누구 할 것 없이 모두 경제적 혜택을 보게 된 것이다. 황야에 도시가 들어서고 그 도시가 문화와 학습의 중심지이자 생활 공간이 되었다. 공장 생활이 고달프기는 했지만 상당수가 새로운 사회경제 질서의 혜택을 보았다.

그림 7-3 미국 조지아 주의 방적공장에서 일하고 있는 어린 방적공들(1909년)
Lewis W. Hine(LOC). http://www.flickr.com/photos/39735679@N00/484535150/.

　단일산업도시가 여전히 주류를 이루었다. 로웰의 방직공장들이 가동되고 있기는 했지만, 로렌스에 들어선 규모가 큰 신흥 모직 공장의 그늘에 가렸다. 미국 전체에서 규모가 가장 큰 공장 4개 가운데 3개가 로렌스에 생겼다. 1899년에는 모든 공장들을 통합해서 노동자 1만2천 명을 고용하는 단일 기업체 미국모직회사(American Woolen Company)로 발전하게 된다. 로웰 북쪽에서는 뉴햄프셔 주 맨체스터의 아모스케그제조회사(Amoskeag Manufacturing Company)가 공장 건물이 30채에 이르고 노동자 1만7천 명을 거느린 세계 최대의 직물회사로 발전했다. 로웰 남쪽에서는 매사추세츠 주의 폴리버(Fall River)가 유속이 빠른 강이 없는데도 유력한 직물 회사로 떠올랐다. 폴리버는 펜실베이니아로부터 석탄을 공급받고 증기 동력과 자동화 기계를 사용했다. 이 폴리버는 유속이 빠른 하천의 수력 에너지에서 해방된 미국 방직공장의 전형이 되었다.[53] 그러나 강들은 여전히 고통으로 신음하고 있었고 지류가 오염되었으며 질병이 확산되고 자정 능력이 떨어졌다. 한때는 뉴잉글랜드와 중부 대서양 연안 주, 중서부 일대의 공업이 활기를 띠었다. 장기적인 경제 침체에 빠져들면서 메리맥 강 유역이 이룩한 경제 기적이 악몽으로 다가오게 된다.

남북전쟁 전에 로웰을 비롯한 일부 지역의 공장 노동 환경이 청결하고 효율적이었다고 찬사를 늘어놓는 유럽인들도 있지만, 남북전쟁 이후에 수집한 여러 자료를 살펴보면 그런 표현은 과장인 것 같다. 1840~1850년대에 유럽인들이 방문한 공장들은 전쟁 이후 건설된 새로운 대형 공장과 종합 공장에 견주어 하찮아 보였다. 이러한 규모의 변화는 공장 노동이 노동자들에게 끼친 가혹한 고통을 이해하는 데 도움을 준다. 첫 번째 변화가 나타난 1905~1912년 시기에 관한 자료가 이런 내용을 시사해 준다. 뉴잉글랜드 면방직공장 노동자의 사망률이 다른 노동자들의 사망률보다 더 높았다. 공장에서 오래 일할수록 사망률이 높게 나타났다. 직업 선택의 기회가 적은 사람들, 곧 이주민들과 교양이 부족한 젊은 남녀가 가장 높은 사망률에 시달렸다. 가사노동까지 하면서 공장에서 일하느라 여성 노동자들의 삶은 형편없었다. 방직공장에 다니면서 자녀를 출산한 기혼 여성의 사망률이 가장 높았다.[54]

공장의 힘겨운 노동 현실이 드러나면서 유럽 방문객이 본 이상적인 방직공장은 사라져 갔다. 고달픈 노동으로 피로가 누적되고 감기에 대한 저항력이 떨어지면서 노동자들이 결핵에 쉽게 걸리고 끝내는 사망에 이르렀다. 몹시 덥고 습하고 비좁은 공간에서 주당 54~58시간 이나 일했기 때문에 공장은 전염병을 확산시키는 온상이 되었다. 높은 습도를 유지하고 기계 마모를 줄이기 위해서 노동자들이 일하는 직조실에 대놓고 증기를 주입했다. 노동자들은 물 마시는 컵을 함께 썼고 직조실 노동자들은 북이 빌 때마다 "씨실에 입을 갖다 댔다." 빈 북을 채우기 위해서 씨실을 볼에 대고 입술로 그 실을 끌어당겼다. 여러 직조공이 같은 직기를 다루는 경우도 있었기 때문에 "씨실에 입을 갖다 대는" 행위는 전염병을 확산시키는 가장 위험한 방식이었다. 자동 직기가 발명되면서 이런 식으로 실 꿰는 일은 사라졌지만, 작업량이 늘어나면서 '입맞춤'은 또 다른 피로와 스트레스로 대체되었다.[55]

면직물과 모직물, 아마 섬유를 대량생산하는 수단으로 방직공장이 집중화되면서 그들을 수용한 도시의 물질대사에 변화가 나타났다. 무엇보다 인구밀도가 크게 늘어났다. 집들이 빼곡히 들어서고 거리가 혼잡해졌으며 공장은 사람과 기계의 움직임으로 붐볐다. 이렇듯 인구밀도가 높은 공업 중심지는 전염병의 서식지가 되었다. 배설물이 섞인 물에서 발병하는 콜레라와 장티푸스가 주기적으로 19세기 도시들을 찾아왔다. 감기와 인플루엔자, 폐렴, 온갖 종류의 매독, 성홍열, 백일해, 볼거리 등은 늘 도시의 위생과 보건이 형편없음을 상기시켜 주었다. 여기에 덧붙여 사람들은 공장 노동으로 몸이 더욱 허약해지고 고통에 시달리다가 일찍 죽게 되었다. 그야말로 인간 비극의 현장이었다.

뉴잉글랜드 공장 도시 너머에 있는 대서양 연안의 경제도 호황을 맞았다. 델라웨어 주 윌밍턴은 동물 가죽으로 소비재를 만들면서 모로코가죽을 무두질하는 제조업 중심지로 발전했다. 델라웨어 강의 흐르는 물에 무두질 찌꺼기를 버리면서 윌밍턴은 가죽 제품으로 국제적 명성을 얻었다. 뉴저지의 트렌턴 제철소는 브루클린 다리를 비롯한 현수교와 건물 건축에 필요한 철재와 케이블 생산을 주도했다. 상업용 건물의 철제 외관과 고층 빌딩의 철 구조가 건축 환경을 바꿔 놓았다. 케이블 교량이 현대 수송 체계에서 한몫을 했다.

트렌턴 지역은 화성암과 변성암, 점토에서 나온 규산염 광물이 풍부했기에 도자기 생산의 중심지가 되었다. 20세기 초에 들어와 국민들이 점차 위생 개선의 필요성을 인식하게 되면서 싱크대와 욕조, 변기가 트렌턴 요업의 주요 생산품으로 떠올랐다. 1900년 무렵에 트렌턴 시에 있는 40개 요업 공장에 1만5천 명의 노동자들이 고용되어 있었다.[56] 경제가 성장하는 시기에는 사용 가능한 자연 자원과 인적 자원이 있는 도시가 번성했다. 다음에 열거하는 자원 가운데 어느 한 가지나, 아니면 동시에 여러 가지를 사용할 수 있다면 그 도시는 성공할 수 있는 잠재력을 지니고 있는 셈이다. 수력 에너지를 위한 하천, 폐기물을 버릴 배수구, 주변 마을과 도시나 아니면 먼 곳으로부터 동원 가능한 노동력, 숯과 건축자재와 연료를 얻을 삼림지대, 가죽과 고기를 제공할 동물 등이 그것이다. 트렌턴의 경우에는 지질학적 역사는 물론이고 인간의 환경을 개선할 생산품을 만들어 낼 수 있는 화학적 구성을 지닌 토양이 있어서 산업 시장에서 비교우위를 누렸다.

19세기 후반 들어 유럽과 미국에서는 석탄 생산이 중앙 집중적인 대규모 기업을 설립해 나가는 데 중요한 역할을 했다. 정부와 은행을 비롯한 금융시장이 석탄 연소 에너지로 이동하는 기차 철도망을 부설하는 데 힘을 보탰다. 1875년 무렵에는 대규모 제강 공장이 "라인 강 유역과 오하이오 강 유역, 그리고 그 강의 지류인 루르 강, 자르 강,

모젤 강, 앨러게이니 강, 머농거힐라 강, 머호닝 강에서 우후죽순처럼 생겨났다."[57] 이 지류와 철도가 기계를 비롯한 석탄, 코크스, 철광석, 석회석, 철강 제품을 다른 공업 지역으로 실어 날랐다. 이러한 제품들의 시장은 국가라는 경계를 넘어 드넓은 지역으로 확장되었다. 규모가 큰 유럽 국가들뿐 아니라, 천연자원은 서로 다르지만 공동의 기술과 수송 체계를 이용하게 된 작은 국가들도 1850년부터 1900년에 이르는 기간에 10년마다 국민소득이 15~25퍼센트씩 증가했다.

석탄, 철, 강철

영국은 세계의 공장으로서 여러 세기 동안 전 세계의 석탄 생산을 주도했다. 목재 연료원의 공급이 줄어들자 그를 대신해 석탄이 영국의 산업화에 동력을 공급했다. 석탄은 또한 19세기 말에 급증하는 미국의 공업이 도시 산업 지역과 주거 지역 오염의 주범이 되게 만들었다. 오늘날에는 소비자들을 위한 전력을 생산하는 데 세계에서 가장 많이 해마다 15억 톤이 넘는 석탄을 땐다.

바버라 프리즈가 《석탄: 인류의 역사》(2003년)에서 지적했다시피, "석탄은 착한 요정처럼 우리의 소원을 들어주고 산업화 이전 시대의 무모한 꿈 이상으로 선진국에 살고 있는 우리 대부분을 부유하게 해주었다. 그런가 하면 석탄은 또한 요정과 마찬가지로 예측할 수 없는 위협적인 면을 지니고 있다. 언제나 알고 있는 사실이기는 하지만, 우리는 이 어두운 면이 얼마나 지대한 영향을 미칠지 이제 막 깨닫기 시작하고 있다."[58] 좀 더 어두운 면을 얘기하자면, 석탄을 땔 때는 공장에서 나오는 배기가스 때문에 호흡 부전과 폐암으로 사망하는 사람이 미국에서 해마다 1만 명이나 된다. 세계 최대의 석탄 생산국이자 소비국인 미국은 19세기 영국의 생산량을 몇 배나 넘어섰다. 중국의 끝없는 에너지 수요를 볼 때 금세기 초에는 중국이 세계의 주요 석탄 소비국이 될 것이고, 중국인들에게도 마찬가지로 건강에 큰 영향을 끼치게 될 것이다.

천연자원을 이용할 수 있는 여건이 된다면 대개 물길을 따라 공장과 작업장이 들어서게 되고 결국에는 복합 기업체가 건설된다. 19세기 말에 부설된 통합된 철도망 덕분에 자원과 완제품 간의 거리 문제가 어느 정도 해소되기는 했지만, 기업의 비교우위를 계산할 때는 근접성이 여전히 중요한 변수가 되었다. 대서양 연안에 있는 중동부의 주 펜실베이니아와 웨스트버지니아에는 미국에서 가장 풍부한 역청탄 지층이 있다. 국내외를 대상으로 강철을 생산하던 피츠버그가 '세계의 공장'을 자처하게 된 근거는 막대한 석탄 자원에 있었다. 석탄 자원이 없었더라면 피츠버그 공업의 장래는 점차 빛이 바랬을 것이다. 1883년에 윌러드 글래지어가 쓴 것처럼 피츠버그의 철강 산업은 "도시 주변의 무한할 정도로 풍부한 석탄 덕분에 가능했다."[59]

증기력을 사용하는 기차와 공장, 산업들이 생산량을 늘리면서 피츠버그의 석탄 수요도 끝없이 늘어났다. 피츠버그의 석탄층이 있는 펜실베이니아 서남부의 4개 군이 도시의 수요에 맞추어 석탄 생산을 늘렸다. 1850년에는 연간 50만 톤을 생산했지만 1911년 무렵이 되면 석탄 생산량이 6,650만 톤으로 급등했다.[60] 이 석탄은 대부분 철도 기업과 영리 기업, 가정의 소비자들에게 직접 운반되었다. 철강 공장용 석탄은 별개의 문제였다.

철을 생산하는 제련 과정에는 탄소가 필요하다. 나무를 연소하면 이 과정에 필요한 숯이 나오기 때문에 수백 년 동안 주물공장은 삼림지대 근처에 자리 잡고 있었다. 숲이 고갈되고 석탄이 발견되면서 철강을 제조하는 데 숯 대신에 점결탄을 사용하게 되었다. 철도 교통이 확장되고 숯 생산이 줄어들자 도시 주변에 있던 용광로가 도시 안에 자리를 잡게 되었다. 그러나 코크스 생산은 여전히 탄광 근처에서 이루어졌으며 1850년부터 1920년까지 약 70년 동안은 비하이브로에서 생산되었다.

코크스를 비하이브로(beehive oven)에서 생산하는 방식을 이해하는 것은 여러 가지 이유에서 중요하다. 가장 중요한 것은 이 생산 과정이 주변의 물리적 환경에 미치는 영향이다. 비하이브로는 벌통과 비슷하게 돔 모양으로 생겼다. 바닥 지름이 3.7미터에다 높이가 2.1미터가량 되며 위로 구멍이 많이 난 벽돌로 두른 이 용기에 고열을 가하면 입자상 물질과 가스가 빠져나온다. 2~4일 동안 석탄을 땐 다음에 노(爐)에서 고탄소 코크스를 제거해 낸다. 이 작업을 1900년 무렵까지는 사람이 직접 했지만 그 이후에는 기계로 했다. 이러한 노 수백 기가 지평선 위로 줄지어 늘어서서 유독가스와 콜타르가 섞인 연기를 뿜어내면서 대기를 오염시켰다. 한 관찰자는 그 풍경을 이렇게 기록했다.

봄 연기는 대개 담청색을 띠고 겨울 연기는 갈색이나 회색을 띤다. 그리고 연중 수시로 분홍빛을 띤 연자주색에서 저녁에는 자주색을 띤 암회색으로 변한다.[61]

1909년 무렵에 비하이브로가 10,400기에 달했는데 그 절반가량이 펜실베이니아 서남부에 있었다. 이곳에서 피츠버그와 그 주변 도시를 중심으로 발달한 철강 산업에 사용할 수백만 톤의 코크스를 생산하고 있었다. 상당수의 노가 시골에 있기는 했지만 시내에 위치한 존스앤드래플린철강회사(Jones and Laughlin Iron and Steel Company)가 세계 최대의 비하이브로 시설을 운영하고 있었다. 노 수가 무려 1,510기에 달했다.[62] 노가 용광로 근처에 있게 되면 생산비가 덜 든다. 환경에 파괴적인 영향을 미칠 것은 불을 보듯 뻔한 일이었다.

비하이브로에서 나오는 배기가스로 주변의 땅 수 킬로미터가 온통 먼지와 콜타르, 재, 기름으로 뒤덮였다. 1900년에 한 식물학자는 "코크스로 주변에 나타난 가장 두드러진 특징은 개체나 개체군을 가릴 것 없이 관목이나 나무로 이루어진 자연의 모든 것이 온통 비참한 상태에 빠진 것"이라고 기록했다.[63] 새어 나온 배기가스가 넓은 지역에 걸쳐 해를 끼쳤을 뿐 아니라 노 부지에 버려진 폐기물 또한 땅과 하천에 파괴적인 영향을 끼쳤다. 석탄에서 나온 고형 폐기물이 땅에 쌓이고 그것이 가까운 하천에 흘러 들어가게 되면서 물 흐름에 변화를 불러오고 홍수를 유발하며 수중 생물과 생태계를 파괴시킨다. 여기서 우리가 관심을 두는 초점은 물론 공업용 코크스 생산에 있다. 하지만 석탄 생산과 연소가 환경에 해로운 영향을 끼쳤다는 사실을 덧붙여 둔다.

미국이 영국을 앞질러 세계 최대의 석탄 생산국이 될 때까지, 19세기 후반 50년 동안에는 10년마다 석탄 소비가 곱절로 늘어났다. 1900년에는 석탄이 국가 전체 에너지의 71퍼센트를 공급했고 나무가 공급한 양은 21퍼센트로 떨어졌다.[64] 1940년 무렵에는 시카고, 클

리블랜드, 밀워키, 피츠버그, 세인트루이스를 포함한 미국 내 최대 도시들 상당수가 에너지의 85~92퍼센트를 석탄을 때서 얻었다. 석탄을 비롯한 원료를 수송하고 철도와 선박으로 사람을 수송하고 철재와 앵글, 판, 현수 케이블 같은 상업용 완제품을 제작하고 새로 발명한 노동절감 기구를 비롯하여 갈수록 늘어나는 소비재를 생산하는 데 석탄이 에너지를 제공했다. 이런 점에서 철도와 철근 건축, 제조 공장, 원양선과 관련된 국가의 주식 자본이 크게 늘고 중산계급과 노동계급의 소비재 구입 여력도 높아졌다. 소비 증가와 환경 장애의 관점에서 보면 이것은 수지맞는 거래라고 할 수 없다.

도시의 보건 관리자와 사회과학자들이 도시 노동계급을 조사하기 시작하면서, 석탄에서 나오는 연기가 말라리아를 죽이고 사람의 시력을 보호하고 건강에 해로운 온갖 것을 막아 준다는 산업화 이전 시대의 그럴듯한 수사가 자취를 감추게 되었다. 19세기 말 도시의 주된 사망 원인은 결핵과 폐렴, 기관지염이었다. 공업국가 미국뿐 아니라 영국과 독일에서도 마찬가지였다. 빈민들이 더 취약하기는 했지만 공해로 오염된 지역에서 폐 질환은 계급을 가리지 않았다. 그 어느 누구도, 심지어는 가장 큰 부자도 기관차와 증기선, 공장 굴뚝, 주택 굴뚝에서 피어오르는 연기를 피하지 못했다.

공업용과 주거용 석탄 채굴은 물리적 환경에 광범위한 영향을 미쳤다. 채굴 과정에서 나온 광재와 바위 같은 단단한 잔해들 말고도 광산에서 흘러나오는 황산수가 하천을 오염시키고 '센물'(硬水)을 마실 수 없게 만들었다. 또 증기를 만들기 위해서 물을 사용하거나 냉각수로 물을 사용하는 모든 배관과 기계까지 못 쓰게 만드는 부식제 구실을 했다. 피츠버그의 간선철도 두 곳을 수리하고 교체하고 청소

그림 7-4 **강철을 생산하는 노** 영국 서북부의 레이크 지방에서 가까운 웨스트컴브리아에 위치한 워킹턴철강회사. 베서머 전로에 있는 선철 용액에 공기를 주입해서 불순물을 제거하고 있다. Phil Baggley 제공.

하는 데 들어가는 비용이 연간 80만 달러에 이르렀다.[65] 주민들은 관을 사용하지 않은 우물물을 마셨으나 대개는 수인성 전염병에 노출되었다. 장티푸스는 대개 수돗물을 마시지 않으려는 시민들 때문에 발병했다. 세탁한 옷과 마찬가지로 가정의 배관도 황산수의 피해를 입을 수밖에 없었다.

20세기 초 수십 년 동안 지역 시민과 자치 단체, 주 정부들은 광업과 철도, 증기력을 사용하는 바지선과 공장들이 저지르는 노골적인 환경 훼손을 규제하려고 애를 썼다. 하지만 기업체들의 영향력과 힘이 언제나 정부의 힘을 앞질렀다. 정부의 입법 활동은 법안을 법률로 만들기도 전에 강력한 기득권에 부딪쳐 약화되었다. 법률을 시행하려면 무엇보다도 행정 당국의 집행과 법정의 보호가 필요했다. 1970년대에 대기오염 방지법과 수질 정화법이 미국 연방의회를 통과하기 전에는, 수십 년 동안 추출하고 정제해 상품을 만들어 내는 일에 종사하는 여러 기업들이 자행하는 남용을 규제할 권한이 자치 단체에 없는 경우가 많았다. 연방법은 의회의 재가와 대통령의 집행으로 이루어지기 때문에 법을 보호하려면 물정을 아는 깨어 있는 시민들이 필요했다.

미국과 북서부 유럽에 등장한 19세기 코크스 도시 단지는 20세기까지 지속되었다. 20세기 초에는 일본으로 확산되고 1930년대에는 구소련으로, 1950년대에는 구소련의 동유럽 위성국가로 각각 확산되었다. 폴란드 서남부 슐레지엔 같은 지역에는 코크스 도시가 이미 있었다.[66] 이들은 우후죽순처럼 생겨난 거대한 철강 공장을 지원하기 위한 도시들이었다. 피츠버그는 19세기 말에 미국 철강 산업의 중심지였다. 피츠버그 노동자들의 절반 이상이 철강 산업에 종사했다. 1870년 무렵에는 최초의 수직통합형 제강 공장들이 이곳에 들어섰고, 1970년 무렵까지는 금속 생산이 피츠버그 전체 산업 생산의 70~75퍼센트를 차지했다. 제2차 세계대전 이후 국내 철강 시장의 몫이 줄어들기 시작하기는 했지만, 1970년대에 전 세계적인 경기 침체가 발생할 때까지 피츠버그는 여전히 타의 추종을 불허하는 산업도시였다. 1970년대 들어서 피츠버그의 노후한 19세기 공장들은 미국의 생산과잉이나 일본과 한국의 격렬한 추격에 어쩔 줄 몰라 했다.[67]

21세기 들어 중국이, 더 구체적으로 상하이, 베이징, 광저우, 선전,

톈진, 우한, 선양, 충칭 같은 상공업도시들이 '세계의 공장'을 자처할 수도 있다. 1992년 이후 중앙정부가 추진하는 개방경제의 수혜를 받으면서 국내외 투자자들이 철강과 건축자재, 비료, 항공, 철도와 자동차 운송, 가전제품, 의류 분야의 산업 발전을 자극하고 있다. 적극적인 산업 발전이 10년 넘도록 진행되면서 중국인들 수백만 명이 빈곤에서 벗어나 점차 늘어나고 있는 전 지구적 중산계급의 일원이 되었다. 내구적인 자본재를 생산하고 일회용 물품을 소비하면서 땅에 뚜렷한 생태 발자국이 생겨났다. 21세기 중국 도시들의 대기오염은 19~20세기 유럽과 미국의 공장 도시들을 떠올리게 한다. 중국의 오염된 공기와 주변의 산업화 국가들, 곧 인도와 베트남, 한국의 오염된 공기를 광활한 인도양에서도 볼 수 있을 정도이다. 오염 상태가 최악일 경우에는 원양선이 그 위치를 파악하고 충돌 방지를 위한 예방 조처를 취하게 된다. 자동차 생산과 더불어 개인의 자동차 보유가 급속히 늘어나면서 남아시아 공기의 질이 크게 떨어지고 있다. 먼저 서구에서 등장한 자동차 이동을 살펴보고 난 뒤에, 자동차가 전 세계로 확장해 나간 과정을 자세히 살펴보도록 하자.

산업의 전환과 자동차

코크스 도시 대신에 자동차 도시가 제2차 세계대전 이후 미국 산업의 중심지가 되었다. 피츠버그 같은 거대도시들이 상공업용 강철을 계속 생산했는데 자동차 공업이 주요 고객으로 떠올랐다. 자동차가 동력 수송 수단으로 기차를 대체하고, 장거리 트럭이 화물 운송을

그림 7-5 한국의 현대자동차 조립 공장 인간의 노동을 대체한 로봇기술로 자동차가 조립되고 있다.
Wikimedia Commons, the free media repository.

놓고 기차와 경쟁을 벌였다. 철도 수송은 대략 75년 동안 거침없이
확대되어 왔다. 하지만 1920년에 그 성장이 한때 중단되었다. 자동
차 수송이 등장하면서 철도는 사양길로 접어들었고 20세기 내내 이
어졌다. 도시에 전차가 등장하기 전까지는 자동차가 말을 대신하여
수송 수단이 되었다. 1900년에 미국에서는 인구 4명당 말이 1필 있
었다. 영국에서는 인구 10명당 말 1필이었다.[68]

19세기의 '유기 도시'(organic city)에서는 말이 경제를 구성하는 주
된 요소였다. 말은 시내는 물론 주변 농촌으로 온갖 원료와 식량, 제
조품을 실어 날랐다. 공생 관계를 유지하던 도시와 농촌, 시내와 농
장이 오늘날에는 찾아볼 수 없는 통일체를 이루고 있었다. 도시 공간

에 말이 살고 있을 때는 농장에서 흔히 볼 수 있는 동물과 인간의 관계가 꾸준히 유지되었다. 도시 거리에서는 보기에 흉한 동물의 배설물이 해로운 악취와 '말파리'와 질병의 온상이었다. 상당수의 대도시 거리에서는 한 해에 적어도 1만 마리나 되는 말 사체를 치워야 했다. 말 배설물을 날마다 모아서 시 외곽에 있는 채소 재배업자들에게 팔았다. 말 배설물은 도시로 몰려드는 대중들이 먹을 채소와 말이 먹을 귀리를 생산하는 농장에 비료로 사용되었다. 오늘날에는 애완동물이 도시의 말을 대신하고 있는 실정이다.

미국의 자동차에 대한 '열광'은 20세기로 접어드는 무렵부터 서서히 시작되었다. 처음에는 시끄럽고 예측이 불가능하며 위험한 기계 장치로 보였다. 똥오줌을 싸는 말과 달리 자동차는 위생과 공중 보건에 관심을 둔 도시계획 담당자들에게 확실한 매력으로 다가왔다. 수백만 대의 자동차에서 배출되는 오염 물질이 눈에는 보이지 않을지 모른다. 하지만 그 유독성 때문에 20세기 마지막 수십 년 동안에는 배출 기준을 마련하고 휘발유 첨가제로 납을 사용하지 못하게 했다. 에너지뿐 아니라 제작할 때 부품 재료를 많이 소비하는 자동차는 (그 자체로) 환경 재해이기도 하다.

1990년대에 독일에서는 차량 1톤을 생산하는 과정에 폐기물이 29톤가량이나 발생했다. 차량 한 대를 제작할 때, 차 한 대를 10년 동안 몰고 다닐 때 나오는 양만큼의 대기오염이 발생한 셈이다.[69]

주로 강철과 철, 알루미늄, 플라스틱을 사용하는 자동차 공업이 미국 국가 생산력의 25퍼센트 정도를 소비했다. 타이어를 제작하는 과

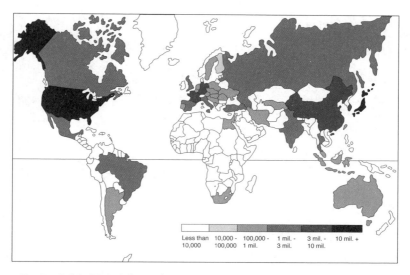

그림 7-6 전 세계 자동차 생산(2007년)

세계자동차공업협회 자료. http://oica.net/category/production-statistics/.

정에서 천연고무 대신에 석유를 사용하는 합성고무를 사용하기 시
작하게 된 제2차 세계대전 이전까지는 전 세계 고무 농장에서 생산
되는 고무의 절반 이상이 자동차와 트럭의 타이어를 제작하는 데 사
용되었다. 피라미드처럼 쌓여 있는 폐타이어 하치장은 모기가 번식
하고 화재 위험이 끊이지 않았다. 재활용을 위한 타이어 파쇄 기술이
희망을 가져다주기는 했지만 타이어 더미는 계속 늘어나고 그 위험
성은 여전히 가시지 않았다.

  자동차 공업은 공기를 오염시켰을 뿐 아니라 '석탄 왕'의 지위에
도전해서 석유를 사용하는 경제를 만들어 냈다. 그리고 자연경관과
우리 인간의 관계도 바꿔 놓았다. 이러한 새 기술에 부응하고 미국의
신흥 부유층들이 구입하는 차량의 홍수를 조절하기 위해 1950년대

초부터 건설하기 시작한 주간(州間) 고속도로를 비롯하여 수백만 킬로미터에 달하는 도로를 건설했다. 콘크리트와 아스팔트 생산업자들이 번창했다. 복합 재료를 만들 석회석과 모래, 쇄석이 필요하게 되면서 채굴 산업이 큰 수혜를 누렸다. 콜타르와 모래, 돌, 석유를 섞어서 아스팔트를 만들었다.

건설업이 수천 명이나 되는 노동자를 고용하면서 땅의 지형을 바꿔 놓았다. 이 부문 노동자들은 해를 거듭할수록 규모가 더 커지고 동력이 더욱 세지는 건설 중장비를 사용했다. 새 도로가 뚫리고 나자 식물군이 바뀌고 육상 포유동물의 이주 형태에도 변화가 나타났다. 땅 투기꾼과 개발업자들은 버려진 농지를 교외 주거지로 바꿔 놓았다. 점점 늘어나는 인구가 수평적 개발을 통해서 광범한 경관으로 흩어졌다.

교외 스프롤 현상과 '토지 개발' 차원에서 공공용지에다 주택 지구와 쇼핑몰, 2급 도로, 주차장, 차고, 미국 어디에 있든지 같은 음식을 제공하는 레스토랑 체인점을 건설할 필요가 생겨났다. 그 결과 미국 북동부와 중동부, 중서부의 초고층 빌딩 도시들이 공동화되기 시작했다. 승용차가 우리가 사용할 수 있는 땅의 5~10퍼센트를 차지하게 되면서 운전자들이 땅을 달리 생각하기 시작했다. 2000년 무렵이 되면 자동차를 소유한 사람의 수가 전 세계적으로 5억 명을 넘어선다.

전 세계적으로 자동차 공업이 강철을 소비하는 주요 고객이 되었다. 2000년까지 전 세계에서 해마다 5,500만 대가 넘는 신차를 생산했다. 1980년에는 일본이 미국의 생산량을 무색하게 만들었고 해를 거듭할수록 시장점유율을 계속 늘려 나갔다. 2000년에는 일본이 연간 2천만 대를 생산하고 그 뒤를 이어 미국이 1,300만 대를 생산했다. 500만 대에 못 미치는 생산을 기록한 독일이 3위를 차지했고 프랑스와 한국, 러시아, 이탈리아, 캐나다, 에스파냐, 영국, 브라질이 그 뒤를 이었다. 바야흐로 인구가 수십억 명에 이르고 높은 경제성장률을 기록하고 있는 중국과 인도가 자동차 주요 생산국이자 소비국이 될 것이다. 효율적인 방안을 마련하지 못한다면 이 내연 차량들이 지구의 탄소 배출량을 크게 늘리고 온실가스 방출을 가속화할 것이다.

8장

무역과 소비

런던의 어느 아늑한 여름날 아침 사업에 성공한 상인이 일어나 친츠 이불에서 나와 모슬린 잠옷 매무새를 만진 다음, 중국제 비단 가운을 걸치며 하루를 맞이한다. 때가 되면 차와 우유, 설탕이 담긴 중국산 청화백자 다기를 들고 하녀가 그의 방에 들어선다. 시골에 사는 그의 친척은 이 상인이 모르게 런던에서는 아직 구할 수 없는 매우 정교한 무늬의 캘리코와 친츠를 이미 구입했다.[1]

이 글에 등장하는 모든 물품들은 일부 역사가들이 소비혁명이 시작되었다고 보는 18세기 유럽에서 흔히 볼 수 있는 소비자 구매품이었다.[2] 설탕과 담배, 차, 코코아, 커피, 자기, 인도와 중국산 직물(비단, 친츠, 모슬린, 캘리코 등)이 유럽 소비재 시장에 등장하는 품목들이었다. 적정한 가격과 이국적 상품에 대한 욕구, 점차 늘어나는 도시인들 사이에 퍼진 소비의 미덕 덕분에 소비재 시장이 점점 커지고 있었다.

18세기 들어 잘 팔리는 상품과 소비 행위는 환경적 함의를 지닌 중요한 문화적 · 경제적 거래 행위가 되었다. 하지만 상품이나 제품을 거래하는 시장은 훨씬 더 오랜 역사를 지니고 있다. 로마인들은 이베리아반도의 대규모 은광을 차지하게 되면서 은화와 은괴를 수출하고 중국산 비단과 후추, 계피, 정향, 육두구를 수입했다. 이런 경로가 아시아 상품을 사들이는 유일한 길은 아니었다. 로마 상인들은 인도양 무역을 통해 정교한 유리 제품과 고급 도자기, 금속 제품, 직물, 포도주, 기름, 노예를 교환했다.

전 지구적 무역망

동서 무역과 별개로 인도양 문명에 속한 나라들 사이에 무역이 활발하게 진행되었다. 이 무역을 통해 동아프리카와 인도, 중국, 인도네시아, 일본의 국내시장에 후추와 비단, 면직물, 자기, 유리, 귀금속이 공급되었다. 철, 주석, 납, 구리 같은 기초 금속은 물론 염료나 가죽 같은 원자재를 육로나 해상으로 거래하면서 포르투갈과 네덜란드, 영국 같은 경쟁자들이 등장하기 수백 년 전에 인도양 전역의 경제가 호황을 누렸다. 역사가 키르티 N. 초두리는 그 모습을 이렇게 기술했다.

소비 취향이 다양해지면서 지역 간 무역의 흐름이 늘어나고 상인들이 수익을 올릴 기회가 생겨났다. 인도와 페르시아, 아랍 세계에서 발달한 미식 전통은 몰루카제도에서 나는 세 가지 고급 향신료인 정향과 육두구, 메이스를 높이 샀고 거기에다 실론에서 나는 계피를 추가했다. 이들 지역에서는 향신료를 넣어 만든 쌀 음식을

귀족의 식탁이나 축제 행사에 없어서는 안 될 필수품으로 여겼다.[3]

몇 세기 뒤에 유럽에서는 은을 공급하던 이탈리아 상인들이 사하라 이남 서아프리카에서 채광하고 이집트 카이로의 북아프리카 무슬림들한테서 구입한 금도 공급했다. 주요 무역항을 통해서 아프리카와 아시아, 유럽이 서아프리카 가나 왕국이나 말리 제국의 대규모 대상들과 연결되었다. 아프리카의 농업과 금광, 번창하는 철공소와 노예무역이 세계경제에 편입되었다. 10세기에서 14세기에 이르는 400년 동안 상인과 무역업자들이 여러 대륙을 서로 연결했다.

1252년 무렵에는 도시국가 피렌체가 금화 플로린을 주조했고 제노바도 마찬가지로 제노비노를 만들었다. 30년 뒤에는 베네치아의 금화 두카트가 등장했다. 무게는 모두 3.5그램 정도였고 지중해 세계와 다른 지역에서 서로 경합을 벌였다. 이렇게 등장한 소비재 중심의 세계경제 역사는 마르코 폴로가 자신의 아버지 마페오, 숙부 니콜로와 더불어 1271년에 베네치아를 떠나 몽골 스텝 지역에 있는 여름 궁전 상두에 있는 몽골 황제 쿠빌라이 칸을 만나러 갔을 때 정점에 이르렀다.

야심 찬 무역상인 마르코 폴로 가족은 동서양을 연결하는 지중해 도시의 시장에 내다 팔 비단과 보석 등은 물론 미래의 무역을 위한 정보를 중국에서 갖고 오기를 고대했다. 마르코 폴로의 《동방견문록》은 사실 이슬람 국가 터키와 페르시아, 아프가니스탄, 고비사막 가장자리에 위치한 실크로드 도시들의 상업을 묘사한 책이다. 이 책은 또한 중국과 정식으로 무역할 때 얻을 수 있는 잠재적 보상을 상세히 기술했다. 이 책은 여행 안내서로서 여행자나 상인들에게 장거리 여행의 어려움과 도중에 대상을 통해 구입할 수 있는 상품, 지니고 가야 할 식량, 강도를 만날 수도 있는 위험에 관한 조언도 제공해 주었다.

베네치아에 돌아오자마자 옷에 꿰매어 들여온 보석은, 요행을 바라는 상인들의 의구심을 떨치고 보란 듯이 대박을 터뜨렸다. 베네치아는 다가오는 여러 세기 동안 비신도와의 무역을 금지한 로마 교황의 금지 조처를 무시하면서 이슬람교 동방과 기독교 서방이 무역을 하는 '유동적 변경지대'가 되었다. 무역으로 돈을 많이 벌었기 때문에 베네치아의 한 외교관이 무슬림과 도시의 공생 관계를 받아들일 정도였다. "상인들이 없이는 살아갈 수 없다."⁴ 베네치아인들은 무역을 통해서 인도와 중국, 극동의 향신료, 특히 백후추와 후추, 그리고 사치품을 북유럽과 서유럽의 도시들에 들여왔다. 그들은 그 대신에 금과 은, 주석, 납, 양모, 아마 섬유, 심지어는 모자까지도 동양에 팔았다. 베네치아의 힘은 14세기에 오스만제국이 지중해 일대의 무역을 지배하게 되면서 약화되었다. 이와 더불어 향신료에 도전하며 소비자들의 관심을 끈 인기 있는 새 귀중품 두 가지가 유럽에 수입되기 시작했다. 바로 설탕과 커피였다.

소수에게 부를 안겨 주고 중세와 르네상스 사회의 엘리트들에게 사치품을 제공해 준 이러한 초기의 지구적 무역 관계가 17~18세기의 소비 지상주의가 팽창하고 번성하게 될 틀을 마련했다. 유럽에서는 신흥 중산계층이 소비를 예찬했다. 하지만 농촌 주민들 대다수가 완제품의 현금 경제에 참여하게 되면서 소비 예찬이 중산계층을 뛰어넘었다. 여러 역사가들이 지적했다시피, 앞서 기술한 농업과 제조업, 공업이 점진적으로 발달한 것과 마찬가지로 소비도 점진적으로 늘어났다.⁵

소비자와 생산자

원거리 교역은 소비자가 처음으로 자연 세계와 대규모로 분리되면서 고대에 이미 시작되었다. 8천 년 전에 메소포타미아 남부에 도시들이 등장하면서 자원이 풍부한 주변 지역을 연결하는 교역로가 발달했다. 목재와 돌, 기름, 금속, 이국적 상품들이 새로운 도시에 유입되어 점차 계층화되는 사회를 떠받쳤다. 정복 전쟁은 이웃 지역 주민들과 자원을 관리하고 메소포타미아 제국의 통치를 확대하기 위한 것이었다.[6]

도시국가와 국가, 제국이 전쟁을 벌이면서 역사를 거쳐 이와 비슷한 원자재 정복과 관리가 진행되어 왔다. 모든 전쟁이 무기로 싸운 것은 아니었다. 일부 국가들은 한 지역의 천연자원을 관리하면서 '생태 제국주의' 활동을 벌이기 위하여 해외 자본을 비롯한 공격적인 형태의 원거리 조작을 이용했다. 그러면서 생산하는 자연계로부터 소비자를 분리하는 물리적인 격차가 생겨나기 시작했다. 사람들은 대개 경제적 교환과 자연계 사이에 존재하던 종전의 연관성을 파괴한 요인이 어디에서나 볼 수 있는 자동차로 상징되는 19세기와 20세기의 대량생산과 집단 번영이라고 생각한다. 하지만 우리가 이제 알고 있다시피 생산자와 소비자의 자연스런 연관성이 사라지기 시작한 것은 그보다 훨씬 오래전 일이다. 이 장에서는 이러한 분리 과정을 보여 주는 여러 사례와, 그것이 인류와 자연계의 관계에 미친 함의들을 살펴볼 것이다.[7]

산업화 이전 세기와 그에 뒤이은 여러 세기에 사람들은 자신이 소비하는 것을 갈수록 적게 생산했다. 대신에 돈을 벌어서 그 돈으로 자신들이 쓸 것을 샀다. 자본주의가 번창하면서 늘어난 개인의 임금과 신용 구매는 현대에 이르기까지 변함이 없다. 현대에는 식량과 물품의 대량 소비가 앞선 수백 년 동안 마련된 온갖 기준을 무색하게 만들었다. 여기서 식량의 대량 소비와 물품의 대량 소비를 구분할 필요가 있다. 그 까닭은 이렇다.

식량 생산자와 소비자의 분리는 수백 년 전인 1460~1600년 시기에 시작되었다. 이 시기에 등장한 식량, 특히 곡물과 육류, 소금에 절인 생선을 거래한 원거리 무역으로 수확을 통해서 얻은 바이오매스와 에너지가 한 지역의 생태계에서 다른 지역의 생태계로 이전되었다. 생태계 전환은 이 교환에 참여한 사람들에게 불공평한 이익과 손실을 안겨 주었다. 생산과 소비가 지역 내에서 이루어지던 시대에는 '생태 발자국'의 결과를 눈으로 식별할 수 있었다. 원거리 무역, 특히 식량의 원거리 무역이 시작되면서 소비자들은 자신들이 '소비하는 생물 유기체의 실제 현실과 동떨어지게 되었다.

1450년 무렵에 인구가 늘어나고 도시화가 확산되면서 곡물 수요가 더욱 커졌다. 지역의 늘어난 곡물 수요를 충당하기 위해서 삼림을 개간하면서 식량이 남아돌아 멀리 떨어진 구매자에게 곡물을 판매할 기회가 생기게 되었다. 동유럽의 농부들은 16세기에 서유럽 도시의 시장에 잉여 식량을 팔았다. 대부분이 호밀이었다. 15세기와 16세기 초에는 일인당 육류 소비가 절정에 이르렀다. 19세기 말과 20세기에 들어서야 다시 그 수준에 도달하게 된다. 일인당 연간 육류 소비량이 독일 함부르크에서 55킬로그램이나 되었고 지중해 도시들에서는 23킬로그램에 못 미쳤는데, 이 정도의 소비량이 그렇게 특별한 것은 아니었다.[8] 중세 말과 근대 초의 유럽 역사에서는 멀리 소를 몰고 가는 일이 흔했다. 지역의 육류 공급을 북유럽과 동유럽의 변경 지대에 걸친 육우 생산 지대의 공급으로 보충하는 경향이 전부터 진행되어 왔고 근대에도 계속되었다.

동유럽과 북유럽 변경 지대의 육류 공급이 늘어나면서 1500년 이후 서유럽 도시의 육류 소비도 계속 증가했다. 외국시장으로 가는 원거리 소몰이를 따라 지역 목장으로부터 길과 그 주변의 들판을 거쳐서 서유럽 도시로 영양분이 이동했다. 소뿐 아니라 소가 체중을 유지하기 위해 먹어 치우는 건초와 잔디가 사라지고 그 배설물이 없어지면서 땅의 지력이 떨어지고 늪지가 사라졌고, 비옥한 토양 대신에 바람에 날리는 모래가 가득한 환경이 생겨났다. 이러한 생태학적 위기는 덴마크 같은 육우 수출 지역을 만들어 냈다. 중세 말기인 16세기 유럽에서는 21세기에도 확인되는 양상이 나타났다. 육우를 비롯한 가축 생산자들이 가축을 도살하는 지역에서 수백 내지 수천 킬로미터 떨어지게 되고, 멀리 떨어진 소비자들의 식탁과는 더욱 더 멀어지게 된다.⁹

물품과 식량 소비에 나타난 변화는 사람들 사이는 물론이고 자신들이 살아가는 변화하는 사회와 관련을 맺는 방식에도 변화를 가져다주었다. 여기서 얘기하는 소비는 자본주의가 등장하기 이전에 존재했으며 소비자들의 실소득이 늘어나면서 광범한 지역으로 확산되어 나갔을 것이다. 18세기에는 가구와 거울, 보석, 그림, 최신 섬유 같은 초기 소비재들이 급증하게 된다. 기초식품이나 고급 식품이 먼 거리에서 공급되면서 사회 구성에도 의미심장한 변화가 나타났다.

이러한 18세기의 소비 폭발은 지위가 높은 가정에서 시작되기는 했지만, 가격이 떨어지고 제조품이 늘어나면서 중산계급과 숙련 노동자 계급에도 나타났다. 이 소비 폭발은 물질적 소유를 둘러싼 사회적 경쟁이 동기가 되어 일어났다. "한때는 부모에게 상속받고 싶어 한 것을 이제는 직접 살 수 있게 되었다. 한때는 꼭 필요해서 산 것을 이제는 유행을 따라 샀다. 한때는 평생에 걸쳐 산 것을 이제는 평생 여러 차례 살 수 있게 되었다."[10] 종전에는 정기시나 상설 시장 또는 행상에게서 산 물품을 이제는 체인점에서 살 수 있게 되었다. 한때는 조촐하고 소박하던 소비가 이제는 온통 마음을 다 빼앗는 활동이 되었다.

18세기 영국에서는 광고가 다양한 신상품을 판매하는 가장 효과적인 방법이 되었다. 의류와 가구를 판매하기 위해서는 행상들이 도시에서 시골로 흩어져 최신 제품을 사도록 구매자들을 설득했다. 이 행상들이 나누어 준 패션 잡지와 광고 전단, 명함도 그런 기능을 했다. 시간이 지나면 유행도 시들해졌다. '상품의 세계'와 상품의 교체, 더 나은 상품을 더 많이 갖고자 하는 끝없는 욕망이 사회의 문화적·경제적 틀을 파고들었다.

이제 상품 구입을 위해 소비자들이 시간과 돈을 더 많이 들일 것이다. 그렇게 되면서 상품 소비의 영향(처음에는 별로 신경 쓰지 않은 이동과 포장, 사용한 물품 처리)이 상품 자체만큼이나 분명히 드러날 것이다. 19세기에는 영국에서 처음으로 나타나기 시작한 변화가 근대 유럽으로 확산되고 미국의 시장경제를 파고들었다.

상품

여러 역사가들이 산업화의 시점이라고 생각하는 1750년 이전 세기에 차와 커피, 설탕, 담배 소비가 급증했다. 그 결과 생산과 소비의 경제적 관계가 수요에 따른 소비 세계를 설명하는 특징이 되었다. 근대 초의 17세기 세계에서는 네덜란드 공화국이 가장 적극적이고 부유한 해상무역 국가였다. 네덜란드는 네덜란드 동인도회사의 중재로 인도의 무굴제국 지도자들과 관계를 맺고 유럽 시장에서 수요가 높은 상품이나 제품에 접근할 수 있었다.[11]

동인도회사는 주식을 구입한 투자자들이 출자하여 설립된 특허 회사였다. 이 동인도회사가 자바와 인도의 코로만델 해안을 비롯한 남아시아 전역에다 영구적이고 요새화된 무역 기지를 설립했다. 인도의 면직물과 페르시아의 비단을 나가사키의 일본 은과 바꾸는 등 무역이 활발하게 진행되었다. 후추를 비롯한 향신료가 네덜란드를 통해서 유럽 시장에 유입되었다. 1650년대 무렵에는 동인도회사가 해마다 1만 톤에 달하는 저장품과 돈, 상품, 사람을 20척의 배에 실어 남아시아로 보냈다. 그러고는 매년 엄청나게 귀중한 화물을 싣고 돌아왔다.[12]

이러한 부는 네덜란드 여러 도시에 거의 즉각적인 영향을 끼쳤다. 주택을 건축하는 데 나무와 석회 대신에 벽돌을 사용하기 시작했다. 신분상의 이유와 화재 위험 때문이었다. 부유한 시민계급 가정에서는 개인 공간을 더 늘리고 응접실을 넓게 만드는 실내 장식이 일반화되었다. 한 세기 뒤에는 네덜란드 중산계급 가정에 응접실과 식당, 침실이 별도로 마련되었다. 네덜란드 사회의 부유층과 신분 상승을 지향하는 사람들 사이에서는 산업화가 시작되기 오래전에 이미 충동적인 물건 구매 현상이 자리를 잡았다.

네덜란드 역사가 얀 드 브리스가 지적했다시피, 1550년부터 1750년까지 2백 년 동안 농민들이 거울과 그림, 책, 시계를 사기 시작하면서 국가의 부가 조금씩 새어 나갔다. 농민들은 또 가구를 개선하는 차원에서 정사각형과 직사각형으로 된 단순한 테이블을 8각형의 둥근 테이블로 교체하고 단순한 의자를 팔걸이의자로 바꾸었다. 목재 보관함을 오크 서랍장으로 바꾸고 함지박과 나무 접시를 붉은 빛이 도는 청색 자기로 교체했다. 1650년 무렵에는 창문 커튼이 모든 계층에서 일반화되었다. 커튼은 가정적인 분위기와 사생활, 삶의 질 향상을 보여 주는 또 다른 지표였다.[13] 물론 이런 사치품들은 모두 마호가니와 오크, 벚나무, 삼나무 등의 고급 목재로 만들어졌다. 보존림 감소와 인구 증가, 연료 수요 증가, 농업용 토지개간 확대가 유럽의 소비 수요를 더욱 눈에 띄게 만들었다.

17세기에는 10년이 경과할 때마다 더 많은 농부와 장인, 소상인, 공예가, 상인들이 더 많은 상품을 소비했다. 영국에서는 수송이나 석탄 공급으로 관계를 맺게 된 런던의 주변 지역이 1675년부터 1725년까지 창문 커튼, 시계, 책, 도기, 자기, 거울, 그림 같은 도시 상품을 공급받았다. 배후지의 물질생활에 나타난 이러한 변화도 이러저러한 방식으로 행동을 바꿔 놓았다. 포크와 나이프, 도자기가 함지박이나 주석 용품을 대신했다. 먹고 마시는 풍습에 점차 변화가 나타났음을 암시해 준다. 주거 공간의 구성도 행동의 변화와 관계의 변화를 보여 준다.

요리를 하고 음식을 먹고 함께 모이는 일이 잦아지면서 가정에서 점차 부엌 공간이 독립되어 나갔다. 부엌이 들어서기 전에는 공동생활 공간에서 요리를 했고 모든 음식을 한꺼번에 식탁에 차렸다. 식사 코스라는 게 따로 없었다. 도시와 농촌의 상당수 가정에서는 모든 가족들이 공용 그릇을 사용했지 개별 접시가 없었다. 식사를 할 때는 나이프와 손가락을 사용했다. 18세기 초에는 흔치 않았던 나이프와 포크가 1750년 무렵에는 훨씬 많아졌다. 마찬가지로 18세기 중엽에는 장식이 있는 도자기, 값싼 토기가 나무 접시와 백랍 접시, 값비싼 주석그릇을 대체했다. 부유층과 중산계층에게 장식이 된 은그릇은 단순한 식기가 아니라 신분을 과시하는 상징물이 되었다.

대중의 물품 이용 가능성이 높아진 것을 보여 주는 한 가지 단서는 1700년대부터 1800년대 말까지 이어진 가격 하락이었다. 이 가격 하락은 산업화가 진행되는 동안 영국에서 유럽 대륙과 미국으로 자본 투자가 확산되면서 나타났다. 영국에서는 평직물의 가격이 이 100년 사이에 절반으로 떨어졌고 뒤이은 수십 년 동안 20퍼센트가 더 떨어졌다. 플란넬 가격도 이와 비슷하게 떨어졌고, 리넨과 면 혼방인 퍼스티언 가격은 75퍼센트나 싸졌다. 가격이 이렇게 떨어지자 소비자들은 소득 가운데 더 많은 액수를 섬유제품에 투자했다. 옷이 더 늘고 더 다양해졌다. 가격이 내리고 유행이 바뀌면서 소비자들은 무겁고 부피가 큰 모직 옷을 버리고 좀 더 대중적이고 값이 싸고 가벼운 기성품 모직물과 리넨, 면직물 옷을 입었다.

프랑스에서는 1725~1785년에 소비혁명이 일어났다. 프랑스는 앞서 1665~1725년에 영국에서 일어난 유형을 따랐다. 소상인, 직공, 날품팔이, 하인 등 중산계급과 하층계급도 조금 저렴한 사치품을 구입할 수 있게 되었다. 역사가 시시 페어차일즈는 이렇게 흔하게 구입할 수 있는 품목을 가리켜 '포플럭스'(populuxe)라고 부르고 이 말을 널리 대중화했다. 한 유럽 여행자는 글을 쓰면서, 석공이 대리석 조각으로 작업을 하기 전에 유행하는 외투와 머프를 벗고 담뱃갑을 내려놓는 모습을 떠올렸다.[14] 사실은 런던이 아니라 파리가 근대 초기 유럽에서 유행을 선도하는 도시가 되었으며, 21세기에도 유행에서라면 탁월한 지위를 유지하고 있다.

영국과 마찬가지로 가장 수수한 중산계급 및 하층계급 프랑스인들의 아파트에도 책장과 서랍장, 필기용 테이블, 책상, 차 탁자, 게임용 테이블, 침대, 침대 머리 맡 탁자, 등의자가 놓여 있었다. 부엌도 앞서 살펴본 방식으로 바뀌었다. 가볍고 값싼 직물이 생산되면서 도시 주민 대다수가 망토와 셔츠, 속옷, 스타킹, 우산을 구입할 수 있게 되었다. 프랑스인들은 영국 소비자들과 달리 잠시나마 상류사회의 편안함에 대한 환상을 맛볼 수 있도록 부채, 코담뱃갑, 우산처럼 비싸지 않은 형태의 사치품, 곧 '포플럭스' 물건들을 사용했다. 하지만 시계는 금시계와 은시계가 직공이나 하인 계층이 사용하는 값싼 형태를 압도했다. 금시계는 상류계급의 신분을 상징하는 것이어서 프랑스 도시의 대중들도 다른 시계를 사용하지 않았다.

영국령 북아메리카 식민지에서는 모국으로부터 구입하는 물품의 양이 1700년대에 차츰 늘다가 1740년 이후에는 급속히 증가했다. 사실은 인구 증가보다 더 빠른 속도로 늘어나서 25년마다 곱절로 증가했다. 편리한 신용, 저렴한 가격, 영국산 직물과 가구와 도자기의 소비 시장 확대 등으로 식민지의 모든 계층이 상품을 구입할 수 있게 되었다. 식민지에서는 엘리트들이 가장 값비싼 최고급 제품을 구입하기는 했지만, 소비 붐을 일으키지 않은 물품은 거의 없었다. 보스턴에서 보도된 대로 모호크족 추장들은 "누가 먼저라고 할 것도 없이 레이스 달린 모자를 썼고, 몇몇은 레이스가 달린 매치코트와 주름이 달린 셔츠를 입었으며 '프랑스 유행'을 따랐다."[15] 유행하는 옷과 등급과 품질, 색상, 가격이 다양한 제품들이 갈수록 세련되어 가는 구매자들의 관심을 사로잡았다. 소비자들은 세세한 양식에 더 많은 관심을 기울이면서 상인들에게 더욱 다양한 종류와 품질의 상품을 주문했고 상인들은 공급자들에게 그렇게 요구했다. 식민지에서 한 세대 전에는 들어 보지도 못했을 상품이 이제 눈앞에 등장했다. "찻주전자, 리넨 옷, 은수저, 코트와 모자, 식탁보, 철궤, 커피 분쇄기, 백랍 대야, 스테이스, 캘리코 드레스, 목걸이, 비단 조끼, 진홍색 긴 망토, 캠블릿 망토, 청색 반코트, 검정색 비단스타킹, 펌프스."[16]

역사가 T. H. 브린이 지적했다시피 소비는 물품을 구매하는 것을 넘어서는 그 무엇이다. 전례 없이 다양한 물품들이, 신문과 전단지에 실린 광고를 보며 날마다 행상이나 순회 상인의 방문을 받는 식민지 소비자들에게 새로운 시각 이미지를 가져다주었다. 사람과 소유물을 선택하고 결정하면서 소비자들이 유행과 감촉에 관한 신조어를 사용하기도 했다. 그들은 이 신조어를 통해서 자신들의 열망과 기대를 표현했다.

소비자들이 시대의 유행에 따라 다른 모습을 보여 주게 되면서 흥미진진한 가능성들이 등장했다. 1772년에 필라델피아에서 간행된 의상에 관한 팸플릿의 메시지는 인상적이다. 글쓴이는 "기적 같은 옷의 위력과 재단사의 위엄을 표현한 한 마디, 옷이 사람을 만든다"라는 제목의 글에서 자신이 양복점을 방문했을 때 "널브러진 벨벳과 양단과 천들 사이에 서 있는 재단사를 보았다. 그는 이것들을 가지고 저명인사는 물론 품위와 명예 같은 여러 가치들을 만들어 낸다"고 말했다. 이 말이 주는 메시지는 분명했다. 소비가 새로운 현실과 새로운 기대를 만들어 낸다는 것이다. 주변 세계가 전혀 다른 새로운 의미에서 사회질서와 평등에 적응해 나갔다.[17]

사치품이 일용품으로: 담배, 설탕, 커피, 차

　모든 물품은 나름대로의 특징을 지니고 있었다. 사람들은 물품을 보고 감상하고 사용하는데, 거기에는 두 가지 면에서 영속성 같은 것이 있었다. 우선 기능과 장식이라는 속성을 지니고 공간을 차지하고 있다. 심지어 낡거나 파손되어 매력이 사라지고 버려지더라도 우리의 기억 속에 남아 있다. 음식에는 이런 속성이 없지만 그 어떤 물품보다도 우리의 복지에 훨씬 더 중요한 역할을 한다. 1650년 무렵부터는 고급 음식이 일상적인 소비 식품으로 바뀌어, 갈수록 더 많은 사람들이 먹을 수 있게 되었다. 이러한 변화가 세계 역사상 처음으로 나타났다.

　17~18세기에 설탕과 담배 그리고 세 가지 기호음료인 커피와 초콜릿, 차가 대중 시장에 등장했다. 이 과정에서 우림과 삼림지대를 포함하여 수백만 헥타르에 이르는 새 땅이 개간되고 기분 전환용 기호음료를 생산하는 플랜테이션과 농장, 밭으로 바뀌었다. 가내공업과 소규모 농촌 작업장이 사라져 가자 대중화된 이 음료들이 신흥 공장제도를 보완하고 유지하는 데 이바지했다. 신흥 공장제도를 갖춘 방직공장과 제철공장에서 일하는 노동자들이 졸지 않고 생산성을 높이기 위해 값싼 기호음료인 커피와 차, 코코아를 마셨다. 일상적인 단순 작업을 특징으로 하는 새로운 공장제도에서는 맥주 원액과 혼합물이 졸음을 자아낼 게 분명하다. 민첩성과 규율이 노동계급 생활의 특징으로 부각되면서 노동자들의 식생활에서 이런 음료들이 점차 사라졌다.

담배

콜럼버스가 첫 항해한 지 50년쯤 지난 뒤 리스본에 있는 포르투갈 왕실에 담배가 소개되었다. 60년 뒤에는 소량이기는 하지만 벨기에와 에스파냐, 이탈리아, 스위스, 영국에서 담배가 재배되었다. 1600년 무렵에는 유럽 선원들을 통해서 필리핀제도와 인도, 자바, 일본, 서아프리카, 중국으로 담배 재배가 확산되었다. 중국 상인들이 몽골과 티베트, 동시베리아에 담배를 팔았다. 그 결과 콜럼버스가 첫 항해를 한 지 100년이 되어 거의 전 세계에서 담배를 소비하게 되었다. 설탕, 커피, 초콜릿, 차 같은 다른 이국적 상품들과 달리 담배는 모든 사회계층을 중독에 빠뜨렸다.[18]

일찍이 유럽에서 담배의 매력이 급속히 확산되었다. 우리가 정확한 자료를 확인할 수 있는 첫해는 1603년이다. 이해에 영국이 에스파냐령 오리노코 담배 11톤을 수입했다. 1606년에는 자연 자원을 채취해서 상품으로 만들어 시장에 내놓을 목적으로 북아메리카에 버지니아회사(Virginia Company)를 설립하고, 1607년에는 영국의 첫 정착지 제임스타운을 건설했다. 버지니아 식민지에 정착한 지 6년이 지난 1613년 7월, 존 롤프가 몇 년에 걸쳐 담배 재배를 실험한 끝에 트리니다드산 담배와 버지니아의 담뱃잎을 결합하여 혼종 담배를 개발하는 데 성공했다. 이 담배는 끊임없이 확장되고 있던 유럽 시장을 겨냥한 것이었다. 유전자를 조작해서 만든 중독성 높은 이 물질로 유럽은 호황을 맞이했다.

1620년대 내내 담배 가격이 높게 유지되자 버지니아회사 담배 재배업자들이 너도나도 시장에 뛰어들었다. 체사피크 만으로 이어지는 해안 지대를 따라 플랜테이션 농업이 확산되었다. 담배 시장이 호황을 맞이하자 버지니아회사는 좋아서 어쩔 줄 몰랐고 담배를 식민지의 단일작물로 삼았다. 지형학자 데이비드 몽고메리는 버지니아회사가 "땅의 살갗을 담배로 만드는 공장"이 되었다고 묘사했다.[19] 시장이 주도하는 경제에서 흔히 일어나는 것처럼 공급이 유럽의 수요를 훨씬 앞질렀다. 이전에 오를 때와 마찬가지로 이번에는 담배 가격이 급속하게 하락했다. 파운드당 3실링 하던 담배가 파운드당 1페니 정도로 떨어졌다. 1628년 무렵에는 버지니아에서 영국으로 수출하던 담배가 37만 파운드나 되었다. 가격이 이렇게 크게 떨어지자 도시와 농촌 할 것 없이 훨씬 더 많은 주민들이 이 사치스런 마약을 구입할 수 있게 되었다. 다가올 2세기 동안 담배 생산이 서서히 늘어나면서 더욱 더 많은 일반 소비자들이 담배를 피우는 즐거움을 누리게 되고 중독되었다.[20]

신세계 정착지에서 담배가 최고 상품으로 부각되면서 베네수엘라와 카리브 해, 체사피크 식민지에 거주하던 에스파냐인과 영국인, 프랑스인, 네덜란드인들이 담배 재배에 뛰어들었다. 담배를 많이 소비해 온 정착민들은 담배가 습하고 온화한 기후와 다양한 토양에서 자랄 수 있다는 사실을 일찍이 알고 있었다. 다른 작물과 달리 담배는 생육기가 짧아서, 심고 나서 건조와 보존 처리까지 거쳐 애연가의 파이프에 담기기까지 9개월도 채 안 걸렸다. 이런 조건에서 담배는 맛과 질감이 모두 달랐다. 하지만 중독성이 강한 니코틴 혼합물을 품고 있는 것은 마찬가지였다. 그래서 담배가 도입된 뒤로 수십 년 동안 가격이 곤두박질쳤지만 재배업자들의 수익은 여전히 높았다.

제임스타운의 농장주 존 포리가 1619년에 보고한 대로, 개인 경작자 단독으로는 연간 200파운드의 수익을 올리고 일꾼 여섯 명을 고용한 경작자는 1,000파운드의 수익을 올렸다.[21] 한 세기 뒤에는 영국 항구에 들어온 담배가 1만9천 톤에 달했는데 대부분 신세계 식민지 들로부터 왔다.[22] 1710년 무렵에는 서유럽의 담배 소비가 7천만 톤 정도에 이르렀고 18세기 말에는 1억2천만 톤으로 늘어났다. 18세기 에는 담배가 대량 소비된 유럽 최초의 유사 식품이 되었다. 상당수의 소규모 생산자들이 수백 년에 걸쳐 소비자들의 파이프 담배와 코담 배(담뱃가루로 만든 흡입 물질) 수요를 충족시키게 되면서 담배가 대량 생산의 길에 오르게 된다.

흡연 보조기구로 사기로 만든 담뱃대 생산이 확산되었다. 담뱃대 생산이 처음에는 런던에 국한되었지만 곧 다른 도시로 확산되고 독 일과 스칸디나비아로 퍼져 나갔다. 특히 네덜란드 고다에서도 담뱃 대 제조공들이 생겨났다. 단순한 담뱃대뿐 아니라 정교하게 디자인 한 담뱃대가 생산되면서 흡연이 더욱 늘어났다. 네덜란드에서는 공 장에서 일하는 담뱃대 제조공이 1만5천 명에 달했고 그 절반이 고다 에 몰려 있었다.[23] 담뱃대 제조공들이 일부 도시에 집중되면서 그 도 시의 대기오염이 더욱 심해졌다. 사기 담뱃대를 굽는 가마에서 연기 와 함께 관련 독소들이 방출되었기 때문이다. 일부 지역에서는 지표 와 지하 매장지에서 점토를 채굴하면서 땅에 지우지 못할 흉터를 남 겼다.

파이프 담배에서 여송연과 궐련으로 바뀌는 흡연 문화의 변화는 지역 풍속이나 나라별 전통문화에 가려서 잘 드러나지 않는다. 하지 만 에스파냐의 연대기 작가들은 중앙아메리카와 남아메리카의 원주 민들이 담뱃잎을 돌돌 말아서 불을 붙였다고 기록했다. 17세기에 에 스파냐 정착민들이 담배를 종이에 말기 시작했고 그것을 '파펠라테'

(papelate)라고 불렀다. 이 파펠라테가 19세기 초 수십 년 동안 프랑스로 수출되었으며 이렇게 해서 프랑스 '시가레트'(궐련)가 생겨났다. 프랑스에서는 1845년에 담배를 전매한 정부가 지방의 궐련 생산자들에게 7천 파운드어치 담배를 판매했다. 이 정도면 궐련 3백만 개비를 만들기에 충분한 양이다.[24]

프랑스인들은 담뱃잎 자체보다는 매캐하지 않은 미국산 담배를 선호했기 때문에 미국산 담배를 표준으로 채택했다. 이러한 미국산 담배의 표준화가 프랑스에서 독일과 러시아로 급속히 확산되었다. 러시아에서는 한때 미국산 담배와 오스만튀르크산 담배를 섞은 혼합 담배가 시장에 나돌았다. 영국에서는 크림전쟁(1853~1856년) 이후에 담배를 생산했다. 크림전쟁과 영국의 담배 흡연의 관계를 보여 주는 자료가 확인된 것은 아니지만, 영국에서는 전쟁 이후에도 궐련을 생산하지 않았다. 영국이 미국에 담배를 수출하기 시작한 것은 남북전쟁(1861~1865년) 이후의 일이었다. 1869년 무렵에는 궐련 2백만 개비를 생산했다. 그 직후에 미국으로 이주한 그리스와 터키의 이주민들이 터키 담배에다 좀 더 매캐한 미국의 담뱃잎을 섞어서 빨아들이기가 더 쉬운 궐련을 만들어 냈다. 남북전쟁 이후 시기에는 담배와 당밀을 섞어 만든 발명품인 미국의 씹는담배가 급속히 늘어났다. 니코틴이 골고루 일정하게 나오기 때문에 궐련의 인기가 급증하면서 19~20세기의 소비자들이 담배 중독에 빠져들었다.[25]

1885년 여름에 담배를 마는 기계가 도입되면서 1881년 980만 개비이던 담배 생산이 1887년에 7억4,400만 개비로 껑충 뛰었다.[26] 연초 산업이 상표를 홍보하면서 규모의 경제를 달성하기 위해서 3대 제조회사의 과두 체제로 통합을 이루었다. 아메리칸토바코(American

Tobacco)와 리제트앤드마이어스(Liggett and Myers), 피로릴러드(P. Lorillard)가 저마다 '럭키스트라이크,' '카멜,' '체스터필드'를 생산했다. 곧 3대 담배 브랜드이다. 이 세 브랜드가 1950년에 2,680억 개비 이상을 생산해서 70퍼센트의 시장점유율을 보였다.[27] 1920년대에는 여성을 잠재 소비자로 겨냥했으며 그로 인해 생산이 일부 증가했다. 하지만 중독이 자체적으로 가속도를 만들어 내서 1987년에는 가장 대중적인 브랜드인 '말보로'가 전 세계에 2,930억 개비를 판매했다.

흡연의 역사는 아직 끝나지 않았다. 담배 연기에 들어 있는 비소, 시안화물, 니코틴을 비롯한 수백 가지의 독성 화학물질 외에도 대부분의 토양에 있는 우라늄에서 담배 식물이 빨아들인 방사성 폴로늄 210이라는 독소가 들어 있다. 고인산염 비료를 주어 담배 성장을 재촉하게 되면 토양에서 식물로 우라늄의 전이가 증가한다. 사람이 담배 한 개비를 피울 때마다 폴로늄 210 0.04피코퀴리(방사선 측정 단위인 퀴리의 1조분의 1)를 흡입한다. 1년 동안 매일 한 갑 반을 피우면 흉부 X선 촬영을 300차례 한 것에 맞먹는다.[28]

20세기 마지막 수십 년 동안에는 서구에서 중산계층의 담배 소비가 상당히 줄었다. 암, 심혈관계 질병, 시력 감퇴를 비롯한 갖가지 질병들의 발병과 흡연의 관련성 때문이다. 하지만 선진국 노동자들과 발전도상국에서 흡연자들이 늘어나면서 전 세계의 그림은 희망적이지 않다. 연간 약 5조7천억 개비를 소비하고 있다. 담배의 치명적 해로움은 사망률을 보면 알 수 있다. 세계보건기구(WHO)는 2020년까지 해마다 1천만 명이 흡연으로 사망할 것이라고 추정하고 있다. 20세기에 전 세계에서 흡연으로 사망한 사람은 1억 명이었다. 다가

올 수십 년 동안 발전도상 세계에서 흡연이 급속도로 확산되면 흡연 관련 사망자가 전염병처럼 늘어날 것이다. 인명 손실이라는 측면에서 비용이 어마어마하다. 금세기에는 흡연 관련 질병으로 사망하게 될 사람이 10억 명으로 추정된다. 이와 더불어 의료비와 생산성 손실이 연간 1천억 달러를 넘을 것이다.[29]

담배 생산과 건조는 토질을 악화시키고 삼림지대를 고갈시키며 환경 파괴를 확산시킨다. 황색종잎담배가 궐련 담배의 대부분을 차지한다. 미국의 담배 재배업자들은 지난 40년 전까지 담배를 밀폐된 건물에서 나무를 때는 난로로 말렸다. 연통이나 파이프를 통해서 난로의 열을 헛간으로 보냈다. 난로의 온도는 잎과 줄기가 다 마를 때까지 섭씨 32도에서 71도까지 점차 올라갔다. 열과 습도를 조절해서 수분을 제거하면 잎과 줄기가 바싹 말라 황색으로 변한다. 궐련을 만드는 데 사용하는 황색종잎담배는 대부분 당도가 높고 니코틴 함량이 중간 이상이다.

다음은 담배 생산과 건조가 환경에 미치는 비용을 보여 주는 자료들이다. 앞서 말한 방식으로 담배를 생산하려면 300개비마다 적어도 나무 한 그루를 베어야 한다. 담배 1킬로그램을 건조하는 데는 오늘날 대부분의 경우 12그루에서 적게는 3그루의 나무가 필요하다. 낮은 수치는 발전도상 지역의 경우에 해당한다. 하지만 이곳에서도 삼림 벌채가 언제나 문제가 되었다. 처음에는 현대 농업이 발달하면서 벌채를 하게 되었지만 이제는 담배를 재배하면서 벌채를 한다. 우림이 줄어드는 주된 이유가 바로 여기에 있다.[30]

담배 플랜테이션 주변의 삼림지대가 황폐화되자 황색종잎담배를 재배하는 미국 농부들은 천연가스를 태우는 직접연소 방식으로 담뱃잎을 건조하기 시작했다. 이 방식은 담배 특유의 니트로사민을 만들어 내는 것으로 알려졌다. 니트로사민은 담뱃잎에서 니코틴과 결합하는 연소물질인 산화질소에 의해 생겨난다. 니트로사민은 건조 담배의 치사율을 높이는 발암물질로 알려져 있다. 최근의 연구에 따르면, 직접연소 방식에 열교환기를 장착하면 니트로사민을 크게 줄일 수 있다. 하지만 완전히 제거할 수는 없다. 주변에 있는 흡연자들을 위험에 빠뜨리고 생태계 파괴를 유발하는 제품을 판매하는 기업이 새로운 기구를 장착하게 될 날은 요원할 뿐이다.

설탕

모든 상품은 실크로드와 인도양, 지중해를 거쳐 유라시아와 연결되는 전 지구적인 무역망을 통해 교환되었다. 유럽과 아프리카는 대서양을 거쳐 아메리카 대륙에 연결되었다. 인류학자 시드니 민츠가 묘사한 대로 "부유한 유한계급의 사치품"이던 것이 "최근에는 일에 지친 가난한 사람들의 생활필수품이 되었다."[31] 일에 지친 가난한 사람들은 배고픈 사람들이었다. 이 시기에 그들의 주식 수요가 늘어났는데 고급 식품이 이런 대중들의 구미에 맞추어 저렴해졌다. 차 값은 비싼 증류 과정이 필요한 맥주보다 더 싸졌다. 그래서 경멸적인 뜻을 담아 차를 중국에서 들여온 '동양 채소'라고 불렀다. 대서양 무역으로 들여온 서인도제도의 설탕을 넣은 차가 날품팔이와 하인, 빈민들이 마시는 영국 최고의 음료가 되었다.

1500년대 이전에는 대개 선물용으로 특수처리를 한 설탕이 영국 시장에 값비싼 물품으로 들어왔다. 16세기에는 그 가격이 3분의 2로 떨어지고 17세기에는 거기서 다시 50퍼센트가 하락했으며,

1700~1750년에는 가격이 또다시 3분의 1로 떨어졌다. 이렇게 해서 설탕은 칼로리 공급을 놓고 고기나 맥주와 경쟁을 벌이기 시작했다. 1775년 무렵에는 일인당 설탕 소비량이 연간 10.8킬로그램에 달했다. 차를 비롯한 카페인 음료의 인기가 높아지면서 단맛을 내는 설탕에 대한 수요가 어느 정도 늘어난 것으로 보인다. 영국령 북아메리카 식민지의 통계가 정확하지는 않지만, 럼주와 럼 펀치가 영국 국내와 식민지 영국인들의 대중적인 알코올성 음료가 되었는데 이런 음료를 증류할 때 값이 더 저렴한 대용물인 당밀과 설탕을 넣었다. 럼주와 럼 펀치를 영국에 들여오면서 그것을 마시는 영국인은 일인당 하루에 140칼로리를 더 섭취하게 되었고, 단 것을 무척 좋아하는 식민지 주민들은 일인당 260칼로리를 더 섭취하게 되었다.[32]

인류의 식생활에서 설탕이 매우 중요한 위치를 차지하게 되면서 사탕수수 재배가 유럽인의 영양과 소비에 혁명적인 영향을 미쳤다. 농업 사회는 옥수수, 감자, 쌀, 기장, 밀 같은 복합 탄수화물을 소비하면서 번성했다. 인류는 이런 식량을 체내 당분으로 전환해서 영양분으로 섭취한다. 다른 식물 영양과 생선, 고기, 과일, 장과, 견과, 꿀도 중요하지만 주요 탄수화물이나 천연 당에 비하면 부차적이다. 설탕을 공급받을 수 있게 될 무렵에 영국인들은 세계의 다른 지역과 마찬가지로 단일 탄수화물 위주의 식사를 하려고 애썼다. 세계 인구의 대다수는 19세기에도 단일 탄수화물 식품(예를 들어, 옥수수, 밀, 감자 등)에 다른 보조 식품을 곁들여 먹으며 살아가고 있었다. 배고픔은 언제나 두려움의 대상이었고 기근도 자주 발생했다.[33]

1750년 이전에는 부자들이 수입 설탕의 대부분을 소비했다. 제한된 생산과 과세, 가격 때문에 설탕은 엘리트들을 위한 사치품이 되었다. 한 세기에 걸쳐서 생산이 늘어나고 수입세가 사라지고 가격이 하락했다. 이제 설탕은 모든 사회계층을 위한 상품이 되었으며, 특히 단백질과 복합 탄수화물이 부족한 식사를 하는 빈민들을 위한 상품이 되었다. 1850년 무렵에는 설탕이 일상 식품이 되었고, 설탕으로 섭취한 칼로리 양이 전체 칼로리 양의 2퍼센트 정도에서 20세기에는 14퍼센트로 늘어났다.[34] 영국에서는 페이스트리, 푸딩, 값싼 잼 바른 빵, 비스킷, 번 빵, 감미료를 넣은 과자, 캔디 따위가 영양이 부족한 식단에 칼로리를 더해 주었다. 밀가루로 만든 과자는 복합 탄수화물을 보충해 주었다. 식사 시간이나 간식, 잠들기 전에 과자를 곁들여서 감미료를 넣은 차와 커피, 초콜릿을 마시는 일이 흔해졌다. 1760년에 제과 요리책이 출간되면서 확산된 디저트의 인기는 오로지 단것에 대한 사람들의 욕구를 부추겼을 뿐이다.[35]

1800년 무렵에는 유럽의 설탕 소비가 24만5천 톤에 달했다. 전 세계 생산의 대부분을 차지하는 양이다. 30년 뒤에는 사탕무가 시장에 등장하면서 생산이 233퍼센트나 늘어 57만 톤을 넘어섰다. 19세기 말에 사탕수수와 사탕무 생산이 가속화되면서 유럽과 미국의 설탕 소비가 6백만 톤을 넘었다. 시드니 민츠에 따르면 "아마도 세계 역사상 그 어떤 식품도 설탕에 버금가는 성과를 내지 못했을 것이라고 단언할 수 있다."[36]

노동자들의 소득이 어느 정도 오르고 서아프리카와 대서양 노예무역을 통해 노예들이 안정적으로 더 많이 공급되어 생산자들이 너도나도 시장에 뛰어들자 설탕 가격이 떨어졌다. 17세기 후반에는 서인도제도와 브라질 사탕수수 농장에서 생산한 물품이 유럽 시장에 넘쳐났다. 설탕이 처음에는 의약품으로 사용되었고 이어서 향신료

그림 8-1 사탕수수를 분쇄하는 풍차
영국 국립도서관 제공.

나 방부제, 감미료, 페이스트리 첨가물로 사용되다가 마지막에는 식품이 되었다. 19세기에는 설탕이 전 유럽인에게 필요한 칼로리의 15~18퍼센트를 제공했다. 아마도 노동자계급이나 빈민 계층일 법한 일부 집단은 값싼 설탕으로 하루 필요 칼로리의 대부분을 채웠을 것이다. 어떤 연구자는 1663년부터 1775년까지 영국 인구가 450만 명에서 불과 7백만 명으로 늘어난 데 반해 설탕 소비량은 20배로 늘어났다고 주장한다.[37]

설탕 소비가 늘어난 요인을 맛으로만 설명할 수는 없다. 비가 많이 내리는 추운 날씨가 또 하나의 요인이었다. 그런 날씨에는 사람들이 감미료를 넣은 뜨거운 차로 몸을 따뜻하게 했다. 도시 노동자들의 영양 결핍을 비롯한 다른 요인들도 작용했다. 상류층의 차 마시는 행위를 모방하려는 욕망이 작용했을 수도 있다. 이 밖에도 빵과 치즈를 먹는 식사 분위기를 띄울 겸 부싯깃 통 위의 공용 찻주전자에 차를 끓이려고 모여든 노동자들의 사회문화적 영향을 생각해 볼 필요가 있다. 그들은 찻잔을 들고 이야기꽃을 피웠으며 따뜻하고 감미로운 음료의 맛은 그 분위기를 돋우었다. 남녀 노동자들은 이 신상품을 통해서 세계 역사상 처음으로 자신들과 동떨어진 세계에서 난 상품에 접근할 수 있게 되었다. 세계 최초의 근대적 상품인 담배와 설탕, 그리고 3대 음료인 차와 커피, 코코아의 생산, 가공, 운송, 판매, 소비는 생산자와 소비자의 관계를 바꿔 놓았으며 되돌릴 수 없는 관계가 되었다.[38]

설탕의 생산과 유통만큼 소비 세계를 크게 바꿔 놓은 상품은 없다. 중독성이 있는 담배도 그렇게 하지 못했다. 경작자들이 생산 품목을 바꿨다. 대개는 담배 재배에서 설탕 생산으로 바꿨다. 설탕이 1640년에 유럽 시장에 들어오면서 사탕수수가 영국에서 가장 이문이 높은 아메리카의 환금작물이 되었다. 설탕은 1600년부터 1800년까지 "곡물과 고기, 생선, 담배, 소, 향신료, 의류, 금속 무역의 가치를 상대적으로 왜소하게 만들면서 국제무역에서 가장 중요한 단일 상품"으로 뛰어올랐다.[39] 설탕은 인간관계와 농업 생산, 전 지구적인 식생활의 변화를 주도한 유일무이한 소비 상품이었다. '설탕 혁명'은 정말로 놀라운 것이었지만 동시에 매우 슬픈 것이었다.

설탕 혁명으로 다양한 혼합농업이 설탕 단작농업으로 바뀌었으며, 이 단작농업은 삼림 벌채와 토양침식을 유발하고 카리브 해 지역의 변화무쌍한 기후 체계에 영향을 많이 받게 되었다. 아프리카 노예노동을 관리하는 귀족 소유의 대규모 플랜테이션이 백인 연한계약 노동자들의 지원을 받는 자영농 소유의 소규모 농장을 대체했다.[40] 인적이 드문 농민 취락이 사라지고 사람들이 몰려 사는 플랜테이션이 들어섰다. 플랜테이션은 "전례 없이 새로운 사회·경제·정치 제도였고 그저 단순한 농업 조직상의 혁신이 결코 아니었다."[41]

사탕수수 농장을 만들기 위해 삼림을 개간하면서 곤충과 새, 포유동물의 서식지는 물론이고 다양한 농작물과 목초지도 사라졌다. 사탕수수 즙을 끓이고 음식을 준비하기 위해서 농장주들이 근처의 삼림을 베었다. 설탕 결정체를 제당 공장에 수송하기 위해 내륙에 도로를 내고 나중에는 철도를 부설했다. 사악한 고용 제도와 자본 투자처로 바뀐 땅이 종전에는 접근할 수 없었던 전 세계의 시장과 연결되었다. 설탕과 그 부산물인 당밀과 럼주를 거래하는 무역은 카리브 해의 주택 건설이나 설탕 무역에 종사하는 상인들의 선박 제조에 필요한 뉴잉글랜드와 캐나다의 목재 무역과 결합되었다. 노예들에게 필요한 단백질을 찾던 농장주들이 북아메리카 무역업자들로부터 소금에 절인 대구를 몇 톤이나 구입했다. 북아메리카 무역업자들은 이 대구를 해외 어선단한테서 사들였다.[42]

설탕 혁명으로 대서양 노예무역이 그야말로 호황을 맞이했다. 아프리카 노예들이 1500년부터 1820년까지 아메리카 대륙으로 건너간 유럽 이주민들의 수보다 곱절로 많았다. 이 노예들과 그 후손들이 세계에서 고용제도가 가장 잔인한 플랜테이션에서 일했다. 그들은 이곳에서 점차 확대되는 세계 시장에 공급할 설탕과 담배, 쌀, 면화를 생산하면서 신세계의 부를 창출했다. 아프리카 노예들은 이미 15세기에 시칠리아와 나폴리에서 기본 노동을 담당하고 있었다. 설탕 수요가 늘어나자 유럽의 엘리트들은 카나리아제도(아프리카 서북부 부근에 있는 에스파냐령 섬의 무리―옮긴이)와 상투메(아프리카 기니 만 동남부, 적도 바로 아래에 있는 공화국―옮긴이)에 설탕 생산과 인종차별적 노예제도를 도입했다.[43]

유럽의 설탕 수요가 늘어나면서 사탕수수를 경작하기 위해 아메리카 대륙에 공급된 아프리카 노예들의 고생은 이만저만이 아니었다. 그 고생이 하도 심해서 출산율이 안정인구를 유지할 수 없을 정도였다. 설탕 플랜테이션에서는 사망자 수가 신생아 수를 훌쩍 넘었다. 담배나 면화, 커피 플랜테이션에서는 없었던 일이다. 신세계에서는 사탕수수가 최대의 플랜테이션 작물이었다. 대서양을 건너와서 기본 노동을 제공할 수 있는 노예들의 60~70퍼센트가 사탕수수 농장에서 일을 했다. 이 플랜테이션의 삶은 "끔찍하고 잔인했으며 짧았다."[44] 당료 작물이 번성한 카리브 해와 브라질에서는 10년마다 노예 인구가 20퍼센트씩 줄어들었다. 신체적인 잔인함, 전염병의 온상이 된 열대기후, 맞지 않는 남녀 비율 등을 결합한 플랜테이션이 노예 무역업자와 농장주, 상인들에게는 막대한 부를 안겨준 반면에 노예노동자들에게는 막다른 골목이었다.[45] 설탕 플랜테이션 경제를 유지한 것은 오직 서아프리카에서 끊임없이 유입된 새로운 노예들이었다. 리처드 P. 터커가 지적한 대로 카리브 해에서 진행된 사상 최대 규모의 설탕 생산은 "아메리카 최초로 생태 제국주의가 전성기를 누린" 시기였다.[46]

커피와 차

이 무렵에는 또한 커피라고 부르는 터키 음료가 모든 거리에서 팔리고, 차라고 부르는 또 다른 음료와 초콜릿이라는 아주 따뜻한

음료도 팔고 있었다.[47]

커피 음료는 본디 이슬람 세계에서 시작되었다. 이 지역에서 커피
하우스는 사교와 경제적 거래, 도시의 담론이 이루어지는 장소였다.
커피는 홍해와 인도양 사이에 있는 예멘 계곡에서 재배되었다. 커피
는 향신료, 직물, 귀금속과 함께 이슬람 세계에서 번성하던 인도양과
실크로드 무역망을 따라 거래된 상품이었다. 16세기 무렵에 커피는
유럽인들이 무슬림들과 무역을 하며 살고 있던 오스만튀르크제국 최
대의 도시들(콘스탄티노플, 알렉산드리아, 카이로)을 비롯한 제국 전역
으로 확산되었다. 17세기 중엽에는 커피 소비가 런던과 파리, 암스테
르담으로 확산되었다. 역사가 존 윌스 주니어에 따르면, 그 무렵 런
던의 커피하우스는 책을 읽고 글을 쓰며 종교와 정치에 대해 토론하
고 헌법의 원칙에 대해 논쟁하는 장소였다. 커피하우스는 근대 도시
의 정부 형태가 태어난 발생지였다.[48]

1700년 무렵에는 유럽의 커피 수요가 늘어나면서 예멘의 해안 지
역에 위치한 모카와 무역이 활발해졌다. 1723년에는 커피 재배가 카
리브 해의 마르티니크 섬으로 확산되었다. 이때 프랑스 해군 장교 가
브리엘 마티외 드 클리외가 프랑스에서 커피나무 한 그루를 그곳으
로 가져갔다. 이곳 커피나무가 5년이 안 되어 브라질로 수출되었으
며 서반구에 커피 재배와 생산 붐을 불러일으켰다. 커피 수요가 예멘
에서 공급하던 양을 넘어서자 카리브 해에서 북아메리카에 이르는
식민 제국을 거느리고 있던 영국이 1728년에 자메이카와 바베이도스
에 커피 플랜테이션을 개척했고, 네덜란드인들도 1720년대에 자바에
서 커피 생산을 시작했다. 중앙 집중적인 관리 업체인 네덜란드 동인

그림 8-2 팔레스타인의 커피 가게
Wikimedia Commons, the free media repository.

도회사 덕분에 자바의 생산이 모카의 생산을 앞질러 매년 2,250킬로
그램을 유럽 시장에 공급했다. 동인도회사는 이때 지역 생산자들과
농업 노동자들의 임금을 삭감했다. 당시 확장 일로에 있던 유럽 시장
에 필요한 것은 싼 가격과 각성 음료였다.

1713년에는 영국이 중국 광저우와 정기 무역을 개시해 차 수입을
안정화시키고 차를 국민적 음료로 만들었다. 한 사람이 하루 차 한
잔을 마시면 1년에 900그램을 소비하게 된다. 성인 인구 951,000명
가운데 25퍼센트가 날마다 차 한 잔을 마신다고 가정하면 영국은 해
마다 86만 톤의 차를 수입해야 한다. 미국의 학생들은 누구나 다 '보

스턴 차 사건'(1773년)의 역사를 알고 있다. 아메리카 원주민 복장을 한 식민지 주민들이 동인도산 차를 보스턴 항구에 던져 버렸다. 영국 정부가 본국에서는 물론이고 식민지에서도 대중 음료가 된 차에 세금을 부과했기 때문이다. 차 수입에 세금을 매기면서 가격이 거의 곱절로 올랐고 차 무역은 수익성이 좋은 대규모 국제 밀무역으로 발전했다. 초콜릿과 함께 차가 커피하우스를 파고들었고 고객들에게 또다른 각성 음료로 다가갔다. 무이차(武夷茶)라고 불린 홍차와 녹차의 가격이 계속 떨어졌고 그렇게 되자 차를 마시는 사람들이 더욱 더 늘어났다. 얼마 가지 않아서 차와 함께 설탕 그릇과 우유 항아리가 등장했고, 이것들을 섞어서 따뜻하고 달콤하고 영양이 풍부한 홍차 한 주전자를 만들어 냈다. 차의 인기가 영국뿐 아니라 프랑스와 네덜란드에서도 급속히 확산되었다.

뜨거운 카페인 음료인 커피와 차, 코코아는 차가운 맥주나 증류주와 대중의 관심을 끌기 위한 경쟁을 벌였다. 그 시대 사람들은 기분에 영향을 주는 이런 음료들이 노동자들의 각성과 업무 집중에 미치는 영향을 알고 있었다. 이전에는 아침에 맥주를 마시고 작업장에 와서 졸던 노동자들이 이제는 설탕을 넣은 진한 커피를 마시고 맑은 정신으로 깨어서 작업에 주의를 기울인다. 커피와 차가 노동자들의 환심을 놓고 영국에서 한 세기 이상을 경쟁했지만 결국에는 차가 승리를 거두었다. 차는 커피와 달리 분쇄기가 필요 없었다. 이 두 음료 가운데 찻잎 1파운드로 신선한 차 19리터를 만들 수 있는 반면에 진한 커피 한 잔을 만드는 데는 커피콩이 57~85그램이나 들었다.

1750년 무렵에는 커피 경작자들이 5대륙의 열대지방과 온대지방에 커피 플랜테이션을 만들었다. 19세기 말에는 커피를 마시는 미국

그림 8-3 중국 광저우의 차 창고 짐꾼들이 유럽인 조사관 세 사람한테 차 바구니를 가져가고 있다. 영국 국립도서관 제공.

인들이 전 세계 공급량의 절반을 소비하게 된다. 브라질 커피가 4분의 3 정도를 차지하고, 과테말라와 코스타리카의 커피와 아라비아의 모카, 인도네시아의 자바가 나머지 4분의 1을 놓고 경쟁을 벌였다.[49] 1900년에는 미국이 4억 파운드 가량을 수입했다. 뒤이은 수십 년 동안에도 커피 소비는 계속 늘어났는데 여기에는 미국의 소비 증가가 큰 영향을 미쳤다.

20세기 초에는 1억6천7백만 명의 미국인들이 커피를 마셨고 해마다 커피 마시는 사람들이 5백만 명씩 늘어났다. 20세기 후반에는 상표 광고와 공격적 판매 활동이 늘어나고 스타벅스, 세컨드 컵, 던킨 도너츠, 커피 비너리 같은 전문 체인점들이 확산되었다. 이는 커피의 매력이 점점 커져 가고 있음을 보여 준다. 커피 소비자들이 더 늘어나면서 라틴아메리카의 커피 재배가 기록적인 수준에 도달했다.

공급 과잉이 커피콩의 가격을 다시 떨어뜨렸다. 1997년에 커피 붐이 한창일 때 커피 소매가격이 파운드당 4.67달러였다. 커피 수요가 늘어나기는 했지만 6년에 걸쳐 생산이 증가하는 바람에 가격이 2003년에 2.84달러로 급락했다. 소매가격이 낮아지면 수요가 다시 대폭 늘어났다. 21세기에는 이렇게 커피 소비를 둘러싸고 밀고 당기는 메커니즘이 계속되었다. 미국에서 커피 마시는 사람들은 평균적으로 하루에 4잔 이상을 마신다. 커피 마시는 사람들의 수가 3억 인구의 절반이 넘기는 하지만 다른 국가들은 일인당 기준으로 볼 때 커피를 훨씬 더 많이 마신다. 예를 들어 스웨덴, 핀란드, 노르웨이, 덴마크, 아이슬란드를 포함한 스칸디나비아의 커피 마시는 사람들은 하루에 평균 7잔 이상을 마시고, 이 가운데 가장 많이 마시는 핀란드의 경우에는 하루에 11.5잔을 마신다.[50]

약 2백 년 전에 찰스 다윈은 "땅은 저절로 만들어진 어수선하고 풍부한 자연 그대로의 커다란 온실이다"라고 말했다.[51] 이 "어수선하고 풍부한 온실"이 집약적 형태로 농사를 짓고 가축을 방목하며 커피를 재배하면서 생태학적으로 취약한, 영양가가 줄어드는 재배식물 농장들의 경관으로 바뀐 지 오래되었다. 다른 작물과 마찬가지로 커피의 성장을 촉진하기 위하여 커피 플랜테이션에 살충제를 널리 사용하게 되었다. 지구상에서 면화와 담배를 제외하고 세 번째로 비료를 많이 뿌리는 커피를 재배하는 데 수백만 리터의 석유화학 비료가 든다. 석유화학 비료를 만드는 과정에서 또다시 화석연료를 사용한다는 사실을 커피 소비자는 알지도 못할 뿐더러 인식하지도 못한다.

커피가 마지막으로 소비자에게 도달하기 전에 커피콩의 겉껍질을 벗길 필요가 있다. 이는 커피콩을 볶기 위한 준비 작업으로 중요한 과정이다. 수세대에 걸친 커피 경작자들은 커피 생산의 첫 단계로 콩을 보호하고 있는 껍질을 물에 담갔다. 이렇게 껍질을 적시는 과정에서 수 톤에 달하는 발효 찌꺼기가 나왔으며 이것이 물에 씻겨 하천으로 흘러들면서 광범한 오염을 유발했다. 발효 찌꺼기가 부패하면서 물속의 산소를 고갈시키는 바람에 식물과 물고기가 죽었다. 이러한 환경 악화가 널리 퍼지는 가운데 물을 사용하지 않고 과육을 벗기는 방식이 등장해서 오염 확산을 줄이고 환경에 긍정적인 영향을 주고 있다.

붉은색 과육을 인근 수로에 물로 씻어 내지 않고 차곡차곡 쌓아 두었다가 석회를 섞으면 거기서 커피 플랜테이션에 사용할 수 있는 고품질의 유기질 비료가 나온다. 이것은 한 가지 재생 방식일 뿐이다. 또 다른 커피 플랜테이션에서는 과육 더미에 캘리포니아 붉은 줄지렁이를 넣는다. 그러면 몇 개월이 지나지 않아 유기질이 풍부한 토양으로 바뀐다. 다른 형태의 재생 방식으로는 지하 탱크에서 커피 점액과 소나 돼지의 분뇨를 섞는 방식이 있다. 그러면 발효가 진행되고 요리와 난방에 사용할 수 있는 메탄가스가 생성된다.[52]

커피콩 처리 과정에 나타난 위험과 그것이 환경에 미치는 부정적 영향을 줄이려는 최근의 노력에도 불구하고, 그늘 재배 커피를 잠식하고 있는 햇볕 재배 커피 농사가 철새들의 생활공간을 위협하고 있다. "재잘거리는 녹색 앵무새, 몸집이 큰 회색 흉내지빠귀, 색깔이 선명한 파랑새, 조그만 노란색 카나리아 수천 마리가 하늘을 가득 메운다. 초록 커피 열매가 주렁주렁 달린, 길게 뻗은 커피나무 길을 말을 타고 달리는 것보다 더 즐거운 일은 없을 것이다. 새로운 땅에 커피를 심을 때는 그늘을 가장 먼저 고려해야 한다."⁵³ 이러한 풍경을 볼 수 있던 1920년대 이래로 햇볕 재배 커피 농사가 계속 늘어나서 햇볕이 내려쬐는 촘촘하게 밀집된 미세 환경에서 재배하는 커피가 중남아메리카 커피의 70퍼센트를 넘어서게 되었다. 커피나무 숲이 지역의 전통적인 초목을 대체한 가운데 그늘 재배 커피에서 햇볕 재배 커피로 혁명적인 이행이 전개되면서 생태학적 균형이 무너지고 있다. 나무 그늘에 둥지를 틀고 커피나무 천공충 같은 곤충이나 다른 해충들을 먹어 대는 수백만 마리의 철새들이 갈 곳을 잃고 있다.

열대 지방 근처에 있는 제비, 휘파람새, 꾀꼬리, 개똥지빠귀, 벌새 같은 무척 다양한 철새들의 주요 서식지가 사라지면서 생태계가 악화되었다. 20세기 마지막 수십 년 동안에는 백억 마리 정도의 새가 북아메리카 온대림에서 여름철을 지내고 겨울철에는 라틴아메리카로 날아갔다. 경작을 위해서 수백만 헥타르의 삼림을 계속 파괴하자 철새의 수가 줄어들었다.

지난 세기에는 숲이 우거진 세계의 자연경관에 커다란 변화가 나타났다. 온대지방의 삼림은 물론이고 열대우림이 끔찍한 비율로 사라지고 있다. 한때는 열대우림이 지구 표면의 14퍼센트나 되는 20억 헥타르에 달했다. 오늘날에는 인간의 활동으로 열대림에 변화가 생겼다. 이미 절반가량은 사라졌고 분당 32헥타르씩 사라지는 비율이 조금도 누그러지지 않고 있다. 이러저러한 목적으로 땅을 개간하면서 멸종된 종의 수가, 최대한 양보를 한다손 치더라도 시간당 3종 정도는 될 것이다. 찰스 다윈이 말한 "어수선하고 풍부한 자연 그대로의 커다란 온실"이 영원히 사라졌다.

과시적 소비

어느덧 소비혁명이 '사회의 자기장 중심'이 되었다. "중대한 소비 변화가 중대한 사회 변화를 낳고 이 변화가 다시 더 큰 소비 변화를 낳았다."[54] 백화점은 소비자의 관심에 초점을 맞추고 구매자와 판매자의 가격 흥정을 가로막는 가격 시스템을 만들어 냈으며 새로운 판매 전략을 발명해 냈다. 연예인들의 추천, 제품의 심미적이고 문화적인 가치 홍보, 잠재적 구매자들의 모방을 부추기는 양식화되고 낭만적인 이미지의 모델 활용이 제품에 신분과 가치를 더하도록 디자인한 새로운 판매 전략들이었다. 백화점이 등장하면서 대중 소비가 시작되었고 신분과 맛, 예술, 성별 인식 등에 관한 문화적 의미들이 소비 양식에 영향을 주었다.

19세기 말에는 경제학자이자 사회비평가인 소스타인 베블런이 《유한계급론》(1899년)에서 '과시적 소비'를 다루었다. 그는 모든 사회집단들이 물적 재화를 자신들의 성취감을 과시하고 사회 엘리트를 모방하는 수단으로 삼고 있다고 갈파했다. 20세기의 상당 기간 동안에는 소비의 미덕과 그에 뒤따르는 여가나 오락을 격찬하는 예찬론에서부터 강제적이고 강박적인 구매 행위와 '사회적 소비'에 비해 과도한 개인적 소비의 불공평을 지적하는 비판론에 이르기까지 다양한 견해가 나왔다. 여기서 '사회적 소비'는 개인들이 순간적인 만족에 빠진 채 무시한 학교와 병원, 도로를 비롯한 공공 부문에 대한 소비를 일컫는다.[55]

1879년 토머스 에디슨이 발명한 최초의 전구에서부터 1,300개의 전구로 뉴욕 시 금융가를 밝힌 1882년 미국 최초의 발전 장치 가동에 이르기까지, 전기가 20세기 소비재 제조에 끼친 영향은 상상조차 할 수 없을 것이다. 소비혁명을 재촉하는 데 다른 두 가지 발명이 중요한 역할을 했다. 고압변압기로 저압 가정에 송전을 할 수 있게 되었고 철도와 전기통신, 가정으로 확장되는 공업 팽창에 전기모터가 필수품이 되었다. 1900년 무렵에는 전기제품이 가정용품이 되고 전기다리미와 진공청소기, 온수기, 레인지가 상당수 미국 중산계급 가정에 보급되었다. 이런 상품의 확산을 제한한 것이라고는 오직 가정용 배선 설비의 유무뿐이었다.

　제2차 세계대전 이후가 되면 주택 구입이 가장 중요한 소비로 떠올랐다. 1930년대의 대공황과 뒤이은 전쟁, 출산율 증가로 미국에 주택 위기가 발생했다. 제2차 세계대전 이후에는 가전제품이 가득한 단독주택을 이상적인 가정으로 홍보하는 정부간행물과 부동산 개발업자의 광고가 등장한다. 전쟁 중에 자가 소유 주택의 수가 전례 없이 15퍼센트나 늘어났으며, 이러한 건축 경기가 20세기 나머지 기간 동안에도 누그러지지 않고 계속되었다. 건축업자들이 설계한 주택 가운데 전원주택이 인기를 끌었다. 이에 발맞추어 《더 좋은 집과 정원》(Better Homes and Gardens) 같은 잡지들이 관심 있는 소비자들에게 주택 계획과 집을 꾸미는 일에 관한 정보를 제공했다.[56]

　주택 건축과 소비재, 서비스에 대한 지출이 70퍼센트나 늘어나면서 미국의 전후 경제가 회복되었다. 1960년에 자가 소유 주택 네 채 가운데 한 채가 1950년대에 지어졌다. 1940년에는 전체 미국인 가운데 44퍼센트만이 주택을 소유했지만, 20년 뒤에는 그 비율이 62퍼센트로 올랐고 20세기 나머지 기간 동안에도 계속 오르게 된다. 1970년대에는 소유자를 45~64세 사이의 양부모 가족으로 잡고 계산하면

85퍼센트가 주택을 소유했다. 주요 거대도시의 성장이 정체되면서 교외 성장이 곱절로 늘어나고 해마다 주택 신축이 꾸준히 늘었다. 1950년 무렵에는 한 해 주택 착공 건수가 2백만 건에 이르렀고 그 이후 수십 년 동안에는 연간 1백만 건으로 안정되었다.[57]

주택 건축이 엄청난 파급 효과를 발휘하며 레스토랑과 휴양지를 비롯한 오락 시설, 도로, 종교시설, 학교 건축의 필요성이 증대되었다. 주택 경기가 활발해지면서 가정용 전기 시설이 향상되자 1940년대에는 냉장고가 도입되었다. 뒤이어 세탁기와 에어컨, 자동세척 오븐, 식품 가공기, 전자레인지가 등장했다. 중산계급 사이에 이러한 소비재가 확산되면서 사상 처음으로 신용 구매와 지출이 촉진되었다. 인쇄물과 전자매체를 통해 홍보되는 새로운 특성과 디자인, 색상, 크기, 가격의 가전제품들이 소득 수준이나 사회 계급에 관계없이 전방위적으로 시장을 침투했다. 소유한 물건이 얼마나 새롭고 얼마나 많은가에 따라 구매자들의 계급이 구분되었다.

전 지구적 소비

소비혁명에 참가한 사람들은 지출을 기준으로 다시 세분화되었다. 현대의 주택은 복잡한 배선 설비에다 50개가 넘는 전기 콘센트와 스위치를 갖추고 있지만, 전 세계 상당수의 주택과 주거는 여전히 전기 서비스가 아예 되지 않거나 단지 두서너 개의 콘센트를 갖추고 있다.[58] 서비스에 접근하기 위해서는 전기통신과 상당한 수준의 교육이 필요하기 때문에 이 격차가 커졌다. 전 세계의 상당한 지역은 현대 소비사회의 기준으로 볼 때 여전히 전근대 사회에 머물러 있는 실정이다.

1954년에 프랑스 전체에서 수돗물을 마시는 가구는 60퍼센트가 되지 않았다. 단지 25퍼센트만이 실내 화장실을 쓰고 있었고 10퍼센트만이 중앙난방과 욕실을 갖추고 있었다. 그러나 1975년 무렵에는 전체 가구의 4분의 3이 실내 화장실을 갖추고 있었고 70퍼센트가 욕실을 갖추고 있었으며 60퍼센트 정도가 중앙난방 시설을 보유하고 있었다. 1990년 무렵에는 이런 설비가 프랑스 가정에서 일반적인 것이 되었다. 소비 수준이 오르면서 지역 사회 내에서 청결과 사회적 지위의 상관관계에 대한 기대 수준과 위생이 향상되었다. 이와 비슷한 양상을 다른 대중 소비사회에서도 찾아볼 수 있다. 이러한 소비 수준의 향상이 어떤 국가들에서는 프랑스의 경우보다 더 빨랐고 어떤 국가들에서는 더 늦었다.[59]

수송혁명이 일어나고 그 자체가 더 많은 자원과 상품을 소비하는 수단인 자동차가 도입되면서 경제성장률이 높고 가처분 소득이 높은 국가에서는 자동차가 주요 내구 소비재로 바뀌었다. 인류는 수천 년 동안 이고 지거나 가축의 등에 실어 사람이나 물자를 실어 날라왔다. 1847년에 영국에서 운행되기 시작한 기차가 시간과 공간의 의미를 바꿔 놓았다. 기차를 운행하게 되면서 지역 간 거리가 단축되었고 여행자들이 편안하게 여행을 할 수 있었다. 기차가 식사나 숙박시설 같은 일부 편의시설을 갖추게 되면서 철도 여행객이 더욱 더 늘어났다. 화물 수송 철도차량이 천연자원과 식품, 제조품을 멀리 떨어진 시장으로 실어 나르게 되면서 동물성 단백질과 식물이라는 자연 세계로부터 소비자들이 더욱 더 멀어지게 되었다.

그림 8-4 인도네시아 자카르타의 망가두아 쇼핑몰
Wikimedia Commons, the free media repository.

상당수의 국가에서는 20세기에도 철도 수송이 계속 확장되었다. 하지만 선진 공업국에서는 1950년대 무렵에 자동차나 비행기가 여객 수송과 화물 수송을 놓고 철도와 경쟁을 벌이기 시작했다. 자동차가 낳은 사회적 · 경제적 · 환경적 변화가 현대에 일어난 가장 광범위한 변화 가운데 하나이다.[60] 미국에서는 1920년대에, 다른 선진 공업국에서는 그 뒤에 자동차 제조업이 대기업으로 변했다. 자동차가 미국 국내외 무역의 주요 상품이 되었고, 독일과 일본에서는 각각 1960년대와 1970년대에 그렇게 되었다. 1946년부터 1955년까지 10년 동안 자동차 판매가 4배로 늘어나서 미국 전체 가구의 4분의 3이 적어도 차 한 대를 보유하게 되었다. 1975년에는 전체 가구의 85퍼센트가 차 한 대를 보유했고, 전체 가구의 절반가량은 두 대를 보유하게 되었다. 자동차 생산은 1965년에 정점에 이르러 미국에서만 1,110만 대의 승용차와 트럭, 버스가 생산되었다.[61]

도시들을 잇는 철도가 상대적으로 부족한 가운데 교외 이동이 활발해지면서 자동차는 필수품이자 매우 가치 있는 소비자의 선택 사양이 되었다. 자동차의 기계 동력과 다양한 크기, 스타일에 넋을 잃은 소비자들이 자동차를 신분과 안목을 표상하는 상징물로 보았다. 자동차는 또 석유산업과 휴게소, 대리점, 정비공장, 부품 공급업체, 점차 확장되는 여행업에 아주 유용하게 되었다. 늘어나는 차량을 수용하기 위해 건설한 수천 킬로미터의 도로를 따라서 모텔과 레스토랑, 휴양지, 그 밖에 오락시설이 우후죽순처럼 들어섰다. 1937년에는 미국에 쇼핑몰 7개가 흩어져 있었다. 1949년에는 70개로 늘고 5년 뒤에는 무려 1천 개나 되었다. 도로와 고속도로, 무료주차 시설을 이용할 수 있게 되면서 그 수는 계속 늘어났다. 1960년에는 교외에 거주하는 가정에 백화점과 전문점, 레스토랑, 오락을 제공하는 쇼핑센터와 복합 쇼핑몰이 4천 개에 달했다. 21세기에는 거의 날마다 새로운 복합 쇼핑몰이 생겨나면서 수천 개도 넘는 몰이 새로 개장하고 있다.[62]

자동차가 단독주택과 더불어 경제적 가치가 높은 소비 품목이 되면서 연관 산업의 성장을 자극했다. 철강, 고무, 유리, 플라스틱, 커버, 전자 산업이 성장하면서 일자리 6개 가운데 1개꼴로 자동차 관련 소비 시장과 관련이 있었다. 이 산업들은 미국 자동차 공업이 경쟁에 직면하기 시작하면서 쇠퇴했다. 1960년대에는 독일이 이 경쟁에 뛰어들고 곧이어 일본이 뛰어들었다. 오늘날 독일과 일본의 제조 공장이 다른 어떤 국가들보다 더 많은 자동차를 생산하고 있다. 자동차 제조업계는 미국이 전 세계 자동차의 85퍼센트를 생산하던 1927년 이후에 상당히 바뀌었다. 국가 산업 능력의 상당 부분이 자동차 공업과 밀접한 관련이 있어서 미국의 자동차 제조업 쇠퇴가 경제 전반에 반향을 불러일으켰다.

자동차는 가정에서 직장과 휴양지, 여행지로 사적인 공간을 연장시켜 준다. 자동차는 대부분의 사람들을 해방시키고 그들에게 일과 오락, 주변 세계에 대한 접근성을 높여 준다. 도시에서 농촌으로 여행을 떠나면서 새로운 교외 공동체와 거대도시 지역이 연결되고 그에 따라 도시 공간이 확장된다. 갑자기 늘어난 차량을 수용하기 위해서 만든 고속도로와 유료도로, 국도 등 모든 도로가 대규모 거주 지역과 상업 단지를 이리저리 구획하게 되었다. 주상복합 건물과 소매 전문점, 대규모 백화점을 갖춘 복합 단지들로 이루어진 통합된 모자이크 같은 도시가 외딴 거주지들로 나뉘게 되었으며, 어떤 지역은 시간이 지나면서 주민이 살지 않는 버려진 공간으로 변모했다.

신흥 시장의 자동차와 전자제품

북아메리카와 유럽, 일본의 포화된 자동차 시장과 달리 동남아시아와 중유럽, 중국, 인도, 아르헨티나, 브라질, 멕시코에는 '새로운 자동차 공간' 또는 신흥 자동차 시장이 생겨났다. 이들 지역과 국가에서는 1990년대 이후에 자동차 판매와 보유 대수가 늘어났다. 이러한 소비 증대와 더불어 촉매변환 장치, 전자점화 장치, 컴퓨터 제어,

무연 휘발유 같은 배기가스 관련 규제가 없고 노후 차량 비율이 높은 국가에서는 차량 주도 대기오염이 발생했다. 일부 남아시아 국가에서는 어린이들이 하루에 담배 2갑을 피우는 꼴이 될 정도로 대기오염이 심각했다.[63]

예를 들어 중국에서는 배기가스 기준이 낮아서 차량으로 발생되는 대기오염이 세계 어느 지역에서보다도 더 심각하다. 현재 가연 휘발유를 폐지하고 있기는 하지만, 전체 면적이 10배나 더 넓은 로스앤젤레스와 도쿄 지역보다 더 많은 대기오염이 중국의 수도 베이징에서 배출되고 있다. 차량 이동을 유지할 교통시설을 현대화하지 않고 새로운 기술을 사용하지 않고 자동차 배기가스 기준을 설정하지 않는다면, 중국과 같은 신흥 시장 국가들의 전체 온실가스 배출량이 앞으로 이삼십 년이 안 되어 선진 국가들의 배출량을 넘어서게 될 것이다.

요즘에는 중국과 인도에서 소비하는 전체 에너지 소비량이 미국에서 소비하는 양의 절반가량 된다. 이 국가들의 개인 소득과 소비 수준이 오르고 사람들이 차량을 더 많이 생산하거나 수입하게 되면 배출량도 늘어나게 될 것이다. 2000년에는 미국의 일인당 자동차 보유 대수가 중국보다 127배나 앞섰다.[64] 따라서 중국과 인도를 비롯한 다른 국가들이 미국의 소비 수준에 도달하려면 아직 시간이 많이 남아 있다.

9장

에너지와 환경

루 이스 멈퍼드는 《기술과 문명》(1934년)에서 인류가 에너지를 사용한 시기를 세 시대로 나누었다. 원시기술 시대와 고기술 시대, 신기술 시대가 그것이다. 가장 긴 원시기술 시대는 인간과 동물의 근력으로 운동에너지를 마련해서 일하던 시대였지만, 멈퍼드는 바람을 모으고 바이오매스(주로 나무)를 태우고 흐르는 물을 이용해서 얻는 에너지에 논의의 초점을 두었다. 이 세 시대는 여러 방식으로 겹친다. 이 책을 읽다 보면 그 이유를 알게 될 것이다. 하지만 이 세 시대가 서로 겹침에도 불구하고, 멈퍼드의 분류는 에너지 사용이 지구 생태계에 미친 영향을 연구하는 데 여전히 유용한 패러다임이다.

기관에 동력을 공급하기 위해 물을 증기로 바꾸고 기계를 작동하기 위해 석탄을 채굴하고 태우면서 인류는 고기술 시대에 진입했다. 기계와 차량, 가정, 모든 형태와 크기의 가전제품에 사용할 전기를 공급하기 위해 석탄 대신에 석유와 천연가스를 사용하면서 고기술 시대가 일상생활로 확대되고 신기술 시대로 이행이 일어났다. 신기술 시대에는 많은 전력을 생산하기 위해 석탄 대신에 석유와 천연가스를 사용했고 말의 축력 대신에 내연기관을 사용했다.

하지만 패러다임이 대개 그러하듯 한 시대에서 다른 시대로 넘어가는 정확한 시점은 여전히 논란거리이다. 이런저런 활동과 기계의 지원이 한 시대에서 끝나지 않고 다음 시대로 계속 이어진다. 철도(신기술 시대의 발명)를 이용해서 개척지에 사람과 농작물, 천연자원을 실어 나르는 시대에 경작을 위해서 나무숲을 개간하는 데 도끼(원시기술 시대의 도구)를 여전히 주요 도구로 사용했다.

신기술 세계가 한창인데도 석탄이 여전히 시간당 수백만 킬로와트의 전력을 생산하는 가장 풍부한 자원이다. 미국만 해도 전력을 생산하는 데 해마다 15억 톤이 넘는 석탄을 연소시킨다. 전 세계 석탄 소비량이 해마다 늘어나고 있고 엄청난 탄소를 배출하면서 지구온난화를 유발하고 있다. 동시에 원자력과 수력으로 생산하는 전력이 미국 전력 생산의 20퍼센트 이상을 차지하고 있다.

원시기술 세계: 수차와 풍차

원시기술 시대에 사람들은 온갖 어려움에 직면했다. 예측할 수 없는 극단적인 기후변화로 활동하는 데 제약을 받았다. 혹한이 오랫동안 이어지고 식물 생육기가 짧아지면서 인류는 늘 공중 보건까지 위협하는 일상적인 배고픔에 시달려야 했다. 하천이 얼어붙으면서 선박 통행이 불가능해졌다. 항구가 얼어붙어 상업 거래가 어려워진 데다 예측할 수 없는 기후로 경제적 불확실성마저 높아졌다. 장기간에 걸친 혹한이 고기술 세계와 신기술 세계에 살게 되는 후대들이 알지 못하는 방식으로 가정을 파고들었다. 벽난로는 비효율적이어서 대부분의 열이 굴뚝으로 새나가고 외풍이 들어왔다. 효율성이 더 좋은 밀폐식 난로는 장작이 덜 들기는 하지만 가격이 비싸서 널리 보급되지 못했다. 지역의 장작 공급이 줄어들고 비용이 오르면서 가난한 집의 실내온도는 갈수록 낮아졌다. 부유한 집의 실내 사정도 별반 다르지 않았다. 18세기 말에 보스턴 상인인 존 로우는 "글을 쓸 때 잉크가 언다"고 얘기할 정도였다.[1]

그렇다고 원시기술 시대에 찬 기온이 불편하기만 했던 것은 아니다. 한대지역에는 말라리아나 황열병 같은 열대 전염병이 거의 출몰하지 않았다. 전 세계 어느 곳이나 도로 사정이 열악해서 홍수와 가뭄 시기에는 이동에 어려움이 많았다. 홍수가 나면 도로에 물이 넘쳐 이동을 하지 못했고 가뭄 들면 도로가 깊이 패고 먼지투성이여서 사람과 물자가 이동하는 데 이만저만 불편한 게 아니었다. 눈 덮인 빙판길은 노면 마찰이 적어서 무거운 짐(장작을 비롯한)을 빨리 옮기기에 적합했고 가축의 힘이나 사람의 에너지 소비를 줄일 수 있었다. 도시가 성장하면서 외딴 도회지와 농장에서 겨울 썰매를 이용해 정기적으로 공급되는 물자의 혜택을 받았다.

서리가 내리거나 눈이 덮여 지면이 굳어지는 겨울철에는 황소가 끄는 투박한 수레와 썰매가 나무숲에서 장작을 실어 나르거나 보스턴 시장에 내다 팔 옥수수와 감자 같은 농산물을 실어 나르느라 바빴다.[2]

오늘날에도 여전히 여러 국가들이 동력원을 근력과 물에 의존하고 있음을 고려한다면, 인류 역사에서 원시기술 시대가 차지하는 기간을 헤아릴 수 있을 것이다. 석탄과 석유, 천연가스를 소비하는 고에너지 사회는 겨우 120년밖에 안 되었다. 말하자면 근대에 떠오른 경제의 대부분이 발전 초기 단계에 근력과 물을 동력원으로 사용한 셈이다. 독립혁명기 미국에는 증기기관이 3기밖에 없었고 그것도 모두 물을 퍼 올리는 데 사용되었다. 1840년까지만 해도 열을 공급하는 데 석탄보다 나무를 더 많이 사용했고, 수차로 동력을 공급하는 제조 공장이 6만 개가 넘었다. 이런 수차가 평균 20마력에 달하는 증기기관 1,200기보다 훨씬 더 많은 에너지를 공급했다. 제조업에서는 1875년에 증기력이 수력을 넘어섰지만, 농장에서는 여전히 사람과 가축의 힘을 주로 사용하는 원시기술 시대가 계속되고 있었다. 그 무렵 평균적으로 10가구당 고작 1가구가 전기나 전화를 사용했다.[3] 이런 사정은 인류 역사상 이행기에 원시기술과 고기술, 신기술 기능이 동시에 공존한 몇 가지 사례에 해당할 뿐이다.

한편 1820년부터 19세기 말까지는 말과 황소를 비롯한 가축의 힘이 지배적인 도시 수송 양식이었다. 여러 아시아 국가들에서는 덮개가 없는 작은 인력거를 이용했다. 점차 확장되는 세계 도시들에 철도 수송이 등장하기 전까지는 마차와 수레가 도시 곳곳에 있는 소매업자와 식료품 잡화상에게 제조품과 농산물을 실어 날랐다. 도시 거주민들 상당수가 부를 축적하게 되면서 말이 이끄는 2륜마차나 4륜마차를 구입했고 늘어나는 도시 택시를 이용하는 주요 고객이 되었다. 1829년에 런던에 말이 끄는 버스가 처음으로 도입되었고, 도시 노동자계급이 점차 늘어나고 있던 이 버스를 타고 이동을 했다.[4]

이와 동시에 말 사료로 엄청난 양의 건초와 귀리를 소비하게 되고, 넓은 도시 공간을 말이 사용할 마구간으로 쓸 필요가 생겼다. 19세기 말에는 런던 시민들이 말 30만 필 정도를 소유했다. 거리에 말 배설물 더미가 늘어 가자 뉴욕 시민들은 수송 수요가 적은 기간에 미리 지정한 교외 목초지로 말을 몰아내는 방안을 생각해 내기도 했다. 사료, 마구간 설비, 털 손질, 편자 박기, 마구 채우기, 운행, 오염물 제거의 측면에서 말이 이끄는 수송의 도시 에너지 발자국을 계산한 비용이 19세기 도시들이 지불한 에너지 비용 가운데 가장 큰 몫을 차지했다. 말의 수가 최고치에 다다른 19세기 말에 전차와 내연기관 승용차, 트럭이 말을 대체하기 시작했다. 오늘날 발전도상 세계에서는 점차 늘어나는 도시 인구가 100년 전에 선진국들이 진 것과 유사한 부담을 원시기술 형태의 수송을 통해 지고 있다.

동물의 근력에 바탕을 둔 에너지 시스템이 서구에서 그렇게 오래도록 지속된 데는 여러 이유가 있다. 스코틀랜드산 클라이즈데일과 영국산 샤이어 같은 몸집이 더 크고 힘이 더 센 역축을 사육한 일과 기술 진보를 가장 중요한 두 가지 혁신으로 꼽을 수 있다. 지리학자 바츨라프 스밀은 축력의 효율성과 생산성이 높아진 방식을 이렇게 기술했다.

자갈을 깐 도로에서 얇고 가벼운 마차를 끄는 철제 편자를 달고 목에 마구를 찬 19세기 중종마가, 진흙 길에서 무거운 목재 수레를 이끄는 편자를 박지 않고 가슴에 마구를 찬 경종마보다 20배나 더 무거운 짐을 실어 나를 수 있었다.[5]

쐐기, 나사, 실, 톱니바퀴 같은 기구를 발명함으로써 원시기술 세계가 확장되었다. 기계와 도구를 통해서 인간은 자신보다 더 큰 물체를 조종할 수 있게 되었다. 인간은 자연계의 물건을 들어 올리고 갈고 누르고 두드리면서 자연 세계를 자신의 목적에 맞게 만들어 낼 수 있는 중요한 장점을 지니게 되었다. 하지만 이러한 장점에도 불구하고 노동 집약적인 일을 완수하는 데는 여전히 사람과 동물의 운동에너지가 필요했다. 한 사람이 운동에너지로 큰 바퀴를 움직이게 하는 크랭크를 돌리면 다른 사람이 선반 위의 목재 부품과 금속 부품을 정밀하게 다듬을 수 있었다. 1813년에 최초의 기관차에 필요한 강철 부품을 제작하는 데 힘센 성인 남자 두 명이 필요했다. 발명가 조지 스티븐슨에 따르면, 그 일이 너무 힘들어서 5분간 일을 하면 그만큼 5분을 쉬어야 할 정도였다.[6]

　노동자들의 부담을 덜어 준, 밟아서 돌리는 바퀴는 우물에서 물을 길어 올리는 데 효과적인 장치였고 그와 짝을 이루는 체인과 베어링으로 된 펌프는 건설 현장에서 무거운 건축 자재를 들어 올리는 장치였다. 중세에 큰 건축물을 짓기 위해서는 커다란 마름돌을 들어 올려서 제자리에 정확하게 놓는 혁신적인 기술이 필요했다. 밟아서 돌리는 바퀴와 톱니바퀴, 도르래, 크랭크, 크레인, 펌프를 수십 년, 심지어 수백 년에 걸쳐서 사용하면서 갈수록 복잡한 일을 수행할 수 있도록 그 크기와 효율성을 실험하고 창의력을 발휘했다. 이전에는 마주친 적이 없는 문제를 해결하는 것이 실험과 혁신과 인류 진보를 성취하는 길이었다. 이 기계들 상당수가 고기술 시대로 넘어가는 이행기에 지하 광산에서 석탄과 광석, 물을 들어 올리는 데 필수적인 도구가 된다. 광산 소유자와 경영자들은 증기기관이 기관차를 움직이는 데 사용되기 이전에 침수된 광산의 물을 제거하는 데 그 동력을 사용했다.

증기기관을 발명하고 그것을 기관차에 사용하게 되면서, 사람이
들 수 없는 무거운 짐을 실은 마차를 황소가 끌던 장거리 수송이 금
세 사라졌다. 증기로 움직이는 기관차에 연결된 차량의 수는 오직 기
관차 보일러실에서 석탄을 연소하고 물을 증기로 변환해서 얻는 에
너지의 양에 제한을 받았다. 선적한 짐의 양과 속도는 이러한 에너지
교환의 함수에 달려 있었다. 동물과 사람의 힘은 철도 기술의 등장을
막아 낼 수 없었다.

하지만 패러다임 전환이 대부분 그렇듯이 이런 이행으로 원시기술
기능이 모두 사라진 것은 아니다. 겨울철이 되면 도시 안에서는 공사
용 마차와 배달 차의 바퀴를 대신해 배달부가 달렸다. 말이 제공하는
에너지는 20세기 선진 국가에서도 시내 거리에 오물을 남기고 위생
악몽을 불러일으켰으며 오늘날 현대화된 경제에서도 마찬가지이다.
선진국 세계에서는 자동차와 트럭에 에너지를 공급하는 휘발유 내연
기관이 등장하면서 이행이 완결되었다. 몇 십 년이 안 되어 서구 세
계 도시들 대부분의 거리에서 짐을 운반하는 말이 사라졌으며 이제
는 세계 어디서나 지난날의 에너지 체제를 보여 주는 하나의 사례로
남아 있다.

혁신은 여러 가지 형태로 나타났고 발전된 수차와 풍차 디자인
이 등장하는 데는 오랜 시간이 걸렸다. 이 두 기술은 수천 년이 지났
지만 거의 아무것도 변하지 않았다. 수차로 곡물을 빻았다는 최초
의 언급과 사막에 물을 대기 위해 지하수를 끌어올린 최초의 풍차가
4,100년 전 페르시아에서 등장했다. 풍력을 이용하는 범선이 있었음
에도 풍차를 육지에서 동력을 발생하는 장치로 널리 사용하기까지는
수천 년이 걸렸다. 하지만 물이 풍부한 후빙기 유럽 세계에서는 수차

그림 9-1 물레방아
Wikimedia Commons, the free media repository. Johnson, Helen Kendrik (Ed):
"World's Best Music" (1900)[1](http://www.fromoldbooks.org/WorldBestMusic/
pages/074-The-Maid0fTheMill/).

가 압도적으로 많았다. 유럽 대부분의 지역에서 흐르는 물의 운동에
너지로 움직이는 수차를 볼 수 있었다. 바츨라프 스밀에 따르면 "시
리아 동쪽에서는 어디서나" 볼 수 있었다. 윌리엄 정복 왕의 지시로
작성한 영국 최초의 토지대장인 《둠즈데이북》(1086년)에는 잉글랜드
남부와 동부에 5,624기의 수차가 있다고 기록되어 있다. 수차 한 기
는 350명에게 기계 동력을 공급했다.[7]

초기의 물레바퀴는 물 에너지의 20퍼센트 정도를 쓸 수 있는 동력
으로 전환해 주었다. 1800년 무렵에는 전환 비율이 35~40퍼센트가

되었다. 19세기에 기술이 더욱 발전해 물 에너지의 60퍼센트 정도가 동력으로 전환되었다. 하지만 이러한 진보에는 대가가 뒤따랐다. 하천의 흐름을 일정하게 유지해야 하는데 그냥 변덕스러운 날씨에 맡겨두었을 리가 없었다. 유수지와 저수지, 여울, 댐이 수차의 작업 능력을 조절하는 장치가 되었다. 중세까지는 수차로 하는 작업의 상당 부분이 곡물을 빻는 제분이었다. 하천의 자연스런 물길을 변경한 결과 산란을 위한 물고기의 연례 이동에 지장이 생기고 어업권이 침해되었으며, 선박의 이동을 방해하는 토사를 유발하고 목초지와 농지의 상류에 홍수가 지기도 했다. 하천의 물길을 바꾼 것에 대한 농민들의 불만이 모든 지역 농민들의 연례 농업 보고서에 자주 오르내렸다.

매사추세츠 주의 브레인트리에서는 1640년에 이미 어부들이 댐을 부수고 철공소의 작업을 방해하는 일이 발생했다. 그들은 연어와 장어를 비롯한 어종들이 댐에 막혀 민물 산란지로 이동하지 못하게 되었다고 주장했다. 댐 인근에 어제(魚梯)와 어도(魚道)를 만들어야 한다는 법규가 있었음에도 불구하고 19세기에 대서양 연어가 하천에서 자취를 감추고 말았다. 1857년에는 외교관이자 생태학자이며 버몬트 주의 농부였던 조지 퍼킨스 마시가 다음과 같은 기록을 남겼다.

기계공업과 화학공업은 물론 농업과 관련한 거의 모든 공정들이 수중 동물이나 민물에서 살거나 산란을 하는 어류에게 치명적인 영향을 준다. 제재소의 톱밥이 아가미에 끼이고 야금 시설과 화학 시설, 제조업 시설에서 하천으로 방류되는 온갖 유해 광물질 때문에 어류가 떼로 독살되고 있다.[8]

1840년대 미국에 6만6천 기가 넘는 수차가 가동되었다. 이런 수차가 숲을 파괴한 것을 두고 자연주의자 헨리 데이비드 소로는 수차 디자인의 단순성을 지적했다.

수차라는 기계가 얼마나 단순한가! 개울에 둑을 막고 연못이나 수두(水頭)의 위치를 높이고 낡은 수평식 물레바퀴를 양동이로 물을 받을 수 있는 위치에 설치한다. 이어서 톱니바퀴 몇 개와 단순한 기어 장치를 이용해서 그 바퀴의 움직임을 가로축과 톱니로 전환되게 한다. 그리고 평판 지붕으로 덮어씌우면 연못 물이 흘러나오는 곳에 수차가 완성된다.[9]

때로는 하루 16시간이나 되는 제재소 주인의 연장 근로 일정은 저수지에 담긴 물의 양과 함수관계에 있었다. 소로는 또 수위가 높아지는 5월 어느 날 밤에 제재소가 돌아가는 소리를 들으며 이렇게 썼다.

불빛에 비친 그림자를 배경으로 손에 손전등과 막대기를 들고 서있는 톱질꾼이 떠오른다. 마치 고문을 당하는 통나무의 신경에서 나오는 것처럼 진동과 소리가 울려 퍼진다. 애간장을 녹이면서.[10]

물 흐름을 조절하여 수차의 에너지 생산이 늘어나면서 사람과 동물이 온갖 고된 일에서 해방되었다. 수력을 이용한 기계의 기능을 열거하면 다음과 같다. 나무 톱질하기, 선반 위의 나무 돌리기, 종이 만들기, 직물 제조, 가죽 무두질, 광석 바수기, 밟기, 자르기, 철을 비롯한 금속 갈기, 편자 만들기……. 그 기능은 이루 다 열거할 수 없을 정도로 많다. 수차의 설계 특성을 바꿔서 몸집이 큰 역축보다 더 큰 동력을 생산하는 데 수십 년, 심지어 수백 년이 걸리기는 했지만 수차를 이용한 광업과 야금업의 팽창이 제조업 혁명을 주도했다.

기계의 디자인이 바뀌면 변화의 영향이 뚜렷하게 나타났다. 1795년에 수력 기계로 하루에 20만 개의 못을 만드는 제조업자에게 미국 특허가 부여되었다. 그 결과로 건설업자의 건축 예산에서 상당한 비중을 차지하는 못 가격이 50년간 90퍼센트나 줄어들면서 엄청난 경제적 파장이 일어났다. 영국에서는 스코틀랜드의 글래스고를 가로지르는 클라이드 강에 설치한 영국 최대의 급수 시설로 1845년에만 30기의 수차를 가동하여 전력 1.5메가와트를 생산했다. 수차 가동을 위해서 큰 저수지의 물도 끌어들였다.[11] 기술사학자 데이비드 나이는 기술이 자연계에 개입하면서 생물계를 파괴하거나 몰아낸다고 지적했다. 수차가 경제를 발전시키고 하천 주변에 인류 사회를 건설했다는 이야기를 할 때 어류가 분수계에서 쫓겨나거나 멸종되었다는 내용은 그냥 지나친다.[12]

기술과 경제의 변화 속도가 빨라지면서 수력 터빈이 대형 수차를 대체했다. 매사추세츠의 직물 제조업체가 1875년에 이 새로운 터빈을 사용했다. 로웰과 로렌스에 위치한 메리맥 강의 직물 생산 회랑 지대를 따라서 설치된 이 터빈들이 모두 7.2메가와트의 전력을 생산하여 공장에 필요한 전력의 5분의 4 정도를 담당했다. 수차의 역사는 수천 년에 걸쳐 전개되었지만, 수력 터빈은 가속화된 공업 발전과 더욱 효율적인 동력원에 대한 끊임없는 수요 때문에 곧 사라지고 말았다. 1880년 무렵 대서양 연안 세계에서는 석탄을 채굴하고 물을 증기로 전환하는 데 석탄을 사용하는 고기술이 갈수록 기관의 효율성이 높아지는 가운데 수력을 대신해 세계를 주도해 나갔다. 하지만 고기술 시대로 돌진하기에 앞서 바람의 문제를 짚고 넘어가야 한다.

바람이란 무엇인가? 바람은 지구가 지축을 중심으로 하루 한 바퀴 자전할 때 그 지구를 감싸고 있는 일종의 태양에너지를 나타낸다. 지구가 자전할 때 거대한 기류가 순환한다. 어떤 경우에는 속도가 시속 480킬로미터나 된다. 에너지원인 태양과의 거리에 따라 지상의 기온이 달라진다. 적도는 태양과 더 가깝다. 지상 기온의 변동이 우리가 바람이라고 부르는 기류를 만들어 낸다. 기온의 격차가 커지면 지구 전체의 바람 속도도 더욱 빨라진다.

지표면의 지형 변화가 지구의 기후 체계를 만들었다. 표면이 매끄러우면 북극과 남극의 한대 기단이 따뜻한 적도 기단을 찾아서 이동하게 되고 열대 기단이 냉각되고 상승하는 단순한 순환이 일어나게 된다. 하지만 태양에너지가 수역과 땅덩어리 위를 돌아다니면서 공기를 가열하는 정도가 다르다. 바람은 이러한 에너지 교환을 나타내는 하나의 표시이다. 지구의 표면에 간간이 사막과 초지, 삼림, 산맥, 대양, 기타 커다란 수역들이 산재해 있어서 대기 순환은 더욱 복잡해진다.

지구는 표면에 있는 지점이 극지방에 가까울수록 작게 회전하는 구의 형태를 이루고 있기 때문에 구의 형태가 바뀌면 바람의 속도가 달라진다. 적도의 한 지점은 시속 1,600킬로미터 정도의 속도로 하루에 4만 킬로미터를 동쪽으로 이동한다. 더 북쪽으로 올라가면 한 지점이 시속 1,290킬로미터 속도로 32,000킬로미터를 동쪽으로 이동한다. 적도에서 북쪽으로 이동하는 풍류는 남쪽으로 이동하는 바람과 마찬가지로 표면 유속보다 더 빨리 이동할 것이다. 극지방에서 적도로 이동하는 바람은 표면 유속보다 더 느리게 이동할 것이다. 그 결과 매우 복잡하고 변화무쌍한 바람 체계가 생겨났다.[13]

이러한 복잡성을 처음으로 이해한 사람들은 고대의 선원과 선박 제조업자였다. 그들은 대양에서 시계 방향으로 부는 바람의 순환 체계를 이용해서 중국해와 인도양에서 지중해와 대서양으로 항해를 했다. 중국인들은 유럽 선원들이 탐험에 열을 올리기 이전에 이미 인도양을 건너 아프리카 동해안으로 대규모 무역 함대를 보냈다. 포르투갈인들과 에스파냐인들은 15세기 대항해 시대에 온대지방의 서풍을 따라 출항해서 대서양을 건너고 열대지방의 동풍을 따라 동쪽으로 돌아왔다.[14]

유럽인들이 아메리카 대륙을 발견한 직후에 선원 80명을 태운 100톤짜리 범선들이 500~750마력을 내며 시속 10노트의 속도로 항해를 했다. 노를 저어서라도 대서양을 건널 수는 있었겠지만 유럽과 아프리카를 서반구에 연결해 준 것은 범선이었다. 범선은 인내심이 강한 유럽인들에게 금, 은, 목재, 면화, 다양한 식료품 형태의 부를 안겨 주었다. 아프리카인들은 아무런 혜택을 얻지 못했다. 그들은 서아프리카 출신의 노예들로서 근력을 제공해서 대서양 양안의 부유한 농장주 계급과 노예 무역업자들, 직물 제조업자들을 부유하게 해 주었다. 해안 도시로 번창한 보스턴, 뉴욕, 필라델피아, 찰스턴을 연결해 준 것은 바로 범선이었다. 1800년대에는 대형 쾌속 범선이 22노트의 속도로 달리며 2천 톤이나 되는 수하물을 실어 나를 수 있었다. 성능이 좋은 선박은 그 선박을 움직이는 데 드는 인체 에너지보다 200~250배나 더 많은 에너지를 생산해 냈다.[15]

얄궂게도 원유의 접근성이 가장 좋은 서남아시아 지역에서 근력 대신에 풍차로 만들어 내는 에너지를 실험하고 개발했다. "오직 신만이 알고 계신다. 세상에서 여기보다 더 자주 바람을 이용하는 곳이 아무데도 없다." 10세기 아랍 작가들은 이란과 아프가니스탄 주변 지역을 이렇게 묘사했다.[16] 풍차는 주로 맷돌을 돌리거나 논밭에 댈 물을 길어 올리는 데 사용되었다. 이 풍차가 중세에 유럽으로 들어가기 전에 먼저 동쪽에 있는 중국으로 확산되었다. 1500년부터 1800년까지 풍차가 대륙 에너지 수요의 4분의 1을 공급하고 나머지는 수력과 근력이 담당했다.

1200년에 십자군들이 돌아오면서 유럽으로 가져온 풍차와 수차 덕분에 사람들이 마음과 몸을 쇠약하게 만드는 노동에서 해방되었다. 기술사가인 린 화이트가 그 해방을 이렇게 서술했다. "중세 후기의 주요 자랑거리는 대성당이나 서사시도, 스콜라철학도 아니었다. 그것은 바로 복잡한 문명의 역사에서 처음으로 땀 흘리는 노예나 막노동꾼의 등이 아니라 비인간 노동으로 지은 건축이었다."[17]

풍차 하면 흔히 네덜란드를 떠올린다. 여기에는 역사적이고 현대적인 의미에서 까닭이 있다. 네덜란드는 1500년 무렵에 사회경제적 이유로 풍력을 이용하는 대표적인 국가가 되었다. 네덜란드는 라인 강 삼각주에 있는 습지와 호수의 배수를 위해서 물레바퀴에 동력을 공급할 거대한 풍차를 만들었다. 그러고 나서 물이 넘어오지 않도록 제방을 쌓았다. 그 결과 해수면보다 30미터 낮은 땅의 40퍼센트 이상을 농경지로 사용할 수 있게 되었다. 루이스 멈퍼드는 이러한 경이로운 기술 업적을 두고 이렇게 말했다.

풍력과 수력을 이용한 에너지의 이득은 직접적인 것만이 아니

그림 9-2 네덜란드 킨더다이크 풍차
Wikimedia Commons, the free media repository. Lucas Hirschegger 촬영(2004년 12월 26일).

었다. 거대한 기계가 토질을 회복시켜 경작지로 만들었다. 역사적
으로 진행되어 온 토양 악화를 뒤바꿔 놓은 것이다. …… 풍차는
쓸 수 있는 에너지 절대 양을 늘리면서 비옥한 토지를 만들어 내는
데 이바지했다.[18]

네덜란드 기업가들이 제조업이 주는 혜택을 인식하게 되면서 풍차
의 경제적 혜택이 농업을 뛰어넘어서 확장되었다. 인쇄기가 발명되
어 종이 수요가 급등하고 목재 펄프를 종이로 만드는 압축 기계에 풍
차로 동력을 공급할 수 있게 되면서 경제가 활성화되었다. 물론 이
과정에서 이미 대폭 줄어든 유럽의 삼림이 또다시 타격을 입었다.

1900년 무렵에 풍차 9천 기가 국가 에너지 수요의 90퍼센트를 공급했고 유럽 전역에는 10만기 정도가 설치되어 사람과 동물의 근력에 대한 의존도가 더욱 낮아졌다.[19]

미국에서는 풍력과 수력이 생산자나 소비자의 에너지 수요를 대부분 충족시켜 주었다. 기록이 일정하지 않아서 정확한 사용량을 알 수 없지만 그 수치는 정말 놀랍다. 1850년에 풍력이 14억 마력시를 책임졌고 수차가 9억 마력시를 공급했다. 석탄을 태워 얻는 증기력은 세 번째로 많은 4억 마력시를 제공했다.[20] 여기에는 항해에 주로 이용된 범선에 작용한 풍력도 포함되어 있다. 그렇다 하더라도 이 수치는 19세기 경제와 사회에서 풍력과 수력이 중요한 역할을 했음을 입증해 준다. 19세기의 나머지 기간에도 "항구에는 여전히 범선 돛대의 숲이 가득 했고 농촌에는 풍차가 풍경의 분위기를 주도했다."[21] 그러나 미국에서는 남북전쟁 이후에 이미 재생 가능 에너지가 재생 불능 에너지인 석유와 석탄으로 대체되기 시작했다. 1890년 무렵에는 나무와 물, 바람으로 충당한 양이 국가 에너지 수요의 10퍼센트밖에 되지 않았다. 예측 가능한 연료원을 사용하는 고기술 시대가 찾아왔다.

고기술 세계: 석탄 에너지

석탄이 19세기 공업 세계에 연료를 공급하는 연소 에너지로 떠올랐다. 석탄은 다른 화석연료(토탄, 석유, 천연가스 등)와 마찬가지로 지구 내부의 열과 위에서 누르는 힘으로 압축이 된, 수백만 년이 지난 죽은 식물 층에서 생겨난 물질이다. 앨프리드 크로스비가 지적했다시피 "단단하게 다져진 수백만 년 된 삼림과 30여 미터 높이의 석송 숲, 거대한 쇠뜨기, 오늘날의 정글도 따라갈 수 없을 정도로 풍부한 식물군의 유해이다."[22]

6장에서 살펴본 것처럼, 상업용과 주거용 석탄 채굴은 산업화에 앞서서 이루어졌다. 1600년 무렵에 영국과 독일, 벨기에, 프랑스에서는 광업이 이미 기반을 잡은 상태였고, 영국에서는 생산량이 연간 1백만 톤에 달했다. 1700년 무렵에 런던에서는 1년에 50만 톤을 소비했으며 해를 거듭할수록 소비량이 늘어났다. 전설적인 런던 안개는 가정과 공장의 굴뚝에서 뿜어내는 연기와 장마 날씨가 빚어낸 합작품이었다. 석탄을 주 연료로 사용하는 '경성(硬性) 에너지 경로'를 채택하게 된 이유는 풍부한 석탄층 발견과 엄두도 못 낼 정도로 숯 값을 비싸게 만든 삼림 자원 고갈, 팽창하는 제철공업 수요 때문이었다. 금속공업용 연료로 코크스가 발명되고 증기기관을 이용해 기계에 동력을 공급하고 철도망이 점차 확대되면서 크고 작은 도시와 자연경관에 변화가 나타났다.

산업화는 어떤 면에서 전 세계 경제력의 균형을 바꿔 놓은 증기기관 혁명이었다. 18세기 말에 영국 공장에서 생산된 직물이 인도의 오래된 공업을 무너뜨리고 수천 명의 노동자들을 쫓아냈다. 18세기에는 전 세계 총생산의 70퍼센트가 인도와 중국, 유럽 사이에 골고루 분포되어 있었다. 19세기 말에는 중국의 몫이 7퍼센트로 줄고 인도의 몫이 2퍼센트로 줄었으며, 유럽이 60퍼센트나 되는 엄청난 양을 생산하고 미국이 20퍼센트를 생산했다. 세계 강대국에 거대한 지각변동이 일어나고 있었다. 그 대부분이 인류 역사에서 그 이전에는 알려지지 않은 새로운 에너지의 흐름에서 비롯되었다.

전 세계적으로 권력이 재편성되면서 세계의 인구 변동에 변화가 나타났다. 세계의 공장들은 물론 선박과 철도차량의 수송 체계가 증기로 동력을 공급했다. 15세기 대항해 시대에 본격적으로 시작된 인구의 대외 이동은 증기선이 발명되고 여러 개의 돛을 단 쾌속 범선이 등장하기 전에 이루어졌다. 1850년부터 1900년까지 해마다 쾌속선 40만 척이 유럽을 떠나 해외 식민지나 아메리카 대륙으로 출항했으며, 1900년부터 제1차 세계대전이 발발한 1914년까지는 연간 1백만 척으로 늘어났다. 같은 시기에 경제 전망이 불투명했던 인도인과 중국인들 수백만 명이 아메리카 대륙과 남아프리카, 동아프리카, 태평양의 여러 섬들로 이주했다. 1830년부터 1914년까지 1억 명이 석탄을 기반으로 한 새로운 에너지 시스템에 따라 모국을 떠나 새로운 조국으로 이주할 수 있었다.[23] 철도는 농장과 마을에서 도시로, 기존의 취락에서 변경 지역으로 사람들의 역내 이동을 가능하게 해주었다. 고기술 시대가 본격적인 궤도에 오른 것이다.

미국에서는 석탄을 때서 증기를 만들어 내는 작업이 유럽과 중국에 비해 늦었다. 중국과 유럽에서는 숯을 제공하는 삼림이 수백 년 전에 고갈되었다. 미국에서는 풍부한 삼림에서 나는 값싼 나무가 19세기까지 석탄과 경쟁을 벌였다. 하천 수송에서는 산지에서 용광로까지 연료를 운반하는 데 드는 비용에 따라 나무를 사용하거나 석탄을 사용했다. 비용 계산이 일정해지고 0.5톤 정도의 석탄이 비용이 곱절이 드는 나무 2톤 정도를 대체할 수 있게 되면서 석탄으로의 전환이 급속하게 일어났다.

19세기 초기 수십 년 동안에는 무연탄이 가정용 난방을 놓고 나무와 경쟁을 벌였다. 펜실베이니아 동부의 광산들이 강과 운하를 통해서 바다로 나갈 수 있는 주요 해안 도시와 가까이 있었던 덕분에 가능했다. 그러나 피츠버그에서 대규모 석탄층, 곧 하천을 따라 수평으로 깔려 있는 크고 두터운 역청탄층이 발견되면서 경제가 석탄 경제로 바뀌었다.²⁴

증기력을 생산하고 철강을 생산하는 연료로서 비용이 저렴한 역청탄을 채택하면서 그것이 공업의 주요 에너지원이 되었다. 19세기 중반에는 미국 광산에서 석탄을 840만 톤밖에 생산하지 않았지만 그 이후에는 그 수치가 탄광 산업이 팽창하는 쪽으로 늘어났으며 산업화와 도시화를 앞당겼다. 1870년에는 4천만 톤을 채굴했고 30년 뒤에는 2억7천만 톤을 생산했으며 제1차 세계대전 말기에는 사상 최고인 6억8천만 톤을 생산했다. 대공황(1929~1938년)과 제2차 세계대전(1941~1945년), 1950년대의 전후 경제 팽창으로 변동이 생기기는 했지만, 석탄 생산이 연간 5억 톤으로 안정화되었다.²⁵

수송망의 확대와 더불어 철강 레일을 만드는 베서머법이 도입되면서 공업용 석탄 사용이 늘어났다. 1880년에는 140만 톤의 압연강재를 만들 코크스 330만 톤을 생산하는 데 520만 톤의 석탄을 사용했다. 압연강재의 절반은 레일을 만드는 데 사용되었다. 1880년대에는 미국의 선로가 15만 킬로미터에 이르렀다. 증기로 움직이는 대형 기관차의 수가 늘어나면서 강철 생산에 사용한 양보다 훨씬 더 많은 석탄을 소비했다. 철도 수송혁명이 일어나면서 철도 주행거리와 선로, 마력이 더 늘어났다. 주행거리는 1880년에 3,500만 킬로미터에서 1900년에 7,800만 킬로미터로 곱절이나 뛰었다. 1885년에는 석탄 소비가 모든 분야에서 나무 소비를 무색하게 만들 정도로 앞서가는 획기적인 단계에 접어들었다.

유럽에서는 산업화 과정에서 석탄이 훨씬 더 일찍 우위를 차지했다. 이전 세기의 삼림 벌채로 연료로 쓸 나무가 남아 있지 않았기 때문이다.[26] 중국에서는 산업화가 더디고 철도망 발달도 늦어 석탄을 사용하는 데 한계가 있었다. 1933년까지 건설된 선로가 1만 킬로미터에 머물렀고 19개 성에 4만5천 명의 승객을 실어 날랐다.[27] 전력 생산을 위한 석탄 사용이 1930년대 일본의 대륙 침략과 제2차 세계대전, 뒤이은 내전으로 중단되었다. 1949년에 공산당이 집권하고 중앙 집권적인 대규모 공업화 정책을 수립하면서 석탄 사용이 다시 시작되었다.

석탄은 철도 차량과 바지선에 실려 도시에 공급되었으며 발전 시설이나 공장에 분배하기 전에 큰 무더기로 쌓아 두었다. 나중에는 발전소에도 석탄이 공급된다. 데이비드 나이가 지적했다시피 "가정이나 작은 기업에 에너지를 운반하는 탄차를 흔히 볼 수 있었다. 석탄은 또 도시의 거리를 밝히는 가스도 만들어 냈다. 이 가스가 1816년 볼티모어에 처음으로 등장했고 곧이어 다른 주요 도시에도 등장했다."[28] 1828년에는 뉴욕 시의 브로드웨이가 가스 연소로 조명을 밝혔고, 1840년대에는 석탄가스화가 하트포드, 뉴헤이번, 뉴어크, 레딩, 펜실베이니아를 비롯한 중간 규모의 동북부 도시들로 확산되었다. 1860년 무렵에 미국 도시에서는 가스 업체 183개사가 영업을 하고 있었으며, 남북전쟁 이후 철관을 제작해서 부설하면서 가정의 주방에서도 석탄가스를 사용하게 되었다.

18~19세기 도시의 공기는 건물의 외벽을 부식시키고 다공질 조각상을 침식시키는 유황 연기와 재, 콜타르로 가득했다. 이렇게 오염된 환경에서 호흡기 질환과 결핵, 폐렴이 자주 발생했지만 의학이 발

그림 9-3 미국 노스 애슐랜드 탄광의 어린 석탄 파쇄공들
Wikimedia Commons, the free media repository. UMBC Photographer & Collection Index(http://
aol.lib.umbc.edu/specoll/photoglist.php). Accession no.:73-02-295.

달하고 나서야 오염된 공기가 사람의 건강에 해롭다는 사실이 밝혀
졌다. 새로운 에너지원에는 새로운 위험이 뒤따르기도 했다. 새로운
증기 동력 경제를 유지하기 위하여 광산업이 폭발적으로 성장했다.
1912년 무렵에 75만 명의 광부가 이 위험한 채탄업에 고용되어 지하
갱도에서 일했다. 그들은 발파를 하고 구덩이를 파고 연간 10억 미터
톤 정도의 탄을 실어 날랐다.

수백만 년 동안 매장되어 있던 화석 에너지가 불과 한 세기에 개발
되었다. 노동력의 25퍼센트를 담당한 것은 열악한 노동조건에서 최
저생활 임금을 벌려는 소년들이었다. 화재, 폭발, 질식, 범람, 붕괴

같은 광산재해가 끊이지 않아 언론의 주목을 받기도 했지만 정부 주도의 안전 조치는 거의 이루어지지 않았다. 1910년에 연방 광산국이 설치되고 독일, 프랑스, 영국의 광산 사망률을 비교 연구했다. 미국의 사망자 수가 독일보다 2배가 많고 프랑스와 영국보다 3배나 많은 것으로 나타났다.[29]

철도차량으로 도시에 석탄을 공급하고 공장과 가정에서 석탄을 때기 시작하면서 대기가 오염되었으며, 가스화가 이루어지면서 유해하고 유독한 폭발성 물질이 가정까지 배달되었다. 주택에 철 배관을 설치해 저렴한 석탄가스 연료로 난방을 하고 요리를 할 수 있게 되었다. 미국 소비자들에게는 석탄가스의 편리함이 그 위험보다 더 컸다. 석탄 에너지는 공기가 나빠지는 만큼 삶의 질을 향상시켜 주었다. 이 현상은 전기, 상하수도, 전화, 그리고 '노동절감 장치'가 소비자들의 희망 목록에 추가되고 곧 생필품이 되는 양상과 흡사했다.

오늘날 산업국가에서는 석탄을 태우면서 나오는 그을음과 재, 콜타르가 더 이상 도시의 공기를 오염시키거나 건물과 다리, 도로 같은 도시의 기반시설에 해를 입히지 않는다. 하지만 새롭게 산업화를 시도하고 있는 남아시아와 동아시아의 도시 지역에서는 19세기와 20세기 초 유럽과 북아메리카 도시들을 생각나게 할 정도로 석탄 연소로 인한 대기오염이 심하다. 앞서 얘기했다시피, 미국인들은 1900년에 석탄 10억 미터톤을 채탄했고 1950년에는 35억 미터톤으로 늘어났으며 2000년에는 52억 미터톤에 이르렀다. 놀랄 만한 수치이다. 최종 사용자한테서 수백 킬로미터, 심지어는 수천 킬로미터 떨어진 발전소에서는 날마다 수백만 톤의 석탄을 땐다. 이 석탄은 점점 늘어나는 전기, 곧 '청정' 에너지에 대한 수요를 충당하기 위하여 멀리 떨어진 생태계에서 캐낸 것이다. 최종 사용자들은 산출지, 곧 광산과 석탄 화력발전소 모두에서 떨어져 있다.

1950년 이래 미국의 전력 수요가 5배로 늘었다. 그때는 미국인들 일인당 연간 2천 킬로와트의 전기에너지를 소비했지만 오늘날에는 그 양이 32,700킬로와트로 늘었다.[30] 오늘날 우리는 이산화황을 방출하는 석탄 화력발전소 시설을 갖추고 있다. 이 이산화황은 상층부 대기에서 오존과 결합하고 탁월풍에 실려 먼 곳까지 날아간다. 그러고는 토양에서 칼슘을 걸러 내고 물에서 영양소를 걸러 내는 산성비로 땅에 내려 식물과 수중 생물을 죽게 만든다. 화석 에너지를 품고 있는 생태계는 개발 대상지가 되면서 노천 채굴과 심부 채굴로 심각한 피해를 입게 되지만, 그렇지 않은 생태계는 환경 비용이 들어간 것을 알지 못한 채 이 에너지의 혜택을 누리고 있다. 에너지를 소비하는 기관이 커다란 생태 발자국을 남기고 있지만 현대인들은 그 과정에서 생겨나는 책임감에서 멀리 떨어져 있다.

오늘날 에너지 생산을 위해 석탄을 사용하는 추세가 높아지고 있지만, 동력을 생산하는 에너지원으로서 석탄의 우위는 1930년대에 끝나고 석유와 천연가스로 대체되었다. 1960년에는 석유와 천연가스가 화석연료 사용의 73퍼센트를 차지했다. 20세기 말에는 이 두 에너지원이 그보다 약간 적은 72.8퍼센트를 차지하고 석탄이 22퍼센트를 차지했으며 재생 가능 자원(물, 바람, 바이오매스)과 원자력이 나머지를 차지했다. 하지만 전력 수요가 계속 늘어나면서 1912년부터 1972년까지 10년마다 전력 생산을 곱절로 늘리지 않을 수 없었고, 이 무렵에 58퍼센트를 차지한 석탄이 다시 주 에너지원의 지위에 올랐다. 20세기 말에 미국인들은 에너지의 36퍼센트를 가정용으로 소비하고 26퍼센트를 수송에 사용했다. 그리고 공업에는 38퍼센트를 소비했다. 공업에 소비한 에너지의 대부분도 미국인들의 수요를 충족시키기 위한 자동차와 가전제품, 냉동식품, 오락 기구를 생산하는 데 사용했다.[31]

　　미국은 인류 역사상 다른 어떤 사회보다 더 많은 에너지를 소비했다. 그리고 여전히 세계 최대의 에너지 소비 국가이다.[32]

　오늘날 대부분의 북아메리카인들(캐나다와 미국에 사는)은 생활수준의 차이가 그렇게 나지 않는 유럽인들보다 곱절이나 더 많은 에너지를 소비하고 있다. 라틴아메리카의 평균보다는 10배, 보통의 아프리카인보다는 100배 넘게 소비하고 있다. 신흥 아시아 국가(중국, 인도, 한국, 싱가포르)를 제외하면, 북아메리카인들과 다른 지역 사람들의 격차가 갈수록 커진다. 미국인들이 풍부한 삼림과 자연 유수, 화석연료를 제공해 주는 풍성한 자연의 혜택을 입고 있지만, 미국이 세계 최대의 에너지 소비국이 되고 석유와 정유 기술의 발견을 통해서 석유에 의존하는 경성 에너지 경로의 길을 걷게 된 것은 바로 20세기에 들어서였다.

신기술 세계: 석유 에너지

　석유란 무엇인가? 석유는 지표면 아래로 잠긴 호수 지역에서 5천만 년 전에 생성된 아주 오래된 물질이다. 따뜻한 호수는 미생물이 번식하다가 죽기에 매우 적합한 곳이다. 그곳에서 미생물이 번식하고 죽는 과정이 수백만 차례나 반복되었다. 그 결과 물 바닥은 생물의 무덤으로 변했고 그것이 영양이 풍부한 두꺼운 바위 층으로 굳어졌다. 근처의 강에서 퇴적물이 유입되면서 엄청난 압력을 받아 호수가 땅 아래 묻히고 두께가 8천 미터나 되는 사암으로 굳어졌다. 위에서 짓누르는 무게와 아래로부터 올라오는 열기의 압력으로 영양이 풍부한 미생물 화석이 생겨났다. 이 과정에서 탄소와 수소의 생물 분자가 오늘날 우리가 석유라고 부르는 복합 탄화수소 물질로 바뀐다. 변형이 이루어지는 주요 성분이 식물인 석탄과 달리 석유가 되는 혼합물의 주요 성분은 미생물이다.

미생물은 수소를 더 많이 함유하고 있어서 석탄보다 더 쉽게 탄화수소가 된다. 석유는 액체 탄화수소와 기체 탄화수소의 혼합물이다. 전자를 정유하면 등유와 휘발유, 아스팔트가 나오고 후자를 정유하면 프로판가스와 부탄가스, 메탄가스 또는 천연가스가 된다. 탄화수소가 가스 상태에서는 수십억 개의 거품으로 존재하며 액화 석유의 흐름을 활발하게 한다. 하지만 채굴하기 전까지 땅속에 묻혀 있는 석탄과 달리 압축된 가스의 성질을 지닌 액화 석유는 수천 미터나 되는 사암을 뚫고 위로 솟구쳐 나오려고 한다. 수백만 년이 흐르는 동안 상당한 양의 석유가 지표면에 도달하고 땅으로 솟구쳐 오르면서 메탄가스가 발생한다. 엄청나게 많은 석유와 천연가스가 수천 년에 걸쳐 이런 식으로 사라졌다.[33]

세계가 결국 석유에 의존하게 된 과정을 묘사하기 위해 경제사학자 샘 쉬르와 브루스 네처트는 석유 시대를 편의상 세 시기로 나누었다. 두 사람은 석유를 사용한 목적에 따라 조명 시기, 연료유 시기,

그림 9-4 북해의 석유 개발 광구
Wikimedia Commons, the free media repository.

내연기관 연료 시기로 이름을 붙였다. 1859년 8월 27일에 펜실베이니아 주 타이터스빌에서 우물을 파다가 석유를 발견하게 된 이야기는 잘 알려져 있다. 이 발견으로 1880년대에 펜실베이니아와 오하이오, 인디애나에서 20세기에 텍사스와 오클라호마, 캘리포니아로 확산되는 '액체 황금' 시대가 열렸다. 지난 20세기에 대양은 물론 멕시코와 베네수엘라, 서남아시아에서 석유 시추 작업을 벌였다. 이는 미국의 석유 '갈증'을 점차 외국산 석유에 의존해 풀어나갔음을 의미한다.

인류 역사를 통해 오랫동안 인류는 나무와 바이오매스, 마른 똥에 불을 붙여 어둠을 밝혔다. 1700~1800년대에 고래잡이들이 바다로 나가면서 고래기름이 불을 밝히는 주요 물질이 되었다. 그러나 고래의 수가 한정되어 있다는 점을 알지 못하거나 그런 문제에 관심이 없는 가운데, 포경업이 너무 파괴적인 활동으로 발전하면서 그 역사는 짧게 끝나고 말았다. 고래의 개체 수가 급격히 줄어들자 고래기름의 가격이 리터당 0.7달러 이상으로 올랐고, 대부분의 사용자들이 이 기름을 이용할 수 없게 되었다. 1840년대에는 캄펜이라는 값싼 증류유를 등유(燈油)로 가장 널리 사용하게 되었다. 증류유가 폭발성과 유해 성분이 있기는 했지만 태우면 무척 밝다.

그 이후에도 증류 실험을 계속 하다가 원유 산업에서 '석유'로 알려진 더욱 안전하고 더 오래 지속되며 더욱 밝게 빛나는 광원을 발견했다. 이 석유가 소비자들에게는 그 상표명인 케로신으로 알려졌다. 19세기 후반에는 케로신이 주요 광원이 되었으며 '레인지용 기름'으로 난로에도 사용되었다. 요리용 레인지가 장작을 연료로 사용하던 주철 난로를 대체하기 시작했다. 미국 인구가 5천만 명에 달했지만 개인이 하루 평균 8.4시간 동안 등불을 켤 수 있을 정도로 연간 케로신 생산량이 충분했다. 1880년에 미국 정유공장은 1천백만 배럴의 케로신을 생산했고 그 가운데 3분의 2가량은 유럽으로 수출했다. 영국과 독일은 대부분 케로신이나 윤활유 형태로 석유를 수입했다.[34]

유럽의 고객들은 케로신을 수입하면서 연간 평균 125시간 동안 불을 켜 둘 수 있게 되었다. 철도와 공장제도가 계속 확장됨에 따라 불필요한 기계 마모와 고장을 줄일 수 있는 효과적인 윤활유 개발이 우선적인 관심 사항으로 떠올랐다. 효율성이 입증되면서 광물유는 북아메리카와 유럽의 공업표준으로 동식물 기름을 대체했다. 수송 체계와 산업 생산 능력이 급속도로 늘어나던 영국과 독일은 미국에서 정유한 윤활유의 절반을 사들였다. 하지만 불을 밝히는 연료로 사용된 케로신은 제조가스나 천연가스와의 경쟁에 직면하기 시작했다.

특히 커져 가는 도시 시장에서 경쟁이 심했고, 1880년대에 토머스 에디슨이 발명한 상업적 백열등 조명 방식을 사용하는 새로운 전력 산업에서 경쟁을 벌였다. 케로신을 내다 팔 다른 시장을 찾지 않는다면 석유산업의 미래가 암담할 지경이 되었다.

공업용 연료유와 수송용 연료유가 석유산업을 구제해 주었다. 1860년대에 이미 선박은 석탄 대신에 석유로 증기 발생 실험을 하기 시작했다. 석유가 더 큰 동력을 내고 저장하기가 더 간편할 뿐 아니라 더 깨끗하고 효율이 높은 연료였기 때문이다. 1909년에 유정에서 원유 9천백만 배럴을 채굴했는데 그 절반을 연료유로 정유했다. 이 무렵에 캘리포니아의 원유 생산량이 텍사스나 오클라호마의 생산량을 앞질렀으며 석탄보다 더 저렴한 연료원을 서부 철도에 공급하고 있었다. 초기에는 캘리포니아에서 생산한 원유 중에 5분의 4를 연료유를 정유하는 데 썼다. 그와 동시에 공업용 연료유도 연간 1천970만 배럴로 늘려 나가고 있었다. 제1차 세계대전 이전에는 유전에서 3억 배럴을 생산해 그 가운데 절반을 연료유로 소비했다. 1920년에는 시추 작업과 펌프 작업에 더 많은 연료를 사용하게 되고 윤활유와 광원 수출 시장이 늘어나면서 연료유가 석탄을 대체하기 시작했다.[35]

20세기 전반에는 연료유 소비가 끊임없이 늘어났다. 공장이나 가정의 난방유 소비가 가장 큰 폭으로 늘었다. 1940년부터 1955년까지 이 난방유가 전체 생산량의 5분의 4를 차지했고 가정용 난방유 소비는 3배로 늘었다. 연료유도 170퍼센트 가량이 늘어나면서 전력 생산 시설의 생산 능력에 영향을 미치기 시작했다. 늘어나는 소비자들의 수요를 충당하기 위해 생산 시설을 신속히 확대했다. 영리 기업과 일반 주택에 판매한 연료유 양이 이 기간에 곱절로 늘어났고 공업과 채광 작업에 판매한 양은 2.5배로 증가했다. 오직 철도용 연료유 소비만 감소했다. 이런 현상에는 트럭 수송의 과당 경쟁과 소비자들의 자동차 열병에 직면한 철도 산업 전반의 침체가 반영되어 있다.

미국이 사상 처음으로 카리브 해의 대안티야스 제도와 베네수엘라에서 무려 1억2천만 배럴의 석유를 수입하기 시작했다. 정제유의 28퍼센트에 해당된다. 석유를 에너지원에 포함시키지 않는다면 연간 2억 톤의 석탄 생산이 더 필요했을 것이다. 석탄 생산이 연간 겨우 4천만 톤으로 늘어나자 석유 생산이 이를 대신했다.[36]

현대 세계에서는 내연기관을 장착한 자동차가 보편적인 수송 수단이 되었다. 그러나 이 자동차가 결국에 우위를 차지하게 된 것은 역사가 보여 주다시피 불가피한 것만은 아니었다. 초기에는 증기차와 전기 자동차, 내연차가 서로 경합을 벌였다. 처음에는 레이싱 경쟁으로 시작했다. 1907년 6월 10일에 11명이 승용차 5대에 나누어 타고 중국의 베이징 주재 프랑스 대사관을 출발하여 프랑스 파리에 도착하는 대륙횡단 여행을 시작했다. 2개월 뒤에 스키피오네 보르게제 왕자가 프랑스의 수도에 가장 먼저 도착했다. 이 사건이 석유를 에너지원으로 사용하는 현대 자동차 경주에 어울리는 적절한 시작이었다.

내연기관의 에너지원으로 휘발유를 발명했더라도 경쟁 차량인 전기 자동차와 증기차가 20세기 초까지 사라지지는 않았을 것이다. 단위 원가나 각종 부품 생산, 조립 문제가 유럽이나 북아메리카의 발명가와 제조업자, 대리점에 특별한 도전이 되었다. 게다가 새로운 수송 수단을 선뜻 받아들이지 않는 소비자들의 망설임을 물리치기 위해서는 새롭고 매혹적인 판촉 활동이 필요했다. 하지만 변화의 가장 큰 장벽은 휘발유 자동차를 수용할 사회 기반시설이 없었던 점이었다.

1910년까지 자동차 생산 능력이 확대되었지만 주요 도로의 75퍼센트는 여전히 비포장도로이거나 자갈이 덮여 있는 도로였다. 농촌 지역에서는 그 비율이 더 높았으며 문화적 현실도 변화를 달가워하지 않았다. 자갈과 나무 벽돌, 벽돌 같은 것이 얼마 안 되는 주요 도로의 노면 포장재였다.

데이비드 나이는 이러한 변화에 대한 망설임을 '걸어 다니는 도시' 안에서 벌어지는 미묘한 인간의 상호작용으로 설명했다. 노점상과 배달 사환, 가게 주인들이 서로에게 말을 걸면서 우연한 만남이 이루어졌다. 길목에 있는 약국, 시내의 술집과 카페, 근처에 있는 가게, 집 앞 현관이 대화의 장소였다. 거리는 아이들의 좋은 놀이터였고 사회적·종교적 사건들이 벌어지는 무대였다. "주민들은 거리를 빛과 공기가 나오는 원천으로 생각했다. 전차와 자동차가 기존의 거리 생활에 도전했기 때문에 주민들은 이런 차량들을 거부했다. 이 차량들은 이동을 도로의 주된 기능으로 삼았을 뿐 아니라 시끄럽고 위험하기도 했다. 전하는 얘기에 따르면, 도로에 인접한 곳에 재산을 갖고 있던 사람들이 도로 포장 비용과 유지 비용을 지불했기 때문에 대중들은 저항의 표시로 속도를 내기가 어려운 울퉁불퉁한 노면을 선택했다고 한다."[37]

미국인들은 1900년에 8천 대의 자동차를 보유했다. 대부분이 증기차였다. 내연기관으로 에너지를 공급하는 차는 찾아보기 힘들 정도였다. 냉수를 데워서 증기로 만드는 데 시간이 걸리기는 했지만, 당시 가장 인기를 끌었던 스탠리 증기차는 적은 냉수를 여러 군데에서 한꺼번에 가열하는 방식으로 이 문제를 해결했다. 연료는 모든 철물점에서 구입할 수 있는 케로신을 사용했다. 에너지원이 믿을 만하고 운전자라면 누구나 이해할 수 있을 만큼 작동 방식이 간단한 이 차는, 얼마 안 되는 주유소의 위치를 알아야 하고 숙련된 기계공의 도움을 받아야 하는 내연기관 차량과 비교해서 손색이 없었다. 전기 자동차도 있었지만 다른 차량에 심각한 위협이 되지 않았다. 전기 콘센트를 쉽게 이용할 수 없는 상황에서 무거운 건전지를 번번이 재충전해야 하는 불편함이 있었기 때문이다.

결국 휘발유 기관이 경쟁에서 승리를 거두었다. 휘발유 연료가 단위부피당 에너지를 더 많이 냈기 때문이다. 그 밖에도 차량의 무게가 경쟁 차량에 견주어 훨씬 가벼웠다. 따라서 휘발유 한 통으로 더 오래 달리고 더 빨리 이동했으며, 겉으로 보기에 통행이 불가능해 보이고 바퀴 자국이 깊이 난 진흙투성이 도로에 무게가 더 무겁고 동력이 부족한 증기차보다 덜 빠졌다. 1900년에는 차 가격이 평균 1천 달러였다. 이는 미국 보통 노동자의 2년치 임금에 해당하는 액수였다. 가격이 이렇듯 엄두도 못 낼 만큼 비쌌던 탓에 휘발유 차량은 오직 부자들의 사치품일 뿐이었다. 그러나 10년도 안 되어 믿을 만하고 값이 싼 차가 대량 생산되어 공급되었다.

소비자들을 상대로 한 자동차 판매는 길고도 매혹적인 역사를 자랑한다. 신종 광고업은 수십 년 동안 차를 팔기 위해서 해마다 스타일과 색상, 크기, 옵션을 바꾸는 계획적 구식화 정책을 발명해 냈다. 수십 년 동안 자동차 성능보다 판매 전략을 강조한 결과, 미국 자동차 공업의 기반이 약화되고 외국 제조업체가 점점 더 많은 연간 판매 실적을 올리게 되었다. 전문직 종사자, 곧 의사와 회사 간부, 연예인들이 비싼 차를 구입하자, 광고주는 세간의 이목을 끄는 개인을 일반인들이 따라야 할 역할 모델로 이용했다. 하지만 소비자들에게 자꾸

빚을 지우는 사치품 구매 자금 융자는 아직도 먼 미래의 일이었다. 오늘날에는 구입 능력이 되는 차를 구입하는 것이 모방을 할 유일한 길이 되었다.

포드자동차를 설립한 헨리 포드가 값싸고 믿을 만한 대중 시장용 승용차의 길을 열었다. 그가 수송에 혁명을 불러일으키기 전인 19세기 말에는 승용차를 보유한 미국인들이 거의 없었다. 1908년에 포드 '모델 T'가 미시간 주 디트로이트의 조립 라인에서 생산되어 850달러에 팔렸다. 모델 T를 6천 대나 판매했다. 이 판매량은 미국인 대부분의 구매력을 넘어선 양이었다. 하지만 포드는 스타일에 약간의 변화를 주고 해마다 가격을 낮추는 방식으로 미국인들의 상상을 사로잡았다. 8년 뒤에는 모델 T를 360달러로 60만 명에게 팔았고, 1923년에는 300달러가 안 되는 가격으로 팔았다. 꼭 필요한 기본 사양을 갖춘 차로 성능에는 차이가 없었다. 미국인들이 휘발유 차를 열광적으로 환영하게 되었다. 갈수록 신분을 의식하게 되는 소비사회에서 휘발유 차가 주택 소유와 더불어 신분을 과시하는 대표적 상징물이 되었다.

1920년대 말에는 미국인들이 전 세계 자동차의 78퍼센트를 보유했다. 미국인 5명 가운데 1명이 자동차를 보유했고 영국이나 프랑스에서는 30명 가운데 1명이, 독일에서는 102명 가운데 1명이 자동차를 보유했다. 자동차가 대부분의 미국인들에게 주요 구매 품목이 되면서 자동차 제조와 유지, 에너지 공급과 관련된 갖가지 산업들이 자동차 수송 형태에 발맞추어 적응하거나 확장되었으며 새로 생겨나기도 했다. 1920년대 말에는 철도와 대들보, 앵글 생산으로 잘 나가고 있던 철강 산업이 전체 생산의 20퍼센트를 승용차와 트럭의 강판

그림 9-5 자동차 대중화를 이끈 포드자동차 '모델' T 조립 라인(1913년)
Wikimedia Commons, the free media repository.

을 제작하는 데 썼다. 전체 판유리 생산의 75퍼센트를 차지하는 자동차 제조업체의 주문을 맞추기 위하여 판유리 공업이 급속도로 팽창했다. 타이어용 합성고무가 발명되기 전에는 타이어 제조업체들이 세계 천연고무 공급의 80퍼센트를 소비했다. 원료 대부분은 아시아에서 수입했다.[38]

　미국인들이 뒤늦게 좋아하게 된 내연기관이 얄궂게도 도시 거리를 오가는 수천 필의 말이 배설하는 분뇨를 사라지게 해서 도시를 깨끗하게 하는 대안으로 보였다. 헨리 포드의 모델 T가 기계화 수송 세계에 변화의 바람을 몰고 올 그 무렵에 말에 대한 불평이 점차 늘어나고 있었다. 1908년에 말이 12만 필이나 되던 뉴욕 시의 한 당국자가 도시의 말을 두고 "경제적 짐이자 청결에 대한 모욕이요, 사람의 목숨을 위협하는 끔찍한 부담"이라고 묘사했다.[39] 이러한 불평은 도시화가 진척되면서 터져 나왔다. 지난 1300년에도 이미 유럽인들은 말의 수가 더러운 거리와 관련이 있다고 기록했다. 평균적으로 보면 도시 말 한 필이 하루에 똥 10킬로그램과 10리터가 넘는 오줌을 배설했다. 1900년에 도시의 말이 300만 필에서 350만 필에 달했으니 도시 위생과 공중 보건의 부담은 실로 엄청났다. 이 밖에도 1천7백만 필의 말이 농업과 농촌 수송, 오락 시설을 위한 근력을 제공했다. 그 무렵 미국인들 가운데 다수는 여전히 조그만 도시나 마을에 살고 있었다.

도시사학자이자 환경사가인 조엘 타르가 지적했다시피 "거리에 버려져 파리 떼가 우글거리고 고약한 악취를 풍기는 똥 무더기, 말고삐를 조이려고 도로에 박아둔 철제 고리와 말뚝, 말 분뇨나 마구 기름에 건초 냄새가 뒤섞여 나는 수많은 말 보관소, 그야말로 모든 곳에 말의 흔적이 드러나 있었다."[40] 현대의 자동차 문화를 떠받치기기 위한 여러 보조 산업이 성장하면서 말이 325,000필에 달하고, 두 도시의 합친 인구가 1,764,168명에 달하는 뉴욕과 브루클린 시의 원시기술 세계에는 대장간 427곳과 마차와 객차 제조업체 249곳, 수레바퀴 제조 공장 262곳, 안장과 등자, 마구 따위를 만드는 가죽 상점 290곳이 이 자동차 문화를 뒷받침하고 있었다.[41]

1920년에 미국 전역에 걸쳐 말 20,091,000필이 있기는 했지만 전차와 자동차, 트럭으로 도시가 기계화되면서 도시 말은 급격히 줄어들기 시작했다. 결국에는 말이 사라지고 위생 당국과 공중 보건 당국은 좀 더 깨끗한 거리와 급격하게 줄어든 파리 번식, 공중에 날아다니는 똥 입자가 사라지면서 더 깨끗해진 공기, 사람과 물자의 신속한 이동을 들먹이게 된다. 그러나 내연기관이 한 가지 도시 환경 문제를 해결하기는 했지만, 그것을 기획하고 추진한 사람들이 모르는 사이에 사망자들이 생겨났다. 차 사고로 희생당한 사람과 오염 물질로 죽은 사람들이 있었다. 세계보건기구가 제시한 추정치에 따르면 산업 도시의 주민들 가운데 해마다 133,000명 정도가 대기오염으로 사망하고 있다. 미국에서는 자동차 배기가스로 인한 사망자가 3만 명에 달한다.

미국은 2007년에 하루 2천70만 배럴의 석유를 소비했다. 이 정도 소비량은 제조업은 물론 자동차나 트럭, 비행기 수송을 위해서 전 세계가 매일 사용한 석유의 4분의 1에 해당하는 양이다. 휘발유 1리터를 연소시키면 이산화탄소 34.3킬로그램이 배출된다. 1년에 이산화탄소 15억 톤이 대기 중에 배출되는 셈이다. 사용량 순서대로 중국과 일본, 러시아, 독일, 인도가 미국의 뒤를 따르고 있다. 국내외에서 사용량을 규제하지 않는다면, 2020년에는 미국의 석유 소비가 하루 3천2백만 배럴에 이를 것이라는 추정도 나왔다.[42] 앞서 살펴보았다시피 이런 양상은 자동차가 주요 수송 수단으로 등장하고, 느리기는 하지만 철도와 공공 수송이 꾸준히 감소하면서 시작되었다. 이런 현상은 인구밀도와 공간 배열에 영향을 끼치고 미국을 석유에 더욱 의존하는 국가로 만들었다.

1910년에는 미국인들 다수가 자동차를 보유한 사람들이 1퍼센트도 안 되는 인구가 조밀한 소도시에 살고 있었다. 2007년에는 거리와 도로, 고속도로를 달리는 차가 1억3천만 대에 달했다. 달리 말하면 미국에서는 1,000명당 752대의 자동차를 보유하고 있었던 셈이다.

이 비율에 도전할 나라가 없지만 1,000명당 11대를 보유하고 있는 중국의 자동차 수가 지난 30년간 5년마다 곱절로 늘어났다. 거대도시 상하이에서는 자동차와 트럭의 수가 2020년까지 4배로 늘어날 전망이다.[43]

최근에 중국이 화석연료 의존을 주도하고 있지만 모든 나라가 미국의 의존 경로를 따르라는 법은 없다. 미국에서는 1926년부터 1955년까지 30년 동안 석유 소비가 3배 이상 증가했다. 주거용과 상업용 난방 분야에서 가장 큰 폭으로 늘었고 제조업과 광업에서는 별다른 변화가 나타나지 않았다. 미국인들이 갈수록 더 많은 가전제품을 갖춘 현대식 부엌을 선택하고, 중산계층 대부분이 중앙난방과 냉방을 사치품이 아니라 필수품으로 생각하기 시작하면서 발전소 가동이 곱절로 늘어났다. 유리 타워로 된 무척 세련된 현대식 사무실 건물이 여름에는 중앙냉방, 겨울에는 중앙난방을 채택하며 전력 의존성을 높였다. 자동차를 운행할 수 있도록 도시에 더 많은 도로를 포장할 필요가 있었지만, 그저 도시에 적용되는 '도시 열섬'이라는 환경 용어에 기술적인 의미를 더해 줄 뿐이었다. 1900년에는 미국의 포장도로가 16킬로미터에 불과했지만 오늘날에는 포장된 거리와 주도로, 연방 고속도로가 650만 킬로미터에 달한다.

내연 자동차 소유가 증가하면서 휘발유 사용도 그만큼 늘어났다. 앞서 얘기한 대로 1900년에 원유 1배럴(159리터)을 정유하는 데 당시의 에너지 수요가 반영되어 있었다. 당시에는 휘발유의 가치가 조명용 케로신이나 윤활유용 증류유보다 낮았다. 그러나 1930년에는 휘발유가 가장 중요한 정제 제품으로 떠올랐고 오늘날까지도 변함없이 유지되고 있다. 휘발유 수요가 1925년과 1955년 사이에 2억2천4백

만 배럴에서 15억 배럴로 6배나 늘어났다.[44]

농장 시설의 기계화, 농업 생산성 증대를 위한 석유 원료 살충제와 제초제 사용 증가, 자동차와 더불어 항공기 산업의 급속한 팽창 등이 이 기간에 발동기 연료 사용량이 극적으로 늘어난 이유를 설명해준다. 제2차 세계대전 동안에 줄어든 승용차 생산은 에너지 자립이 떨어졌음에도 불구하고 전후에 중단 없이 계속 늘어났다. 1946년 미국은 국내에서 생산할 수 있는 양보다 더 많은 석유를 소비했으며 처음으로 원유를 외부에 의존하는 국가가 되었다. 동시에 승용차 보유 대수가 전후 10년(1945~1955년) 사이에 2천5백만 대에서 4천8백만 대로 늘어났다.

20세기의 현대 경제는 석유의존 에너지 경제가 되었다. 자동차 발명과 잠재적 구매자들의 소득 증대에 대비한 자동차 가격의 하락, 좀 더 값싼 주거용지와 상업용지를 찾아서 갈수록 빨라지는 교외 이동이 경제를 주도하는 동력원이었다. 제2차 세계대전 이후 표면상 국가안보를 이유로 내건 연방 고속도로 건설 붐과 주 교통국이 주도하는 전반적인 도로 개선이 최근의 발전을 촉진했다. 멕시코시티, 상파울루, 뉴델리, 캘커타, 방콕을 중심으로 발전도상국의 거대도시들이 팽창하면서 세계 여러 도시의 인구밀도가 감소하는 현상이 나타났다. 쇠퇴하는 이웃 도시들로부터의 탈출이라는 요인으로 이런 현상을 그럴듯하게 설명할 수 있겠지만, 알맞은 가격에 현대적이고 널찍한 주택을 찾아나서는 움직임을 재촉한 것은 수송 기술의 발전과 소득 증대, 저렴한 석유였다. 교외 스프롤 현상이 도시 주변에 있는 버려진 농지의 이용 가능성과 동의어가 되었지만 스프롤 현상의 범위는 국경을 넘어서 계속 확장된다. 이런 추세가 선진국 세계에 널리 확산되었다. 이런 추세는 19세기에 마차, 기차, 전기로 움직이는 시내 전차와 버스, 마지막에는 경유와 휘발유 버스로 이어지는 대량 수송이 개발되면서 시작되었다. 대중교통에 들어가는 비용이 늘어나고 국가의 교통 당국이 투자를 중단하면서부터는 승용차의 길이 열렸다.

자동차를 주된 교통수단으로 삼게 되면서 인간 세계와 자연 세계는 엄청난 스트레스를 받게 되었다. 노동자와 토양, 야생동물 그리고 유정 탑과 석유 개발광구 인근 지역의 상수도를 보호하는 안전장치를 개발하기 이전에는 폭발과 화재로 노동자들이 다치거나 사망했으며 기름 유출이나 누출로 유전 지대가 오염되었다. 해양 굴착을 하다가 폭발이 일어날 경우 수십만 배럴의 석유가 바다로 흘러들어 가고 그 결과 식물군과 바다 포유류, 바닷새, 물고기들이 죽는 일이 벌어진다. 20세기 중엽에 국가들이 원유를 해외에 의존하게 되면서 인간의 실수나 폭풍 때문에, 아니면 둘 다 때문에 대양을 항해하는 일부 단일 선체로 된 유조선에 균열이 생기고 그 화물이 깊은 바다로 흘러드는 일이 발생했다. 이런 사고로 바다에 사는 생물과 해안을 따라 사는 생물의 생태계 위기가 이어졌다. 지구온난화 시기에 해양 폭풍으로 발생하는 에너지 때문에 초대형 유조선의 해양 수송은 여전히 위험스러운 일이다. 새로운 유조선을 이중 선체로 만든다면 사고 발생을 줄일 수 있을 것이다.

전 세계의 재생 불능 석유 대부분이 휘발유로 공급되는 탓에, 수십 년에 걸친 기술 진보에도 불구하고 정유 과정에서 여전히 매우 유독한 가스가 배출되고 있다. 정유공장 인근 지역의 공기는 유해 가스와 부유 입자로 뒤섞여 있다. 현대 세계에 정유공장 근처에 사는 주민들은 높은 심혈관계 질환과 암 발병에 시달리고 있다. 민주주의 국가에서는 대중들이 이런 지역 환경의 유해성을 인식하게 되면서 정유공장의 신축을 제한하고 있다. 허리케인, 사이클론, 토네이도 같은 자연 재난으로 정유 업무를 중단하게 되거나 공장이 붕괴되면서 연료가 부족하고 소비자 가격이 급등하는 사태가 일어난다. 일과 친구, 문화와 오락 시설을 자신이 원하는 대로 가까이 두거나 또는 멀리 둔 채 자동차를 타고 그곳을 자유롭게 오가며 독립적인 생활을 누릴 수 있게 되었다. 하지만 석유를 외부에 의존하게 되면서 현대인의 삶은 더 취약해지고 불안정해졌다.

승용차와 그 차에 탄 승객들이 주유소에서 기름을 채우고 출발하면 그 순간 환경 발자국이 생겨난다. 발전도상국에서는 미국에서 금지된 가연휘발유 자동차가 운행이 되고, 도시 환경에 사는 사람의 혈액에서 휘발유에서 발생한 유독성 잔류물이 발견되고 있다. 미국에서 가연휘발유를 금지하기 전인 1970년대에는 혈중 납 수준이 데시리터당 평균 15마이크로그램 정도였다. 20세기 말에는 그 수치가 2마이크로그램 아래로 떨어졌다. 데시리터당 10마이크로그램의 혈중 납 수준은 10마이크로그램 이하에서보다 사람의 지능지수를 더 크게 떨어뜨렸다.[45] 가연휘발유와 무연휘발유 자동차에서 나오는 배기가스는 전 세계적으로 지표 오존을 발생시키는 최대 주범이다. 오존은 기침, 재채기, 호흡곤란, 천식 발작 같은 호흡기 질환과 연무, 스모그를 유발하는 물질이다. 발전도상국에서는 도시 공기를 측정한 결과 자동차 때문에 공기의 질이 계속 나빠지고 있는 것으로 나타났다. 정확한 측정치가 존재하는 미국에서는 대기오염 방지법으로 대기오염 허용 수준을 규정하고 있다. 이런 법률을 재승인하는 작업은 대개 대기오염이 건강에 미치는 영향에 관한 새로운 과학적 성과를 토대로 해서 적절한 배기가스 수준이 어느 정도인지를 놓고 자동차 제조업자와 의회, 시민 단체가 벌이는 줄다리기가 된다. 미국의 현재 수준은 세계 표준을 넘어섰다. 하지만 좋지 못한 공기를 완전히 금지하지는 않았다는 사실에 주목해야 한다. 절반이 넘는 사람들이 연방 표준을 충족시키지 못하는 도시에 살고 있고, 8천만 명 이상이 그 표준을 지키지 않는 도시에 살고 있다.[46]

그런데 발전도상 세계의 상당 지역에서는 대기환경 기준이 전염병 확산을 방지하기 위한 깨끗한 식수와 주택, 보건, 신변 안전보다 우선순위가 낮다. 현대적인 세계에 진입하려는 국가들에게는 세계에서 가장 부유한 나라인 미국, 일본, 독일, 한국의 성공이 본받아야 할 모델이 된다. 공장 생산이나 정보통신 관련 산업을 통해서든, 아니면 그 둘 다를 통해서든 경제적 생산성이 높아지면 개인의 소득도 높아지게 마련이다. 소득이 높아지면 가전제품과 오락 시설, 승용차를 구입하는 소비 지출이 늘어난다. 이런 양상이 선진 에너지 경제권에서 나타나는 데 1인 기준으로 미국인이 연간 2만8천 리터의 석유를 소비하고 보통의 중국인이 3천 리터를 사용하게 되는 주된 이유가 바로 여기에 있다.[47]

발전도상국들이 근대화를 시도하면 선진 산업 세계에서 나타난 경제성장과 에너지 사용 증가 양상이 되풀이될 것이다. 인구가 더디게 성장하는 발전도상국들이 가용 기술을 이용해서 '더러운' 대기오염과 수질오염 단계를 피하려고 하면서도 에너지 사용을 늘리는 경로를 열심히 따라가고 있다. 인도, 중국, 타이를 비롯한 남아시아 국가의 신흥 중산계급은 개인 소득이 오르자 에너지 소모형 가전제품을 구입하는 데 더 많은 소득을 지출하고 있다. 1985년 이전에는 냉장고를 보유한 중국인들이 7퍼센트에 불과했지만 오늘날에는 75퍼센트에 달한다. 텔레비전을 보유한 비율은 같은 기간에 17퍼센트에서 86퍼센트로 증가했다. 에어컨 보유는 50배로 늘어나 1984년부터 1996년까지 12년 동안에 주거용 전력 수요가 4배 이상 증가했다. 중국은 이러한 전력 수요를 충족하기 위하여 다음 10년간 국내에서 나는 풍부한 석탄을 연료로 사용하는 발전소를 해마다 56개를 건설할 예정이다. 이 발전소들이 탄소와 질소, 황 같은 오염 물질의 발생을 억제하는 현대 기술을 사용하지 않는다면 오염 물질 수백만 톤이 대기로 쏟아져 나올 것이다. 자동차 보유가 인도와 타이에서 해마다 30퍼센트 늘어나고 한국에서 4배로 늘어나면서 1987년과 1997년 사이에 휘발유 소비가 3배로 증가했고 2020년까지 다시 곱절로 늘어날 것이다.[48]

중국과 인도, 동남아시아가 전 세계 에너지 경제에서 차지하는 비중이 늘어나면서 3억~4억 명에 달하는 신흥 중산계층이 높은 소득을 에너지 의존형 소비재를 구입하는 데 지출하게 될 것이다. 이 구매 수요를 충족시키기 위하여 세계 석유 공급량의 절반가량이 이들 신흥 경제권으로 유입될 것이다. 발전도상 세계는 2003년에 하루 2천5백만 배럴의 석유를 소비했다. 급속한 성장을 고려하면 2020년에는 6천7백만 배럴을 소비하게 될 것으로 예상된다. 최근 10년 동안 해마다 예상치를 상향 조정하고 있는데, 이러한 조치는 매년 기대치보다 더 많은 석유를 소비하고 있다는 말이 된다. 이렇게 더 많은 석유를 소비하게 되는 주된 요인은 자동차 부문을 비롯한 상업용 및 주거용 전력 사용이 급속히 늘어난 데 있다.[49]

중국에서는 1천 명당 11명이 자동차를 보유하고 있다. 이 수치는 대략 한 세기 전 미국의 자동차 보유 비율과 비슷한 것처럼 보인다. 하지만 도시에 거주하는 중국인 3분의 1이 자동차 운전면허증을 보유하고 있고 그 가운데 4분의 3가량이 5년 안에 차를 구입할 계획이라는 점을 고려하면, 2020년에는 1억~2억 대의 자동차가 중국의 도로를 달리게 될 것이다. 이 정도는 미국인들이 오늘날 보유하고 있는 자동차 수보다 훨씬 적은 수치이다. 하지만 이 자동차들이 중국 도시의 대기오염을 유발하게 될 것이고 대기오염으로 연간 4백만 명의 사망자가 발생하게 될 것이다. 배기가스를 규제하고 온실가스 배출을 제한하려는 중국 정부의 노력에도 불구하고, 운전자들이 배출하는 가스 비율이 현재 전 세계 가스 배출의 3퍼센트에서 20년 뒤에는 17퍼센트에 이를 것으로 예상된다.

신기술 에너지 해법: 천연가스와 핵에너지

뉴욕 주에 있는 프레도니아는 에너지원에 가까이 있었던 덕택에 1820년대에 이미 일부 건물에 천연가스로 불을 밝힐 수 있었다. 인디애나 주의 먼시 같은 천연가스정 인근의 도시나 펜실베이니아 주의 피츠버그 같은 도시들은 석탄가스를 제조할 때 발생하는 골칫거리 없이 저렴한 에너지원을 이용할 수 있었다. 1870년대에 유전 회사들이 최종 소비자를 연결하는 가스 송유관을 건설하면서 공업 분야에서 천연가스 판매량이 석탄가스 판매량을 넘어섰다. 가정용 난방과 요리에는 20세기 중반까지도 저렴한 석탄을 계속 사용했고 1950년대에 들어서야 석탄보다 석유를 더 많이 사용하게 되었다. 석유수출국기구(OPEC)가 원유 가격을 인상한 1970년대의 석유파동 때부터는 천연가스를 더 많이 사용하게 된다.

천연가스는 석유 이후의 연료 세계로 넘어가는 과도기의 연료로 알려져 있다. 천연가스는 석탄이나 석유에 견주어 탄소 함량이 적고 수소 함량이 많아서 오염 물질을 적게 배출하고 기후변화에도 영향을 덜 끼친다. 여러 에너지 분석가들은 한때 폐기물이라고 해서 유전 원천에서 불타게 내버려 둔 천연가스가 2025년에는 세계의 주요 발전 에너지원으로 석탄과 석유를 대체하게 될 것이라고 생각하고 있다. 에너지 분석가들은 탐사와 기반시설에 투자하는 막대한 자본을 증거로 제시한다. 방대한 가스 송유관 공사도 그런 증거이다. 알제리, 나이지리아, 이란, 카타르, 투르크메니스탄, 러시아의 시베리아, 인도, 트리니다드, 브라질 등 세계 곳곳에서 가스 송유관 공사가 이루어지고 있다. 여기에는 주요 산유국도 상당수 포함되어 있다.

지금까지 알려진 전 세계 가스 매장량의 절반 이상이 서남아시아와 중앙아시아, 러시아에 매장되어 있는데, 그 매장량은 선진 국가와 발전도상 국가들의 발전 연료로 사용하기에 충분하다. 석유가 석탄보다 용도가 더 다양하고 단위 부피당 에너지를 더 많이 제공하듯, 수송이 쉬운 액체 형태의 천연가스도 용도가 더욱 다양하고 더 많은 에너지를 제공한다. 천연가스는 석탄이나 석유보다 더 많은 열을 내고 더 깨끗하다. 게다가 액체 연료로 전환이 가능해서 차량 동력 공급을 놓고 석유와 경쟁할 수도 있다. 하지만 과거에 천연가스는 에너지원으로서 세 가지 커다란 문제에 시달렸다. 첫째, 19세기 말 유럽이나 미국에서 상당수의 가스등에 천연가스가 아닌 석탄가스를 사용하면서 천연가스가 주기적으로 생명을 위협하는 폭발을 일으킨다는 오해가 생겨났다. 둘째, 가스 송유관이 누출 문제를 해결하는 데 실패했다. 셋째로 석유와 석탄이 매장량이 풍부한 데다가 철도, 도로, 배럴, 바지선 등 목적지로 운송하는 수단이 다양해서 여전히 주요 연료로 사용되고 있었다. 하지만 이제는 송유관 기술 개량, 대안적인 수송 수단을 제공하는 액화가스, 전 세계적인 유가 상승, 선진국과 발전도상국에서 제정한 대기오염 방지법 등으로 천연가스가 비교 우위를 누리고 있다.

천연가스는 다량의 청정한 메탄가스 외에도 소량의 귀중한 천연가스액, 곧 에탄과 부탄, 프로판을 함유하고 있다. 에탄은 플라스틱과 합성고무를 만드는 원료로 매우 귀중하다. 뿐만 아니라 일부 가스전에서는 휘발유와 다른 값비싼 부산물로 정유되는 응축된 가스액이 생산된다. 메탄은 좀 더 기후 친화적인 에너지 세계로 넘어가는 가교 연료로서 석탄보다 이산화탄소를 50퍼센트 덜 배출하고 석유보다 33퍼센트 덜 배출한다. 메탄이 온실가스이기는 하지만 모든 석탄 화력발전소를 가스 화력발전소로 전환한다면 전 세계적으로 탄소 배출을 30퍼센트나 줄일 수 있을 것이다. 이것이 화석연료 에너지 체제가 기후변화에 미치는 영향을 없애지는 못하지만 대체에너지원을 개발하는 데 필요한 시간을 벌게 해줄 것이다.[50]

핵발전소는 우라늄 연료봉을 모아서 원자의 연쇄반응을 일으켜 전력을 생산한다. 연쇄반응 과정에서 어마어마한 열이 발생하고 이 열로 물을 증기로 바꾼다. 증기는 곧 발전기에 연결된 터빈으로 전달되고 발전기에서 전기가 생산된다. 핵에너지는 이산화탄소를 배출하지 않기 때문에 지구의 온실가스 예산에 아무런 영향도 주지 않는다. 그리고 지금까지 알려진 에너지원 가운데 에너지 밀도가 가장 높다. 매우 유해한 플루토늄을 생산하는 원자로를 건설한다면 에너지원은 무제한적이다. 핵발전소에서 전력을 생산하는 것은 석탄이나 석유, 천연가스로 생산하는 것보다 비용이 덜 든다. 우라늄 1파운드로 석탄 1,250톤만큼의 열을 낸다. 2000년 현재 전 세계 30개국이 400기가 넘는 원자로를 이용해서 전력을 생산하고 있다. 화석연료가 거의 없는 프랑스가 전력의 80퍼센트를 핵발전소에서 생산하고 있고 한국이 40퍼센트를, 일본이 35퍼센트를, 영국과 미국이 20퍼센트를 핵발전소에서 생산하고 있다.[51] 사람의 건강과 폐질환, 산성비, 지구의 기후변화에 미치는 영향의 측면에서 볼 때 화석연료를 사용하는 비용에 비해서 핵에너지가 값이 싸고 청정하다.

하지만 값이 싸고 청정하다는 주장에 대해 문제 제기가 없는 것은 아니다. 핵 시설을 건설하는 데는 석탄 화력발전소를 새로 건설하는 데 드는 비용만큼 돈이 든다. 무려 20억 달러가 넘는 액수이다. 핵발전이 이산화탄소를 배출하지 않는다는 주장도 연쇄반응 자체에서 배기가스가 발생하지 않는다는 의미에서만 사실이다. 핵분열 물질을 생산하기 위해서 우라늄광을 채굴하고 정련하고 농축하는 과정에서 높은 수준의 지표면 오염과 대기오염이 발생한다. 더구나 각 핵발전소에서 연간 1천 톤에 달하는 유해 방사성폐기물이 발생한다. 이는 "최후의 네안데르탈인이 지구를 걸어 다니기 시작한 이후부터 지금까지보다 더 오랜 기간 동안"[52] 생명을 위협하게 될 양이다. 원자력이 그에 상당하는 화석연료보다 비용이 적게 든다는 주장은 킬로와트시당 운영비를 1.8~2.2센트로 계산한 것이다. 하지만 이 수치는 연구 개발과 감가상각, 연료, 유지, 직원, 폐로, 유해 폐기물에 드는 비용을 무시한 것이다. 이런 비용을 더하면 핵발전소가 화석연료 발전 시

그림 9-6 프랑스 카테놈의 핵발전소
Stefan Kuhn 제공.

설과 경제성 면에서 경쟁이 안 된다.[53]

원자력 주창자들이 전력 비용이 너무 싸서 사용량을 측정할 필요
가 없을 것이라고 주장하던 1950년대 '평화를 위한 원자력'의 열정이
지나가고 원자로를 폐쇄하는 일련의 사건들이 발생하면서 전 세계적
으로 핵발전소를 건설하는 흐름이 둔화되었다. 1957년에 영국 윈드
스케일 원자로에서 우라늄 연료를 절연 처리한 흑연에 화재가 발생
했다. 같은 해에 소련 첼랴빈스크에서 폐기물이 폭발해서 노동자들
과 주변 마을이 방사성 물질에 노출되었다. 1969년에는 프랑스 생로
랑에 있던 세계에서 가장 강력한 원자로에서 노심이 일부 용융되는
사건이 일어났다. 10년 뒤인 1979년 3월 28일에는 펜실베이니아 주

미들타운 인근을 흐르는 서스쿼해나 강 스리마일 섬의 원자로가 과열되었다. 폭발하지는 않았지만 만일에 폭발했더라면 미국 동해안의 방대한 지역으로 치사율이 높은 방사성 잔해들이 날아갔을 것이다.

대체에너지원으로서 핵에너지의 명성과 그 성장은 1986년 4월에 우크라이나 체르노빌에서 소련의 원자로 시설이 폭발하면서 허물어지기 시작했다. 열 방출이 너무 커서 1천 톤짜리 원자로 지붕이 날아가고 방사성 물질 몇 톤이 대기 중으로 배출되었다. 폭발에 직접 노출되어 죽은 사망자 수와 방사성 유발 암으로 죽은 장기간에 걸친 사망자 수가 50만 명이 넘는 것으로 추정된다.

몇몇 예외를 제외하고는 핵발전소 건설이 전 세계적으로 중단되었으며 일부 발전소는 해체되었다. 핵발전소 건설 기술이 발전하고 사고 예방을 위한 안전장치를 설치하며 전 세계적으로 화석연료 배기가스로 연간 사망자 수가 수백만 명에 달한다는 사실을 새롭게 알게 되었음에도 불구하고, 미래의 체르노빌이 인간과 환경에 미칠 영향에 대한 두려움으로 핵에너지 세대의 주창자들의 열정은 벽에 부닥치게 되었다.

원시기술로의 복귀: 바람과 태양

바람을 동력으로 이용한 것은 루이스 멈퍼드가 구분한 고기술 시대보다 수천 년은 아니라 하더라도 수백 년은 앞선다. 바람은 몇 세대에 걸쳐 범선에 동력을 공급했고 제조업 혁명과 산업화가 일어나기 오래전에 제분소와 양수기에 동력을 제공해 왔다. 지구의 자전,

그림 9-7 에스파냐 사라고사 주 라무엘라의 풍력발전
Wikimedia Commons, the free media repository.

일정하지 않은 태양열의 대기권 가열, 고르지 않은 지형과 지표면에 의해 바람의 속도가 바뀐다. 가장 강력한 바람은 산길에서 일어나고, 극지방의 냉풍이 열대지방의 온기를 찾아서 이동하는 탁 트인 긴 대륙의 경로를 따라서 일어나며, 대륙에서 발생한 열기가 시원한 해양수와 만나는 해안 지역을 따라서 일어난다. 따라서 해안에 풍력 자원이 풍부한 국가들이 많다. 덴마크와 네덜란드, 인도, 아르헨티나, 중국 같은 국가는 이러한 무료 에너지원을 이용하기에 가장 적합한 나라이다.

전 세계적으로 볼 때 가장 빠른 속도로 증가하는 재생 가능 에너지원은 풍력이다. 오늘날 3천 기가와트에 달하는 전 세계의 발전 능력

가운데 풍력이 40기가와트를 생산한다. 풍력 터빈 기술이나 설비 면에서 에스파냐와 독일이 세계를 주도하고 있는데, 전력 생산 비용이 급속히 줄어들고 있고 2010년에는 킬로와트시당 3.5센트로 떨어지게 될 것이다. 독일은 현재 1년에 14,350메가와트가 넘는 전력을 풍력으로 생산하고 있다. 소음을 줄이고 새가 부딪혀 죽는 일을 예방할 수 있도록 다양한 속도로 회전하는 날개깃과 다양한 기후 조건에서도 작동시킬 수 있는 새로운 터빈을 개발하면서 풍력의 '에너지 투자 수익률'이 가장 높아졌다. 하지만 줄어드는 석유와 천연가스 매장량을 풍력으로 대체하기 위해서는 전 세계적으로 고급 터빈 수백만 기를 설치해야 한다. 이 정도라면 현재 세계 터빈 생산 능력의 5배가 넘는다. 미국만 해도 석유와 천연가스 공급 감소로 인한 에너지 부족분을 보충하기 위해서 2030년까지 50만 기 정도의 고급 터빈이 필요한 실정이다. 뿐만 아니라 풍력이 급증하고 있는 수송 문화와 농업 기반시설을 위한 대체에너지가 될 수는 없다.[54]

지구 에너지의 궁극적인 원천은 사실상 태양이다. 태양열을 모으고 그것을 발전에 이용하는 방식을 찾는 작업이 과학적·기술적으로 진행되고 있다. 주택의 위치와 방향에 따라서도 보통의 가정은 소극적인 태양열 난방 형태를 갖추고 있다. 북아메리카에서는 태양열 에너지가 제곱미터당 200와트 정도에 달한다. 먼 옛날의 인류도 태양의 가열 능력에 관한 지식에 관심이 있었음에 틀림이 없다. 인류의 색소 관리 유전자는 위험한 태양 자외선에서 몸을 보호하기 위해서 돌연변이를 일으켰다. 고대 그리스인과 중국인들은 유리로 태양 에너지를 모아 불을 피웠다. 현대의 열 발전기도 비슷한 원리로 작동한다. 물을 가열해서 증기를 만들어 내고 그것으로 발전기를 돌린다.

1839년에 에드몽 베크렐이 태양 직사광을 이용해서 전하를 만들어 내는 광전지 효과를 처음으로 발견했다. 1950년대에는 최초의 실리콘 태양전지를 사용해서 태양에너지를 모았다. 우주 계획에 따라 궤도 위성에 동력을 공급할 태양전지가 필요하게 되면서 전지 기술에 커다란 진보가 일어났다.

이러한 기술 발전에도 전 세계의 태양광발전 능력은 1기가와트가 채 되지 않는다. 비용 문제가 가장 중요한 걸림돌인 것 같다. 전기에너지를 축전지에 저장하는 작업이 번거롭고 비용이 많이 들기 때문이다. 기술혁신으로 비용이 줄어들게 되면 산업 생산 시설과 수송망 체계, 자가용 승용차, 가정이 개별적인 전력 시설을 갖추게 되고 필요할 경우 광역 전력망에 연결할 수 있게 된다. 태양 집열기와 제어 장치, 직류를 교류로 변환하는 변압기, 축전지의 생산비가 덜 들게 되면 개인이나 정부가 태양에너지를 온실가스 배출을 방지하는 매력적인 대체에너지로 여기고 에너지 전환에 발 벗고 나설 것이다.

발전도상국들이 보존보다 성장을 앞세우고 있어서 다가올 수십 년에도 석유 수요가 줄어들지는 않을 것이다. 규제보다는 음식과 주택, 교육, 의료 등에서 더 나은 삶을 추구해 나갈 것이다. 이제 화석연료가 전 세계 에너지 수요의 대부분을 공급하고 있다. 100년쯤 전에는 연간 1억 배럴 정도의 석유를 생산했지만 이제는 200억 배럴이 넘는다. 예상한 대로 이 재생 불능 화석연료의 공급이 줄어든다면, 가격이 급등할 테고 그렇게 되면 수요가 감소할 것이 틀림없고 더 큰 기술적 효용성을 모색할 수밖에 없다.

미국의 에너지 사용이 1850년 이래로 20배 정도가 늘어났고 1950년 이후로는 5배 정도 증가했다. 1950년에는 미국의 일인당 전기에너

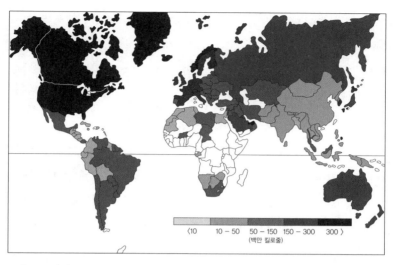

그림 9-8 전 세계 일인당 에너지 소비 지도(2004년)
국제에너지기구 자료.

지 사용이 2,000킬로와트시였지만 2000년에는 32,700킬로와트시로
뛰었다. 텔레비전과 컴퓨터를 필두로 한 가전제품 혁명, 주방 용품과
중앙 냉난방을 갖춘 대형 전기설비 주택이 전력 사용을 증가시킨 주
된 요인이다. 아마 여러분도 지난 반세기 동안 이렇게 더 많은 전력
을 사용한 데 대해 나름대로 거의 완벽한 이유를 갖고 있을 것이다.
석탄 화력발전소가 2000년에 연간 52억 톤의 석탄을 연소했지만, 가
정에서 멀리 떨어진 곳에 있었기 때문에 사람들은 석탄 화력발전소
가 남긴 생태학적 영향을 잘 못 느낀다.

　상당수의 소비자들은 멈퍼드의 표현에 따르면 전기가 고기술의
'더러운' 화석연료에서 나온 것인 줄을 모르는 채 그것을 청정에너지
라고 생각한다. 석유 에너지와 더불어 석탄 에너지에서 나오는 오염

은 천식, 기관지염, 기종, 폐암 등 갖가지 호흡기 질환을 유발한다. 석유와 달리 석탄 매장량은 앞으로 몇 세대에 걸쳐 쓸 수 있을 정도이고, 그 에너지양을 극대화하고 오염 물질을 억제하는 방법을 기술적으로 개발해 나갈 것이다. 선진국에서 이미 진행하고 있는 이러한 노력들이 벅찬 도전에 직면하고 있다.

예를 들어 석탄 매장량이 풍부한 중국이 늘어나는 수요를 충족시키기 위하여 2020년까지 석탄 화력발전소 562기를 신축한다는 계획을 세워 놓고 있다. 전 세계적으로 1980년대에 천연가스가 석탄의 발전에 도전장을 내고 나섰지만, 천연가스의 가격이 인상되면서 석탄이 다시 선두로 올라섰다. 석탄은 오늘날 전력 생산에 사용되는 주요 연료로 52.2퍼센트를 차지하고 있다. 미국은 2030년까지 38곳에 154기의 석탄 화력발전소를 신축할 예정이다. 중국의 계획에 견주면 규모가 작을지 모르지만, 미국 인구가 3억 명인데 비해 중국 인구가 12억 명이라는 사실을 잊어서는 안 된다. 재생 불능 화석연료의 가격이 올라 보존과 에너지 효율은 물론 천연가스와 바이오매스, 풍력과 태양에너지, 핵에너지, 수소 같은 대체에너지를 찾게 되면서 민간 기업과 정부의 연구개발 지원이 절실해졌다.

화석연료 에너지 소비는 대부분의 대기오염을 유발하고 수질오염과 토양의 화학 성분 변화에도 크게 영향을 준다. 석탄과 석유는 연소 과정에서 수 톤에 달하는 탄소와 황, 이산화질소는 물론이고 그을음과 콜타르를 비롯한 분체를 배출한다. 양극 지방에서는 전 지구적인 화석연료 소비에서 나온 부유성 그을음 퇴적물에 의해 얼음 덩어리의 해빙이 빨라지고 있다. 검게 변한 눈은 햇빛을 대기 중에 빛으로 반사하지 않고 그 열을 흡수한다. 산성 광산 배수나 석탄층 개발을 위한 산 정상 채굴로 말미암은 수질오염이 환경을 위협하고 있고, 유전 인근과 대양에서는 물론이고 정유공장 자체에서 발생하는 석유 유출이 환경을 위협하고 있다. 고속도로망과 교외 스프롤 현상, 자연을 파헤친 노천 채굴, 자연 수계에 댐을 막아 만든 저수지, 고압 송전 회랑, 석탄과 석유와 액화 천연가스의 저장 시설 등으로 경관에 커다란 변화가 생겨났다.

최근 몇 십 년 사이에 전 세계적으로 철강과 플라스틱을 생산하는 데는 물론이고 농업 생산성 증대를 위한 살충제와 제초제를 화학적으로 합성하는 데 엄청난 화석연료를 사용해 왔다. 수백만 톤에 달하는 이산화탄소 배출이 지난 150년 사이에 40퍼센트 정도 늘어났다. 삼림과 초지를 농지로 전환하고 상업 용지나 주거 용지로 개발을 하는 바람에 이산화탄소를 산소로 변환시킬 수 있는 능력이 줄어들었다. 메탄과 이산화질소를 비롯한 온실가스와 함께 대기의 변화가 지표면의 온도를 상승시켰다. 이제 마지막으로 온실가스와 대기의 변화가 벌이는 복잡한 상호작용과, 이 상호작용이 지구의 기후변화에 미치는 영향을 살펴보도록 하자.[55]

10장

지구온난화

마지막 빙하시대(96,000~11,600년 전)가 최종적으로 끝나고 오늘날의 지구온난화 주기가 시작되었다. 급속한 대기 온난화로 지구 해수면이 갑작스레 상승하면서 홀로세[1]가 시작되었다. 이것이 아마도 지난 4만 년 동안 지구의 기후에 나타난 가장 중요한 사건일 것이다. 수렵인들이 시베리아에서 북아메리카로 건너갈 때 이용한 수천 킬로미터 넓이의 얼어붙은 베링해협이 온난화로 사라졌다. 수렵인들이 32,000년 전에 이주를 시작했을지 모르지만 11,000년 전 이후에는 아니었을 것이다. 과학자들은 이렇게 이주한 수렵인들이 아메리카 대륙에 거주했을 것이라고 생각한다. 유라시아 대륙에서 빙하가 훨씬 일찍 물러난 다음 33,000~26,000년 전에 아프리카와 서남아시아에서 이주해 온 인류가 유럽의 네안데르탈인들을 대체했다.

기후가 갑작스레 변화하면서 기온이 비교적 따뜻하고 오늘날과 더욱 친숙한 현대 세계로의 이행이 간간이 진행되었다. 이러한 변화의 일부는 빙하시대의 기후에서 현대의 온난 기후로 이행할 때 나타난 변화의 30~50퍼센트 정도의 규모, 곧 섭씨 6~7도의 변화였다.[2] 따뜻하고 온화한 간빙기에서 극한의 빙하기에 이르는 변동은 수백 년에 걸쳐 일어났다. 어떤 지역에서는 기후변화가 이렇다 할 예고도 없이 몇 년 사이에 신속하게 일어났다. 심해의 침전물과 빙하코어에서 나온 증거 자료는 홀로세의 온난화가 시간이 지나면서 안정되었다는 기존의 통념에 반론을 제기한다. 기존의 통념과 달리 이 자료는 수백 년이나 지속되는 갑작스런 한랭기로 온난화가 이따금씩 중단되었음을 보여 준다.

홀로세가 시작되고 40년도 지나지 않아서 기온이 현대의 수준에 도달했다. 다른 변화들도 마찬가지로 극적이었다. 지구가 따뜻해지면서 10년 사이에 바람에 날린 바다 소금이 3분의 1로 줄고 바람에 날린 먼지가 7분의 1로 감소했으며 그린란드의 기온이 섭씨 5~10도나 올랐다. 습지가 늘어나면서 대기 중에 온실가스인 메탄이 전 세계에 걸쳐 증가했다.[3]

9,500년 전에 온난화와 빙하 융해로 흑해 유역이 물에 잠겼다. 성경에 나오는 '홍수'는 이 자연 재앙을 두고 한 얘기였을 것이다. 홀로세 초기 6천 년 동안에는 잦은 폭풍우로 습윤한 날씨가 북아프리카와 인도, 서남아시아의 여름 기후를 지배했다. 더운 여름과 태양 주위를 도는 지구 궤도의 장기적인 변화로 한층 강화된 이 '아프리카 습윤기'에 사하라사막의 생태계가 바뀌었다. 북아프리카가 악어나 하마가 서식하는 호수와 삼림지대, 식물이 있는 물이 풍부한 비옥한 평원으로 변했다. 수십 년 사이에 습윤 기후에서 건조 기후로 기후변화가 일어났다. 이것은 이전에 생각한 대로 수천 년에 걸쳐서 일어나지 않았다. 이러한 기후 체제 변화를 설명할 수 있는 메커니즘을 〈그림 10-1〉에 띠 모양으로 표시한 대서양 심층수 순환에서 찾아볼 수 있다. 이 장에서 이 메커니즘을 좀 더 자세히 설명할 예정이다.

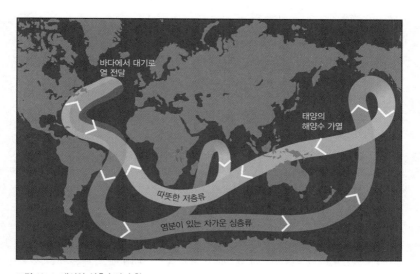

바다에서 대기로
열 전달

태양의
해양수 가열

따뜻한 저층류

염분이 있는 차가운 심층류

그림 10-1 대서양 심층수의 순환
Wikimedia Commons, the free media repository. 미국 지구변화프로그램(www.urgcrp.gov); www.
usgcrp.gov/usgcrp/Library/nationalassessment/LargerImages/SectorGraphics/Coastal/belt.jpg.

8,200년 전 홀로세 초기의 온난화로 빙하빙이 녹으면서 북극과 북
대서양에 많은 양의 담수가 흘러들어 대서양 심층수의 순환을 교란
했다. 북아메리카의 빙하호인 애거시 호수가 녹아서 1년도 안 되는
기간에 100조 세제곱미터 정도의 담수가 허드슨 만으로 흘러들면서
기후 역전 현상이 나타났다.⁴ 갑작스런 한랭기가 시작되기 전에는 그
린란드의 기온이 오늘날의 기온보다 약간 더 높았다. 비교적 짧은 시
간이 흐른 다음에 8,000년 전 세계의 기후는 12,800년 전 영거 드라
이아스기 이후 그 어느 때보다도 추워졌을 것이다.

점진적인 이주를 통해서 수천 년 전에 서남아시아에서 서유럽과
북유럽으로 농업 기술을 들여온 인도유럽인의 후손인 농경 주민들이
한랭 기후 때문에 좀 더 따뜻한 지중해 일대나 우크라이나 동남부,

서남아시아, 인도, 중국 북서부로 물러날 수밖에 없었다.

　해양 순환의 변화와 더불어 지구 궤도의 변화로 북반구의 해빙이 늘어나고 그린란드의 빙상이 확장되었으며 유럽의 기온이 차가워지고 남북아메리카에 가뭄이 들었다.[5] 서아프리카에서는 강우량이 줄어들어 지붕 모양으로 우거진 삼림의 규모가 작아졌다. 다 자라서도 뿌리 구조가 약한 지피식물이 감소하면서 지하수가 줄어들었다. 태양에 노출되면서 증발이 빨라졌으며 수십 년도 안 되어서 북아프리카의 생태계가 오늘날 같은 사막으로 변하기 시작했다.

　7,500년 전 무렵에 한때 풍요로웠던 북아프리카 사하라의 목축 문명이 무너지고 주민들은 나일 강 유역으로 이주해야 했다. 나일 강을 따라 형성된 이 이주민들의 취락이 수천 년에 걸쳐 출현한 고대 이집트 문명과 시기가 일치한다. 이집트인들은 7,000~6500년 전에 최초의 제국을 건설하고 몇 세기 내에 기자에 대형 피라미드를 건축했다. 인더스 강 유역의 하라파 문명도 번성하여 진흙과 구운 벽돌로 공공 건축물과 민간 주택을 건축하고 기하학적인 설계로 도시를 계획했다. 홀로세 온난화 시기에 나타난 기후 불안정이 문명의 성쇠를 가져온 여러 요인들 가운데 주된 요인이었다.[6]

　세 번째 한랭기가 오래 지속되면서 관개에 의존하던 비옥한 초승달 지대 문명에 가뭄이 들었다. 인더스 강 유역 문명도 비슷한 운명에 직면했다. 어떤 고고학자들은 오늘날 이라크 남부에 위치한, 자연 하천이 흐르고 초목이 우거진 경관이 성경에 나오는 '에덴'이었을 것이라고 생각한다. 최근의 고고학 연구는 4,200년 전 메소포타미아 북부에 있던 대규모 농업 제국인 아카드 제국이 붕괴한 시기가, 거대한 화산 분출과 그 이후 100년 이상에 걸쳐 전개된 우기에서 건기로의 기후변화 시기와 일치한다는 사실을 확인했다. 북대서양과 아프리카 연안, 페르시아 만에서 채취한 퇴적물 덩어리는 4,200년 전 메소포타미아의 먼지가 현대의 퇴적물 덩어리에서 채취한 것보다 5배나 더 크다는 사실을 보여 주었다. 3백 년 뒤인 3,900년 전에는 대양으로 유입되는 먼지의 양이 현대의 수준으로 줄어들었다. 두꺼운 화산재 층과 함께 대대적으로 진행된 건조와 가뭄의 흔적이 아카드 제국이 붕괴할 당시의 상황을 보여 준다.[7] 이런 사건들이 동시에 발생하는 바람에 그곳에 살던 고대 주민들이 메소포타미아 북부를 떠나 남부(오늘날의 이라크)로 이주할 수밖에 없었다. 이집트 고왕국과 고대 팔레스타인 지역의 여러 마을들이 이와 비슷한 운명을 겪었다. 기원전 100년에서 기원후 400년에 이르는 네 번째 소빙하기가 찾아오자 게르만족이 로마제국의 변경을 넘게 되었고 결국에는 로마제국을 무너뜨렸다. 북아시아에서는 여러 부족들이 몽골에서 남쪽으로 내려와 중화제국을 제압했다.

마야 문명의 흥망

북반구 한랭 기후의 영향으로 열대지방과 아열대지방의 기후가 선선해지고 건조해졌다. 중앙아메리카에서는 마야 문명이 농업 지대를 오늘날의 멕시코에 속하는 북쪽의 유카탄반도까지 확대하고, 이전에 열대 초목이 우거지고 말라리아모기가 들끓던 지역에 피라미드와 도시를 건설했다. 번성하는 도시들의 인구밀도는 한창일 때 제곱킬로미터당 200명에 달했다. 농업 생산성이 증대하자 사람들은 제조업에 종사할 수 있게 되었으며 예술도 발달하게 되었다.

그런가 하면 기후가 건조하고 서늘해지면서 대가도 치러야 했다. 비가 내리지 않고 해가 많아지면서 마야의 농업 생산성이 무너져 내렸다. 퇴적물 기록은 1300년에 이곳에 혹독한 가뭄이 시작되었고 다음 500년 동안에도 이따금씩 가뭄이 들었음을 시사해 준다. 마야인들은 일찍이 1240년에 일부 도시를 버리고 떠났으며, 또 다른 혹독한 건조기가 그 일대를 강타한 1290년에는 나머지 도시마저 버리고 떠났다. 한발이 장기화되면서 기근이 발생했다. 영양실조는 면역 체계를 약화시키고 질병과 사망을 불러일으켰다. 마야인들이 사라지는 데 다른 요인들이 작용했을지도 모른다. 하지만 기후변화가 마야의 붕괴에 강력한 요인으로 작용한 것은 분명하다.[8] 이러한 전 지구적인 한랭기가 끝난 뒤에 기후가 따뜻해지면서 열대지방의 물 순환이 빨라졌다. 모기와 더불어 열대우림이 되살아나자 남아 있던 마야인들은 집을 버리고 남쪽으로 이주해야 했다. 마야의 폐허가 오늘날 중앙아메리카의 빽빽한 열대우림에서 발견된 사실이 지구온난화를 보여 주는 증거이다.

중세 온난기와 소빙기

기후 온난화와 한랭화에 관한 지식이 아직도 불완전하지만, 우리는 기후의 복잡성을 파헤치려고 노력하면서 기후변화를 촉발시킨 특정한 사건들에 초점을 맞추었다. 기후학자 허버트. H. 램은 기후변화와 역사를 다루면서 이러한 사건들을 묘사하기 위해서 중세 온난기라는 용어를 사용하고 온난화 지역을 더욱 구체적으로 확인했다. 처음에 950년부터 1200년 사이에는 유럽쪽 러시아와 그린란드의 기후가 매우 따뜻해졌고, 나중에 1150년부터 1300년까지는 유럽 대부분 지역의 기후가 따뜻해졌다.[9] 기후가 따뜻해져서 노르웨이인들이 아이슬란드의 방대한 지역에서 농사를 지었고 10세기 초에는 그린란드와 래브라도에 취락을 이루고 살았다. 하지만 12세기 무렵에는 북대서양의 탁 트인 해로가 얼어붙고 그린란드와 래브라도의 취락이 사라졌다. 빙하가 진전됨에 따라 아이슬란드의 농업 사회도 뒤로 물러났다. 1300년까지 상황이 계속 악화되었으며 1400~1500년에 다소 나아졌다가 1600년에 다시 한파가 몰아닥쳤다. 램은 수목 한계선, 식생 변화, 나이테 예비측정, 그린란드 빙하코어 표본조사 등 여러 역사 자료를 사용해서 분석했다.

하지만 유엔 산하 '기후변화에 관한 정부간 패널'(IPCC)이 실시한 중세 온난기에 관한 최근 분석(2007년)은 전 지구적인 중세 온난기 추정을 뒷받침할 만한 결정적인 자료가 없다고 밝혔다. 자료들은 950~1100년에 북반구의 평균 기온이 앞선 2000년의 그 어느 때보다도 더 따뜻해지기는 했지만 20세기 마지막 20년에 기록된 따뜻한 기온보다는 여전히 낮았음을 보여 준다.[10] '기후변화에 관한 정부간 패널'은 최종적으로 중세와 현대의 기후와 관련해서 한 가지 경고를 내렸다.

모든 지역에서 같은 방향이나 같은 정도로 기후가 바뀐 것 같지 않다. 어떤 때는 일부 지역의 기후가 20세기 전역에서 나타난 것보다 훨씬 더 따뜻했을 것이다. 지방의 기후변동은 대개 더 넓은

지역 기후의 변화로 열이 재분배된 결과 나타나는 역내 기후의 가변성에 따라 좌우될 수 있다.[11]

이 결론은 북반구의 상당 지역을 에워싼 소빙기(1300~1850년)에 관한 주장에도 적용된다. 소빙기가 지역 주민들에게 끼친 영향을 얘기할 때 지역 기후의 가변성을 고려할 필요가 있다. 식단이 주로 빵과 감자로 이루어진 산업화 이전 시기 유럽에 전반적인 식량 생산이 급격히 늘어났다. 호시절에도 주민들 다수의 식량 소비가 2천 칼로리를 넘지 않았다. 가장 취약한 주민들은 영양실조에 걸렸고 기근과 전염병에 시달렸다. 그러나 오래 지속된 빙하기에 모든 주민이 똑같은 고생을 한 것은 아니다. 주요 하천과 해안을 따라 산 사람들은 고기잡이나 얼음낚시를 통해서 다른 지역 사람들이 먹지 못한 동물성 단백질을 섭취했다.

14세기에 유럽의 대기근에 이어 선페스트가 발병했다. 프랑스는 1100년부터 1800년까지 자주 기근을 겪었다. 1100년에는 26차례, 1800년에는 16차례나 겪었다. 기온이 계속 추워지자 북유럽에서는 식물 생육기가 적어도 한 달이나 줄어들고 작물의 재배 고도가 18미터 정도까지 올라갔다. 뉴잉글랜드에서는 1815년을 가리켜 여름이 없는 해라고 불렀다.[12]

역사가들은, 소빙기가 인간사의 흐름을 잠정적으로 바꿔 놓은 세간의 이목을 끄는 주요 사건들에 미친 영향을 두고 논쟁을 벌인다. 엘리자베스 여왕의 날렵한 해적들이 펼친 전략에 무너지고 난타당한 에스파냐 무적함대의 잔여 함선들이 1588년에 안전하게 퇴각하기 위해서 영국제도를 돌아 에스파냐로 귀항하고 있었다. 그들이 북

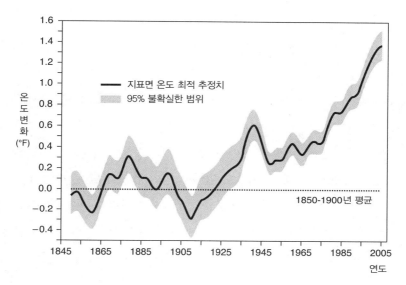

그림 10-2 지표면 온도의 추세(1850~2005년)

Brohan, P.J.J., Kennedy, I. Harris, S.F.B. Tett and P.D. Jones(2006). 지역과 전 지구적으로 측정한 기후변화의 불확실한 추정치: 1850년 이후의 최신 자료. Journal of Geophysical Research 111; D12106. doi:10.1029/20D3JA009974. ⓒ Crown copyright 2006: 기상청이 제공한 자료. 퓨지구기후변화센터 승인. www.pewclimate.org.

쪽으로 진행하다가 북대서양의 저기압 허리케인을 만났다. 이미 허약해진 함대가 폭풍에 휩쓸려 더 이상 재기할 수 없게 되었고 영국이 해상의 지위를 굳히게 되었다.

또 다른 사례에서도 소빙기가 역사적 사건에 일정한 역할을 했다. 조지 워싱턴이 이끄는 혁명군이 1777년에 펜실베이니아 주 밸리포지에서 혹독한 겨울 추위를 견디고 1778년 겨울이 끝날 무렵에 훈련된 전투부대로 등장했다. 그러고는 얼어붙은 델라웨어 강을 건너 뉴저지 주 트렌턴에서 기습에 놀란 헤센 용병 부대를 공격해서 무찔렀다. 혁명군이 강을 건너 승리를 거둔 이 사건이 미국혁명에서 결정적인

전환점이 되었다.[13]

1812년에 나폴레옹 군대는 유럽 대륙 전역에서 군사적 승리를 거두고 나서 제국 러시아로 쳐들어갔다. 다시 활기를 찾은 러시아 군대와 대치한 가운데 영하의 기온이 이어지는 혹독한 초겨울을 맞이하면서 교착상태에 빠졌다. 나폴레옹의 퇴각과 군대의 손실은 대륙을 제패하려던 그의 야망과 프랑스 제1제정의 종말이 시작되었음을 의미했다. 1850년 이후에 예고도 없이 소빙기가 끝이 났다. 태양의 흑점 활동이 활발해지면서 늘어난 태양에너지와 대기의 온실가스 농도에 미친 산업화의 영향, 대서양 심층수 순환의 변화가 개별적으로 또는 결합되어 소빙기를 물러나게 한 개연성이 있다고 확인되었다.

오늘날의 기후

과학자들은 기후변화의 기본 요인을 세 가지로 얘기한다. 대양과 대기의 에너지 교환, 화석연료 배기가스, 태양에너지가 그것이다. 1860년 이후 지구의 기온이 상승하자 '기후변화에 관한 정부간 패널'(2007년) 과학자들은 기온이 적어도 화씨로 3.2도까지 계속 오르고 2100년까지는 화씨로 7.2도나 오를 것이라고 예측했다. 지구온난화의 증거는 북극 빙모의 융해에서 나타난다. 빙모의 부피가 1970년대 이래 10년마다 3~4퍼센트 감소하고 있다. 면적이 텍사스와 애리조나를 합친 크기이다. 미국바다얼음센터에 따르면 2007년에 북극해의 얼음이 하루에 13만 제곱킬로미터씩 녹았다. 이는 캔자스 주만큼 넓은 면적이다. 겨울철에 그 일부가 다시 얼기는 하지만 2006년과 2007년 두 해 모두 12월과 1월에 북극권에 비가 내리면서 북극의 얼음이 관측 이래 최저치로 줄어들었다. 그 결과 1800년 이래 상승하고 있던 해수면의 상승 속도가 지난 반세기 동안 더욱 빨라졌다. 지구 해수면이 30~46센티미터 정도 상승하리라는 예측은 설득력이 있다.

지구 기후변화의 재앙이 그린란드 빙상의 융해 속도를 높이게 될 것이다. 그렇게 되면 전 세계적으로 해수면이 70미터 상승하게 될 것이고, 해수면과 같거나 해수면보다 낮은 해안 지대에 살고 있는 6억 명의 삶에 파국적인 변화를 불러올 것이다. 해수면이 상승하게 되면 해안 지역이 물에 잠기게 되고 식물과 동물, 미생물의 자연 이주에 영향을 미치게 될 것이다. 어떤 과학자도 완전한 융해를 예측하고 있지는 않지만, 1979년과 2007년 사이에 그린란드의 융해가 30퍼센트나 증가했다. 2007년에는 융해 비율이 그 이전 어느 해보다도 10퍼센트나 더 높았다. 오늘날에는 빙상이 녹기도 하고 빙산이 갈라지기도 하면서 연간 257세제곱킬로미터의 담수가 동그린란드의 빙상에서 북대서양으로 유입된다. 이것은 체사피크 만 3개와 거의 맞먹는 양이고 알프스산맥의 얼음을 모두 합친 것보다 더 많은 양이다. 2100년 무렵에는 그 양이 연간 456세제곱킬로미터에 이를 것으로 추정된다. 여기에다 지상에서 흘러들어가는 물을 더하면 2100년에는 그린란드에서 대서양으로 유입되는 전체 담수의 양이 438~650세제곱킬로미터로 늘어날 것으로 추정된다.[14] 지구 중력장의 사소한 변화도 감지하는 위성사진에 2005년에 그린란드의 빙상 덩어리가 80세제곱킬로미터 감소한 것으로 나타났다.[15]

지구의 여러 지역이 주거하기에 부적합한 지역으로 변모했지만,

1928년

2002년

그림 10-3 노르웨이와 북극 사이에 있는 스발바르의 블롬스트랜드브린 빙하
노르웨이극지연구소 · 그린피스 제공.

한편으로는 융해와 지구온난화로 새로운 땅이 드러나면서 더 많은 땅이 초목과 주거에 적합한 곳으로 바뀌게 될 것이다. 북반구에서는 온난화 시기에 북부의 툰드라 지역이 삼림지대로 변화되고 이전의 불모지가 경작과 식량 생산에 적합한 땅으로 바뀌게 될 것이다. 그러나 열대지방과 중위도 지방에서는 기온이 오르고 날씨가 변덕스러워 수백만 명 내지는 수십억 명이 다른 곳으로 이주하게 될 것이다. 수십억 인구와 식물, 동물, 곤충, 미생물에게 닥칠 임박한 재난이 그 지역에서 얻을 수 있는 혜택을 능가하게 될 것이다.

따뜻한 기후 체계가 지구의 여러 지역에서 살아가는 사람들에게 미치는 구체적인 영향은 꾸준히 연구해야 할 주제이지만, 기후학자들은 지금의 온난화 시기에 이산화탄소의 물리적 성질이 강우량을 증가시키고 대기 기온과 해양 기온을 상승시키며 구름의 양을 늘리고 풍속을 높이는 데 이바지할 것으로 기대하고 있다. 이산화탄소는 또한 생물학적으로 온대기후의 식물 생육기를 더 늘리는 데 이바지할 것이다. 이전에는 농사짓기에 부적합하던 건조지와 준건조지가 충분한 수분을 흡수해서 전 세계 인구를 위한 식량 생산이 늘어날 것이고 2050년에는 인구 성장이 90억 명으로 안정화될 것이다. 하지만 강수량의 분포가 고르지 않아서 이전에는 물 공급이 잘 되던 환경이 계속되는 장기적인 가뭄에 시달릴 수도 있다. 우리가 변함없이 해마다 수백만 미터톤의 온실가스를 대기 중에 배출하면서 지구의 대기권을 탄소 배출구로 사용하게 된다면 단기적인 해결책이 없는 파국을 곧 맞이하게 될 것이다.

태양에너지

러시아의 수학자이자 과학자인 M. M. 밀란코비치의 연구가 태양에너지의 역할을 살펴보는 데 도움을 준다. 그는 지구의 편심 궤도가 10만 년마다 순환하는 지구의 기후 주기를 불러오는 요인이라고 주장했다. 이 기간에 지구는 간빙기와 빙하기의 전 주기를 겪게 된다. 이런 장기적인 양상 속에서 지축이 기울어서 생기는, 4만천 년 동안 지속되는 또 다른 요인이 지구의 고위도 지방에 도달하는 태양에너지의 양을 조절한다.

지구의 '워블'에 의해 생기는 단기 주기는 2만3천 년이나 1만9천 년의 간격을 두고 일어나며 저위도 지방과 적도에 도달하는 복사량에 영향을 끼친다. 밀란코비치는 지구가 지난 80만 년 동안 빙하기와 간빙기 주기를 8차례 겪었다고 주장했다. 빙하시대가 대략 9만 년 지속되고 그 뒤에 온난화 시기가 1만 년 이어졌다. 따라서 현재의 간빙기인 홀로세(인류세)도 언젠가 끝나게 될 것이다.

그러나 밀란코비치가 설명하는 대상은 지구에 도달하는 전체 태양에너지 변화의 0.1퍼센트에 불과한 것이다. 그래서 기후학자들이 그의 이론에 입각해서 기후변화를 추동하는 원동력에 대한 좀 더 정확한 설명을 개발해 냈다. 기후학자들은 태양에너지의 변동이 태양 흑점 활동의 순환 양상을 따른다고 주장한다. 그들은 이 양상을 이용해서 지난 72만 년에 걸친 지구의 역사에서 8차례의 주기를 확인했다. 경미한 지구 궤도 변화도 계절과 위도에 따라 지구에 도달하는 태양광선의 분포에 영향을 준다. 주기의 길이로 알 수 있다시피 이 순환 양상이 완성되는 데 수천 년이 걸린다. 이 주기들은 빙하시대가 절정인 시점에서부터 9만 년에 걸쳐 나타났다. 빙하시대가 한창일 때는 태양광선의 80퍼센트를 우주로 반사한다. 그러다가 따뜻한 기후와 융해수가 빙설을 대체하면서 반사 능력이 0.1퍼센트 아래로 떨어진다. 사실은 0.07퍼센트에 더 가깝다. 이 비율은 해양수가 빛을 반사하지 않고 흡수한다는 것을 의미한다.

대서양 순환 에너지 교환

우리는 그린란드 빙상의 동위원소 조성 연구를 통해서 지구 기후가 지난 10만 년 동안 갑작스런 변동을 일으켰다는 사실을 알게 되었다. 이런 기후변동의 요인에 대해서는 여러 가지 과학적 가설이 존재한다. 그 가운데 한 가설은 지구의 대양들이 대기권을 통과해서 들어오는 태양에너지 열의 상당 부분을 흡수하는 열전달 체계 구실을 한다고 주장한다.

북극에서 해양수가 얼면 그 염분이 나머지 해양수로 유입된다. 염수는 담수보다 더 무거워서 아래로 가라앉게 된다. 열대지방의 담수가 증발하고 열 손실이 나타나며 그 담수가 북쪽의 북극으로 이동한다. 담수가 그린란드에 도달할 때는 거대한 수역의 염수가 대양의 바닥으로 가라앉으면서 열대지방에서 오는 가벼운 담수를 끌어들인다. 흔히 '컨베이어 벨트'라고 부르는, 지구의 이곳저곳으로 열을 이동하게 만드는 순환 양상이 마련된다. 다른 말로 하면 지구의 기후 체계를 조절하는 에너지 교환 메커니즘이 생겨난다. 염수와 담수의 비율이 기후의 평형을 유지한다. 염수의 비율이 높아지면 장기적인 한랭화가 급속하게 시작된다.

기온이 상승하면 눈이 녹아내린 담수가 늘어나기 때문에 대양의 염분에 변화가 생기고 이 염분의 변화가 전 지구적인 순환에 영향을 미친다. 현재 그린란드 빙상에서 발원한 강물이 북극해로 흘러들고 북극 빙하가 융해되어 생긴 담수가 북대서양으로 유입되고 있다. 농도가 진한 염수가 줄어들면서 적도 일대의 따뜻한 열대수를 북극으로 끌어들이는 대서양 심층수의 순환에 큰 교란이 일어난다. 따뜻한 물은 북아메리카 뉴잉글랜드 해안을 따뜻하게 하고 영국제도에 습기와 온기를 가져다주는 멕시코만류가 된다. 멕시코만류가 없다면 이 해안들의 기온이 몇 도 더 내려가고 비옥한 토양이 영구동토대로 변할 것이다. 해양학자들은 최근 수십 년 동안 대서양 해양수의 염분이 감소한 사실을 확인했다.

대양이 열을 전달하기 때문에 갑작스럽게 나타나는 사소한 기온 변화나 빙하 융해의 증가로 물의 밀도, 곧 가라앉는 능력이 감소해서 순환 속도가 느려지거나 심한 경우에는 순환이 멈추게 된다. 일부 기후 모형에 따르면 흔히 '거대한 열 펌프'라고 부르는 이 해류의 속도가 느려지거나 중단되어서 지난 10만 년 동안 북부 온대지방이 냉각되고 갑작스런 기후변동이 일어났다. 앞서 지적한 대로 그린란드 빙하코어에서 입수한 증거는 8,200년 전에 갑작스럽게 섭씨 2도에서 6도로 냉각되었음을 보여 주었다. 이런 기후가 유럽과 북아메리카에서 나타났다. 대기 중의 메탄 농도가 크게 감소하고 북극에서 열대지방으로 이동하는 대기 순환에 커다란 변화가 생겨나면서 가뭄이 널리 확산되었다.[16]

해양수가 햇빛을 더 많이 흡수하면 할수록 바닷물이 더 따뜻해지고 이 피드백 시스템이 가속화되면서 대양과 기후 체계가 더욱 빠르게 따뜻해진다. 약 12만5천 년 전에 마지막으로 따뜻해진 간빙기에 해수면이 2005년의 해수면보다 33~48센티미터가 더 높았다. 이는 주로 빙하빙의 융해와 더불어 지구 궤도의 차이로 생겨난, 오늘날보다 섭씨 3~5도가 더 높았던 극지방의 평균 기온에서 비롯된 것이다. 지구 궤도는 오늘날 강제적인 메커니즘으로 작용하기보다는 온난화를 부추기는 구실을 하고 있다. 오늘날의 온난화가 이와 비슷한 주기 유형을 따른다고 가정하면, 산업화가 시작된 이후부터 배출된 화석연료 배기가스가 '기후변화에 관한 정부간 패널'(2007년)도 예측할 수 없는 변화를 초래하게 될 것이다.

'기후변화에 관한 정부간 패널' 연구자들이 사용한 컴퓨터 모델 가운데 그 어떤 것도 대서양 심층수의 순환이 21세기에 완전히 멈춘다고 예측하지 않았다. 금세기에 0~50퍼센트에 이르는 변화가 일어날 것이라고 예측했는데, 이는 이 문제를 과학적으로 계속 연구해야 한다는 의미나 다름없다. 대기를 온난화시키면서 현재 수준으로 계속 배기가스를 배출하게 되면 염도가 줄어들어 마침내는 심층수에 영향을 미치게 될 것이다. 다가오는 수십 년 동안에 일어날 것이라고 예측한 대로 그린란드 빙상의 융해 속도가 빨라지기 시작했다. '기후변화에 관한 정부간 패널' 연구자들에 따르면, 이것이 완전 융해되는 데 수백 년이 걸리고 완전 융해되면 지구 해수면이 7미터 상승하며 전 지구적인 대혼란이 발생하게 된다. 남극 서부 빙상이 붕괴되면 해수면이 6미터 상승하면서 이 시나리오가 수백 년 정도 단축될 것이다. 이러한 일련의 사건들이 빙하시대의 시작을 알리는 한랭화를 촉발하게 될 것이다.[17]

그림 10-4 가뭄으로 갈라진 강바닥 인도 아마다바드의 사바르마티 강
Ajit Solanski, AP통신 제공.

배기가스

'기후변화에 관한 정부간 패널'은 네 번째 보고서를 요약하여 《기후변화 2007년》이라는 제목으로 내놓았다. 이 보고서는 130개국의 과학 전문가 2,500명이 6년 넘게 작업해서 만들어 낸 것이다. 그들이 발견한 사실은 충격적이었다. "오늘날 지구의 평균 기온과 해양 기온의 상승, 널리 확산된 빙설 융해, 지구의 평균 해수면 상승 등의 관찰을 통해서 확인할 수 있듯이 기후 체계의 온난화는 명백한 현상이다. 지난 12년(1995~2006년) 가운데 11년이 지표면 기온의 기기관측 기록 사상 가장 따뜻한 12년에 포함되었다."[18] 이 보고서는 또한 "2005년의 이산화탄소 대기 농도가 빙하코어에서 밝혀낸 지난 65만 년에 걸친 자연적 분포(180~300피피엠)를 훨씬 초과한다"고 언급했다.[19]

지구의 기온이 상승하게 되면 따뜻한 해양수가 더 많이 증발하면서 대기 중에 온실가스인 수증기가 늘어나게 되고 강수량이 증가하게 된다. 최근 수십 년의 기후는 지난 600년 중에서 가장 따뜻했다. 미국에서 가장 더운 날로 기록된 15일 가운데 14일이 1980년 이후에 있었다. 2005년 미국과학아카데미 패널은 1998년을 관측 역사상 가장 더운 해였고 2001~2004년이 그 뒤를 이었다고 확인했다.

미국지구물리학회를 비롯한 다른 학자들은 태양의 흑점 활동이나 화산 분출 같은 자연 요인으로 지구의 지표 부근 온도가 급속하게 상승한 것을 설명할 수 없다고 주장했다.[20] 태양에너지의 양은 11년 주기로 고강도 양상을 보이지만 때로는 그 양상이 불규칙적으로 나타난다. 그리고 3.5년마다 저강도 양상을 보인다. 따라서 태양에너지

양의 변동으로는 지구의 기온 상승을 과학적으로 설명할 수 없다.

지표 부근 온도는 지금이 과거 2천 년 동안의 온도보다 높다. 지금과 같은 변화가 우리 손자 손녀들의 세대까지도 이어진다면 지구의 기후는 11,600년 전에 마지막 빙하시대가 끝난 이후 그 어느 때보다 더욱 빠른 속도로 바뀌게 될 것이다. 그리고 이런 추세가 21세기 말까지 이어진다면 지구의 기온이 지난 2백만 년 이래 최고의 수준으로 상승하게 될 것이다.

석탄과 석유, 가스를 연소할 때, 화석화된 동식물의 형태로 수백만 년 동안 갇혀 있던 에너지가 방출되면서 대기 중에 이산화탄소 농도가 증가한다. 이러한 배기가스는 대부분 발전, 수송(자동차), 건축 이 세 가지 주요 부문에서 나온다. 발전과 난방이 미국에서 이산화탄소 배기가스의 42퍼센트를 배출하고 전 세계적으로는 41퍼센트를 배출하고 있다. 산업화 이전에는 대기에 이산화탄소 수준이 플라이스토세의 190피피엠보다 오른 280피피엠이었다.[21] 190피피엠 정도의 낮은 수준으로는 식량 작물을 경작하기가 어려웠다. 세계사에서 최초의 도시들이 등장할 때부터 수천 년 동안 산업화 이전의 280피피엠 수준이 안정적으로 유지되어 왔다.

이산화탄소는 대기 중에 100년 동안 머무르기 때문에 산업화 초기 단계에 이산화탄소 수준이 서서히 증가했다. 그것이 315피피엠이 되는 데는 150년이 걸렸다. 내연기관을 발명하고 석유를 휘발유로 정제하면서 대기 중 이산화탄소의 양이 급속도로 늘어났다. 헨리 포드의 모델 T(1909년)에서 나온 배기가스가 계속 대기 중에 떠돌아다니고 있고, 그 이후에 전 세계 모든 지역에서 건설하거나 운행한 차와 발전소, 비행기에서 나오는 배기가스도 마찬가지이다.

화석연료를 연소하고 삼림을 벌채하면서 대기 중 이산화탄소의 농도가 2005년에 378피피엠 수준으로 올랐다.[22] 지난 100년 동안 광합성을 통해서 이산화탄소를 산소로 바꾸는, 사람이 살지 않는 땅과 숲의 40~50퍼센트가 농지, 소와 양을 기르는 방목지, 상가와 주택 개발 용지로 변모했다. 1850년부터 2000년까지 화석연료 연소와 삼림 벌채, 농업으로 인간이 이산화탄소 농도를 증가시키는 데 기여한 양이 1.7조 톤 정도에 달했다.

미국이 이러한 배기가스의 30퍼센트를 배출했고, 유럽연합 국가들이 그 뒤를 바짝 좇았으며 중국과 인도가 각각 7퍼센트와 2퍼센트 정도를 배출했다. 배출된 배기가스의 40퍼센트 정도가 대기 중에 남아 있으며 그것이 해마다 0.5퍼센트 가량의 비율로 증가하고 있다. 지금의 추세가 계속 이어진다면 2050년에는 이산화탄소의 농도가 500피피엠에 이를 것이다. 지구가 온실이었던 5천만 년 전 무렵의 에오세 이후로 가장 높은 수치이다. 이 농도가 지구 기온을 섭씨 6도는 상승시킬 것이다. 이것은 오늘날의 우리 세계와 마지막 빙하시대를 구분시켜 주는 차이보다 더 큰 변화이다.

'기후변화에 관한 정부간 패널'은 기온이 전 세계적으로 이러한 파국적 수준에 도달해서 집단 멸종이 일어나고 인류가 알 수 없는 미지의 세계가 펼쳐질 개연성이 3퍼센트에 불과하다고 말한다. 인류가 계속 살아가기는 하겠지만 더욱 황폐하게 변질된 지구에서 살게 될 것이다. 그러나 일부 과학자들은 이 패널이 예측한 범위 내에 있는 화씨 5.5도의 기온 상승이 2050년까지 탄소 순환을 피드백하면서 온실가스를 급증시킬 것이라고 주장한다. 지구의 기온이 현재보다 훨씬 더 따뜻해지면, 2050년 이후 수십 년 내에 온실가스 배출을 가속화하는 피드백이 일어날 것이라고 이 과학자들은 예측한다. 이산화탄소 배기가스 양이 계속 늘어나서 농도가 800~1,000피피엠에 도달하게 되고 영구동토대나 아마존 우림이 사라지게 될 것이다.[23]

　이러한 탄소 피드백이 없다면 화씨 5도 정도의 지구 기온 상승으로 재난이 발생할 것이다. 지난 3백만 년 동안에 지구가 지금처럼 따뜻하고 해수면이 오늘날보다 25미터 정도 더 높은 적이 단 한 차례 있었다. 수백 년이 흘러 이 정도의 해수면에 도달하게 되면 보스턴, 뉴욕, 필라델피아 같은 미국 동부 연안 도시들이나 워싱턴, 플로리다의 대부분이 해수면 아래로 잠기게 될 것이다. 중국에서도 땅이 줄어들어 2억5천만 명이 살던 곳을 등지게 되고, 방글라데시에서는 1억 2천만 명이, 인도에서는 1억5천만 명 정도가 같은 처지에 놓이게 될 운명이다.

　전 지구적인 기후 온난화 양상에는 과학적인 근거가 있다. 그것을 다음과 같은 방식으로 명확하게 설명할 수 있다. 지구온난화는 온대나 열대지방보다 한대지방에서 더 급속하게 일어난다. 그 이유는 북극 공기에 수증기가 없기 때문이다. 이러한 특징 때문에 공기가 차고 건조한 곳에서는 이산화탄소가 상대적으로 더 중요한 온실가스가 된다. 따뜻하고 습윤한 공기에서는 수증기가 이산화탄소보다 더 중요한 열전달 매체이다. 또한 화석연료의 연소를 통해서 이산화탄소보다 열 흡수율이 더 높은 메탄과 프레온 같은 온실가스가 급증하면서 기온에 영향을 끼쳐 왔다. 시베리아 최고위도 지방과 북극의 얼어붙은 지면 상당 부분은 영구동토 지역이다.

　2년 이상 얼어붙어 있는 땅을 영구동토로 분류한다. 동토대의 깊이는 수십 미터에서 수백 미터에 달한다. 동시베리아 일부 지역에서

그림 10-5 녹고 있는 시베리아 영구동토
미국지질조사국 제공, http://carbon.wr.usgs.gov.

는 그 깊이가 1,600미터에 달하기도 한다. 표층에서는 대체로 짧은 여름 생육기에 의존해서 풀과 관목, 큰 가문비나무가 자란다. 그러나 북극과 시베리아의 혹독한 기후 때문에 극지방의 겨울이 시작되면서 대개는 성장과 부패의 일반 주기가 중단된다. 그 결과는 죽음이다. 하지만 부분적으로는 얼어붙은 바이오매스의 부패가 진행이 된다. 융해와 동결의 주기가 반복되면서 일부 부패한 유기물이 압축되어 영구동토 속으로 밀려 들어가고 기후 조건에 따라 동토 속에 수천 년 동안 머무르게 된다.

따라서 영구동토대는 토탄층이나 석탄층과 유사하게 누적된 탄소의 배출구가 된다. 1980년대 이후 지구의 기온이 상승하고 영구동토의 표층이 융해되면서 부패한 유기물의 일부가 드러나고 있다. 유기물 가운데 일부는 5만 년 전 마지막 빙하시대 중기의 것이다. 부패 과정이 진행되고 노출되면서 수백만 톤의 메탄이 발생한다.[24] 메탄은 이산화탄소보다 더욱 강력한 온실가스이다.

무엇을 할 것인가?

이 글을 쓰고 있는 지금까지도 주요 온실가스 배출국들이 화석연료 사용 증가를 억제하기 위한 중대 조처를 취하지 않았다. 유럽연합은 큰 진전을 보여 회원국들에게 2020년까지 1990년의 온실가스 배출 수준으로 돌아갈 계획을 세우라고 했지만, 미국은 지금까지 여느 때와 다름없는 시나리오를 따라 왔다. 유럽연합은 화석연료세를 부과해서 석유 소비를 억제하고 있다. 세계 7대 경제권인 캘리포니아주가 자동차 배출 온실가스를 2015년까지 30퍼센트 감소하기로 하면서 미국 내의 온실가스 감축 흐름을 주도하고 있다. 미국 연방 에너지국은 경제성장을 화석연료 사용 증대와 분리시키려 하지 않고 있다. 이런 점에서 연방 에너지국은 일부 에너지 생산 업체의 지지를 받고 있다. 몇몇 업체들은 기후변화 과학이 불완전하다거나 결정적인 것이 아니라고 주장하면서 허위정보 확산 운동에 가담해 왔다.

미국의 현재 상황을 악화시키기라도 하듯이 30년 쯤 전에 법제화한 연방 자동차 연비규제가 여전히 리터당 10킬로미터에 머물러 있다. 이 법규가 안고 있는 한 가지 주요 맹점은 '소형 트럭'을 규제 대상 차량에서 제외시켰다는 것이다. 그 결과 스포츠형 다목적 차량(SUV)이 느슨한 연비 규제로 면제를 받고 저렴한 세계 유가의 지지를 받으며 미국 소비 시장에 진출했다. 미국에서 소비 수요가 증가하고 중국과 인도를 비롯한 일부 국가들의 공업 경제가 성장하면서 세계 유가가 급속히 오르고 있기는 하지만, 유엔 기후변화협약(1992년)과 교토의정서(1992년, 1997년) 이후에 포괄적인 국제 에너지 정책이 나오지는 않았다. 미국은 2001년에 교토의정서 승인을 거부했다.

여느 때와 다름없는 지금의 추세가 계속된다면, 온실가스 수준이 상당히 오르게 될 것이고 빙상의 융해 속도가 더 빨라져 화씨로 5~10도 오르기까지 지구온난화가 더욱 심해질 게 틀림없다. 다음 3세기에 걸쳐 24미터 정도 해수면이 상승하는 것을 비롯하여 이 장의 앞부분에서 기술한 파국적인 변화들이 일부 나타나게 될 것이다. 한 가지 대안으로 캘리포니아 주가 채택한 법규가 있다. 이 법규를 미국의 모든 주가 채택하게 되면 석유 수입 부문에서 연간 1천5백억 달러를 절약하게 될 것이다. 그렇게 되면 석유수출국기구에 수출하는 연간 7억 달러에 해당하는 국보급 상품 수출이 둔화될 것이다. 이런 정책을 35년 동안 추진한다면 북극권 국립야생보호구역에 매장된 석유 추정치의 7배를 절약하게 되고 이산화탄소 배기가스를 줄여서 450피피엠으로 안정시킬 수 있을 것이다. 대부분의 과학자들은 이 수치에 도달해야 지구온난화에서 비롯되는 최악의 결과를 피할 수 있다고 생각한다.

이 목적을 달성하기 위해서 경제학자 로버트 소콜로가 '안정화 쐐기'라고 표현한 대안 시나리오는 이산화탄소 배출량을 현재의 연간 7기가톤(1기가톤은 10억 미터톤) 수준으로 제한하는 것이다. 여느 때와 다름없는 시나리오에 따르면, 50년 안에 이산화탄소 배출량이 연간 14기가톤으로 늘어날 것이다. 다음은 소콜로 교수가 이산화탄소 배출을 안정화시키고 고삐 풀린 기후변화를 방지하기 위해 제시한 쐐기의 사례들이다. 리터당 12.6킬로미터 연비의 차 20억 대를 리터당 25.2킬로미터 연비의 차 20억 대로 대체한다. 발전 부문에서는 1,600기의 대형 석탄 화력발전소에서 탄소 봉쇄 및 저장 기술을 채용한다. 석탄 화력발전소를 2메가와트 풍력터빈 1백만 기로 대체한다. 700기가와트의 핵발전소를 건설하면 몇 기가톤의 이산화탄소를 배출하는 석탄 화력발전소가 사라지게 될 것이다. 이것들과 다른 요소들을 결합하면 이산화탄소 배출이 현재의 연간 7기가톤 수준으로 안정화될 것이다. 이러한 '안정화 쐐기'들에는 모두 도전과 희생이 따른다. 하지만 이것들을 비롯한 여러 가지 쐐기들이 오늘날 우리를 곤경에 처하게 만든 경성 화석연료 에너지 경로 의존성에 대한 대안을 제공해 준다.[25]

앞서 살펴본 엄청난 규모의 임박한 재난을 방지하기 위해서 우리가 할 수 있는 일은 다음 수십 년 동안 온실가스 배출을 대폭 줄이고 조심조심 중용의 길을 따라가는 것이다. 자동차와 조명, 가전제품의 열 소비율을 개선하는 보존과 효율 정책으로 온실가스 배출을 감축해 나갈 수 있다. 효율을 통해서 얻을 수 있는 이득이 있기는 하지만 탄소 연료 사용자들은 모두 화석연료 연소에서 비롯된, 비싼 대가를 지불해야 하는 현실을 직시할 필요가 있다. 이러한 환경 비용을 측정해서 사용자들에게 부담을 지울 필요가 있다. 연비가 리터당 25킬로미터인 차를 운전하는 사람은 탄소세를 적게 내고 나아가 세액 공제를 받게 하고, 스포츠형 다목적 차량을 운전하는 사람은 그에 대한 부담을 전액 감당하게 해야 한다. 따라서 앞으로 닥칠 시급한 과제를 해결하는 가장 효과적인 조처는 화석연료 사용자들에게 조세 중립적 탄소세를 징수하되 조직적이고 체계적이며 지속적으로 징수하는 것이다. 그 수입을 기후변화를 완화시키는 비용으로 사용할 수 있을 것이다.

선출직 공무원들이 물품 소비에 생태적 비용을 물려서는 안 된다고 생각하는 일부 현대사회에서는 무조건 반대를 하겠지만 이 탄소세는 교토의정서의 내용과도 일치한다. 주요 온실가스 배출국인 선진국들은 교토의정서의 세부 프로그램 가운데 하나에 관심을 갖고 금세기 초에 배출 비율을 줄이기로 했으며, 발전도상국들은 경성 화석연료 에너지 경로 의존성을 따르지 않고 청정 기술을 채택하기로 했다.

미국과 오스트레일리아가 의정서 채택을 거부하면서 석탄 매장량이 풍부한 중국과 같은 발전도상국들이 '청정' 에너지 경로를 따르지 않게 되었다. 일본을 비롯한 다른 국가들도 미국이 함께 하지 않기 때문에 이산화탄소 배출을 줄이는 추가 노력을 기울이지 않기로 했다. 미국이 참여하게 되면 브라질이 아마존 우림의 삼림 벌채를 줄여 나가려고 다시 노력할지 모른다.

미국이 참여하지 않았다 하더라도 교토의정서(1997년)는 중요한 성과를 만들어 냈다. '배출 거래' 정책이 그것이다. 배출 거래를 허용하고 배출 목표를 설정하는 이 정책으로 2005년 시행 초부터 온실가스 거래에 300억 달러를 적립했다. 배출 목표는 감축할 배출량을 명확히 진술한 것이고 배출 거래제는 화석연료를 많이 쓰는 사용자가 저배출자로부터 배출권을 시장 시세로 사게 하는 것이다. 전 지구적인 배출량이 증가하면서 고배출자의 비용 또한 늘어나게 되어 그들이 청정 기술 채택을 고려하게 된다. 유럽연합의 지역 거래제와 교토의 청정개발 체제가 '배출 거래' 방식을 효과적으로 사용하도록 선도하고 있다.

교토의정서가 계속 기능하기 위해서는 2012년에 그것을 재승인해야 한다. 최근 들어 미국에서 기후행동연합 창설과 10대 주요 기업체의 컨소시엄 구성, 2050년까지 60퍼센트에서 80퍼센트까지 배출량을 감축하는 입법 추진 등의 발전이 진행되고 있어서 가까운 장래에 대안적인 시나리오가 생길 것으로 보인다.

에필로그

지구의 생애와 인류의 역사는 복잡하고 의미심장하게 서로 엮여 있다. 지구상에서 호모 사피엔스만큼 자연계에 중대한 영향을 미친 종은 없다. 마찬가지로 지구의 지질과 기후, 생태계는 엄청난 변화를 겪으면서 생명의 탄생과 소멸에 도움이 되는 환경을 잉태했다. 이런 맥락에서 지구에 비교적 늦게 등장한 호모 사피엔스의 역사를 최근에 전개된 역사처럼 비중이 큰 것으로 간주하거나 아니면 가늘고 긴 과거만큼이나 사소한 것으로 생각할 수도 있다. 대기와 생물권, 대양에 복잡한 과정이 작용해서 지구의 기후 체계가 생겨났다. 이 기후 체계를 따라서 호모 사피엔스는 서식지를 바꾸고 진화의 소용돌이를 겪게 되고 마침내 아프리카에서 다른 지역으로 이주해 나갔다. 이 기후 체계를 따라 자연계에서 벌어지는 온갖 난관을 극복하고 생존을 위해 끊임없이 적응하는 가운데 호모 사피엔스의 지능 발달이 촉진되었다.

플라이스토세 빙하기에서 대기 중 이산화탄소 농도가 높고 따뜻하고 습윤한 홀로세로 기후가 갑작스럽게 변화하면서 인간사를 변화시키고 농업을 발명하게 만든 전환이 일어났다. 고고학자 찰스 L. 레드먼은 이렇게 지적한다. "농업의 시작은 인류 역사에서 전무후무한 가장 중요한 변화를 가져왔다. 그리고 이어서 등장한 초기 문명은 인류가 이룩한 가장 큰 업적에 속한다." 수천 년 동안 수렵과 채취를 통해 생존해 가다가 농업을 시작하게 되면서 곡물을 수확하는 작업 일정이 생겨나게 되었다. 기후변동과 기온 변화가 심해지자 종에 따라 야생식물들이 자라고 익는 시기가 서로 달라졌다. 서로 다른 성숙 시기를 추적하고 관찰하기 위해서는 표기를 하고 새로운 지식을 기억하고, 다른 구성원들과 추수하고 저장할 때를 서로 맞추어 함께 작업을 할 필요가 있었을 것이다. "이런 과정을 거쳐 파종 시기와 저장할 분량을 정했을 테고 주의 깊게 관찰한 달력의 일정에 따라 작업을 진행해 나갔을 것이다."[2]

구덩이나 습기가 적은 동굴에다 식품 저장용 바구니를 만들고 수확물 목록을 만드는 것이 마을의 효시가 되는 성공적인 취락 형성의 필수 요건이었다. 실용적인 아이디어나 상징을 창안해서 기후 조건의 변화를 기록해 두었다. 갓 형성되기 시작한 마을 생활에서는 새로운 문화적 표상을 통해 집단의 정체성과 문화적 응집력을 나타냈다.

현대 세계에서 농업의 중요성은 아무리 강조해도 지나치지 않을 것이다. 농사를 짓게 되면서 취락과 정주생활, 영구적인 저장 시설과 생활공간 건축, 소비재의 획득과 축적, 물질적 부의 증대가 활발해졌다. 농사를 짓게 되면서 기존의 상품과 생산수단을 보호할 필요도 커져 갔다. "(이것이) 군사주의와 사회적 위계가 발전하는 주요 단계였을 터이고, 방어하기가 쉽도록 인구가 더 조밀한 취락으로 사람들을 계속 이주하게 만들었을 것이다."[3]

농업은 초창기의 불안정성을 극복하고 수천 년 동안 온 세계의 인구를 부양해 왔으며, 20세기 들어서도 급속하게 늘어나는 인구를 먹여 살렸다. 인구 성장은 농업 개량과 무역에 따라 속도를 더해 갔다. 잉여식량이 늘어나면서 상품 생산과 서비스를 확대할 수 있게 되었다. 18세기에 일어난 시장 주도 자본주의 혁명도 잉여식량 증가 덕분이었다. 농업과 공업이 상업화하면서 서로를 보강해 주는 관계가 되었고 소농은 농산물 시장의 명령을 따랐다. 제조업과 공업에서 일자리를 찾기 위해 잉여 노동자들이 커져 가는 도시로 몰려갔다.

대규모 농업은 지난 수천 세대의 수렵채취인들이 겪어 보지 못한 방식으로 자연경관에 영향을 끼쳤다. 부정적인 측면에서는 다양한 식물과 야생동물이 서식하는 생태계가 집중 경작을 하는 단일경작지로 바뀌었다. 농장이 삼림과 초원, 습지를 대체했고, 그 과정에서 "유전학적으로 동일한 숙주의 밀도가 높아지면서 전염병이 발달하게 되었다."[4] 농업은 또한 생산자와 식량 소비자의 사회관계를 바꿔 놓았다. 잉여농산물에 기반을 둔 시장경제로 말미암아 인류 역사상 처음으로 농업에 종사하지 않는 사람들이 혁신과 발명, 실험을 하는 창조적 에너지를 발휘할 수 있게 되었다.

상업적 농업과 새로운 경운 및 수확 기술, 새로운 화학비료, 제초제와 살충제, 새로운 잡종 종자, 물을 찾아내고 그 흐름을 조절하는 새로운 방식의 관개가 발전하면서 전 세계적으로 곡물 수확량이 늘어났다. 이것들은 또한 우리가 이제야 조금씩 더 온전히 이해하기 시작한 방식으로 자연 생태계를 파괴했다. 농장에 살충제나 제초제를 많이 뿌리면서 수질오염이 가속화되었다. 그럼에도 곡물 생산을 증대시키면서 생겨나는 사회적·경제적·환경적 비용이 식품 가격에 거의 반영되지 않았다.

농업의 확대와 폭발적인 인구 성장에 걸맞은 농업 생산성 유지 능력은 아마도 세계 기후의 불안정화와 관련이 있을 것이다. 오늘날 농지가 지구 지표면의 3분의 1가량을 차지하고 있고, 전 세계 작물의 40퍼센트가 16퍼센트밖에 되지 않는 관개 농지에서 생산된다.[5] 새 땅을 개간하고 작물 잔해를 불태우거나 질소비료를 사용해 생산량을 늘리고 해충을 잡기 위해 살충제를 뿌릴 때 대기 중에 이산화탄소와 메탄, 이산화질소가 방출된다.

이런 가스가 인간이 배출하는 전체 온실가스의 20퍼센트나 된다. 14퍼센트 정도는 토지 개간에서 나온다. 1850년 이후 인구가 크게 늘어나면서 전 세계 삼림의 15퍼센트 정도가 농지로 전환되었다. 그 가운데 30퍼센트는 작물을 재배하는 데 사용되고 나머지는 목초지로 사용되었다. 경작을 하면서 이 삼림지대에 저장된 20~40퍼센트나 되는 탄소가 방출되었다.

농부들이 기계와 석유, 화학약품 형태로 화석연료 에너지 사용을 늘리면서 농업 생산이 증가했다. 지난 30년 동안에 농지가 1천만 헥타르 이상 늘어났고 농장 노동자들의 수도 급증했다. 발전도상 세계의 상당 지역에서는 삼림이 줄고 천연 서식지와 토양의 양분이 사라지고 있다. 이런 사정은 오늘날 세계가 풍작을 거두고 있는 농업의 대가이다.

우연의 일치인지 모르겠지만, 역사에서는 인구 성장에 뒤이어 연료 위기가 찾아왔다. 농업 확대가 광범위한 삼림을 벌채하는 데 중요한 구실을 하기는 했지만 경제와 인구가 성장하면서 숯이 필요하게 되었다. 숯 부족이 초창기 제조업에 지장을 주었다. 제조 능력이 공장을 중심으로 한 산업화로 팽창하면서 연료 위기가 대규모 공업, 특히 소비자의 소득이나 인구 규모의 변화가 그 성장에 중요한 구실을 한 것으로 확인된 직물업 같은 소비재 공업을 강타했다. 이러한 위기가 진행되면서 소득이 줄어들게 되자 인구 성장이 둔화되고 소비자의 구매력도 떨어졌다.

19세기부터 오늘날에 이르기까지 나타난 새로운 제조 과정의 급속한 변형과 대체, 발명과는 달리 초기의 금속 제조업은 농촌 지역에 흩어져 있는 수천 개의 소규모 기업으로 이루어졌다. 완성된 철제품은 도시와 농촌에서 거의 같은 비중으로 생산되었다. 그리고 철제 도구와 못, 무기 생산의 상당 부분이 군대의 주문으로 이루어졌기 때문에 철 생산이 소비자 수요의 변화와는 관련이 없었다. 수백 년이 지난 뒤에 생산이 소수의 공급자에게 집중되고 규모의 경제가 실현되면서 상당수의 소규모 제조업체가 사라지고 산업화가 시작된다.

증기기관과 증기터빈, 내연기관 같은 기계의 힘이 인간의 근력을 대체하면서 대규모 공장 경영에서 나타난 생산 조직과 방대한 분업이 산업 발전의 상징이 되었다. 기계공업 시대에는 광물이 많이 필요했다. 금속 부품은 내구성과 인장 강도는 물론 제품을 만들어 내는 기계에 따라 다양한 모양이나 형태로 변형될 수 있는 연성을 갖추어야 했다. 목재와 달리 금속은 더 빠른 속도로 작업하고 더 큰 압력을 받으며 더욱 탄탄하고 더 큰 하중을 견디도록 주조하고 대갈못으로 고정하거나 용접할 수 있다.

금속 기계와 금속 제품을 채굴하고 제련하고 제작하고 수송하는 데는 나무보다 에너지 밀도가 더 높은 연료원이 필요했다. 그 속에 태양에너지가 들어 있는 석탄과 석유가 산업화 시대의 연료가 된다. 유럽과 미국에서는 20세기 초 수십 년 동안 석탄이나 석유 같은 화석연료의 값어치가 높아지면서 수십억 달러 규모의 산업으로 변모했고, 중국에서는 21세기 초 수십 년 동안에 그렇게 될 것이다.

기술 진보로 산업화가 촉진되고 석유에서 추출한 다양한 상품에 대한 소비도 빨라졌다. 석탄을 수백만 톤이나 연소시켜 점점 더 많은 전력을 생산하고 소비 자본주의의 온갖 가전제품이나 전자제품, 장치에 동력을 공급했다. 수천 년에 걸친 제조업 시대의 환경 비용도 결코 적지 않았지만, 산업화의 환경 비용은 노천광과 산 정상 파괴로 인한 땅 훼손, 광산 배수, 공기의 질 악화, 다른 종들의 서식지 훼손, 지역과 지구 기후변화의 전조가 되는 미기후 변화 등으로 측정될 것이다.

20세기 말의 선진 공업 세계는 철강의 세계였다. 선진 공업국과 신흥공업국은 물리적인 기반시설을 철강에 의존했다. 경제는 상업 시장과 소비 시장 확대를 위해 강철 제품을 생산하는 크고 작은 공장에 의존했다. 사회는 여러 가지 소비재에 의존하게 되었다. 그 가운데 대표적인 자동차에도 차체와 함체, 캐비닛, 기계 연결 장치와 전기 연결 장치 등에 강철을 사용했다. 일본과 한국, 독일, 프랑스, 영국, 캐나다는 자동차용뿐 아니라 건축에서 콘크리트를 보강하는 봉과 판, 박강판, 파이프, 강관용으로 강철 수입을 계속 늘려 가고 있다. 중국과 인도가 생산하고 소비하는 강철의 양도 21세기에 계속 늘어날 전망이다.

알맞은 가격의 소비재나 저렴한 식료품 가격, 풍부한 석유에서 오는 풍족함은 전 세계의 수요가 현재의 공급을 초과하게 되면 사라질지 모른다. 더 빠른 승용차와 더 큰 트럭이 에너지를 소비하며 고속도로를 달리기 시작했고, 그 결과가 여러 가지로 나타났지만 모든 것을 다 예측할 수는 없다. 멀리서 자동차로 운반해 온 가공식품을 먹고 즐기는 부정기적 연회가 늘어나면서 '패스트' 푸드가 더욱 인기를 끌게 되었다. 일부 건강 전문가나 영양학자들은 이런 현상을 상당수 선진국의 식습관에 나타난 위기로 보고 있다. 이런 식습관은 함께 식사를 하고 대화로 꽃을 피우는 활기찬 가족관계보다 자동차가 제공하는 이동성이나 자유의 유혹에 더 쏠리면서 생겨나기 시작한 것으로 보인다. 저렴한 가격, 부패 방지를 위한 높은 식염 함량, 비싼 설탕 대신에 액상과당을 많이 넣은 '청량'음료 등이 갈수록 더 많은 소비자들을 헤어나기 힘든 영양의 함정으로 끌어들이고 있다. 외식이 늘어나면서 가정보다 더 많은 선택의 기회를 제공하는 음식점에 식사 준비를 맡긴다. 갈수록 '포장' 음식을 더 많이 먹는다. 그 내용물을 가공업자나 조리사에게 전부 맡긴 채 데우기만 하면 된다. 식사 대신에 식염 함량이 높은 '주전부리' 음식을 먹고 물 대신에 감미료와 액상과당이 든 청량음료를 마신다. 이러한 식량 소비 양식의 변화는 대부분 더 많은 화석연료 에너지를 필요로 한다.

가격 상승 프리즘은 인간사를 구성하는 협력 관계와 상호 의존성을 이해하는 또 다른 방법이다. '녹색혁명'(1965~1985년)으로 전 세계의 곡물 생산(밀, 쌀, 옥수수, 보리, 수수)이 10억 톤에서 18억 톤으로 늘어나면서 수십 년 동안 전 세계의 식료품 가격이 하락했고 곡물 가격은 40퍼센트 떨어졌다. 20년 동안에 수십억 명이 기아에서 벗어났고 상당수는 이런 일을 처음 겪었다. 이런 추세는 세계가 경성 화석연료 에너지 경로 의존을 탈피하지 않아서 끝나 버렸고 역전될 가망도 없게 되었다. 2008년에 전 세계 쌀 생산이 2.3퍼센트 늘어나기는 했지만 예측할 수 없는 전환이 이미 일어나 버렸다. 30억 명의 인구가 하루 칼로리의 3분의 1을 쌀로 섭취하는 가운데 쌀 가격은 2003년 이래 계속 올랐으며, 2007년에는 141퍼센트나 상승했다.

생산량의 증가는 수요 증가와 가격 상승으로 이어졌다. 가격 상승은 어느 정도 곡물을 사용해서 바이오 연료를 만들도록 부추긴 정부 정책에서 비롯되었다. 바이오 연료 소비가 2008년에는 20퍼센트 늘어났는데 이것이 식료품 가격의 급등을 불러왔다. 수십억 명한테 영향을 끼치는 오늘날의 세계 식량 위기는 어떤 면에서, 옥수수 재배업자들에게 보조금을 지급해서 자동차에 동력을 공급할 에탄올을 생산하게 하는 잘못된 논리에서 비롯되었다. 농업과 공업, 에너지 사용의 시너지 효과는 이런 방식으로 들여다볼 때 투명하게 드러난다.

오늘날의 위기를 불러온 요인은 그 밖에도 많다. 경제성장 속도가 빠른 나라에서는 소득이 높아지면서 한때 고급 음식으로 여긴 육류 같은 값비싼 식품이 주식으로 바뀌었다. 중국과 인도에서는 갈수록 더 많은 시민들이 중산계급으로 올라서면서 식육 제품 소비가 늘어나고 있다. 한때 소비자들의 주식이던 곡물이 가축 사료로 전환되고 있다. 밀 생산은 쌀 생산과 달리 인구 증가와 보조를 맞추지 못한 탓에 빵이나 시리얼 같은 밀가루 제품에 대한 일인당 수요가 공급을 초과하고 있다. 2007~2008년에는 밀 재고가 1947~1948년 이래 최저 수준으로 떨어졌고 가격 수준은 지난 25년 동안 겪은 것보다 더 올랐다.

오늘날 우리가 처한 곤경의 상당 부분은 화석연료의 가격과 직간접으로 연관되어 있고, 수십 년 동안 대기 중에 누적될 이산화탄소를 배출하는 화석연료 연소와 관련이 있다. 현대 세계에서는 거의 모든 인간 활동이 이산화탄소 배출에 관여하고 있다. 인류는 최근까지도 대기를 모든 사람이 사용하는 '공유재'로 생각해 왔지만, 대기의 상태나 안전에 대해서는 그 누구도 책임지지 않았다. 경제학 용어로 말한다면, 대기를 배기가스 배출구로 사용한 비용과 지표 온난화를 유발한 비용을 하나도 들이지 않았다. 이 책의 전반에 걸쳐 살펴본 상당수의 변화들과 마찬가지로 화석연료에 대한 우리의 경성 경로 의존성이 곧 종말을 고하게 될 것이다.

옮긴이 후기

일부 과학자들은 우주의 역사가 130억 년 전에 빅뱅이 일어나면서 시작되었다고 한다. 이들에 따르면 지구가 속해 있는 태양계는 46억 년 전에 생겨났다. 지구의 역사는 그야말로 우리의 상상을 초월한다. 이 책은 지구의 역사에 찍힌 인류의 발자국을 다룬 책이다. 이른바 지구 환경과 문명을 조망하는 야심찬 역사책이다. 인간이 자연을 개척한 것이 아니라 지구의 역사에 적응하며 역사를 발전시켜 왔다는 관점에서 세계사를 바라본다.

지은이 앤터니 N. 페나는 미국 환경사학회와 세계사학회의 일원으로 활동하면서 지구사의 관점에서 환경의 역사를 연구해 왔다. 이 책은 그가 심혈을 기울인 역작으로 2010년에 출간되어 높은 평가를 받았다. 환경 관련 정책 입안자들은 물론 일반 대중들이 인류가 당면한 전 지구적 도전을 헤쳐 나가는 데 유용한 지식을 제공하고 있다. 그 도전은 바로 기후와 환경 문제이다.

이 책은 지구의 기후변화 역사와 기후변화가 문명의 역사에 미친 영향, 변화하는 자연 환경 속에서 몸부림쳐 온 인류의 생존 투쟁에 초점을 맞추고 있다. 저자는 먼저 오늘날 우리가 살고 있는 대륙과 대양이 생겨난 과정을 다룬다. 지각운동으로 해류에 변화가 나타나고 해류의 변화가 지구의 기후변화에 커다란 영향을 미쳤다. 인류 역사는 이 기후변화와 불가분의 관련을 맺고 진행되었다.

주지하다시피 인류 역사에 나타난 가장 큰 변곡점은 수렵채취 사회에서 농업 사회로의 전환과 농업 사회에서 산업사회로의 전환이다. 이 변곡점은 변화하는 기후와 환경 속에서 살아남으려는 인류의 몸부림에서 생겨났다. 하지만 얄궂게도 이러한 몸부림은 다시 기후와 환경에 영향을 미쳤다. 이 책에서 인류의 이주, 취락 형성, 식생활, 농사, 도시화, 채광, 산업화, 무역, 소비, 에너지 등을 다루는 이유가 여기에 있다.

이 책은 지구사 또는 '새로운 세계사'의 관점으로 구석기 시대에서 오늘날에 이르는 인류 역사를 포괄적이고 전 지구적으로 다루고 있다. 뿐만 아니라 생태와 기술, 보건에도 큰 비중을 두고 이야기를 전개해 나간다. 내용이 이러하다 보니 지질학, 기후학, 진화생물학, 고고학, 인류학, 역사학, 인구학, 생태학 등 여러 관련 학문들의 연구 성과들이 등장한다. 다시 말하면 지구 환경의 문제를 학제적으로 접근하고 있다.

학제적 연구와 지구사적 서술은 말이 쉽지, 실제로는 도전해 볼 엄두가 나지 않는 어려운 작업이다. 동서양을 넘나들고 학문 간의 두터운 장벽을 넘나들어야 하기 때문이다. 이 책을 우리말로 옮기는 작업도 마찬가지였다. 내용이 낯설고 용어가 생경한 만큼 이것저것 뒤지면서 부지런히 발품을 팔아야 했다. 그래도 작업 자체는 무척 즐거웠다. 우리 선조가 살아 왔고, 우리가 살아가고, 우리 아이들이 살아갈 환경에 관련된 내용이기 때문이다.

《인간과 자연》이라는 책으로 잘 알려진 미국의 사상가 조시 퍼킨스 마시(1801~1882년)는 초창기 산업화를 위한 댐 건설과 하천 개발로 엉망이 된 강을 보며 이렇게 한탄했다.

기계공업과 화학공업은 물론 농업과 관련한 거의 모든 공정들이 수중 동물이나 민물에서 살거나 산란을 하는 어류에게 치명적인 영향을 미친다. 제재소의 톱밥이 아가미에 끼이고 야금 시설과 화학 시설, 제조업 시설에서 하천으로 방류되는 온갖 유해 광물질 때문에 어류가 떼로 독살되고 있다(371쪽).

오늘날에는 재난이 발생하면 그 파장이 어느 한 지방에 국한되지 않고 전 지역, 전 지구로 확산된다. 그 영향에서 자유로운 곳은 어디에도 없다. 발전도상국은 물론이고 선진 산업국가도 마찬가지다. 일단 재난이 벌어지고 나서 책임 소재를 따져봐야 소용없는 일이다. 우리나라도 자동차 배기가스, 4대강 정비사업, 핵발전소 등 '성장'이라는 미명 하에 만들어진 인류의 발자국을 되돌아보고 파국을 피할 새로운 길을 설계해야 할 것이다.

인간 세계와 자연 세계의 상호작용을 역사적으로 조명한 이 책은, 과거를 돌아보고 미래를 내다볼 수 있는 더 없이 좋은 거울이다. 마음을 들여서 읽는다면 다소 딱딱한 내용도 부드럽게 이해될 것이다.

때맞추어 좋은 책을 선정했을 뿐 아니라, 부족한 원고를 사용해서 좋은 책으로 만들어 준 삼천리 편집부에 감사를 드린다. 아울러 아내 정은주와 딸들에게도 고마움을 전한다. 연구년 동안 가족에게 봉사하겠노라고 큰소리치고서는 그만 번역 작업에 몰두해 버리고 말았다. 형형색색의 단풍으로 장관을 연출한 매디슨 위스콘신대학의 이글하이츠도 아랑곳하지 않고.

2013년 1월
황보영조

주석

서장

1. Jerry Bentley, "A New Forum for Global History," *Journal of World History*, Vol. 1 (1990), iii–v.

2. Jerry Bentley, "Why Study World History?" *World History Connected*, Vol. 5, Nos. 1, 3 (2007).

3. Joseph Fletcher, "Integrative History: Parallels and Interconnections in the Early Modern Period 1500–1800," *Journal of Turkish Studies*, Vol. 9 (1985), 38.

4. Daniel Lord Smail, *On Deep History and the Brain* (Berkeley, CA: University of California Press, 2008).

5. J. R. McNeill, "Observations on the Nature and Culture of Environmental History," *History and Theory* (December 2003), 6.

6. Fred Spier, *The Structure of Big History: From the Big Bang Until Today* (Amsterdam: Amsterdam University Press, 1996), 19.

7. Smail, *On Deep History and the Brain*, 190–193.

8. Spier, *The Structure of Big History*, 57.

9. Stanley H. Ambrose, "Late Pleistocene Human Population Bottlenecks, Volcanic Winter, and Differentiation of Modern Humans," *Journal of Human Evolution*, Vol. 34 (1998), 623–651. Smail, *Deep History*, 194.

10. Alf Hornborg, "Introduction: Environmental History as Political Ecology," in Alf Hornborg, J. R. McNeill, and John Martinez–Alier (eds.), *Rethinking Environmental History: World-System History and Global Environmental Change* (Lanham, MD: AltaMira Press, 2007), 13.

11. Christopher G. Boone and Ali Modarres, *City and Environment* (Philadelphia, PA: Temple University Press, 2006), 43.

12. Ibid., 39.

13. Ibid., 45.

14. "What's Land Got to Do with It?" 2007년 11월 링컨연구소에서 개최한 심포지엄. http://www.lincolninst.edu/news/atilincolnhouse.asp.

15. R. Bin Wong, *China Transformed: Historical Change And The Limits of European Experience* (Ithaca, NY: Cornell University Press, 2000), 279.

16. Harold C. Livesay, *Andrew Carnegie and the Rise of Big Business* (Glenview, IL: Scott, Foresman and Co., 1975), 126.

17. Steven Johnson, *The Ghost Map: The Story of London's Most Terrifying Epidemic and How It Changed Science, Cities, and the Modern World* (New York: Riverhead Books, 2006), 92-93.

18. Kenneth Pomeranz, *The Great Divergence: China, Europe, and the Making of the Modern World Economy* (Princeton, NJ: Princeton University Press, 2000), 117, Johnson, *The Ghost Map*, 95.

19. J. R. McNeill, "Yellow Jack and Geopolitics: Environment, Epidemics, and the Struggles for Empire in the American Tropics, 1640-1830," in *Rethinking Environment History: World-System History and Global Environmental Change*, 199-217.

1장 진화하는 지구

1. David Christian, *Maps of Time: An Introduction to Big History* (Berkeley, CA: University of California Press, 2003), 26.

2. Ibid., 502-503.

3. Christian, *Maps of Time*, 62.

4. Ibid., 63.

5. Thomas M. Cronin, *Principles of Paleoclimatology* (New York: Columbia University Press, 1999), 441.

6. Ibid., 442.

7. Ibid.

8. Ibid.

9. Christian, *Maps of Time*, 71.

10. Carl Sagan and Ann Druyan, *Shadows of Forgotten Ancestors* (New York: Random House, 1992), 29.

11. Ibid.

12. Ibid., 29-30.

13. W. F. Ruddiman (ed.), *Tectonic Uplift and Climate Change* (New York: Plenum Press, 1997).

14. Christian, *Maps of Time*, 70.

15. R. M. DeConto and D. Pollard, "Rapid Cenozoic Glaciation of Antarctica

Induced by Declining Atmosphere CO2," *Nature*, Vol. 421, No. 6920 (2003), 245-249.

16. Tim Flannery, *The Eternal Frontier: An Ecological History of North America and Its People* (New York: Grove Press, 2001), 101.

17. Ibid., 102.

18. Ibid.

19. Ibid., 172.

20. Douglas Palmer, *Atlas of the Prehistoric World* (New York: Random House, 1999), 139.

21. William F. Ruddiman and John E. Kutzbach, "Plateau Uplift and Climatic Change," *Scientific American*, Vol. 264, No. 3 (March 1991), 68.

22. Palmer, *Atlas of the Prehistoric World*, 142.

23. Ibid.

24. Rudiman and Kutzbach, "Plateau Uplift and Climatic Change," 68.

25. Ibid.

26. Ibid., 70.

27. Ibid., 71.

28. Ibid.

29. Ibid., 72

30. Cronin, *Principles of Paleoclimatology*, 172-173.

31. Lisa Cirbus Sloan and Eric J. Barron, "Paleogene Climatic Evolution: A Climate Model Investigation of the Influence of Continental Elevation and Sea-Surface Temperature Upon Continental Climate," in Donald R. Prothero and William A. Berggren (eds.), *Eocene-Oligocene Climate and Biotic Evolution* (Princeton, NJ: Princeton University Press, 1992), 16, 207-209.

32. Cronin, *Principles of Paleoclimatology*, 442.

33. Ibid.

34. Gabriel J. Bowen, David J. Beerling, Paul L. Koch, James C. Zachos, and Thomas Quattlebaum, "A Humid Climate State During the Palaeocene/Eocene Thermal Maximum," *Nature*, Vol. 432 (25 November 2004), 495-499.

35. J. C. Zachos et al., "A Transient Rise in Tropical Sea Surface Temperature during the Paleocene-Eocene Thermal Maximum," *Science*, Vol. 302, No. 5650 (2003), 1551-1554.

36. IPCC, *Climate Change 2007: The Physical Science Basis. Contribution of Working Group 1 to the Fourth Assessment Report of the Intergovernmental Panel On Climate Change* [S. Solomon, D. Qin, M. Manning, Z. Chen, M. Marquis, K. B. Averyt, M. Tignor and H. L. Miller (eds.) (Cambridge:

Cambridge University Press, 2007), 442.

37. Donald R. Prothero, *The Eocene-Oligocene Transition: Paradise Lost* (New York: Columbia University Press, 1994), 22-23.

38. Walter Sullivan, *Continents in Motion: The New Earth Debate* (New York: American Institute of Physics, 1991, 2nd edn), 164-165.

39. Andrew Sherratt, "Plate Tectonics and Imaginary Prehistories: Structure and Contingency in Agricultural Origins," in David R. Harris (ed.), *The Origins and Spread of Agricultural and Pastoralism in Eurasia* (Washington, DC: Smithsonian Institution Press, 1996), 132.

40. Peter J. Wyllie, *The Way the Earth Works: An Introduction to the New Global Geology and Its Revolutionary Development* (New York: John Wiley & Sons, 1976), 209.

41. Ibid., 210.

42. Ibid., 211.

43. Sullivan, *Continents in Motion*, 167.

44. Wyllie, *The Way the World Works*, 210-211.

45. Sullivan, *Continents in Motion*, 170-171.

46. T. M. Cronin et al., "Mid-Pliocene Deep-Sea Bottom-Water Temperatures Based on Ostracode Mg/Ca ratios," *Marine Micropaleontology*, Vol. 54, Nos. 3-4 (2005), 249-261. A. M. Haywood et al., "Global Scale Paleoclimate Reconstruction of the Middle Pliocene Climate Using the UKMO GCM: Initial Results," *Global Planetary Change*, Vol. 25 (2000), 239-256.

47. Ruddiman and Kutzbach, "Plateau Uplift and Climatic Change," 66.

2장 인류의 진화

1. Leon Croizat, *Space, Time and Form: The Biological Synthesis* (Caracas: Published by the Author, 1962), 605.

2. Peter B. deMenocal, "Plio-Pleistocene African Climate," *Sciene*, Vol. 270, No. 5233 (October 6, 1995), 53-59.

3. Clive Gamble, *Timewalkers: The Prehistory of Global Colonization* (Cambridge, MA: Harvard University Press, 1994), 75.

4. Glenn C. Conroy, *Reconstructing Human Origins: A Modern Synthesis* (New York: W. W. Norton and Co., 1997), 125.

5. Peter B. deMenocal, "Plio-Pleistocene African Climate," 53-59.

6. T. G. Bromage et al. (eds.), *African Biogeography, Climate Change, and*

Human Evolution (Oxford: Oxford University Press, 2000) and Christopher Stringer and Robin McKie, *African Exodus: The Origins of Modern Humanity* (New York: Henry Holt & Co., 1996), 149–178.

7. M. H. Wolpoff and A. G. Thorne, "Modern Homo sapiens Origins: A General Theory of Hominid Evolution Involving the Fossil Evidence from East Asia," in F. H. Smith and F. Spencer (eds.), *The Origins of Modern Humans: A World Survey of the Fossil Evidence* (New York: Alan R. Liss, 1984), 411–483. 같은 저자, "The Case Against Eve," *New Scientist* (Vol. 22, No. 1774 (1991), 33–37.

8. R. L. Cann, M. Stoneking, and A. C. Wilson, "Mitochondrial DNA and Human Evolution," *Nature*, Vol. 325 (1987), 31–36.

9. Noel T. Boaz, *Eco Homo: How the Human Being Emerged from the Cataclysmic History of the Earth* (New York: Basic Books, 1997), 96–97.

10. E. S. Vrba et al. (eds.), *Paleoclimate and Evolution with Emphasis on Human Origins* (New Haven, CT: Yale University Press, 1995). Donald C. Johanson and Maitland A. Edey, *Lucy: The Beginning of Humankind* (New York: Simon & Schuster, 1990), 328–334. J. Desmond Clark, "The Origins and Spread of Modern Humans: A Broad Perspective on the African Evidence," in Paul Mellars and Christopher Stringer (eds.), *The Human Revolution: Behavioral and Biological Perspectives on the Origins of Modern Humans* (Princeton, NJ: Princeton University Press, 1989), 565–588.

11. R. R. Ackermann and J. M. Cheverud, "Detecting Genetic Drift versus Selection in Human Evolution," *Proceedings of the National Academy of Sciences of the Univted States of America*, Vol. 101, No. 52 (December 28, 2004), 17946–17951.

12. Luigi Luca Cavalli-Sforza, *Genes, Peoples, and Languages* (New York: Farrar, Straus and Giroux, 2000), 10–11.

13. Ackerman and Cheverud, "Detecting Genetic Drift," 17948–17951.

14. Katherine Milton, "Primate Diets and Gut Morphology: Implications for Hominid Evolution," in Marvin Harris and Eric Ross (eds.), *Food and Evolution: Toward a Theory of Human Food Habits* (Philadelphia, PA: Temple University Press, 1987), 105–106.

15. Randall L. Susman, "Who Made the Oldowan Tools: Fossil Evidence for Tool Behavior in Plio-Pleistocene Hominids," *Journal of Anthropological Research*, Vol. 47, No. 2 (Summer 1991), 129–151.

16. Philip V. Tobias, *Olduvai Gorge Volume 4: The Skulls, Endcasts and Teeth of Homo habilis* (Cambridge: Cambridge University Press, 1991).

17. Henry M. McHenry and Katherine Coffing, "Australopithecus to Homo:

Transformations in Body and Mind," *Annual Review of Anthropology*, Vol. 29 (2000), 125-146.

18. Cavalli-Sforza, *Genes, Peoples, and Languages*, 165.

19. Richard F. Kay, Matt Cartmill, and Michelle Balow, "The Hypoglossal Canal and the Origin of Human Vocal Behavior," *Proceedings of the National Academy of Sciences of the United States of America*, Vol. 95, No. 9 (April 1998), 5417-5419.

20. Misia Landau, *Narratives of Human Evolution* (New Haven, CT: Yale University Press, 1991).

21. R. Bonnefille et al., "High-Resolution Vegetation and Climate Change Associated with Pliocene Australopithecus afarencis," *Proceedings of the National Academy of Sciences of the United States of America*, Vol. 101, No. 33 (August 17, 2004), 12125-12129.

22. Michael Balter, "Fossil Tangles Roots of Human Family Tree," *Science*, Vol. 291, No. 5512 (March 2001), 2289-2291.

23. G. Philip Rightmire, *The Evolution of Homo erectus: Comparative Anatomical Studies of an Extinct Human Species* (New York: Cambridge University Press, 1991).

24. Timothy D. Weaver and Charles C. Roseman, "New Developments in the Genetic Evidence for Modern Human Origins," *Evolutionary Anthropology*, Vol. 17 (February 22, 2008), 69-80. Gary Stix, "Traces of a Distant Past," *Scientific American* (July 2008), 56-63.

25. Kate Wong, "Global Positioning: New Fossils Revise the Time When Humans Colonized the Earth," *Scientific American* (August 2000), 23.

26. Thomas J. Crowley and Gerald R. North, "Abrupt Climate Change and Extinction Events in Earth History," *Science*, Vol. 240, No. 4855 (May 1988), 996-1002.

27. Christopher B. Ruff, "Climate and Body Shape in Human Evolution," *Journal of Human Evolution*, Vol. 21 (1991), 81-105.

28. Ralph M. Rowlett, "Fire Use," *Science*, Vol. 284, No. 5415 (April 1999), 741.

29. Bing Su et al., "Y-Chromosome Evidence for a Northward Migration of Modern Humans into Eastern Asia during the Last Ice Age," *American Journal of Human Genetics*, 65 (December 1999), 1718-1724.

30. Ann Gibbons, "Ancient Island Tools Suggest Homo erectus was a Seafarer," *Science*, Vol. 279, No. 5357 (March 1998), 1636-1637.

31. Elizabeth Culotta, Andrew Sugden, and Brooks Hanson, "Humans on the Move," *Science*, Vol. 291, No. 5507 (March 2001), 1721.

32. J. M. Bermeúdez de Castro et al., "A Hominid from the Lower Pleistocene of Atapuerca, Spain: Possible Ancestor to Neanderthals and Modern Humans," *Science*, Vol. 276, No. 5317 (May 1997), 1392–1395.

33. Michael Balter, "In Search of the First Europeans," *Science*, Vol. 291, No. 5507 (March 2001), 1724.

34. Katerina Harvati et al., "Neanderthal Taxonomy Reconsidered: Implications of 3D Primate Models of Intra- and Interspecific Differences," *Proceedings of the National Academy of Sciences of the United States of America*, Vol. 101, No. 5 (February 2004), 1147–1152.

35. Daniel E. Lieberman et al. "The Evolution and Development of Cranial Form in Homo sapiens," *Proceedings of the National Academy of Sciences of the United States of America*, Vol. 99, No. 3 (February 2002), 1134–1139.

36. Ezra Zubrow, "The Demographic Modelling of Neanderthal Extinction," in Paul Mellars and Chris Stringer (eds.), *The Human Revolution: Behavioral and Biological Perspectives on the Origin of Modern Humans* (Princeton, NJ: Princeton University Press, 1989), 212–231.

37. O. Soffer, J. M. Adovasio, and D. C. Hyland, "The 'Venus' Figurines: Textiles, Basketry, Gender, and Status in the Upper Paleolithic," *Current Anthropology*, Vol. 41, No. 4 (August 2000), 511–537.

38. Ezra Zubrow, "The Demographic Modelling of Neanderthal Extinction," 217.

39. Mark Derr, "Of Tubers, Fire and Human Evolution," *The New York Times* (January 16, 2001), D3.

40. Michael Balter, "Did Homo erectus Tame Fire First?" *Science*, Vol. 268, No. 5217 (June 1995), 1570. Bernice Wuethrich, "Geological Analysis Damps Ancient Chinese Fires," *Science*, Vol. 281, No. 5374 (July 1998), 165–166.

41. Derr, "Of Tubers, Fire and Human Evolution," D3.

42. Norman Owen-Smith, "Pleistocene Extinctions: The Pivotal Role of Megaherbivores," *Paleobiology*, Vol. 13, No. 3 (Summer 1987), 351–362.

43. Ibid.

44. Rachel Caspari, Sang-Hee Lee, and Ward H. Goodenough, "Older Age Becomes Common Late in Human Evolution," *Proceedings of the National Academy of Sciences of the United States of America*, Vol. 101, No. 30 (July 2004), 10895–10900.

45. Ehud Weiss et al., "The Broad Spectrum Revisited: Evidence from Plant Remains," *Proceedings of the National Academy of Sciences of the United States of America*, Vol. 101, No. 26 (June 2004), 9551–9555.

46. Peter J. Richerson, Robert Boyd, and Robert L. Bettinger, "Was Agriculture

Impossible during the Pleistocene but Mandatory during the Holocene? A Climate Change Hypothesis," *American Antiquity*, Vol. 66, No. 3 (July 2001), 387–411.

47. Anan Raymond, "Experiments in the Function and Perfomance of the Weighted Atlatl," *World Archaeology*, Vol. 18, No. 2, Weaponry and Warfare (October 1986), 153–177.

48. Mark Nathan Cohen, "Prehistoric Patterns of Hunger," in Lucile F. Newman et al. (eds.), *Hunger in History: Food Shortage, Poverty, and Deprivation* (Cambridge, MA: Blackwell, 1990), 57–58.

49. Ibid., 65–67.

3장 농업과 식량

1. Edouard Bard, Frauke Rostek, Jean-Louis Turon, and Sandra Gendreau, "Hydrological Impact of Heinrich Events in the Subtropical Northeast Atlantic," *Science*, Vol. 289, No. 5483 (August 2000), 1321–1324.

2. Robert B. Marks, *The Origins of the Modern World: A Global and Ecological Narrative* (New York: Rowman & Littlefield, 2002), 39.

3. Michael Rosenberg, "Cheating at Musical Chairs: Territoriality and Sedentism in as Evolutionary Context," *Current Anthropology*, Vol. 39, No. 5 (December 1998), 653–681.

4. A. M. T. Moore and G. C. Hillman, "The Pleistocene to Holocene Transition and Human Economy in Southwest Asia: The Impact of the Younger Dryas," *American Antiquity*, Vol. 57, No. 3 (1992), 491.

5. Bruce D. Smith, "Prehistoric Plant Husbandry in Eastern North America," in C. Wesley Cowan and Patty Jo Watson (eds.), *The Origins of Agriculture: An International Perspective* (Washington, DC: Smithsonian Institution Press, 1992), 221.

6. Andrew Sherratt, "Plate Tectonics and Imaginary Prehistories: Structure and Contingency in Agricultural Origins," in David R. Harris (ed.), *Origins and Spread of Agriculture and Pastoralism in Eurasia* (London: UCL Press, 1996), 137.

7. Steven Mithen, *After The Ice: A Global Human History* (Cambridge, MA: Harvard University Press, 2004), 23–24.

8. Robley Matthews, Douglas Anderson, Robert S. Chen, and Thompson Webb, "Global Climate and the Origins of Agriculture," in Lucile Newman et al.

(eds.), *Hunger in History: Food Shortage, Poverty and Deprivation* (Oxford: Blackwell, 1990), 41.

9. Emily McClung De Tapia, "The Origins of Agriculture in Mesoamerica and Central America," in C. Wesley Cowan and Patty Jo Watson (eds.), *The Origins of Agriculture: An International Perspective* (Washington, DC: Smithsonian Institution Press, 1992), 156.

10. T. Douglas Price and Gary M. Feinman, *Images of The Past* (Mountain View, CA: Mayfield Publishing Company, 1997), 217.

11. Bruce D. Smith, "Prehistoric Plant Husbandry in Eastern North America," in C. Wesley Cowan and Patty Jo Watson (eds.), *The Origins of Agriculture: An International Perspective*, 111.

12. Mithen, *After The Ice*, 203.

13. Ibid.

14. John Noble Wilford, "An Early Heartland of Agriculture Is Found in New Guinea," *The New York Times* (June 24, 2003), D2.

15. Mark A. Blumer, "Ecology, Evolutionary Theory and Agricultural Origins," in David R. Harris (ed.), *The Origins and Spread of Agriculture and Pastoralism in Eurasia*, 40.

16. Ibid., 41.

17. Ibid., 48.

18. Wen-ming Yan, "Origins of Agriculture and Animal Husbandry in China," in C. Melvin Aikens and Song Nai Rhee (eds.), *Pacific Northeast Asia in Prehistory: Hunter-Fisher-Gatherers, Farmers, and Sociopolitical Elites* (Pullman: Washington State University Press, 1992), 114.

19. T. Douglas Price and Gary M. Feinman, Images of the Past, 220.

20. C. Wesley Cowan and Patty Jo Watson (eds.), *The Origins of Agriculture: An International Perspective*, 144.

21. Robley Matthews et al., "Global Climate and the Origins of Agriculture," 42-43.

22. Jean Gimpel, *The Medieval Machine: The Industrial Revolution in the Middle Ages* (London: Pimlico, 1988), 33.

23. Carlo M. Cipolla, *Before The Industrial Revolution: European Society and Economy, 1000-1700* (New York: W.W. Norton, & Co., 1976), 29.

24. Robert W. Fogel, "New Findings on Secular Trends in Nutrition and Mortality: Some Implications for Population Theory," in Mark Rosenzweig and Oded Stark (eds.), *Handbook of Population and Family Economics* (Amsterdam: Elsevier, 1997), 433-481. John Duffy, *The Sanitarians: A History of American Public Health* (Urbana, IL: University of Illinois Press, 1990). Martin V.

Melosi, *The Sanitary City: Urban Infrastructure from Colonial Time to the Present* (Baltimore, MD: The Johns Hopkins University Press, 1999).

25. Myron P. Gutmann, *Toward A Modern Economy: Early Industry in Europe, 1500-1800* (Philadelphia, PA: Temple University Press, 1988).

26. Alfred W. Crosby, Jr., *The Columbian Exchange: Biological and Cultural Consequences of 1492* (Westport, CT: Greenwood Press, 1972), 184.

27. Ibid., 178-179.

28. Ibid., 186-187.

29. Marks, *The Origins of the Modern World*, 96.

30. Ibid., 103.

31. George Grantham, "Agricultural Supply during the Industrial Revolution: French Evidence and European Implications," *The Journal of Economic History*, Vol. 49, No. 1 (March, 1989), 43-72.

32. Crosby, *The Columbian Exchange*, 166.

33. Ibid., 201.

34. Vaclav Smil, *Enriching the Earth: Fritz Haber, Carl Bosch, and the Transformation of World Food Production* (Cambridge, MA: MIT Press, 2001), 199.

35. J. R. McNeill, *Something New Under The Sun: An Environmental History of the Twentieth-Century World* (New York: W.W. Norton & C., 2000), 216.

36. Ibid., 221.

37. Ibid., 223.

38. Smil, *Enriching the Earth*, 204.

39. Jason McKenney, "Artificial Fertility: The Environmental Costs of Industrial Fertilizers," in Andrew Kembrell (ed.), *The Fatal Harvest Reader: The Tragedy of Industrial Agriculture* (Washington, DC: Island Press, 2002), 122-123.

40. Ibid., 127.

41. Smil, *Enriching the Earth*, 199-209.

42. John McHale, "Global Ecology: Toward the Planetary Society," in G. Bell and J. Tyrwhitt (eds.), *Human Identity in the Urban Environment* (Harmondsworth: Penguin, 1972), 133.

43. Smil, *Enriching the Earth*, 245.

4장 늘어나는 인구

1. Massimo Livi-Bacci, *A Concise History of World Population* (Cambridge, MA:

Blackwell, 3rd edn, 2001), 6, 25-26. 리비-바치는 "세계 인구 성장에 관한 자료가 주로 비수량적 정보의 추측과 추론에 근거한 것"이라고 경고한다(25쪽).

2. Les Groube, "The Impact of Diseases upon the Emergence of Agriculture," in David R. Harris (ed.), *The Origins and Spread of Agriculture and Pastoralism in Eurasia* (Washington, DC: Smithsonian Institution Press, 1996), 101-102.

3. Alfred W. Crosby, Jr., *The Columbian Exchange: Biological and Cultural Consequences of 1492* (Westport, CT: Greenwood Press, 1972), 30.

4. Massimo Livi-Bacci, *A Concise History of World Population*, 25-26.

5. Philip M. Hauser, *World Population and Development: Challenges and Prospects* (Syracuse, NY: Syracuse University Press, 1979), 3.

6. http://www.census.gov/ipc/www/worldhi.html.

7. Ben J. Wattenberg, *The Birth Dearth: What Happens When People in Free Countries Don't Have Enough Children* (New York: Pharos Books, 1989).

8. Mark Nathan Cohen, *Health and the Rise of Civilization* (New Haven, CT: Yale University Press, 1989), 33.

9. Ibid., 32.

10. Ibid., 112.

11. Ibid., 117.

12. Ibid.

13. Ibid., 120-121.

14. David R. Harris, "Settling Down: An Evolutionary Model for the Transformation of Mobile Bands into Sedentary Communities," in J. Friedman and M. Rowlands (eds.), *The Evolution of Social Systems* (Pittsburgh, PA: University of Pittsburgh Press, 1978), 409.

15. William H. McNeill, "The Conservation of Catastrophe," *The New York Review of Books* (December 20, 2001), 86.

16. Luigi, Luca Cavalli-Sforza, "The Spread of Agriculture and Nomadic Pastoralism: Insights from Genetics, Linguistics and Archaeology," in David R. Harris (ed.), *The Origins and Spread of Agriculture and Pastoralism in Eurasia*, 52.

17. Massimo Livi-Bacci, *A Concise History of World Population*, 25-26.

18. Ibid., 26.

19. Mary Jackes, David Lubell, and Christopher Meiklejohn, "Healthy but Mortal: Human Biology and First Farmers of Western Europe," *Antiquity*, Vol. 71 (1997), 653.

20. Cavalli-Sforza, "The Spread of Agriculture……," 230.

21. Ibid., 39.

22. Ibid., 47.

23. Groube, "The Impact of Disease ......," 125.

24. Ezekiel J. Emanuel, "Preventing the Next SARS," *The New York Times* (May 12, 2003), A25.

25. William M. Denevan, "The Pristine Myth: The Landscape of the Americas in 1492," in Karl W. Butzer (ed.), *The Americas Before and After Columbus: Current Geographical Research* (Annals of the Association of American Geopraphers, 1992), 82(3), 369-385.

26. Ibid., 39.

27. Robert Fogel, "The Relevance of Malthus for the Study of Mortality Today: Long-Run Influences on Health, Moratality, Labour Force Participation, and Population Growth," in Kerstin Lindahl-Kiessling and Hans Landberg (eds.), *Population, Economic Development, and the Environment* (New York: Oxford University Press, 1994), 241-251.

28. Ibid., 108.

29. Patrick R. Galloway, "Long-Term Fluctuations in Climate and Population in the Preindustrial Era," *Population and Development Review*, Vol. 12, No. 1 (March 1986), 7-14.

30. Geoffrey Parker, *Europe in Crisis: 1598-1648* (Maiden, MA: Blackwell, 2001), 4-5.

31. Ibid., 4-8.

32. Joel Mokyr, "Review: The Great Conundrum," *The Journal of Modern History*, Vol. 62, No. 1 (March 1990), 78.

33. Jack A. Goldtone, "East and West in the Seventeenth Century: Political Crises in Stuart England, Ottoman Turkey, and Ming China," *Comparative Studies in Society and History*, Vol. 30, No. 1 (January 1988), 106. 또한 Conrad Totman, *The Green Archipelago: Forestry in Pre-Industrial Japan* (Athens, OH: Ohio University Press, 1998), 172를 보라.

34. Mokyr, "Review: The Great Conundrum," 80.

35. Jack A. Goldstone, "The Demographic Revolution in England: A Reexamination," *Population Studies*, Vol. 49 (1986), 5-33.

36. John Komlos, "Nutrition, Population Growth, and the Industrial Revolution in England," *Social Science History*, Vol. 14, No. 1 (Spring 1990), 71-74.

37. Ibid., 80-81.

38. Ibid., 82-85.

39. John Bongaarts and Rodolfo A. Bulatao, "Completing the Demographic Transition," *Population and Development Review*, Vol. 25, No. 3 (September

1999), 515.

40. Thomas Robert Malthus, *Essay on the Principle of Population* (London: John Murray, 1830), in the Penguin classics edition(1982).

41. 다음 문단에서 이어지는 자료는 Amartya Sen, "Population: Delusion and Reality," *The New York Review of Books*, Vol. XLI, No. 15 (September 22, 1994), 62-71에서 인용한 것이다.

42. http://www.census.gov/ipc/www/worldhis.html.

43. Navin Ramankutty, Jonathan A. Foley, and Nicholas J. Olejniczak, "Land Use Change and Global Food Production," in Ademola K. Braimoh and Paul L. G. Viek, *Land Use and Soil Resources* (Netherlands: Springer, 2008), 23-26.

44. Jared Diamond, *Collapse: How Societies Choose to Fail or Succeed* (New York: Viking Penguin, 2005), 495.

5장 도시와 인류

1. Barney Cohen, "Urban Growth in Developing Countries: A Review of Current Trends and a Caution Regarding Existing Forecasts" (Washington, DC: National Research Council, April 2003), 20.

2. Joel A. Tarr, *The Search for the Ultimate Sink* (Akron, OH: University of Akron Press, 1993).

3. Ibid., 8-9.

4. Joel Mokyr, *The Lever of Riches: Technological Creativity and Economic Progress* (New York: Oxford University Press, 1990), 20.

5. Ian Douglas, *The Urban Environment* (London: Edward Arnold, 1983), 2-3.

6. David Christian, *Maps of Time: An Introduction to Big History* (Berkeley, CA: University of California Press, 2004), 325.

7. Ibid., 326.

8. Ibid., 2.

9. Tertius Chandler and Gerald Fox, *3000 Years of Urban Growth* (New York: Academic Press, 1974), 362.

10. Ibid., 363.

11. Ibid.

12. V. Gordon Childe, "The Urban Revolution," *Town Planning Review*, Vol. 21 (1950), 3-17.

13. Ibid.

14. Ivan Light, *Cities in World Perspective* (New York: Macmillan, 1983), 3.

15. Paul Wheatley, *The Pivot of the Four Quarters: A Preliminary Enquiry into the Origins and Character of the Ancient Chinese City* (Edinburgh, Scotland: Edinburgh University Press, 1971), 9, 225.

16. David Christian, *Maps of Time*, 269.

17. Michael Hudson, "From Sacred Enclave to Temple to City and Urban Form in Ancient Mesopotamia," in Machael Hudson and Baruch A. Levine (eds.), *Urbanization and Land Ownership in the Ancient Near East* (Cambridge, MA: Harvard University Press, 1999), 128.

18. Ibid., 129.

19. 수메르의 시. S. N. 크래머 옮김. *Ancient Near Eastern Texts Relating to the Old Testament* (ed. James B. Prichard, Princeton, NJ: Princeton University Press, 1969, 3rd edn), 647-648. David Christian, *Maps of Time*, 295에는 축약해서 인용.

20. H. M. Cullen, "Climate Change and the Collapse of the Akkadian Empire: Evidence from the Deep Sea," *Geology*, Vol. 28 (April 2000), 379-382.

21. Ibid., 131.

22. Ibid., 138-139, 141.

23. David Parkin and Ruth Barnes (eds.), *Ships and the Development of Maritime Technology in the Indian Ocean* (London: Routledge Curzon, 2002), 4-5.

24. Thordkild Jacobsen and Robert Adams, "Salt and Silt in Ancient Mesopotamian Agriculture," *Science*, Vol. 128, No. 3334 (November 1958), 1251-1257.

25. Ibid., 191.

26. Ibid., 194.

27. A. E. J. Morris, *History of Urban Form Before the Industrial Revolution* (New York: Longman Scientific & Technical, 1994), 31.

28. V. Gordon Childe, *New Light on the Most Ancient East* (United Kingdom: Taylor & Francis, revised edn 1952), 183.

29. Mortimer Wheeler, *Civilization of the Indus and Beyond* (London: Thames, 1966).

30. Paul Wheatley, *The Pivot of the Four Quarters*, 233-234.

31. Ibid., 76.

32. Ibid., 77.

33. J. M. Roberts, *The New Penguin History of the World* (London: Penguin, 2002), 484.

34. Charles L. Redman, *Human Impact on Ancient Environments* (Tucson, AZ: University of Arizona Press, 1999), 142.

35. Edith Ennen, *The Medieval Town* (New York: North-Holland, 1979), 33.

36. Paul M. Hohenberg and Lynn Hollen Lees, *The Making of Modern Europe*,

1000-1950 (Cambridge, MA: Harvard University Press, 1985), 19.

37. Eric L. Jones, *The European Miracle: Environments, Economies and Geopolitics in the History of Europe and Asia* (Cambridge: Cambridge University Press, 2003), 178.

38. Hohenberg and Lees, 31.

39. Ibid.

40. Ibid., 51.

41. Ibid., 53.

42. Ibid., 77.

43. Jan de Vries, *European Urbanization 1500-1800* (Cambridge, MA: Harvard University Press, 1984), 40.

44. Ibid., 141.

45. Ibid., 70.

46. Robert B. Marks, *The Origins of the Modern World: A Global and Ecological Narrative* (Lanham, MD: Rowman & Littlefield, 2002), 137.

47. Jan de Vries, *European Urbanization 1500-1800*, 259.

6장 채광과 제철, 제조

1. Theodore A. Wertime, "The Beginnings of Metallurgy: A New Look," *Science*, Vol. 82, No. 4115 (November 1973), 880.

2. Ibid., 878.

3. Arun Kumar Biswas, *Minerals and Metals in Pre-Modern India* (New Delhi: D.K. Printworld, 2001), 61-63.

4. Katheryn M. Linduff, Han Rubin, and Sun Shuyun (eds.), *The Beginning of Metallurgy in China* (Lewiston, NY: The Edwin Mellen Press, 2000), 55.

5. http://www.geology.ucdavis.edu/~cowen/~GEL115/115CH4.html에서 인용.

6. Ibid.

7. Paul T. Craddock, *Early Metal Mining and Production* (Washington, DC: Smithsonian Institution Press, 1995), 194.

8. Kevin Rosman, "Lead from Carthaginian and Roman Spanish Mines Isotopically Identified in Greenland Ice Dated from 600 B.C. to 300 A.D.," *Environmental Science & Technology*, Vol. 31, No. 12 (1997), 3413-3416.

9. "Pollution of the Caesars: Archeology-lead isotopes found in Greenland ice date to pollution from Roman lead mining pollution," *Discover* (March 1998), 45-47.

10. Cathy M. Ager and Robert G. Schmidt, *Persistence For Two Millennia Of Toxic Elements Released by Roman Metallurgical Industry, Extremadura, Spain* (Washington, DC: Smithsonian Institution, National Museum of Natural History, 2004), 67-69.

11. Tom Lugaski, Geology Project Homepage, University of Nevada, Reno, 1996 at http://www.unr.edu/sb204/geology/rome.html.

12. Jane C. Waldbaum, "The Coming of Iron in the Eastern Mediterranean: Thirty Years of Archaeological and Technological Research," in Vincent C. Pigott (ed.), *The Archaeometallurgy of the Asian Old World* (Philadelphia, PA: University of Pennsylvania Museum, 1999), 42-43.

13. Rudi Volti (ed.), "Iron," *The Facts on File Encyclopedia of Science, Technology, and Society Volume II* (New York: Facts on File, Inc., 1999), 554-556.

14. Kenneth Pomeranz, *The Great Divergence: China, Europe, and the Making of the Modern World Economy* (Princeton, NJ: Princeton University Press, 2000), 43-47.

15. Joseph Needham, *Science and Civilization in China*, Vol. 4, Part 3 (Taipei: Caves Books, 1986), 141-142.

16. Arun Kumar Biswas, "Minerals and Metals in Medieval India," in A. Rahman (ed.), *History of Indian Science, Technology and Culture, AD 1000-1800*, Vol. 111, Part 1 (New Delhi: Oxford University Press, 2000), 300-301.

17. Biswas, "Minerals and Metals in Pre-Modern India," 118-119.

18. Donald B. Wagner, *Iron and Steel in Ancient China* (New York: E.J. Brill, 1993), 405-409.

19. Donald B. Wagner, *Technology as Seen through the Case of Ferrous Metallurgy in Han China*, at http://www.staff.hum.ku.dk/dbwagner/EncIt/EncIt.html.

20. Donald B. Wagner, *Blast furnaces in Song-Yuan China*, at http://www.staff.hum.ku.dk/dbwagner/SongBF/SongBF.pdf에서 인용.

21. Frances and Joseph Gies, *Cathedral, Forge, and Waterwheel: Technology and Invention in the Middle Ages* (New York: Harper Perennial, 1995), 38-49.

22. Ibid., 62.

23. Jean Gimpel, *The Medieval Machine: The Industrial Revolution of the Middle Ages*, 2nd edn (London: Pimlico, 1992), 57.

24. Carlo M. Cipolla, *Before the Industrial Revolution: European Society and Economy, 1000-1700* (New York: W.W. Norton & Co., 1976), 162.

25. Ibid., 199-201.

26. Donald S. L. Cardwell, *Turning Points in Western Technology: A Study of Technology, Science and History* (Ann Arbor: University of Michigan Press, 1972), 14.

27. Frances and Joseph Gies, *Cathedral, Forge, and Waterwheel*, 266.

28. W. K. V. Gale, *Iron and Steel* (Harlow: Longmans, 1969), 87-88.

29. Cipolla, *Before the Industrial Revolution*, 229-230.

30. Ibid., 132-133.

7장 산업화

1. Franklin F. Mendels, "Proto-Industrialization: The First Phase of the Industrialization Process," *The Journal of Economic History*, Vol. 32, No. 1 (March 1972), 241-261.

2. Walter Licht, *Industrializing America: The Nineteenth Century* (Baltimore, MD: The Johns Hopkins University Press, 1995), xvi.

3. Robert B. Marks, *The Origins of the Modern World: A Global and Ecological Narrative* (Lanham, MD: Rowman & Littlefield, 2002), 129.

4. Ibid., 127.

5. Ibid., 128-129.

6. Joel Mokyr (ed.), *The British Industrial Revolutin: An Economic Perspective* (Boulder, CO: Westview Press, 1993), 100.

7. Colin McEvedy and Richard Jones, *Atlas of World Population History* (Harmondsworth: Penguin Books, 1978), 18, 171.

8. Jack A. Goldstone, "Gender, Work, and Culture: Why the Industrial Revolution Came Early to England but Late to China," *Sociological Perspectives*, Vol. 39, No. 1 (Spring 1996), 5.

9. E. A. Wrigley and R. S. Schofield, *The Population History of England, 1541-1871: A Reconstruction* (Cambridge, MA: Harvard University Press, 1981), 534.

10. Goldstone, "Gender, Work, and Culture," 14-15.

11. Barbara Molony, "Activism among Women in the Taisho Cotton Textile Industry," in Gail L. Bernstein (ed.), *Recreating Japanese Women*, 1600-1945 (Berkely, CA: University of California Press, 1991), 220, 225. Goldstone, "Gender, Work, and Culture," 15에서 인용.

12. Konrad Specker, "Madras Handlooms in the Nineteenth Century," in Tirthankar Roy (ed.), *Cloth and Commerce: Textiles in Colonial India* (London: Sage,

1996), 215-216.

13. Sidney Pollard, "Industrialization and the European Economy," *The Economic History Review*, Vol. 26, No. 4 (1973), 641.

14. Ibid., 641, 643.

15. E. J. Hobsbawm, *Industry and Empire: The Making of Modern English Society*, Vol. 2 (New York: Pantheon Books, 1967), 42.

16. Carlo M. Cipolla, *Before the Industrial Revolution: European Society and Economy, 1000-1700* (New York: W.W. Norton & Co., 1976), 96.

17. Ibid., 43.

18. Patrick Joyce, "Work," in F. M. L. Thompson (ed.), *The Cambridge Social History of Britain 1750-1950: People and Their Environment*, Vol. 2 (Cambridge: Cambridge University Press, 1990), 154-155.

19. Ibid., 132.

20. Peter N. Stearns, *European Society in Upheaval: Social History since 1800* (New York: The Macmillan Company, 1967), 112.

21. B. R. Mitchell, *British Historical Statistics* (Cambridge: Cambridge University Press, 1988), 26-27.

22. Joel A. Tarr, *The Search for the Ultimate Sink: Urban Pollution in Historical Perspective* (Akron, OH: University of Akron Press, 1997).

23. Roger Scola, *Feeding the Victorian City: The Food Supply of Manchester, 1770-1870* (Manchester: Manchester University Press, 1992), 282.

24. Charles Dickens, *Hard Times for These Times* (New York: Hurd and Houghton, 1870), 260.

25. Scola, *Feeding the Victorian City*, 282.

26. Ibid.

27. Edwin Chadwick, *Report ...... from the Poor Law Commissioners on an Inquiry into the Sanitary Conditions of the Labouring Population of Great Britain* (London, 1841), 269-370.

28. Hans-Joachim Voth, "Living Standards and the Urban Environment," in Roderick Floud and Paul Johnson (eds.), *The Cambridge Economic History of Modern Britain: Industrialization 1700-1860*, Vol. 2 (Cambridge: Cambridge University Press, 2004), 87.

29. Jeffrey G. Williamson, "Urban Disamenities, Dark Satanic Mills, and the British Standard of Living Debate," *The Journal of Economic History* (March, 1981), 82-83.

30. Rondo Cameron, "A New View of European Industrialization," *The Economic History Review* (February, 1985), 5.

31. Asa Briggs, *A Social History of England* (New York: The Viking Press, 1983), 186.

32. Stearns, *European Society in Upheaval*, 78.

33. Asa Briggs, *A Social History of England*, 191.

34. E. J. Hobsbawm, *Industry and Empire*, 75.

35. Joel Mokyr, "Accounting for the Industrial Revolution," in *The Cambridge Economic History of Modern Britain: Industrialization, 1700-1860*, Vol. 1 (Cambridge: Cambridge University Press, 2004), 19.

36. Ibid., 11-12.

37. Licht, *Industrializing America*, 9.

38. Ibid., 15.

39. Franklin F. Mendels, "Proto-Industrialization: The First Phase of the Industrial Process," 258-259.

40. Jonathan Prude, "Capitalism, Industrialization, and the Factory in Post-Revolutionary America," *Journal of the Early Republic* (Summer, 1996), 240.

41. Theodore Steinberg, *Nature Incorporated: Industrialization and the Waters of New England* (New York: Cambridge University Press, 1991), 23.

42. Ibid., 50.

43. Ibid.

44. Ibid., 70.

45. Marvin Fisher, "The 'Garden' and the 'Workshop': Some European Conceptions and Preconceptions of America, 1830-1860," *The New England Quarterly*, Vol. 34, No. 3 (September, 1961), 313.

46. Ibid., 322.

47. Ibid.

48. Ibid., 323.

49. Steinberg, *Nature Incorporated*, 167.

50. Ibid., 205.

51. Ibid., 234.

52. Guillaume Tell Poussin, *The United States: Its Power and Progress*, translated by E. L. Du Barry (Philadelphia, 1851), 345. Marvin Fisher, "The 'Garden' and the 'Workshop': Some European Conceptions and Preconceptions of America, 1830-1860," 320에서 인용.

53. Licht, *Industrializing America*, 104.

54. Mark Aldrich, "Determinants of Mortality among New England Cotton Mill Workers During The Progressive Era," *Journal of Economic History*, Vol. XLII, No. 4 (December, 1982), 847.

55. Ibid., 849.

56. Licht, *Industrializing America*, 106.

57. Richard Sylla and Gianni Toniolo (eds.), *Patterns of European Industrialization* (London: Routledge, 1991), 84.

58. Barbara Freese, *Coal: A Human History* (New York: Pnguin Books, 2003), 13.

59. Williard Glazier, "Th Great Furnace of America." Joel A. Tarr (ed.), *Devastation and Renewal: An Environmental History of Pittsburgh and Its Region* (Pittsburgh, PA: University of Pittsburgh Press, 2003), 19에서 인용.

60. Tarr, *Devastation and Renewal*, 19.

61. Muriel Earley Sheppard, *Cloud by Day: The Story of Coal and Coke and Peopl* (Chapel Hill, NC: University of North Carolina Press, 1947), 2.

62. Joel A. Tarr, *The Search for the Ultimate Sink*, 390.

63. Ibid.

64. Freese, *Coal: A Human History*, 137.

65. Nicolas Casner, "Acid Mine Drainage and Pittsburgh's Water Quality," in Joel A. Tarr (ed.), *Devastation and Renewal*, 97.

66. J. R. McNeill, *Something New Under the Sun: An Environmental History of the Twentieth-Century World* (New York: W.W. Norton & Co., 2000), 315.

67. John N. Ingham, *Making Iron and Steel: Independent Mills in Pittsburgh, 1820-1920* (Columbus, OH: Ohio State University Press, 1991), 18.

68. J. R. McNeill, *Something New Under The Sun*, 310.

69. Ibid., 311.

8장 무역과 소비

1. John E. Wills, Jr., "European Consumption and Asian Production in the Seventeenth and Eighteenth Centuries," in John Brewer and Roy Porter (eds.), *Consumption and the World of Goods* (New York: Routledge, 1993), 133에서 다른 말로 바꾸어 인용.

2. Neil Mckendrick, John Brewer and J. H. Plumb (eds.), *The Birth of Consumer Society: The Commercialization of Eighteenth-Century England* (Bloomington, IN: Indiana University Press, 1982).

3. K. N. Chaudhuri, *Trade and Civilization in the Indian Ocean: An Economic History from the Rise of Isalam to 1750* (Cambridge: Cambridge University Press, 1985), 20.

4. Deborah Howard, "The Status of the Oriental Traveller in Renaissance Venice,"

in Gerald MacLean (ed.), *Re-Orienting the Renaissance: Cultural Exchanges with the East* (New York: Palgrave Macmillan, 2005), as reviewed by William Dalrymple, "The Venetian Treasure Hunt," *The New York Review of Books* (July 19, 2007), 29–30.

5. Jan de Vries, "Between Purchasing Power and the World of Goods: Understanding the Household Economy in Early Modern Europe," in John Brewer and Roy Porter (eds.), *Consumption and the World of Goods*, 85–132.

6. Charles L. Redman, *Human Impact on Ancient Environments* (Tucson, AZ: The University of Arizona Press, 1999), 184–185.

7. Richard C. Hoffmann, "Frontier Foods for Late Medieval Consumers: Culture, Economy, Ecology," *Environment and History*, 7 (2001), 131–132.

8. Ibid., 137.

9. Ibid., 137–140.

10. McKendrick et al., *The Birth of Consumer Society*, 1.

11. John F. Richards, *The Unending Frontier: An Environmental History of the Early Modern World* (Berkeley, CA: University of California Press, 2003), 24.

12. Ibid., 96.

13. Ibid., 99–100.

14. Cissie Fairchilds, "The Production and Marketing of Populuxe Goods in Eighteenth Century Paris," in John Brewer and Roy Porter (eds.), *Consumption and the World of Goods*, 228.

15. T. H. Breen, "The Meaning of Things: Interpreting the Consumer Economy in the Eighteenth Century," in John Brewer and Roy Porter (eds.), *Consumption and the World of Goods*, 252.

16. Ibid., 253.

17. Ibid., 254.

18. Jordan Goodman, *Tobacco in History: The Cultures of Dependence* (New York: Routledge, 1993), 41.

19. David R. Montgomery, *Dirt: The Erosion of Civilizations* (Berkely, CA: University of California Press, 2007), 119.

20. Joyce Appleby, "Consumption in Early Modern Social Thought," in Lawrence B. Glickman (ed.), *Consumer Society in American History* (Ithaca, NY: Cornell University Press, 1999), 131–132.

21. Jordan Goodman, *Tobacco in History*, 140–141.

22. Ibid., 59.

23. Simon Schama, *The Embarrassment of Riches* (London: Collins, 1987), 195.

24. Jordan Goodman, *Tobacco in History*, 97.

25. Ibid., 98–99.

26. R. T. Ravenholt, "Tobacco's Global Death March," *Population and Development Review*, Vol. 16, No. 2 (June 1990), 213–240.

27. Goodman, *Tobacco in History*, 105.

28. Robert N. Proctor, "Puffing On Polonium," *The New York Times* (December 1, 2006), A29. Edward P. Radford, Jr. and Vilma R. Hunt, "Polonium–210: A Volatile Radioelement in Cigarettes," *Science*, Vol. 143, No. 3603 (January 1964), 247–249.

29. Ibid.

30. Goodman, *Tobacco in History*, 243.

31. Sidney W. Mintz, "Changing Roles of Food," in John Brewer and Roy Porter (eds.), *Consumption and the World of Goods*, 263.

32. Carole Shammas, "Changes in English and Anglo–American Consumption from 1550 to 1800," in John Brewer and Roy Porter (eds.), *Consumption and the World of Goods*, 183.

33. Sidney W. Mintz, *Sweetness and Power: The Place of Sugar in Modern History* (New York: Viking Penguin, 1985), 9, 13.

34. Ibid., 133–134.

35. Ibid.

36. Ibid., 73.

37. Ibid., 265.

38. Ibid., 266.

39. Robert W. Fogel, *Without Consent or Contract: The Rise and Fall of American Slavery* (New York: Oxford University Press, 1989), 21–22.

40. B. W. Higman, "The Sugar Revolution," *Economic History Review*, Vol. LIII, No. 2 (2000), 213.

41. Sidney W. Mintz, "Foreword," in R. Guerra y Sanchez, *Sugar and Society in the Caribbean: An Economic History of Cuban Agriculture* (New Haven, CT: Yale University Press, 1964), xiv.

42. Richard P. Tucker, *Insatiable Appetite: The United States and the Ecological Degradation of the Tropical World* (Lanham, MD: Rowman & Littlefield, 2007), 9.

43. David Brion Davis, "Looking at Slavery from Broader Perspectives," *The American Historical Review*, Vol. 105, No. 2 (April 2000), 455, 460.

44. Thomas Hobbes, *Leviathan or the Matter, Forme & Power of a Commonwealth, Ecclesiastical and Civil*, 1651, ed. A. R. Waller (London: Cambridge University Press, 1904), 84.

45. Michael Tadman, "The Demographic Cost of Sugar: Debates on Slave Societies and Natural Increase in the Americas," *The American Historical Review*, Vol. 105, No. 5 (December 2000), 1535, 1536-1537.

46. Tucker, *Insatiable Apetite*, 7.

47. Thomas Rugge's Mercurios Politicus Redivivus, November 14, 1659, in William H. Ukers, *All About Tea* (New York: Coffee and Tea Trade Journal, 1935), i, 41.

48. John E. Wills, Jr., "European Consumption and Asian Production in the Seventeenth and Eighteenth Centuries," in John Brewer and Roy Porter (eds.), *Consumption and the World of Goods*, 140-141.

49. Mark Pendergrast, *Uncommon Grounds: The History of Coffee and How It Transformed Our World* (New York: Basic Books, 1999), 17.

50. Historical Coffee Statistics, 2005, The International Coffee Organization (ICO) at http://www.ico.org/historical.asp.

51. Mark Pendergrast, *Uncommon Grounds*, 400에서 인용.

52. Pendergrast, 398.

53. 1928년에 과테말라를 찾은 방문객. Pendergrast, 399에서 인용.

54. Grant McCracken, *Culture and Consumption: New Approaches to the Symbolic Character of Consumer Goods and Activities* (Bloomington, IN: Indiana University Press, 1988), 22.

55. Lizabeth Cohen, *A Consumers' Republic: The Politics of Mass Consumption in Postwar America* (New York: Alfred A. Knopf, 2003), 10.

56. Ibid., 73-74.

57. Richard M. Abrams, *America Transformed: Sixty Years of Revolutionary Change, 1941-2001* (New York: Cambridge University Press, 2006), 38-39.

58. Vaclav Smil, *Energy in World History* (Boulder, CO: Westview Press, 1994), 174.

59. Ibid., 211.

60. Ibid., 197.

61. Cohen, *A Consumer's Republic*, 123.

62. Richard M. Abrams, *America Transformed*, 38.

63. John Humphrey, Yveline Lecler, and Mario Salerno (eds.), *Global Strategies and Local Realities: The Auto Industry in Emerging Markets* (New York: St. Martin's Press, 2000), 105.

64. Ibid., 107.

1. William B. Meyer, "Boston's Weather and Climate Histories," in Anthony N. Penna and Conrad Edick Wright (eds.), *Remaking Boston: An Environmental History of the City and Its Surroundings* (Pittsburgh, PA: University of Pittsburgh Press, 2009).
2. Ibid.
3. David E. Nye, "Path Insistence: Comparing European and American Attitudes Toward Energy," *Journal of International Affairs*, Vol. 1 (Fall 1999), 131.
4. Vaclav Smil, *Energy in World History* (Boulder, CO: Westview Press, 1994), 132.
5. Ibid., 93.
6. Ibid., 96.
7. Ibid., 103.
8. David E. Nye, *America as Second Creation: Technology and Narratives of New Beginnings* (Cambridge, MA: The MIT Press, 2003), 118.
9. Ibid., 119.
10. Ibid.
11. Smil, *Energy in World History*, 107.
12. Nye, *America as Second Creation*, 118.
13. Peter Asmus, *Reaping the Wind* (Washington, DC: Island Press, 2001), 19.
14. Alfred W. Crosby, *Children of the Sun: A History of Humanity's Unappeasable Appetite for Energy* (New York: W.W. Norton & Co., 2006), 48.
15. David E. Nye, *Consuming Power: A Social History of American Energies* (Cambridge, MA: MIT Press, 1998), 18.
16. Asmus, *Reaping the Wind*, 25.
17. Lynn White, *Medieval Religion and Technology* (Berkeley, CA: University of California Press, 1978), 22.
18. Lewis Mumford, *Technics and Civilization* (New York: Harcourt, Brace, 1934), 117.
19. Asmus, *Reaping the Wind*, 28.
20. Sam H. Schurr and Bruce C. Netschert, *Energy and the American Economy, 1850-1975* (Baltimore, MD: Johns Hopkins University Press, 1960), 54, 485-487.
21. Ibid., 32.
22. Crosby, *Children of the Sun*, 62.
23. Ibid., 78-79.

24. Schurr, *Energy in the American Economy*, 62.

25. Ibid., 62–63.

26. Ibid., 71–72, 81.

27. Chang Jui-Te, "Technology Transfer in Modern China: The Case of Railway Enterprise (1876–1937)," *Modern Asian Studies*, Vol. 27, No. 2 (1993), 281.

28. Nye, *Consuming Power*, 83–84.

29. Ibid., 88–89.

30. Richard C. Hoffmann, "Frontier Foods for Late Medieval Consumers: Culture, Economy, Ecology," *Environment and History* 7 (2001), 132. Crosby, Children of the Sun, 118.

31. David E. Nye, *Electrifying America: Social Meanings of a New Technology, 1880-1940* (Cambridge, MA: MIT Press, 1990), 388.

32. Ibid., 132.

33. Paul Roberts, *The End of Oil: On the Edge of a Perilous World* (Boston, MA: Houghton Mifflin, 2004), 33–34.

34. Schurr, *Energy in the American Economy*, 98–99.

35. Ibid., 106–107.

36. Ibid., 110–112.

37. Nye, *Consuming Power*, 179.

38. Ibid., 177–178.

39. Joel A. Tarr, "The Horse-Polluter of the City," in J. A. Tarr, *The Search For The Ultimate Sink: Urban Pollution in Historical Perspective* (Akron, OH: Akron University Press, 1997), 323.

40. Ibid., 324.

41. Ibid.

42. Roberts, *The End of Oil*, 155.

43. World Resources Institute, *1998-1999 World Resources: A Guide to the Environment* (New York: Oxford University Press, 1998).

44. Shurr, *Energy in the American Economy*, 115–116.

45. Christian Warren, *Brush with Death: A Social History of Lead Poisoning* (Baltimore, MD: Johns Hopkins University Press, 2001).

46. World Resources Institute: *A Guide to the Global Environment*, 63.

47. Paul Roberts, *The End of Oil*, 150.

48. Tom Koppel, *Powering the Future: The Ballard Fuel Cell and the Race to Change the World* (Toronto: John Wiley, 1999), 222.

49. Roberts, *The End of Oil*, 157.

50. Ibid., 179.

51. Crosby, *Children of the Sun*, 139.

52. Ibid., 143.

53. Richard Heinberg, *The Party's Over: Oil, War and the Fate of Industrial Societies* (Gabriola Island, BC, Canada: New Society Publishers, 2005), 149–151.

54. Ibid., 152–156.

55. Smil, *Energy in World History*, 216–217.

10장 지구온난화

1. 노벨상 수상자인 네덜란드 화학자 파울 쿠루첸이 〈인류의 지질학-인류세〉라는 논문에서 제임스 와트의 증기기관(1780년)으로 지구 역사의 흐름이 바뀌고 인류가 지질학적인 지구 변화의 중심에 섰기 때문에 홀로세를 인류세로 고쳐 불러야 한다고 주장했다. 이 논문은 *Nature*, Vol. 415 (2002), 23에 실려 있다.

2. Richard B. Alley and Peter B. deMenocal, "Abrupt Climate Changes Revisited: How Serious and How Likely," United States Global Research Program, USGCRP Seminar, October 12, 2003.

3. Ibid.

4. IPCC, 2007: *Climate Change 2007: The Physical Science Bassis. Contribution of Working Group 1 to the Fourth Assessment Report of the Intergovernmental Panel on Climate Change* [S. Solomon, D. Qin, M. Manning, Z. Chen, M. Marquis, K. B. Averyt, M. Tignor and H. L. Miller (eds) (Cambridge: Cambridge University Press, 2007), 463–464.

5. Ibid.

6. David Western, "Human-Modified Ecosystems and Future Evolution," *Proceedings of the National Academy of Sciences of the United States of America*, Vol. 98, No. 10 (May 8, 2001), 5458–5465.

7. Charles A. Perry and Kenneth J. Hsu, "Geophysical, Archaeological, and Historical Evidence Support a Solar-Output Model for Climate Change," *Proceedings of the National Academy of Sciences of the United States of America*, Vol. 97, No. 23 (November 7, 2000), 12433–12438.

8. Kenneth J. Hsu, *Climate and Peoples: A Theory of History* (Zurich, Switzerland: Orell Fussli Publishing, 2000), 88–97. Charles A. Perry and Kenneth J. Hsu, "Geophysical, Archaeological, and Historical Evidence Support a Solar-Output Model for Climate Change," *Proceedings of the National Academy of Sciences of the Unites States of America*, Vol. 97, No. 23

(November 7, 2000), 12433-12438.

9. H. H. Lamb, *Climates of the Past, Present and Future*, Vols. I and II (London: Metheun, 1977); *Climate History and the Modern World* (New York: Routledge, 1982).

10. IPCC, *Climate Change 2007*, 467-468.

11. Ibid., 468.

12. C. Edward Skeen, "The Year without a Summer: A Historical View," *Journal of the Early Republic*, Vol. 1, No. 1 (Spring, 1981), 51-67.

13. David Hackett Fischer, *Washington's Crossing* (New York: Oxford University Press, 2004).

14. Sebastian H. Mernild, Glen E. Liston, and Bent Hasholt, "East Greenland Freshwater Runoff to the Greenland-Iceland Norwegian Seas 1999-2004 and 2071-2100," *Hydrological Processes* (May 6, 2008); 또한 "Freshwater Runoff From the Greenland Ice Sheet Will More than Double by the End of the Century," *Earth and Climate* (June 12, 2008)를 보라.

15. Jim Hansen, "The Threat to the Planet," *The New York Review of Books* (July 13, 2006), 13.

16. R. B. Alley, "The Younger Dryas Cold Interval as Viewed from Central Greenland," *Quaternary Science Reviews*, Vol. 19 (2000), 213-226.

17. IPCC, Climate Change 2007, 818-819.

18. Ibid., 5.

19. Ibid., 2.

20. Radiative Forcing of Climate Change, National Academy of Science, March, 2005 and Report of the American Geophysical Union, Annual Meeting, 2003.

21. 피피엠(parts per million)은 건조공기 전체 분자 수에 대한 온실가스 분자 수의 비율이다. 예를 들어 280피피엠은 건조공기 분자 백만 개에 온실가스 분자가 280개 들어있음을 의미한다. 피피비(parts per billion)을 계산할 때도 같은 공식을 사용한다. 1 billion은 1000 million이다.

22. IPCC, *Climate Change 2007*, 2.

23. Martin Weitzman, "Structural Uncertainties and the Value of Statistical Life in the Economics of Catastrophic Climate Change," National Bureau of Economic Research, Inc. Working paper 13490 (October, 2007).

24. 대기 중 메탄 농도가 1750년 산업화 이전에는 715피피비이다가 1990년대 초에는 1732피피비에 이르고 2005년에는 1774피피비에 이르렀다. 이는 지난 65만 년 동안에 나타난, 320피피비에서 790피피비에 이르는 자연적인 범주를 크게 초과한 것이다. 기후변화에 관한 정부간 패널 보고서는 90퍼센트 정도의 확신을 갖고 이러한 온실가스 증가의 원인이 화석연료 사용과 농업 위주의 인위적 활동이었다고 말

하고 있다. *Climate Change 2007*, 4.

25. Robert Socolow, "Stabilization Wedges: Mitigation Tools for the Next Century," Keynote Speech on Technological Options at the Scientific Symposium on Stabilization of Greenhouse Gases, "Avoiding Dangerous Climate Change" (February, 1–3, 2005), 9쪽 이하.

에필로그

1. Charles L. Redman, *Human Impact on Ancient Environments* (Tucson, AZ: University of Arizona Press, 1999), 90–91.
2. Robert B. Marks, *The Origins of the Modern World: A Global and Ecological Narrative* (Lanham, MD: Rowman & Littlefield, 2002), 11.
3. Ibid.
4. Gregory S. Gilbert and Stephen P. Hubbell, "Plant Disease and the Conservation of Tropical Forests," *BioScience*, Vol. 46, No. 2 (1996), 104.
5. Redman, *Human Impact on Ancient Environments*, 93.

찾아보기